Klaus-Jürgen Schwahn

Beruf Pilot

Klaus-Jürgen Schwahn

Beruf Pilot

Zwischen Traumjob und Wirklichkeit

Einbandgestaltung: Andreas Pflaum unter Verwendung von Vorlagen aus dem Buch.

Bildnachweis: siehe Bildunterschriften

ISBN 3-613-02094-7

1. Auflage 2001

Lektorat: Wolf Westerkamp
Innengestaltung: Satz & mehr, Besigheim
Satz: Satz & mehr, Besigheim
Druck und Bindung: Fotolito LONGO, Bozen
Printed in Italy

Inhalt

Vorwort

Pilot – ein Traumberuf?

Wir, die wir selbst begeistert fliegen, möchten diese Frage für uns mit einem klaren ja beantworten.

Das Führen eines Flugzeuges ist mehr als der alte Menschheitstraum vom Fliegen, sich vom Erdboden zu lösen und der vielbesungenen, grenzenlosen Freiheit entgegen zu schweben.
Ein Flugzeug zu fliegen ist eine verantwortungsvolle und abwechselungsreiche Tätigkeit. Kaum eine andere Arbeit wird von so vielen verschiedenen Sachgebieten beeinflusst, wie die des Flugzeugführers. Insbesondere die Tätigkeit als Verkehrsflugzeugführer fordert einen hochqualifizierten Spezialisten. Er muss neben dem rein fliegerischen Handwerk auch die Technik seines Flugzeuges beherrschen, das Wetter analysieren und beurteilen können, sicherheitsrelevante Aspekte eines Fluges voraussehen und sich in Fragen des Luftrechts auskennen. Dies alles muss er mit kaufmännischen Überlegungen in Einklang bringen, um die Wirtschaftlichkeit eines Fluges zu gewährleisten.
Obendrein muss er Führungsqualitäten haben, d.h. Besatzung und Bodenpersonal motivieren und zu optimalen Ergebnissen hinsichtlich Pünktlichkeit, Kosten, Sicherheit und Service führen. Letztendlich muss er auch mit seinen Kunden, den Passagieren umgehen können und im Sinne eines Dienstleisters deren Interessen berücksichtigen.

Alle diese verschiedenen, gleichfalls wichtigen Aufgaben muss er auch bei Zeitdruck, Müdigkeit und technischen Problemen optimal und zügig abarbeiten können.
Gerade diese Vielseitigkeit macht den Beruf des Flugzeugführers für viele junge Leute so erstrebenswert.

Aber,
die Familie der Flieger ist im Vergleich zu anderen Berufsgruppen verschwindend klein. Gerade dies führt zu vielen Fehlinformationen über das Berufsbild an sich und die beruflichen Möglichkeiten in der Fliegerei.
Nicht zuletzt wird mit der Ausbildung unseres Nachwuchses eine riesige Geldmaschine bewegt, die durch stete Neuzugänge am Laufen gehalten werden muss. Daher hat eigentlich niemand so richtig Interesse daran, auch einmal über die Schattenseiten des Berufes zu reden, insbesondere auch über die Risiken, die mit der Finanzierung der Ausbildung einhergehen.
Flugschulen verkaufen mit der Ausbildung nichts anderes als ein Produkt, und davon wollen und müssen sie, wie jeder Unternehmer, soviel wie möglich verkaufen.
Aber auch die Fluggesellschaften haben ein Interesse daran, dass es stets mehr Bewerber gibt, als Piloten gebraucht werden. Unser derzeitiges System aus Ausbildung, Qualifikation und Einstellungstests ist leider so ausgelegt, dass die Fluggesellschaften einen möglichst

großen Topf an Nachwuchspiloten brauchen, um die für sie geeigneten Kandidaten herauspicken zu können.

Wo also neutrale Informationen herbekommen?

Auch unser Berufsverband, die Vereinigung Cockpit, versteht sich mehr als Anwalt des in Lohn und Brot stehenden Piloten, denn des Nachwuchses. Nach diesem Selbstverständnis muss man jede Äußerung meiden, die dem Image des Piloten einen Kratzer zufügen könnte.

Anderen berufsberatenden Stellen fehlt in der Regel das fachliche Detailwissen, um objektiv zu beraten.

Mit anderen Worten, ein junger Mensch, der am Pilotenberuf interessiert ist, findet heute schlicht keine Stelle, bei der er sich neutral und ohne sein Gegenüber in einen Interessenkonflikt zu stürzen, beraten lassen kann.

Zum Einen führt dies dann leider dazu, dass es auch Kollegen gibt, die den Beruf nur aufgrund falscher Berufsvorstellungen gewählt haben und später vom Arbeitsalltag enttäuscht sind. Für diese Kollegen hätte es bei rechtzeitiger Aufklärung andere Traumberufe gegeben, aber eben nicht den des Piloten.

Zum anderen sind die Berufsaussichten – trotz häufig anders lautender Werbebroschüren und Medienberichte – nicht für jeden Flugschulabsolventen so, wie er sie bei einer Investition von über 120.000 DM erwarten dürfte.

Das vorliegende Buch füllt in diesem Zusammenhang eine Lücke. Es beschreibt alle beruflichen Möglichkeiten, die es in der Fliegerei gibt, vom Segelfluglehrer über den Agrarflieger bis zum Jumbokapitän. Es stellt die verschiedenen Aufgaben und Tätigkeitsbereiche dar und zeigt deutlich deren Vor- und Nachteile. Es

zeichnet aber auch ein, von Postkartenillusionen befreites Bild des Berufspiloten und lässt den Leser nachempfinden, was ihn wirklich im Cockpit und nebenher am Boden erwartet. Der Leser kann dann selbst entscheiden, ob Pilot für ihn, genau wie für uns, tatsächlich ein Traumberuf sein könnte.

Auch müssen wir bei aller Liebe zur Fliegerei einräumen, dass der Weg dorthin oft mehr als steinig ist. Die Zeiten, in denen die Fluggesellschaften die Ausbildung finanzierten, sind längst vorbei. Vereinzelt wird die Ausbildung zum Verkehrsflugzeugführer zwar durch großzügige Darlehen gesponsert, aber die große Masse der Piloten bezahlt die Ausbildung selbst.

Im Rahmen unserer verbandspolitischen Arbeit haben wir dies immer beanstandet. Denn es kann nicht sein, dass sich die Fluggesellschaften aus Kostengründen immer stärker aus der Verantwortung der Ausbildung herausstehlen und sich anschließend darüber beschweren, dass es zu wenig »geeignete« Piloten, will heißen erfahrene Piloten, gibt.

So hatte z.B. die Lufthansa bis Ende der 90er Jahre ihren Nachwuchs mit erheblichem finanziellem Aufwand ausgebildet. Trotz des hohen Kostenniveaus waren Rückzahlung und Gehaltsstruktur so ausgelegt, das der Nachwuchs während der ersten Berufsjahre nicht am Existenzminimum leben musste.

Heute muss der angehende Verkehrsflugzeugführer in die eigene Tasche greifen, was, um die Ausbildung bezahlbar zu machen, zu einer grundlegenden Reduzierung der Ausbildungskosten auf aktuell ca. 120.000 DM führte. Dies ist viel Geld für den Einzelnen, aber im Vergleich zur klassischen Ausbildung weniger als die Häfte. Und dies bei allgemein deutlich gestiegenen Betriebskosten für Schulflugzeuge. Dass ein so ausgebildeter Flugzeugführer nicht mehr mit den Fähigkeiten und Fertigkeiten ins Berufsleben startet, die frühere Jahrgänge mitbrachten, liegt auf der Hand.

Und damit kommen wir zu einem entscheidenden Punkt:

Die Ausbildung zum Flugzeugführer kann heute fast jeder schaffen, der sie bezahlen kann. Ob allerdings mit dieser Ausbildung der langersehnte Job zu bekommen ist, ist eine andere Frage.

Auch in dieser Frage ist das vorliegende Buch eine hervorragende Ergänzung zu den Hochglanzprospekten der Flugschulen. Ob und wie die berufliche Karriere nach der Ausbildung aussieht, hängt mehr oder weniger vom aktuellen Bedarf ab. Die Personalplanung der Fluggesellschaften war schon immer eine wenig durchsichtige Angelegenheit, frei nach dem Motto »der Plan ist der Ersatz des Zufalls durch den Irrtum.«

Es wird auch in Zukunft Zeiten geben, in denen fast jeder Absolvent einer Flugschule mit bestandener Lizenz eine Anstellung findet, aber es gab und wird auch immer wieder Zeiten geben, da sind die in diesem Buch bereits mit deutlichen Einschränkungen beschriebenen Berufschancen noch rosige Aussichten. Sprich ganze Ausbildungsjahrgänge sitzen plötzlich und ohne Vorwarnung auf der Straße.

Von denen, die einen Job bekommen, können sich diejenigen glücklich schätzen, die ihren Anstellungsvertrag bei einer großen, renommierten, womöglich noch mit Tarifvertrag und Personalvertretung ausgestatteten Fluggesellschaft bekommen. Aber ein großer Teil derer, die den Traumberuf Pilot gewählt haben, werden unter weitaus schlechteren, ja manchmal sogar sicherheitsbedenklichen Bedingungen arbeiten müssen.

Wir können dieses Buch unseres Kollegen Klaus-Jürgen Schwahn nur jedem als Pflichtlektüre empfehlen, der am Beruf des Piloten interessiert ist und natürlich auch allen Nichtfliegern, die mehr über eine lesenswerte Facette der Luftfahrt erfahren wollen.

Insbesondere freuen wir uns, endlich ein Buch empfehlen zu können, das genau die Fragen beantwortet, die vom ratsuchenden Nachwuchs – während unserer Arbeit in der **Arbeitsgruppe Qualification and Training der Vereinigung Cockpit** – an uns herangetragen wurden.

Cpt. Alexander Buchholz
(Kapitän Airbus A310)

Cpt. Stefan Fiedler
(Kapitän Boeing 737)

Cpt. Roland Gräf
(Fluglehrer und Ausbildungskapitän BAE 146)

Zum Verfasser

Dr.-Ing. Klaus-Jürgen Schwahn wurde 1957 in Berlin geboren. Er ist verheiratet und hat eine Tochter und einen Sohn.

Nach einem Ingenieurstudium an der Technischen Universität Berlin betreute er dort von 1981-86 ein Forschungsvorhaben der Automobilindustrie, das er mit seiner Promotion zum Dr.-Ing. abschloss. Danach wechselte er zu einem mittelständischen Unternehmen, wo er bis 1989 für einen eigenen Produktbereich verantwortlich war. Für dieses Unternehmen war er in verschiedenen europäischen Ländern sowie in den USA, in Südamerika und in Indien tätig.

Seine Leidenschaft zur Fliegerei entdeckte er bereits während des Studiums als Inhaber einer Privatpilotenlizenz. Im Laufe der Zeit erwarb er dann weitere Lizenzen bis hin Verkehrspilotenlizenz mit Langstreckenberechtigung und einer amerikanischen Lehrberechtigung. 1988 gründete er nebenberuflich die Firma Dr. Schwahn Aviation, die bis heute die Interessen einer großen amerikanischen Flugschule in den deutschsprachigen Ländern erfolgreich vertritt. Seitdem hat er Hunderte von Flugschülern beraten und durch ihre Ausbildung begleitet. Ferner hat seine Firma verschiedene Sonderveranstaltungen für Flugsportler durchgeführt.

In der Folgezeit wechselte er immer mehr in die Fliegerei und war als Berufspilot und Ingenieur in verschiedenen Projekten tätig. So unternahm er zum Beispiel 1990 in Begleitung eines amerikanischen Luftfahrtjournalisten den ersten Flug USA-Berlin nach der Maueröffnung in einem einmotorigen Flugzeug. 1991 baute er für eine größere Unternehmensgruppe einen eigenen Werksflugbetrieb auf, der später als selbständige Tochterfirma ausgegliedert wurde und eine Zulassung für den gewerblichen Personentransport erhielt. Dr. Schwahn war an dieser Bedarfsfluggesellschaft selbst beteiligt und leitete dort bis 1996 als Mitglied der Geschäftsführung den Flugbetrieb.

In dieser Zeit war er auch in verschiedenen Luftfahrtprojekten im In- und Ausland beratend tätig.

Nachdem die Unternehmensgruppe zwischen 1996 und 97 aufgelöst wurde, wechselte er als Flugzeugführer auf der vierstrahligen BAE 146 von der General Aviation in die Verkehrsfliegerei.

Heute ist er neben der aktiven Fliegerei freiberuflich als Unternehmensberater tätig.

Neben zahlreichen Fachveröttentlichungen als Ingenieur gibt er seit 1988 regelmäßig den in Fliegerkreisen bekannten *Ratgeber Fliegen in den USA* heraus.

Abkürzungsverzeichnis

AFB	Air Force Base = Militärischer Flughafen
AMC	Aero Medical Center = Fliegerärztliches Untersuchungszentrum
AME	Aero Medical Examiner = Fliegerarzt
AMS	Aero Medical Section = Flugmedizinisches Referat beim Luftfahrt Bundesamt
AnwFlgDst	Anwärter für den fliegerischen Dienst (militärisch)
APU	Auxiliary Power Unit = Hilfsturbine
ATC:	Air Traffic Control = Flugsicherung
ATIS	Automatic Terminal Information Service = Automatische Tonbandansage mit wichtigen Flughafeninformationen für ab- und anfliegende Flugzeuge
ATP	Airline Transport Pilot = Verkehrspilot
ATPL	Airline Transport Pilot License (alte deutsche Bezeichnung) = Verkehrspilotenlizenz
AZF	Allgemein gültiges Sprechfunkzeugnis
BAFÖG	Bundesausbildungsförderungsgesetz
BAPT:	Bundesanstalt für Post- und Telegraphie
BEWFlgDst	Bewerber für den fliegerischen Dienst (militärisch)
BMV	Bundesminister für Verkehr
BZF	Beschränkt gültiges Sprechfunkzeugnis
CPL	Commercial Pilot License = Berufspilotenlizenz
CPT	Cockpit Procedure Trainer = Verfahrenstrainer
CRE	Class Rating Examiner = Prüfer für Klassenberechtigungen
CRI	Class Rating Instructor = Ausbilder für Klassenberechtigungen
CVFR	Controlled Visual Flight Rules = kontrollierter Sichtflug
DLR	Deutschen Forschungsanstalt für Luft- und Raumfahrt
Dark Cockpit Concept	Keine Anzeigen im Normalzustand
ECAM	Electronic Centralized Aircraft Monitoring = Zentrale elektronische Flugzeugüberwachung
EFIS:	Electronic Flight Information System = Bildschirminstrumente im Cockpit
EICAS	Engine Indication and Crew Alert System (praktische das gleiche wie ECAM)
ENJJPT	Euro Nato Joint Jet Pilot Training = Vereint Nato Jetpilotenausbildung
FAA	Federal Aviation Administration = Luftfahrtbehörde der USA

FAR	Federal Aviation Requirement = Luftfahrtgesetze der USA
FCLC	Flight Crew Licensing Committe= Kommitte, das Richtlinien zur Erteilung von Pilotenlizenzen erarbeitet
FE	Flight Examiner = Flugprüfer
FI	Flight Instructor = Fluglehrer
FIE	Flight Instructor Examiner = Prüfer für Fluglehrer
FIMedInstLw	Flugmedizinisches Institut der Luftwaffe
FLB	Fluglehrberechtigung (militärisch)
FMS:	Flight Management System = vereinfacht: der Bordcomputer mit verschiedenen Funktionen zur Flugführung
FNPT	Flight and Navigation Procedure Trainer = Flug- und Navigationsverfahrenstrainer
FO	First Officer = Erster Offizier
HubschFhr	Hubschrauberführer
IB	Instrumentenflugberechtigung (militärisch)
ICAO	International Civil Aviation Organisation = Internationale Zivile Luftfahrtorganisation
IFF	Instruction to Fighter Fundamentals = Kampfpilotenausbildung
IFR	Instrument Flight Rules = Instrumentenflugregeln
IR	Instrument Rating = Instrumentenflugberechtigung
IRE	Instrument Rating Examiner = Prüfer für die Instrumentenflugberechtigung
IRI	Instrument Rating Instructor = Instrumentenfluglehrer
JAA	Joint Aviation Authority = Europäische Luftfahrtbehörde
JAR	Joint Aviation Requirment = Europäische Luftfahrt Richtlinien
LBA	Luftfahrt Bundesamt
LFT	Lufthansa Flight Training = Flugschule der Lufthansa
LuftVG	Luftverkehrsgesetz
LuftVZO	Luftverkehrszulassungsordnung
LuftPersV	Verordnung über Luftfahrtpersonal
LÜB	Luftfahrzeugführer- Überprüfungsberechtigung (militärisch)
ME	Multi Engine = Mehr als ein Triebwerk
MFS	Militärluftfahrzeugführerschein
MP	Multi Pilot = Crews mit mehr als einem Piloten
MTOW	Maximum Take Off Weight = Maximales Abfluggewicht
NB	Nachprüfberechtigung (militärisch)
NOTAM	Notice to Airman = Nachrichten fur Luftfahrer (NFL)
NTSB	National Transportation Safety Board = Verkehrssicherheitsamt der USA
OPS	Operation = betreut den Flugbetrieb einer Fluggesellschaft an einem bestimmten Flugplatz

OPZ	Offiziersbewerberprüfzentrale
PIC	Pilot in Command = Kapitän
PPL	Private Pilot License = privatpilotenlizenz
PTS	Practical Test Standard
SE	Single Engine = Flugzeuge mit einem Motor
SFB	Scleppflugberechtigung
SFF	Strahlflugzeugführer (militärisch)
SIC	Second in Command = Zweiter Flugzeugführer
SOP	Standard Operation Procedure = Standardverfahren
SP	Single Pilot = Crews mit nur einem Piloten
TB 1, TB 2	Testflugberechtigung Klasse 1 bzw. Klasse 2
TCAS:	Traffic Alert and Collision Avoidance System = Zusammenstoßwarnsystem
TranspFF	Transportflugzeugführer
TRE	Type Rating Examiner = Prüfer für eine Musterberechtigung
TRI	Type Rating Instructor = Ausbilder für eine Musterberechtigung
UAV	Unmanned Air Vehicle = Unbemanntes Luftfahrzeug
VFR	Visual Flight Rules = Sichtflugregeln
WSO	Waffensystemoffizier

Fachbegriffe

Autopilot:	Selbststeueranlage, Flugregler
Acceleration Altitude:	Beschleunigungshöhe
Advanced Training:	Fortgeschrittene fliegerische Ausbildung
Airplane Operation Manual:	Die Bedienungsanleitung für Flugzeuge
Autopilot:	Automatische Steuerung
Basic Training:	Fliegerische Grundausbildung
Blockzeit:	Zeit vom Abrollen von der Parkposition bis zum Stillstand auf der Parkposition
Briefing:	Vorbesprechung
Cabin High Altitude:	Unter die zulässige Grenze absinkender Kabiendruck
Callout:	Ausruf
Carrier:	Begriff für eine große Fluggesellschaft
Catering:	Essen und Getränke an Bord
Checkliste:	Kontrollliste
Check Ride:	Checkflug
Clearance:	Freigabe
Commuter:	Regionalflieger
Course Selector:	Drehschalter zum Vorwählen der Flugrichtung
Crew Coordination Concept:	regelt die Zusammenarbeit der Besatzungsmitglieder
Curriculum:	Lehrplan
Discharge Valve:	Ventile über die Kabinenluft ins Freie gelangt
Debriefing:	Nachbesprechung
Engine Flight Start:	Anlassen eines Triebwerkes in der Luft
Emergency Briefing:	Besprechung der Notverfahren vor dem Start
Failure:	Störung eines Systems im Flugzeug
Flight Log:	Flugdurchführungsplan
Flag Carrier:	Staatsairline oder führende Gesellschaft eines Staates
Flap Inop:	Funktionsstörung der Landeklappen
Fly By Wire:	Elektro-Mechanische Steuerung
Foot:	Fuss (ft), 1 ft = 0,3048 m (Mehrzahl feet)
General Aviation:	Allgemeine Luftfahrt, Luftfahrt außer Linien- und Charlerverkehr
Groundcontrol:	Bodenkontrolle
Groundtraining:	Theoretische Ausbildung
Home Study Course:	Fernlehrgang

Hydraulic green, yellow:	separate Hydrauliksysteme, die zur besseren Unterscheidung symbolhaft als grün oder gelb bezeichnet werden
Hombase:	Heimatflugplatz
Joint Aviation Authority:	Europäische Luftfahrtbehörde
Jump Seat:	Flugbeobachtersitz im Cockpit
Knowledge Test:	Theorieprüfung
Knots:	Knoten (kts) = Mass für die Geschwindigkeit, 1 kts = 1,83 km/h
Leg:	Teilstrecke
Loadsheet:	Beladungsdiagramm
Medical:	Fliegerärztliches Tauglichkeitszeugnis
Memory Item:	Auswendig zu beherrschender Handgriff in Notfällen
Nautical Miles:	Nautische Meilen (nm), 1 nm = 1,83 km
Oral Test:	Mündliche Prüfung
Overhaed Panel:	Instrumentenbrett an der Cockpitdecke
Panel:	Instrumentenbrett
Performance:	Leistung eines Flugzeuges
Pilot Flying:	Der das Flugzeug aktuell steuernde Pilot (Kapitän oder Copilot)
Push Back:	Wegschieben des Flugzeuges vom Terminal mittels Schleppfahrzeug
Rating:	Berechtigung
Runway:	Start- und Landebahn
Screening:	Auswahlverfahren für Piloten
Single Engine Piston:	Einmotoriges Kolbenmotorflugzeug
Slot:	Zeitfenster für den Start
Spoiler:	Störklappe
Supervision:	unter Aufsicht
Synthetic Flight Instructor:	Simulatorlehrer
Taxi Clearance:	Rollfreigabe
Taxi Way:	Rollweg
Thrust Lever:	Leistungshebel für die Triebwerke
Tower:	Flughafenkontrollturm
Turn Around:	Vorbereitung für den nächsten Flug während einer Zwischenlandung
Type Rating:	Musterberechtigung
Upgrade:	Beförderung vom Ersten Offizier zum Flugkapitän

Der Mercedes unter den Busines Jets – der kanadische Challenger
(Foto Bombardier)

Einleitung

»Heute morgen war ich in Nassau, gegen Mittag in Dallas, und nun sitze ich beim Bier in Miami. Und wie ist Dein Tag gelaufen?«

Diese provozierende Frage stellte vor einiger Zeit ein sonnengebräunter Pilot, unter Palmen sitzend, in der Werbeanzeige einer amerikanischen Flugschule.

Traumberuf Pilot

»Der Traum vom Fliegen – wir machen ihn wahr. Eine faszinierende Arbeit in einem internationalen Umfeld erwartet Sie!«

Mit diesen Worten wirbt die Verkehrsfliegerschule der Deutschen Lufthansa um den Pilotennachwuchs.

Reisen, Abenteuer, interessante Menschen, gute Bezahlung, Herausforderungen im Umgang mit *Hightech* und ein internationaler Arbeitsplatz sind gängige Klischees, die mit dem Beruf des Piloten verbunden werden. Kaum ein Berufsbild ist unter nicht fliegenden Laien so verzerrt wie das des Piloten. Mit diesen und anderen Klischees will das vorliegende Buch gründlich aufräumen. Wer zum Beispiel als Berufspilot heute noch Abenteuer erlebt, ist entweder bei der falschen Fluggesellschaft oder hat seine Aufgaben gründlich missverstanden – denn ein wesentlicher Teil der Arbeit zielt gerade darauf ab, Abenteuer zu vermeiden.

Aber auch sonst gibt es zahlreiche Missverständnisse rund um diesen so genannten Traumberuf. Missverständnisse und falsche Vorstellungen, die es jedem zukünftigem Piloten angeraten erscheinen lassen, vor der Berufswahl erst einmal aus dem Traumbild ein reales Bild zu zeichnen.

Bevor Sie dieses Buch erwarben, haben Sie wahrscheinlich schon diverse Artikel über die Fliegerei in Zeitungen und Illustrierten gelesen, Fernsehberichte verfolgt und den einen oder anderen Fliegerroman verschlungen. Dabei hat sich ein romantisch verklärtes Bild von der Fliegerei entwickelt, das Sie wehmütig jedem am Himmel vorbeiziehenden Flugzeug hinterher schauen lässt. Vielleicht konnten Sie auch schon dem einen oder anderen Piloten interessiert über die Schulter sehen und haben das Informationsmaterial diverser Flugschulen und Fachzeitschriften studiert oder gar schon selbst Erfahrungen in der Sportfliegerei gesammelt. Wenn Sie nun als Passagier in ein Flugzeug steigen, schielen Sie jedes Mal ins Cockpit und wünschen sich, selbst dort Platz zu nehmen zu können. Sie haben vielleicht schon erfahren, dass es nicht nur Schulabgänger in die Fliegerei verschlägt, sondern dass dieser Beruf auch von Seiteneinsteigern verschiedener Altersgruppen ausgeübt wird. Allmählich wird der Wunsch in Ihnen zum fixen Gedanken, und Sie beschäftigen sich immer intensiver mit diesem Thema. Und je mehr Sie dann von allen Seiten hören, desto weniger wissen Sie, was Sie von der Fliegerei und Ihren eigenen Plänen halten sollen.

Kompetente Beratung und Sachinformation sind selten anzutreffen, und mit den meisten Ihrer Fragen stehen Sie allein.

Euphorisch klingenden Pressemeldungen über die guten Berufsperspektiven folgt häufig gleich im nächsten Gespräch die kalte Dusche:

- Zeitungsberichte über zunehmenden Pilotenmangel auf der einen Seite und arbeitslose Piloten, die sich als Taxifahrer durchschlagen, auf der anderen Seite;
- traumhaft erscheinende Gehaltstabellen und Gerüchte über Piloten, die ihren Lebensunterhalt nur durch Nebenjobs finanzieren können;
- Piloten, die für viel Geld nur zehn Tage im Monat arbeiten, und Piloten, die weit außerhalb eines jeden Tarifvertrages für ein Butterbrot rund um die Uhr schuften;
- Klischees über das Leben in einem Traumberuf und Berichte über gähnende Langeweile in modernen Computercockpits;
- Gerüchte über schwere Einstellungstests, aber auch teure Testtrainings, die jeden durchzubringen versprechen;
- astronomisch hohe Ausbildungskosten in Deutschland und superbillige Ausbildungsofferten aus dem Ausland.

Je mehr Informationen Sie einholen, desto weniger glauben Sie zu wissen, wo es langgeht, und an jeder Ecke lauert jemand, der Ihnen für teures Geld den besten Weg ins Cockpit verkaufen will.

Also packen Sie den ganzen Stoß Papiere zusammen und suchen nach einer geeigneten Beratungsstelle. Und nun stehen Sie wieder allein:

Während verschiedene Träger wie Industrie- und Handelskammer (IHK), Arbeitsamt, Berufsverbände, Innungen, Behörden, Universitäten und Fachhochschulen für fast alle Ausbildungs- und Studiengänge mehr oder weniger qualifizierte Beratungsstellen unterhalten, die Ihnen den roten Faden zu finden helfen, existieren derartige Einrichtungen für Piloten praktisch nicht. Überregionale Anlaufstelle sind hier allenfalls noch die *Vereinigung Cockpit* als engagierter Berufsverband und die *Fachvermittlungsstelle für Luftverkehrsberufe* des Arbeitsamtes Frankfurt.

Angehende Piloten sind daher weitgehend auf Informationen vom Hörensagen, so genannte Fachartikel von manchmal haarsträubendem Informationsgehalt und die oft zweifelhaften, da eigennützigen Werbeaussagen diverser Flugschulen angewiesen: Sie versuchen natürlich stets, weil sie überwiegend gewerbliche Interessen verfolgen, ihr Ausbildungspaket zu verkaufen.

So können die meisten Piloten erst nach vielen Berufsjahren in der Fliegerei mühselig den Wissensstand erwerben, den sie eigentlich schon vor Beginn der Ausbildung hätten haben sollen. Das Resultat sind häufig finanzielle und berufliche Abenteuer, die – bei richtiger Aufklärung – vermeidbar gewesen wären.

Die Erfahrung zeigt leider, dass viele Kollegen diesen Berufsweg nicht oder anders gegangen wären, wenn sie die richtigen Informationen schon bei Ausbildungsbeginn gehabt hätten. Wer als Pilot überleben will, braucht ein gesundes Misstrauen, nicht nur im fliegerischen Alltag.

Das vorliegende Buch soll ein realistisches Bild vom Pilotenberuf und der entsprechenden Ausbildung zeichnen. Sie werden dadurch prüfen können, ob dieser Beruf überhaupt für Sie in Frage kommt. Demjenigen, der dann meint, Pilot wäre genau das richtige für ihn, wird es einen Weg durch den Ausbildungsdschungel weisen und helfen, das Lehrgeld auf ein notwendiges Minimum zu reduzieren.

Sie werden erfahren, welche Voraussetzungen ein Pilot erfüllen muss, welche Lizenzen es gibt und wie man durch verschiedene Ausbildungswege an diese Lizenzen kommt.

Sie können lesen, was die Ausbildung kostet, wie man sie finanziert, welche Fördermöglichkeiten es gibt, was man später verdient, und Sie können nachrechnen, ob sich das Ganze unter wirtschaftlichen Gesichtspunkten für Sie lohnt. Dabei werden Sie auch lernen, verschiedenen Prognosen und Bedarfsrechnungen zu misstrauen.

Sie werden Einblicke in den Arbeitsalltag eines Piloten bekommen. Dabei werden Sie nicht nur die Verkehrsluftfahrt kennen lernen, sondern auch viele andere – der Öffentlichkeit oft unbekannte – Bereiche der Fliegerei. Sie werden viel Insiderwissen über die Vor- und Nachteile dieser

Tätigkeiten erfahren – auch unter Sicherheitsaspekten.

Wer sich in diesem Beruf weiter entwickeln möchte, kann verschiedene Karrierewege kennen lernen.

Sie erhalten Anregungen, wie man an die diversen Stellen kommt und wie man Bewerbungen und Einstellungstests meistert. Auch das Thema Auslandstätigkeiten wird dabei besprochen.

Besonders wenn Sie in jungen Jahren mit der Fliegerei beginnen, müssen Sie sich auch mit den Zukunftsperspektiven dieses Berufes auseinander setzen. Im letzten Teil des Buches widmen wir uns der zunehmenden Automatisierung im Cockpit – und was sie für die Zukunft des Pilotenberufs bedeuten könnte.

Wer sich für die Karriere in einem militärischen Cockpit interessiert, findet am Schluss ein kurzes Kapitel über die Ausbildung bei der Bundeswehr.

Nicht nur angehende Berufspiloten, sondern auch zukünftige Privatpiloten und an der Luftfahrt interessierte Laien werden durch dieses Buch interessante Einblicke in die Welt der professionellen Fliegerei gewinnen.

Ein nicht ganz alltäglicher Flug

»Cleared to taxi runway 32!«
Der Kapitän der vierstrahligen British Aerospace 146 drückt die Schubhebel nach vorne. Träge setzen sich die 45 Tonnen in Bewegung, verlassen das Vorfeld und folgen dem Rollweg zur Startbahn 32. Als der Rollweg eine Kurve beschreibt, tritt der Kapitän kurz auf die Bremse, doch nichts passiert. Unbeirrt rollt die schwere Maschine weiter, droht den Rollweg zu verlassen und auf der Wiese dahinter einzusinken. Im letzten Moment kommt die Anweisung des Kapitäns an seinen Copiloten:
»Change to green hydraulic!«
Dieser drückt auf eine Taste in der Mittelkonsole. Die Bremsen greifen und die Maschine kommt zum Stehen. Beide Piloten atmen hörbar auf.
Einige Zeit später – die Hydraulik ist repariert – steht die Maschine auf der Startbahn. Der Tower erteilt die Startfreigabe, und der Kapitän beginnt das Flugzeug auf die Abhebegeschwindigkeit von 120 kts (*knots* = Knoten; mal 1,853 = etwa 222 km/h) zu beschleunigen. Kurz nach Erreichen von 90 kts (etwa 167 km/h) wird die Besatzung durch einen mehrfachen, lauten Gong im Cockpit aufgeschreckt. Ein Dutzend Warnlampen leuchten auf, der Copilot ruft:
»Failure!«
Der Kapitän reißt, ohne sich weiter um die Ursache zu kümmern, die Gashebel auf Leerlauf, fährt die Bremsspoiler aus

und tritt mit voller Kraft auf die Bremsen. Beide Piloten werden nach vorne in die Gurte geschleudert, als die Maschine noch vor dem Ende der Startbahn zum Stehen kommt. Nun analysiert die Besatzung die Warnlampen genauer: Ausfall des Triebwerks Nr. 1.
Es hatte sich um einen nur kleinen Schaden gehandelt, den die Technik schnell beheben konnte, und kurz darauf startet unsere Besatzung zu ihrem nächsten Versuch. Der Copilot auf dem rechten Sitz ist diesmal der *Pilot Flying*, also derjenige, der den Flug durchführt. Bei 80 kts übernimmt er das Steuer und beschleunigt problemlos weiter bis zur Abhebegeschwindigkeit.
Nun zieht er langsam das Steuerhorn zur Brust. Doch kaum ist das Bugrad in der Luft, erklingt schrill und durchdringend eine laute Klingel, diverse rote und gelbe Warnlampen leuchten auf, und das Flugzeug droht nach links auszubrechen. Der Copilot gleicht die Flugzeugbewegung durch einen beherzten Tritt ins rechte Seitenruder aus und ignoriert ansonsten erst einmal die Warnlampen. In aller Ruhe wird das Fahrwerk eingefahren und auf eine sichere Höhe gestiegen, die zuvor den Flugpapieren entnommen wurde.
Dann wird es hektisch im Cockpit.
Während sich der Copilot weiter um die Steuerung des Flugzeugs kümmert, prüft der Kapitän den Schaden. Wieder macht das linke äußere Triebwerk Ärger. »Fire

on engine number 1!« lautet seine Diagnose.

Der Erste Offizier gibt die Anweisung »Start memory items!«

Die Hand des Kapitäns greift zum Gashebel des Triebwerks Nr. 1 und sagt: »Confirm thrust lever number 1: fuel off.«

Der erste Offizier blickt kurz von seinen Instrumenten auf und überprüft, ob der Kapitän nicht das falsche Triebwerk ausschalten will.

»Confirmed« lautet seine knappe Antwort.

Dann greift der Kapitän zum *Overhead Panel* über den Köpfen der Piloten und zieht den roten Feuerlöschhebel bis zur ersten Raste heraus. Nachdem der Erste Offizier auch diesen Handgriff bestätigt hat, wird der Hebel ganz herausgezogen, kräftig nach links gedreht und die Stoppuhr betätigt. Weißes Löschpulver breitet sich in der Triebswerksgondel aus und versucht, die Flammen zu ersticken.

Nachdem diese Handgriffe aus dem Gedächtnis erledigt wurden, greift der Kapitän zur *Abnormal Checklist,* prüft, ob er nichts vergessen hat, und arbeitet die weiteren Punkte der Checkliste ab.

Nach 30 Sekunden leuchtet die Feuerwarnung immer noch. Der Löschversuch war nicht erfolgreich. Der Kapitän schaut in die Checkliste, greift nochmals zum Feuerhebel und dreht ihn in die andere Richtung. Die zweite Löschpatrone, die letzte für dieses Triebwerk, wird abgeschossen. Gespanntes Warten, doch nichts passiert. Die rote Warnlampe bleibt an.

Da kommt dem Kapitän eine Idee, und er schaut auf das Sicherungspanel über seinem Kopf. Tatsächlich, die Sicherung von Feuerlöscher Nr. 2 war herausgesprungen. Er drückt die Sicherung wieder

hinein und versucht nochmals, den Feuerlöscher abzuschießen. Nach 15 Sekunden geht die Warnlampe aus, das Feuer ist gelöscht – Erleichterung. Nun werden in Ruhe weitere Punkte der Checkliste abgearbeitet und diverse Schalter umgelegt, um lebenswichtige Systeme wie Hydraulik, Elektrik, Druckluft und Klimatisierung weiter mit Energie von den intakten Triebwerken zu versorgen.

Anschließend wird über Funk Rücksprache mit der Technik der Fluggesellschaft am Boden gehalten. Die Technikmannschaft hält den Triebwerksbrand nach den vorliegenden Daten für einen Anzeigefehler und empfiehlt – etwas unüblich –, das Triebwerk wieder zu starten. Die entsprechende Checkliste für den *Engine Flight Start* wird herausgesucht, und tatsächlich gelingt es der Besatzung, das Triebwerk anzulassen und danach alle am Triebwerk hängenden Systeme wieder zum Laufen zu bringen.

Das Flugzeug kann den normalen Reiseflug fortsetzen und erhält die Freigabe, auf 28.000 ft *(feet* = Fuß; mal 0,3 = etwa 8400 m) zu steigen. Entspannt lehnt sich die Besatzung zurück und schaltet den Autopiloten ein.

Doch kurz nach Erreichen der Reiseflughöhe sticht eine grelle Warnlampe, begleitet von einem Warnton, ins Auge. Die gelbe Lampe mit der Aufschrift »Cabin Hi Alt« signalisiert, dass die Druckkabine offensichtlich an Druck verliert. Der Copilot, immer noch *Pilot Flying,* gibt die Anweisung:

»Start memory items!«

Blitzschnell werden die Sauerstoffmasken aufgesetzt und die Mikrofone in den Masken eingeschaltet, damit sich die Besatzung untereinander verständigen kann. Der Kapitän drückt auf einen Knopf am *Overhead Panel,* und die *Discharge Valves* – die Ventile, die die verbrauchte Kabinenluft ins Freie befördern – schließen sich. Dann greift er wieder zur *Abnormal Checklist* und beobachtet weiter die Anzeige des Kabinendrucks. Und tatsächlich: Der Druck stabilisiert sich, die Anzeige wandert langsam wieder in den grünen Bereich. Erleichtert werden die Sauerstoffmasken abgesetzt und wieder in die Halterung neben den Sitzen gehängt.

Eine Minute später ist von hinten ein lauter Knall zu hören. Das Cockpit füllt sich schlagartig mit weißem Nebel, in der Passagierkabine fallen die Sauerstoffmasken aus den Deckenhalterungen, und die Temperatur sinkt blitzartig unter den Gefrierpunkt. Wohl wissend, dass man in dieser Höhe ohne Sauerstoff nur noch kurze Zeit handlungsfähig ist, setzt die Besatzung schnell wieder die Sauerstoffmasken auf. Während der Kapitän über Funk einen Notruf abgibt, reißt der erste Offizier die Schubhebel auf Leerlauf, trimmt die Flugzeugnase steil nach unten, stellt am *Course Selector* des Autopiloten eine Richtungsänderung von 45° nach links ein, damit die Maschine schnell die Luftstraße verlässt und keine unter ihr fliegenden Maschinen gefährdet. Die Nadel der Fahrtmesseranzeige klettert rasch nach oben. Doch bevor sie die rote Markierung überschreiten kann, zieht der Erste Offizier den Hebel zum Ausfahren der Bremsklappen und trimmt die Nase wieder leicht nach oben. Zwei Klappen im Heck fahren hydraulisch aus und bremsen die Maschine ab. Die Nadel des Fahrtmessers bleibt dicht vor der roten Markierung stehen. Mit fast 2000 m pro Minute fällt die Maschine dem Erdboden entgegen.

Der Kapitän prüft derweil rasch in den Luftfahrtkarten die Sicherheitsmindesthöhe und beginnt die Checkliste abzuarbeiten. Ganze drei Minuten später wird bereits eine Höhe von 10.000 ft (etwa 3000 m) erreicht: genug, um ohne Sauerstoff normal atmen zu können. Die Besatzung beendet den Sturzflug, nimmt die Sauerstoffmasken ab und informiert Fluglotsen und Kabine, dass alles unter Kontrolle ist und der Flug in dieser Höhe normal fortgesetzt werden kann.

Bereits einige Minuten später kann der Anflug auf den Zielflugplatz eingeleitet werden. Doch 20 nm (*nautical miles* = nautische Meilen; mal 1,853 = etwa 37 km) vor dem Zielflugplatz werden plötzlich am Triebwerk Nr. 1, das schon einmal kurz nach dem Start ausgefallen war, starke Vibrationen angezeigt. Der Copilot reduziert den Schub an diesem Triebwerk etwas, doch die Vibrationen bleiben. Der Besatzung bleibt keine andere Wahl, als das Triebwerk – streng nach Checkliste – abzuschalten und den Anflug mit drei Triebwerken fortzusetzen.

Zu allem Unglück ist das Wetter am Zielflughafen miserabel: Regen, Vereisungsgefahr und niedrige Wolkenuntergrenzen – ein Wetter, bei dem selbst die Vögel zu Fuß gehen. Zehn Meilen vor dem Platz empfängt die Besatzung die automatische Gleitweganzeige und leitet den Sinkflug ein. Regen prasselt gegen die Cockpitscheibe, und draußen sieht man nichts als grau in grau. 1000 ft Höhe, 500 ft – noch immer ist nichts von der Landebahn zu sehen. 200 ft: Angestrengt versuchen die Piloten die Lichter der Landebahn zu erkennen, doch nichts als grau in grau. Ein Durchstarten wird unvermeidlich: Die Schubhebel werden nach vorne gedrückt, die Landeklappen um zwei

Stufen eingefahren und die Nase leicht angehoben.

Im gleichen Moment kommt wieder ein Warnsignal, begleitet von einem schrillen Warnton.

Triebwerk Nr. 2 ist ausgefallen.

Jetzt laufen nur noch die Triebwerke auf der rechten Seite und dies, wegen des Durchstartmanövers, unter Voll-Last. In Anbetracht dieser ungewohnten Kräfteverhältnisse – Schub nur noch unter der rechten Tragfläche – will das Flugzeug schlagartig nach links ausbrechen. Der Erste Offizier reagiert blitzschnell. Durch einen kraftvollen Tritt ins rechte Seitenruder zwingt er die Maschine wieder in die richtige Richtung und verhindert so im letzten Moment den sicheren Absturz. Er muss alle Kraft aufwenden, um die Richtung zu halten. Mit der linken Hand greift er schnell zur Seitenrudertrimmung und dreht sie, bis der Druck aufs Bein nachlässt. Als die Maschine wieder normal geradeaus fliegt, beginnt das rechte Bein bereits vor Anstrengung zu zittern.

Obwohl nur noch zwei Triebwerke laufen, beginnt die Maschine langsam und träge zu steigen. Jetzt kann das Fahrwerk eingefahren werden, der Luftwiderstand nimmt ab, und die Maschine sollte jetzt eigentlich etwas schneller steigen. Doch zunehmender Eisansatz scheint dies zu verhindern. Die Maschine erreicht mühselig eine Höhe von 3000 ft. Von dem vorangegangenen Anflug weiß man, dass die Wolkengrenze in 3500 ft liegt. Die Besatzung entscheidet sich, in Anbetracht des zunehmenden Eisansatzes auf 4000 ft zu steigen und dort vor dem nächsten Anflug erst einmal in Ruhe die Checklisten abzuarbeiten.

Der Kapitän informiert die Flugsicherung entsprechend und arbeitet auf Anwei-sung des Ersten Offiziers wieder die *Abnormal Checklist* ab, während der Erste Offizier mit einem erneuten Anflug beginnt in der Hoffnung, dass sich das Wetter etwas gebessert hat.

Und tatsächlich, in einer Höhe von 250 ft tauchen verschwommen die Landebahnlichter in dem Wolkenbrei auf. 20 Sekunden später setzt die Maschine auf und rollt rumpelnd aus.

Sofort stürzen sich die Techniker auf die Maschine. Es handelt sich um keinen großen Defekt, und das Flugzeug ist bis zum nächsten geplanten Start wieder einsatzbereit. Das Wetter hat sich deutlich gebessert, und bei strahlend blauem Himmel startet die inzwischen etwas erschöpfte Besatzung zum nächsten Flug.

Diesmal ist der Kapitän *Pilot Flying,* und sein erster Offizier unterstützt ihn bei der Flugdurchführung. Ohne weiteren Defekt kommt die Maschine in die Luft, alle vier Triebwerke summen ruhig und gleichmäßig. Alles sieht nach einem entspannten Flug aus. Doch es sollte auch diesmal nicht sein.

Die gelbe Lampe mit der Aufschrift »Flap Inop« zeigt an, dass die Landeklappen nicht mehr einwandfrei funktionieren. Dies deutet auf einen anstrengenden Anflug hin: Ohne Landeklappen erhöht sich die Anfluggeschwindigkeit um rund 50 Prozent, und die Landestrecke verdoppelt sich. Da der Zielflugplatz nur über eine kurze Landebahn von 2000 m verfügt, beschließt die Besatzung, zum Startflugplatz mit seiner 3.400 m langen Bahn zurückzukehren.

Wegen des inzwischen schönen Wetters entschließt sich der Kapitän für einen Sichtanflug. Die Checklisten für Sinkflug, Anflug und Landung werden schnell noch abgearbeitet. Der »Co« sucht aus seinen

Tabellenwerken die für den Anflug erforderlichen Geschwindigkeiten heraus und setzt die entsprechenden Markierungen am Fahrtmesser.

Dann schießt die Maschine mit 350 km/h statt der gewohnt gemütlichen 200 km/h auf die Landebahn zu. Beide Piloten sind hochkonzentriert. Anfluggeschwindigkeit und Ausrichtung des Flugzeuges müssen genau stimmen, um die Landestrecke nicht mehr als unbedingt nötig zu verlängern. Doch alles passt. Der Kapitän hat einen meisterhaften Anflug hingelegt, und das Flugzeug setzt bereits kurz hinter dem Beginn der Bahn mit genau der richtigen Geschwindigkeit auf. Um auf Nummer sicher zu gehen, bremst er die Maschine stark ab. Doch für ein erleichtertes Aufatmen ist es noch zu früh.

Mit einem dumpfen Knall neigt sich das Flugzeug nach links und versucht auszubrechen: Aufgrund der hohen Aufsetzgeschwindigkeit sind beide Reifen am linken Hauptfahrwerk geplatzt. Mit dem Seitenruder versucht der Kapitän die schlingernde Maschine mühselig auf der Bahn zu halten. Zu allem Unglück durchdringt im gleichen Moment ein schriller Feueralarm das Cockpit. Ein Blick auf das Anzeigebrett bestätigt den Verdacht. Anscheinend sind Reifenfetzen in die APU geflogen, die Hilfsturbine für den Bodenstrom im Heck, und haben sie in Brand gesetzt. Der Kapitän lässt die Maschine zunächst ausrollen, bleibt auf der Landebahn stehen und zieht die Parkbremse.

Dann beginnt wieder Hektik im Cockpit. Auf die Anweisung des Kapitäns: »Start memory items, prepare emergency evacuation!« werden alle Triebwerke und die APU abgeschaltet, vorbeugend sämtliche Feuerlöscher abgeschossen und der Tower sowie die Kabine über die bevorstehende Evakuierung informiert. Schnell wird noch zur Checkliste gegriffen, um vor der Evakuierung zu prüfen, ob kein wichtiger Punkt vergessen wurde. Dann erst greift der Kapitän erneut zum Mikrophon und ordnet per Lautsprecheransage die Evakuierung an, wegen des Feuers im Heck ausschließlich über die vorderen Notrutschen.

Doch bevor es dazu kommt, durchdringt plötzlich gleißend helles Licht das Cockpit. Die Deckenbeleuchtung ist angegangen. Von hinten klopft den bis auf die Haut durchgeschwitzten Piloten eine beruhigende Hand freundlich auf die Schulter und sagt:

»Gut gemacht! *Simulator check* beendet – und beide bestanden!«

So oder so ähnlich sieht ein Checkflug im Simulator bei einer Fluggesellschaft aus, der für eine Typenberechtigung zu absolvieren und danach alle sechs Monate zu wiederholen ist: ein ganzes Berufsleben lang.

Bis dahin ist es jedoch noch ein weiter und oft steiniger Weg.

Der eine oder andere wird nun sagen, dies sei nichts für ihn und sich nach einem ruhigen Schreibtischjob umsehen. Andere werden unsere Piloten wie zwei Helden aus einem Roman oder Kinofilm betrachten. Menschen, die in schwierigen Eignungstests und Prüfungen gezeigt haben, was für Kerle sie sind, die eine hochkomplexe, viele Millionen Dollar teure Maschine bedienen dürfen, die die Verantwortung für Menschenleben tragen und sich ständig neuen Herausforderungen stellen dürfen. Menschen, die durch ständiges Training ein Leben lang auf dem höchsten Stand der Technik und ihres persönlichen Könnens gehalten werden. Und nicht zuletzt Menschen, die obendrein noch viel Geld verdienen, fremde Länder bereisen und ihr Leben in Luxushotels, umgeben von hübschen Stewardessen verbringen dürfen.

So oder ähnlich träumen viele junge Menschen – ob Schulabgänger oder Seiteneinsteiger aus den unterschiedlichsten Berufen – vom Pilotenjob.

Das vorliegende Buch wird Ihnen nicht zuletzt auch zeigen, dass der oben beschriebene Checkflug meist das einzig aufregende am Pilotenberuf ist und mit der Wirklichkeit im realen Cockpit nur wenig zu tun hat. Und auch dieses kleine Abenteuer wird im Laufe der Zeit Routine. Denn letztendlich werden – mit kleinen Abweichungen – immer die gleichen Notfälle abgehandelt.

Was also macht ein Pilot?

Ein Flugzeugführer ist ein technischer Spezialist, der eine komplexe Maschine möglichst routiniert bedienen soll. Dafür muss er sich ein umfangreiches Fachwissen erarbeiten. Er muss durch den Erwerb verschiedener Lizenzen alles über das Umfeld lernen, in dem er seine Maschine bewegt, also das Luftverkehrssystem, die technischen und naturwissenschaftlichen Grundlagen, das Wetter und dergleichen. Und er muss in einem anstrengenden Typenlehrgang die Funktion aller Systeme seiner Maschine verstehen und deren Bedienung erlernen.

Aufgrund seiner Kenntnisse wird er dabei auch zu einem Experten für Unfallverhütung. Mithin muss er sein Fachwissen einsetzen, um durch Maßnahmen, die Außenstehenden oft langweilig, penibel und überflüssig erscheinen, von vornherein jedes auch nur im Entfernten denkbare Abenteuer und Risiko zu vermeiden.

Dies alles setzt neben Fachwissen eine gewisse Intelligenz voraus und Persönlichkeitsmerkmale, die auch zu vielen anderen anspruchsvollen Berufen qualifizieren würden. Ein Pilot muss auch eine hohe körperliche Belastbarkeit mitbringen. Dienstzeiten von bis zu 14 Stunden, Schlafmangel, *Jetlag* (Beschwerden nach Überfliegen mehrerer Zeitzonen) und auch Klimaunterschiede dürfen Aufmerksamkeit und klares Denken nicht beeinträchtigen.

Die Einstellungstests für Piloten gehören daher zu den anspruchsvollsten überhaupt. Doch dazu später in diesem Buch mehr.

Während aber beispielsweise ein Ingenieur, Arzt, Rechtsanwalt oder Manager für eine bestimmte Aufgabenstellung auf der Basis des erworbenen Wissens und der Erfahrung kreativ eine eigene, individuelle Lösung entwickeln kann, wäre eine solche Vorgehensweise für einen Flugzeugführer völlig unangebracht. Bei einem sich mit 800 km/h vorwärts bewegenden Flugzeug sind Handgriffe und Entscheidungen gefragt, die nicht lange und unter allen Aspekten durchdacht werden können. Wie auch das Kapitel »Beruf und Risiko« noch ausführlicher zeigen wird, würde ein unkalkulierbares Risiko entstehen, wenn in einer Fluggesellschaft, die mehrere hundert oder tausend Piloten beschäftigt, jeder Pilot für eine bestimmte technische Störung oder einen Routineablauf aus der jeweiligen individuellen Erfahrung heraus eine eigene Lösung entwickeln würde. Dieser kreative Denkvorgang wird dem Piloten durch andere abgenommen, wie etwa die Ingenieure des Flugzeugherstellers, eine Gruppe erfahrener Flugkapitäne sowie Techniker im Luftfahrtunternehmen und

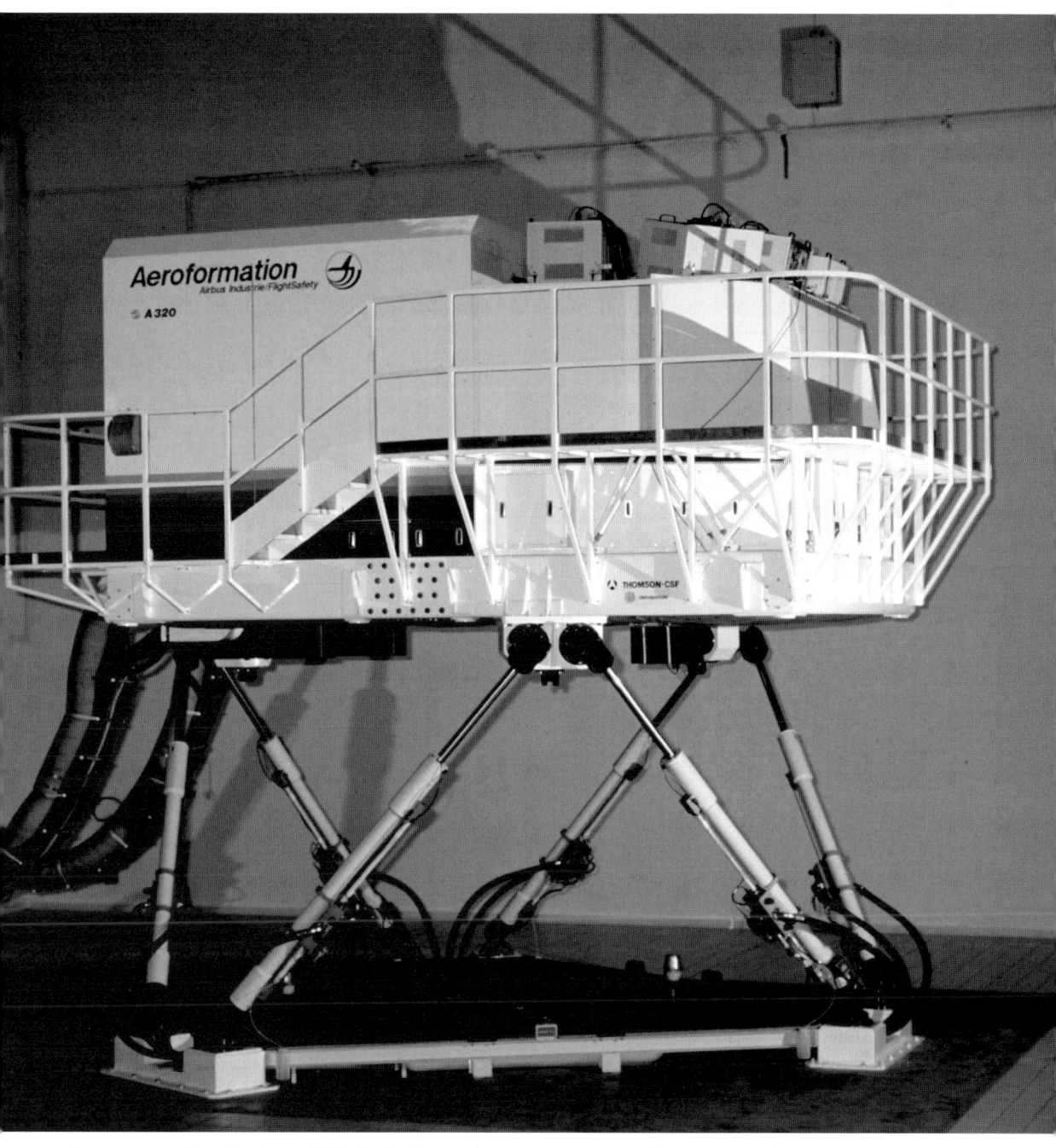

Anstrengender als das wirkliche Leben – Simulatortraining (siehe auch Seite 32)
(Foto Airbus)

bei den Aufsichtsbehörden. Der Pilot bekommt letztendlich nur noch fertige Lösungen anhand von Checklisten geliefert, die er peinlich genau abarbeiten muss.

Der oben beschriebene Checkflug klingt zunächst spannend. Doch in der Praxis soll er zum genauen Gegenteil eines Abenteuers führen. So gut wie kein Störfall in einem Flugzeug erfordert sekundenschnelles Handeln: Für jeden denkbaren Störfall gibt es exakte Vorgaben, die nach Checklisten zügig, aber dennoch routiniert und sachlich abgearbeitet werden. Die Piloten haben alle erforderlichen Handgriffe hundertmal geübt und sollten sie im Idealfall ohne Aufregung wie am Fließband abwickeln können – ähnlich einem Mechaniker, der routiniert und ohne tief schürfende Gedanken immer wieder Teil für Teil und Schraube für Schraube zusammensetzt.

Der Pilot ist also letztendlich jemand, der im wahrsten Sinne des Wortes darauf dressiert wird, immer wieder die gleichen Handgriffe routinemäßig abzuklopfen. Das fliegerische Abenteuer, das viele Berufsanfänger erwarten, bleibt dabei auf der Strecke. Denn Fliegen ist nur dann sicher, wenn auch der letzte Handgriff – ob in normalen oder Notsituationen – routinemäßig, unaufgeregt und leicht von der Hand geht.

Für eigene Kreativität bleibt dort wenig Spielraum. Die dem Piloten verbleibende Kreativität liegt einzig in der Unfallverhütung: Nämlich aufgrund der vorhandenen Erfahrung alle Situationen zu erkennen und zu vermeiden, die eventuell Probleme bereiten könnten. Wer wirklich kreativ arbeiten, selber Lösungen entwickeln und wirklich eigene Entscheidungen treffen will, der ist in diesem Beruf fehl am Platz.

Fliegen muss in der Praxis so routiniert und weit weniger glanzvoll funktionieren, als es sich der Laie vorstellt. Denn Fliegen wird nicht dadurch sicher, dass die Flugzeugkonstrukteure ihre Piloten vor schwer lösbare Aufgaben stellen, sondern im Gegenteil die Technik so entwickeln, dass diesen immer mehr kritische Entscheidungen abgenommen werden. In kaum einem anderen Bereich hat die Forschung so viele Anstrengungen unternommen, um die Abenteuer der Pionierjahre nach und nach in routinierte Langeweile zu verwandeln.

Wäre dies nicht der Fall, wären die Millionen Starts, die täglich weltweit stattfinden, ein so großes Risiko für die Menschheit, dass man sie verbieten müsste.

Daher werden 99,99 Prozent aller Piloten das oben beschriebene Szenario während ihres gesamten Berufslebens – außer im Simulator – niemals erleben. Sicher gibt es, wie bei jeder technisch komplexen Maschine, im harten Alltagseinsatz regelmäßig die eine oder andere Störung, aber zum Glück nie in der oben beschriebenen Häufung. Und wenn es doch einmal eine fliegerische Situation gibt, die mit einem abenteuerlichen Manöver gemeistert werden muss, dann ist sie weitaus seltener als ein Lottogewinn, eben weil die Kunst des Fliegens darin besteht, so vorauszuplanen, dass man gar nicht erst in solche Situationen kommt.

Der Alltag eines Piloten ist daher weitaus trockener, als viele denken, und seine eventuell vorhandene Abenteuerlust muss auch ein Pilot eher in seiner Freizeit befriedigen.

Was bleibt ist die Verantwortung für die anvertrauten Menschen, für das bis zu 200 Millionen Dollar teure Fluggerät und für dessen wirtschaftlichen Betrieb. Um dem gerecht zu werden, muss sich der Verkehrsflugzeugführer mit seinem Wissen und Können stets auf dem höchstmöglichen Niveau bewegen. Es sind eben sehr viele Handgriffe zu lernen – und dazu gehören ein wacher Geist, eine technisch naturwissenschaftliche Grundbegabung, eine schnelle Auffassungsgabe und eine gute Konzentrationsfähigkeit. Dies alles aber in einem normalen Rahmen.

Und natürlich bleibt das Reisen. Wer gerade die Schule abgeschlossen und die letzten 13 Jahre in miefigen Klassenzimmern zugebracht hat, der freut sich in der Regel auf neue Herausforderungen. Er möchte viel unterwegs sein, andere Länder, Städte und Menschen kennen lernen. Doch irgendwann sehen alle Hotelzimmer gleich aus, und das Reisen wird genauso zur lästigen Routine wie das Schulzimmer zuvor. In der jeweiligen Stadt oder dem jeweiligen Hotel war man schon hundertmal gewesen. Man ist nach einem anstrengenden Frühdienst zu müde, um noch einmal auszugehen, und während die Familie oder die Freunde zu Hause etwas Interessantes unternehmen, liegt man allein auf dem Hotelbett vor dem Fernseher und wartet auf den nächsten Flug. Wer dies einige

Jahre durchlebt und vielleicht inzwischen Familie und Kinder hat, die weinen, wenn Papa (oder auch Mama) wieder auf Reisen geht, findet die Hotelaufenthalte nicht mehr so spannend wie am Anfang.

Natürlich gibt es auch in der Fliegerei noch Jobs, in denen die vielen Hotelaufenthalte durch überdurchschnittliche Bezahlung und Freizeitregelungen kompensiert werden. Aber diese raren Jobs sterben zunehmend aus.

Wer den Pilotenberuf ergreift, muss sich daher überlegen, ob er es auch die nächsten 30 Jahre spannend finden wird, ein Drittel des Jahres in langweiligen Hotelzimmern zu verbringen, oder ob er seine Reiselust nicht doch lieber auf anderen Wegen befriedigen will. Es gibt durchaus Menschen, die nach einiger Zeit merken, dass sie dieses – zuvor verlockend erscheinende – Leben im Hotel nicht verkraften und dadurch in psychische Probleme getrieben werden.

Damit haben wir schon einige erste Einblicke in den Berufsalltag bekommen. Bevor wir diese mit weiteren Themen vertiefen, beschäftigen wir uns zunächst mit den verschiedenen Wegen ins Cockpit, also mit den individuellen Voraussetzungen für den Pilotenberuf und mit der Ausbildung.

Wer darf Pilot werden?

Medizinische Voraussetzungen

Beim Pilotenberuf sind die gesundheitlichen Grenzen zur Arbeitsunfähigkeit enger gesteckt als in den meisten anderen Berufen. Neben den Checkflügen ist daher der regelmäßige Besuch beim Fliegerarzt eine weitere ungeliebte Pflicht.

Die Einführung flugmedizinischer Untersuchungen ist auf den ersten Weltkrieg zurückzuführen. Damals stellte man fest, dass mehr Besatzungen infolge lascher Auswahlverfahren und gesundheitlicher Probleme verloren gingen als durch feindlichen Beschuss. Deshalb machten sich die Mediziner an die Definition erster flugmedizinischer Standards, deren Entwicklung bis heute nicht abgeschlossen ist.

Während in der Anfangsphase ein Tauglichkeitszeugnis noch vom Hausarzt ausgestellt werden konnte, hat sich im Laufe der Zeit mit der Flugmedizin ein eigenes Fachgebiet entwickelt. Ärzte mit flugmedizinischer Zulassung sind häufig selbst Privatpiloten, die die Tauglichkeitsuntersuchungen neben ihrer normalen Praxisarbeit betreiben. Einige Fliegerärzte investieren mehr Geld, um »current« (zur Durchführung der Untersuchungen berechtigt) zu bleiben, als ihnen die Untersuchungen finanziell einbringen – sie sind nicht zuletzt mit einer gewissen Liebe zur Fliegerei dabei.

Die Fliegerärzte sind aber nicht nur dazu da, Piloten tauglich oder untauglich zu schreiben. Viele Erkrankungen sind heilbar, und so ist es auch Aufgabe des Fliegerarztes, frühzeitig auf gesundheitliche Beeinträchtigungen hinzuweisen und Behandlungen anzuregen, die vielleicht ohne fliegerärztliche Untersuchung gar nicht zustande kommen würden.

Die Fortschritte in der Flugmedizin haben dazu geführt, dass heute deutlich mehr Piloten tauglich geschrieben werden können als noch vor einigen Jahren. Gründe dafür sind:

- bessere Medikamente mit geringeren Nebenwirkungen,
- moderne Diagnoseverfahren, die deutlicher zwischen einer flugmedizinisch bedenklichen und unbedenklichen Erkrankung unterscheiden können,
- detailliertere Erkenntnisse hinsichtlich flugphysiologischer Auswirkungen bestimmter Erkrankungen,
- neue Heilverfahren.

Große Fluggesellschaften – wie etwa die Lufthansa – leisten sich eigene flugmedizinische Abteilungen. Kleinere Fluggesellschaften haben frei niedergelassene Fliegerärzte unter Vertrag oder überlassen es ihren Piloten, sich selbst einen Fliegerarzt zu suchen.

Neben den üblichen Prüfungen der Blutwerte wird besondere Aufmerksamkeit dem Herz-Kreislaufsystem, den Augen und eventuell vorhandenen Krankheiten gewidmet. Erwartet werden nicht durchtrainierte Superathleten, sondern ein durchschnittlich guter Gesundheitszustand ohne Risikofaktoren. Dennoch kann man letztere nie vollkommen ausschließen. Fälle, in denen Piloten mit einem Herzinfarkt bewusstlos über dem Steuerknüppel zusammenbrechen, sind zwar selten, kommen aber trotz fliegerärztlichem »Okay« vor.

Die Verkehrsfluggesellschaften trainieren das Verhalten in derartigen Fällen während der Ausbildung ihrer Ersten Offiziere. Da kann es dann einem neuen Copiloten während seiner ersten Ausbildungsflüge im Linieneinsatz passieren, dass der Kapitän plötzlich bewusstlos zusammenbricht. Der »Co« sollte dann so schnell wie möglich erkennen, dass mit seinem Kollegen etwas nicht stimmt, nach einer kleinen Schrecksekunde das Steuer nebst Kommando übernehmen und den Flug im Alleingang sicher zuende führen. »Crew Member Incapacity« nennen die Ausbildungskapitäne, die während derartiger Manöver auf dem linken Sitz Platz nehmen, diese Übung.

Um diese Situation in der Praxis möglichst selten entstehen zu lassen, wurden für Piloten verschiedene medizinische Tauglichkeitsklassen eingeführt. Durch die europäische Harmonisierung wurde die frühere Tauglichkeitsklasse II für Berufspiloten abgeschafft. Diese müssen jetzt – ebenso wie Verkehrspiloten – die Tauglichkeit der Klasse I nachweisen, also die höchsten Anforderungen erfüllen. Das Tauglichkeitszeugnis der Privatpiloten, früher in der Klasse III angesiedelt, ist jetzt zur Klasse II befördert worden, wobei die Anforderungen im Rahmen der Europäisierung eher geringer geworden sind.

Oberste flugmedizinische Instanz ist nach den neuen europäischen Richtlinien die »Aeromedical Section – AMS«, angesiedelt beim Luftfahrt-Bundesamt (LBA).

Ihr sind vier bis fünf »Aeromedical Centers – AMC« unterstellt. Die freien Fliegerärzte, europaweit »Aeromedical Examiner – AME« genannt, sind den AMC unterstellt.

Klasse II

Die Untersuchungen für Privatpiloten kann jeder Fliegerarzt – also AME – machen. Während Privatpiloten nach den alten deutschen Richtlinien alle zwei Jahre zum Fliegerarzt mussten, sind die Untersuchungsintervalle jetzt an das Lebensalter gekoppelt.

Alter	Gültigkeitsdauer Klasse 2	Intervalle
Klasse 1	Klasse 2	
Bis 30 Jahre	1 Jahr	5 Jahre
30 bis 39 Jahre	1 Jahr	2 Jahre
40 bis 49 Jahre	6 Monate	2 Jahre
50 bis 64 Jahre	6 Monate	1 Jahr
Über 65 Jahre	---	6 Monate

Privatpiloten, die fluguntauglich werden, können unter bestimmten Umständen die zeitlich begrenzte Ausnahmegenehmigung bekommen, mit einem *Safety Pilot* (Sicherheitspiloten) zu fliegen.

Klasse I

Die Erstuntersuchung für die Klasse I können nur *Aeromedical Centers – AMCs* – vornehmen. Für die Folgeuntersuchungen kann sich dann jeder einen entsprechend zugelassenen freien Fliegerarzt – AME – suchen.

Bei der Klasse I sind die Anforderungen höher und die Untersuchungsintervalle, wie die oben stehende Tabelle zeigt, kürzer. Das heißt: Wer nach Klasse II tauglich ist, kann trotzdem bei der Untersuchung nach Klasse I durchfallen.

Piloten unter 40 Jahre müssen sich einmal im Jahr untersuchen lassen, ab 40 Jahre wird der Termin beim »Doc« alle sechs Monate fällig. Hinzu kommt einmal im Jahr der Besuch beim Augenarzt.

Wenn Sie eine Laufbahn als Berufs- oder Verkehrspilot planen, sollten Sie sich zur Sicherheit gleich auf die Klasse I untersuchen lassen, auch wenn Sie zunächst nur die Privatpilotenlizenz erwerben.

Nach Ablauf der Gültigkeit wird aus dem *Medical* Klasse I automatisch ein *Medical* Klasse II mit der vom Lebensalter abhängigen längeren Gültigkeit von bis zu 5 Jahren.

Wen das eine oder andere Wehwehchen plagt, der muss sich bei folgenden Problemen eventuell auf ein Nein des Fliegerarztes einstellen:

- Blutdruck,
- Diabetes Mellitus,
- Druckausgleichsprobleme im Mittelohr,
- Farbenblindheit,
- Fehlsichtigkeit,
- Herzinfarkt,
- Herzklappenfehler,
- Lungenfunktionsstörungen,
- Nervenleiden,
- Neurologische Anfallsleiden,
- Nieren- oder Gallensteinkoliken,
- Offenes Trommelfell,
- Schielen,
- Schilddrüsenüberfunktion,
- Schwerhörigkeit,
- Suchterkrankungen.

Im Einzelfall hängt dies vom jeweiligen Grad der Erkrankung ab. Die folgende Tabelle gibt die Intervalle für die wichtigsten Untersuchungen wieder:

Art der Untersuchung	Zeitraum
EKG:	bei Erstuntersuchung
40 bis 49 Jahre:	alle 2 Jahre
50 bis 64 Jahre:	jährlich
über 65 Jahre:	alle 6 Monate
Hörtest	Für Instrumentenflugberechtigung bei
danach:	Erstuntersuchung,
unter 40 Jahre:	alle 5 Jahre
über 40 Jahre:	alle 2 Jahre
Bluttest (Hämoglobin)	bei Erstuntersuchung
Lipämie (Cholesterinspiegel)	nur bei Feststellung von zwei oder mehr Herzrisiken
Atemtest (Lungenfunktion)	bei Erstuntersuchung mit 40 Jahren
Ab 40 Jahre:	alle 4 Jahre
Röntgen des Brustraumes	nur, falls benötigt
Sehtest	bei Erstuntersuchung bei Erneuerung der Lizenz
Hals, Nase, Ohren	bei Erstuntersuchung bei Erneuerung der Lizenz bei Bedarf
Analyse des Urins	bei jeder Untersuchung

Meldepflicht

Auch außerhalb der Untersuchungsintervalle will der Fliegerarzt über besondere Vorkommnisse informiert werden. Folgende Fälle müssen dem AME oder der zuständigen Behörde gemeldet werden:

- stationäre Klinikaufenthalte von mehr als 12 Stunden Dauer,
- chirurgische oder invasive Eingriffe,
- regelmäßige Einnahme von Medikamenten,
- ständiges Tragen einer Sehhilfe,
- Verletzungen oder Erkrankungen, die für mehr als 21 Tage fluguntauglich machen, und
- Schwangerschaft.

Medizinisch bedingte Berufsunfähigkeit

Wenn ein Kollege von einem Tag zum anderen plötzlich selbst bei Frühdiensten seinen Kaffeekonsum im Cockpit reduziert (des Blutdrucks wegen), das Feierabendbier weglässt (der Leberwerte wegen) oder auf dem von der Stewardess ins Cockpit gereichtem Tablett die Wurst liegen lässt (der Cholesterinwerte wegen), dann weiß man, dass der nächste Fliegerarzttermin ins Haus steht.

Das eine oder andere ist hier sicher übertrieben, denn in der Regel werden keine gesundheitlichen Probleme zur Fluguntauglichkeit führen, die sich durch das Fortlassen von zwei Wurstscheiben für einige Tage korrigieren lassen. Aber wer sich eh mit bestimmten Risikofaktoren wie Bluthochdruck oder ähnlichem herumschlagen muss, der kann oft durch eine angemessene Ernährung und regelmäßige sportliche Betätigung – und zwar ständig und nicht nur vor dem Fliegerarzttermin – seine Flugtauglichkeit erhalten.

Wer den Pilotenberuf ergreift, muss sich darüber im Klaren sein, dass er ein wesentlich höheres Risiko eingeht, berufsunfähig zu werden, als in jeder anderen Berufsgruppe.

Mit steigendem Alter und zunehmenden Beschwerden wird die Untersuchung also immer auch ein wenig von der Angst begleitet sein, eines Tages »gegroundet« (an den Boden verbannt) zu werden.

Auch wenn es für den Einzelnen ein schweres Schicksal sein kann, ist natürlich die Feststellung der Flugtauglichkeit im Interesse der Allgemeinheit, dient sie doch der Flugsicherheit. Die Grenzen zwischen Flugtauglichkeit und Untauglichkeit sind jedoch fließend, und die flugmedizinische Wissenschaft kann in dem einen oder anderen Fall durchaus unterschiedlicher Meinung sein. Doch irgendwer muss die Grenze festlegen und definieren. Wo sie auch liegt, sie wird selten zu 100 Prozent richtig sein und stets von beiden Seiten kritisiert werden.

Selbst nationale und mentalitätsbedingte Unterschiede spielen eine Rolle. Deutliche Unterschiede gab es zum Beispiel bisher zwischen der deutschen und der amerikanischen Luftfahrt. Ein befreundeter Fliegerarzt, der deutsche und amerikanische Eignungsuntersuchungen abnimmt, hat es einmal so formuliert:

»Die Amerikaner urteilen nach dem Grundsatz: Jeder hat das Recht zu fliegen. Dieses Recht darf nur eingeschränkt werden, wenn flugmedizinische Störungen vorliegen, die die Sicherheit des Luftverkehrs gefährden könnten. Die deutsche Bürokratie betrachtet Fliegen eher als ein Privileg, das nur ausüben darf, wer bestimmte flugmedizinische Hürden nimmt.«

Nur so kann man hierzulande flugmedizinische Ablehnungsbescheide nachvollziehen, die in den USA als Diskriminierung verstanden werden. In der Privatfliegerei haben beispielsweise Bewerber mit bestimmten körperlichen Gebrechen – wie etwa Amputationen – in den USA bessere Chancen auf ein *Medical* als in Deutschland. Wer hierzulande längst einen endgültigen Ablehnungsbescheid hätte, erhält dort oft noch die Chance, in einem so genannten *Medical Flight Test* nachzuweisen, dass er trotz seines Gebrechens sicher fliegen kann. Die neuen europäischen Richtlinien führen allerdings zukünftig auch in Deutschland zu einigen Erleichterungen. So wird es auch hier zukünftig die Möglichkeit eines *Medical Flight Test* geben.

Aber auch in der Verkehrsfliegerei gibt es Fälle, in denen sich deutsche Piloten bereits auf ihrer Berufsunfähigkeitsrente ausruhen, während ihre ausländischen Leidensgenossen weiter fliegen müssen. Dies führt jedes mal zu Problemen, wenn ein deutscher Berufspilot seine Versicherung bei einer ausländischen Gesellschaft abgeschlossen hat und diese die in Deutschland festgestellte Berufsunfähigkeit nicht akzeptieren will.

Mich fragen aber auch immer wieder Flugschüler um Rat, die in Deutschland kein *Medical* bekommen, es sich aber trotzdem in Kopf gesetzt haben, irgendwo auf der Welt – egal wo – Flugzeugführer zu werden.

Nun, wie in jeder ausufernden Verwaltungsbürokratie gibt es auch in der Flugmedizin Vorschriften, die an der Praxis vorbeigehen und unsinnig sind. Wer das Opfer einer solchen Vorschrift wird und rein zum Spaß in seiner Freizeit fliegen will, sollte in solchen Fällen durchaus über die Grenze schauen. Es gibt viele deutsche Privatpiloten, die einen amerikanischen PPL haben, dort ein- bis zweimal im Jahr einen Fliegerurlaub verbringen – wie andere ihren Skiurlaub – und damit ihren persönlichen Bedarf an Flugspaß decken.

Wer eine Laufbahn als Berufs- oder Verkehrspilot anstrebt, sollte schon etwas genauer nachdenken und sich in Grenzfällen medizinisch eingehend beraten lassen. Denn auch wer im Ausland nach den dort geltenden gesetzlichen Bestimmungen ein *Medical* bekommen würde, kann trotzdem an den medizinischen Eingangsvoraussetzungen der großen Airlines scheitern. Und unterhalb der Großluftfahrt als Pilot zu arbeiten ist im Ausland von den Arbeitsbedingungen und der Bezahlung her oft noch weniger attraktiv als hierzulande. Ganz zu schweigen von den Hürden hinsichtlich Aufenthaltsgenehmigung, Arbeitserlaubnis usw. Auch wenn ein derartiger Einsatz für eine berufliche Existenz prinzipiell lobenswert ist, konnte ich bisher nur selten beobachten, dass er von Erfolg gekrönt war. Jeder, der ein medizinisches Problem hat, das in seinem Heimatland zur Untauglichkeit führt, sollte zunächst das Buch zu Ende lesen und dann in Ruhe entscheiden, ob die persönlichen Berufsaussichten die langwierige und kostenträchtige internationale Suche nach medizinischen Lücken tatsächlich wert sind. Vielleicht stellt sich ja heraus, dass der Wunschtraum doch eher von einem verklärten Berufsbild geprägt wurde und sich die Energie in einem anderen Beruf sinnvoller einsetzen lässt.

Wen die Untauglichkeit erst nach einigen Berufsjahren erwischt, der ist sicher besser dran, wenn er vor der Fliegerei einen anderen qualifizierten Beruf erlernt hat.

Der eine oder andere Seiteneinsteiger unter den Fliegern hält daher gerne seine Kenntnisse und Kontakte zu seinem alten Beruf aufrecht.

Der Umgang mit der Fluguntauglichkeit ist zwar von *Airline* zu *Airline* etwas unterschiedlich – allgemein muss man jedoch damit rechnen, dass das Arbeitsverhältnis nach endgültiger Feststellung der dauernden Fluguntauglichkeit innerhalb der gesetzlichen oder tarifvertraglich vereinbarten Kündigungsfristen endet. Dies kann bedeuten, dass bereits drei Monate später kein Gehalt mehr auf dem Konto eingeht. Endgültige Feststellung heißt: Es gibt über dem Fliegerarzt noch eine höhere Instanz, die beim Luftfahrt-Bundesamt angesiedelt ist und in begründeten Fällen auch Ausnahmeregelungen zulassen kann. Nur die großen Fluglinien haben genug Potenzial, um fluguntauglichen Mitarbeitern andere qualifizierte Bodentätigkeiten anbieten zu können.

Loss-of-Licence-Versicherung

Finanziell lässt sich das Risiko durch so genannte *Loss-of-Licence*-Versicherungen (LoL-Versicherung) abfedern. Mit den in Deutschland üblichen 175.000 bis 250.000 Euro als Versicherungssumme kann man sich zwar nicht gleich zur Ruhe setzen, aber zumindest wird ein beruflicher Neuanfang erleichtert. Allerdings sind diese Versicherungen nicht gerade billig. Die jährlichen Prämien liegen bei 0,8 Prozent der Versicherungssumme: Das sind bei 250.000 Euro Versicherungssumme rund 170 Euro monatlich. Wer als junger Copilot mit weniger als 1500 Euro im Monat nach Hause kommt und erst noch seine Ausbildungskosten

abbezahlen muss, wird sich schwer tun, diesen Betrag abzuzweigen.

Wer erst nach Überschreiten des 55. Lebensjahres fluguntauglich wird, hat zwar ein Berufsleben lang bezahlt, bekommt aber nur noch einen Teil der Versicherungssumme ausgezahlt. Denn diese reduziert sich zwischen dem 55. und 60. Lebensjahr nach einer festgelegten Staffel von 100 auf 0 Prozent. Um am Ende auf jeden Fall etwas herauszubekommen, wird die *Loss-of-License*-Versicherung gerne mit einer Lebensversicherung kombiniert.

Wie bei jeder Versicherung gibt es auch bei der LoL viel Kleingedrucktes, das die Versicherungsgesellschaft im Falle eines Falles vor der Zahlung schützen soll. Man sollte daher die Angebote kritisch vergleichen und genau prüfen, ob die Versicherung in Anbetracht der persönlichen Lebensumstände und Vermögensverhältnisse sinnvoll ist. Es soll auch Piloten geben, die behalten ihre 170 Euro Versicherungsprämie und kaufen sich dafür regelmäßig Aktien einer Versicherungsgesellschaft. Wer am Ende mehr hat, hängt davon ab, wie lange Sie flugtauglich bleiben und wie gut die Versicherungsgesellschaft wirtschaftet.

Vorsicht ist auch im Hinblick auf die versicherte Tätigkeit angebracht. Wer beispielsweise sein Geld als Fluglehrer verdient, braucht oft einen anderen Vertrag als ein Verkehrspilot.

Nebenbei gesagt: Wem seine Lizenz aufgrund anderer, nicht medizinischer Umstände entzogen wird, der kann bereits am Tage seines Lizenzentzuges seine Gehaltsansprüche verlieren. Dies muss besonders derjenige beachten, der regelmäßig mit dem Auto in die Kneipe fährt. Denn ein Führerscheinentzug kann auch einen Entzug der Pilotenlizenz zur Folge haben – und dagegen schützt leider keine Versicherung.

Ausbildungskosten-Versicherung

Flugschüler auf dem Wege zum ATPL haben ein spezielles Problem: Sie investieren eine sechsstellige Summe – ohne Garantie auf einen Job. Zudem gehen sie das Risiko ein, im Falle einer schweren Erkrankung oder eines Unfalles die bereits investierten Ausbildungskosten ohne jede Kompensation zu verlieren. Derartige Fälle kommen vor, und eine *Loss-of-Licence*-Versicherung gibt es erst für fertige Piloten. Diese Lücke hat die *Accent Europe Insurance Company Ltd.* erkannt und auf interessante Weise geschlossen. Wer bei dieser Gesellschaft eine Ausbildungskosten-Verlustversicherung für Flugschüler abschließt, kann von folgenden Leistungen profitieren:

- Zahlung der laufenden monatlichen Ausbildungskosten im Falle vorübergehender Fluguntauglichkeit,
- Zahlung der nachgewiesenen Gesamtkosten der Ausbildung im Falle endgültiger Fluguntauglichkeit.

Die Versicherung gilt bis zum Ende der Ausbildung (maximal 36 Monate) und kostet pro 100.000 DM Versicherungssumme zur Zeit:

- bis 24 Jahre: 380 DM
- 25-29 Jahre: 600 DM
- 30-34 Jahre: 850 DM

Im Anbetracht der Gesamtkosten also eine durchaus erträgliche Prämie, die dem Flugschüler zumindest eine Last von den Schultern nimmt.

Die maximale Versicherungssumme liegt derzeit bei 150.000 DM.

Noch ein Wort zu diesem Thema am Rande:

In dem vorliegenden Buch werden Sie an zahlreichen Stellen Hinweise auf die finanziell angespannte Ausnahmesituation finden, in der sich ein Flugschüler im Vergleich zu anderen Berufsausbildungen befindet. Gerade in Deutschland muss er damit rechnen, dass alle Beteiligten versuchen werden, sich eine möglichst große Scheibe von dem 50-100.000 Euro großen Etat des Flugschülers abzuschneiden. Nach dem Motto: »Wer soviel Geld ausgibt, hat auch ein paar Tausender mehr übrig«, verfahren unter anderem auch die Behörden. Denn wer vor lauter Prüfungsstress und einem vielleicht nicht ganz ausgeheilten grippalen Infekt beim nächsten *Medical* ein paar Zacken im EKG hat, den muss sein Fliegerarzt untauglich schreiben. Die endgültige Entscheidung über die Fliegerkarriere obliegt dann dem fliegerärztlichen Ausschuss. Für die bürokratische Feststellung, dass alles halb so schlimm ist (oft nach Aktenlage), kassiert die Behörde von dem meist hoch verschuldeten Flugschüler gleich noch einmal 1600 DM (!). Der muss natürlich zahlen, will er seine bisher investierten Ausbildungskosten nicht verlieren. »Profitcenter« nennt das Luftfahrt-Bundesamt (LBA) diese Form der Haushaltssanierung.

Weitere Informationen zu dieser Versicherung erhalten Sie von der *Vereinigung Cockpit* (Frankfurter Str. 233, 63263 Neu-Isenburg).

Schulbildung

Wer einen ATPL machen will, muss das Abitur haben oder gleichwertige Kenntnisse in Mathematik, Physik und Englisch nachweisen. Wer also kein Abitur hat, muss sich die entsprechenden Kenntnisse aneignen und vor Ausbildungsbeginn eine entsprechende Prüfung ablegen – »Nachweis der fachlichen Voraussetzungen« nennt sich das Ganze.

Das Vorliegen der fachlichen Voraussetzungen muss man sich durch einen vom LBA anerkannten Sachverständigen bescheinigen lassen, der hierfür natürlich ebenfalls Geld nimmt – und auch eine Prüfung abnehmen kann.

Diese Regelung ist nachvollziehbar, denn um dem ATPL-Stoff folgen zu können, sind naturwissenschaftliche Grundkenntnisse erforderlich. Weniger erfreulich ist dagegen, was unsere deutsche Verwaltungsbürokratie daraus gemacht hat. Während etwa jeder deutschen Hochschule die Vorlage eines Abiturzeugnisses ausreicht, um zu studieren, sagt das LBA: »Die Vorlage eines Abiturzeugnisses führt nicht automatisch zu einer Befreiung von der Prüfung oder von Prüfungsteilen.«

So musste ich selbst – als fertig studierter und im Fachbereich physikalische Ingenieurwissenschaften promovierter Ingenieur – nachweisen, dass ich über Kenntnisse in Physik und Mathematik verfüge. Der Nachweis bestand dann darin, dass ich dem Sachverständigen, der als Dipl.-Ing. ein Kollege war, zusammen mit einem Scheck über 140 DM Kopien meiner Zeugnisse sandte und einige Tage später die Bescheinigung bekam. Was hätte er auch prüfen sollen? Eines der vielen Ärgernisse deutscher Luftfahrtbürokratie, das allerdings durch die Einführung der europäischen Lizenzen neu geregelt werden soll.

Aber auch wenn man ohne Abitur mit Hilfe der Ersatzprüfung an einen ATPL kommt, sollte man sich einer lebenslangen Einschränkung bewusst sein:

Gerade die großen, internationalen Airlines setzen häufig das Abitur oder eine Fachhochschulreife für eine Einstellung voraus. Kollegen bei kleineren Regionalgesellschaften haben mitunter das Nachsehen, wenn ihnen trotz mehrerer tausend Stunden Erfahrung und intensiver Fachkenntnisse ein weniger erfahrener Kollege mit Abitur den angestrebten Job bei einer größeren Airline wegschnappt.

Ansonsten zählen bei einer Einstellung in Deutschland eigentlich nur zwei Kriterien: Flugstunden und die Ergebnisse im Einstellungstest. Es ist zur Zeit noch nicht zu erkennen, dass sonstige Zusatzqualifikationen wie etwa ein technisch orientiertes Studium Vorteile bei der Einstellung bringen. Dies ist im Ausland zum Teil anders. Besonders die großen amerikanischen Fluglinien sehen bei ihren Bewerbern gerne technisch orientierte Zusatzqualifikationen. Möglicherweise wird sich dies auch in Deutschland ändern, wie wir später noch sehen werden.

Sprachkenntnisse

Die Sprache, die alle Piloten weltweit verbindet, ist Englisch. Außer der Computertechnik wird kaum ein Fachbereich weltweit so vom Englischen beherrscht wie die Fliegerei.

Wenn Sie mit der Fliegerei beginnen und zunächst die Privatpilotenlizenz erwerben, können Sie sich noch auf Deutsch durchschlagen. Es gibt zahlreiche deutschsprachige Lehrbücher, und Sie können die Prüfung auf Deutsch ablegen.

Je weiter Sie dann in die Fliegerei eindringen, desto stärker steigen auch die sprachlichen Anforderungen.

Schon die nächste Stufe, die Instrumentenflugberechtigung, verlangt zumindest gute Englisch-Grundkenntnisse, denn der komplette Sprechfunk wird nun in Englisch abgewickelt, auch innerhalb der deutschen Grenzen. Aber auch, wer als Sichtflieger ins Ausland fliegen will, kommt nicht mehr ohne englischen Sprechfunk zurecht. Vereinfachend ist jedoch, dass es sich ausschließlich um Standardphraseologie handelt, die man mit ein wenig Übung schnell beherrscht, auch ohne ein Sprachtalent zu sein.

Wer in der Allgemeinen Luftfahrt *(General Aviation)* bleibt und sich auf kleinere Flugzeuge beschränkt, wird mit diesen englischen Grundlagen zeitlebens zurechtkommen.

Höher werden die Anforderungen, wenn man auf ein Verkehrsflugzeug umsteigt.

Verkehrsflugzeuge werden weltweit verkauft, und kein Hersteller macht sich die Mühe, Handbücher in unterschiedlichen Sprachen herauszubringen – ganz zu schweigen vom Haftungsrisiko für die verschiedenen Übersetzungen. Das bedeutet, dass alle Dokumentationen für das Flugzeug in Englisch verfasst sind. Auch der theoretische Unterricht für das *Type Rating* beim Hersteller findet in Englisch statt. Man muss hierzu zwar kein verhandlungssicheres Englisch beherrschen, sollte aber in der Lage sein, alles zu verstehen und das technische Fachvokabular gut beherrschen. Theorielehrgänge für Typenberechtigungen laufen sehr konzentriert ab: zwei bis drei Wochen täglich acht Stunden Unterricht mit Prüfung am letzten Tag. Zum Vokabelheraussuchen und Übersetzen bleibt da wenig Zeit.

Auch die deutschen Fluggesellschaften gehen heute immer mehr dazu über, ihre firmeninterne Dokumentation – wie Flugbetriebshandbücher und dergleichen – auf Englisch zu verfassen. Der scheinbare Vorteil liegt auf der Hand: Sie können sich auf dem gesamten europäischen Arbeitsmarkt bedienen und sind nicht auf deutschsprachiges Personal angewiesen. Allerdings haben einige *Airlines* gegen diese Tendenz Bedenken: Die Gegner international gemischter Besatzungen sagen, dass eine Crew einen Notfall besser beherrscht, wenn sie sich untereinander in ihrer Muttersprache verständigen kann. EU und *Joint Aviation Authority (JAA)* werden dennoch den Trend zu internationalen Besatzungen verstärken.

Wer sich bei einer ausländischen Gesellschaft bewerben möchte, tut sich daher leichter, wenn er neben Englisch auch die jeweilige Landessprache beherrscht.

Dies alles heißt zwar nicht, dass man bei Beginn der Pilotenausbildung schon sehr gute Englischkenntnisse haben muss. Aber wer von seinem Schulenglisch nur wenig behalten hat, und dies geht vielen so, der muss sich darüber im Klaren sein, dass er die ersten Jahre seiner Pilotenkarriere, speziell während der Ausbildung, einer Vertiefung seiner Sprachkenntnisse widmen muss.

Hierzu gibt es vielfältige Möglichkeiten. Eine der effektivsten ist sicher ein Fliegeraufenthalt im so genannten Mutterland der Fliegerei (was historisch betrachtet natürlich nur zum Teil richtig ist), den USA. Wer es sich leisten kann, drei Monate in die USA zu gehen, um ein wenig Flugunterricht zu nehmen und Stunden zu sammeln, hat dann meist mit dem Fliegerenglisch keine Probleme mehr. Sie können dort auf ein vielfältiges Angebot an englischsprachigem Lehrmaterial in Form von Fach- und Übungsbüchern, Video- und Computerlehrgängen zurückgreifen – Material, das man zu einem Bruchteil der in Deutschland üblichen Preise erwerben kann.

Trainingsflüge mit amerikanischen Fluglehrern und der tägliche »Hangartalk« auf den Flugplätzen führen schnell zu den gewünschten Fortschritten. Allerdings sollten Sie dann nicht gerade auf einem deutschsprachigen Fluglehrer bestehen, sondern sich, auch wenn es anfangs mühselig ist, mit einem Amerikaner durchbeißen.

Die Fluggesellschaften verlangen natürlich bei einer Einstellung englische Sprachkenntnisse. Einige Gesellschaften, wie zum Beispiel die Lufthansa, haben in den Einstellungstest einen Englischtest integriert. Andere setzen einfach voraus, dass ein fertig ausgebildeter ATPL-Pilot ausreichend Englisch spricht, ohne die Kenntnisse im Einzelnen zu überprüfen.

Alter

Das Mindestalter für das Ausstellen der Privatpilotenlizenz beträgt nach der neuen JAR-FCL 17 Jahre. Die Ausbildung kann bereits mit 16 Jahren begonnen werden. Nach den alten deutschen Bestimmungen konnte der PPL erst mit 18 Jahren ausgestellt werden. Für den CPL muss man 18 Jahre und für den ATPL 21 Jahre alt sein, wobei man die Ausbildung mit 19 Jahren beginnen kann.

Da der Pilotenberuf wie kaum ein anderer Beruf von Seiteneinsteigern durchdrungen ist, wird häufig die Frage gestellt, bis zu welchem Höchstalter der Beginn einer Ausbildung lohnt. Diese Frage lässt sich leider nicht eindeutig beantworten.

Die folgende Tabelle zeigt durchschnittliche Einstellungsvoraussetzungen einiger deutscher Airlines. Diese Zahlen sind aber keine absoluten Größen. Je nach Bedarf werden die Anforderungen ständig herauf- oder herabgesetzt. So hatte die Lufthansa City Line das Eintrittsalter Ende 1999 sogar vorübergehend auf 43 Jahre angehoben, um eine starke Fluktuation in diesem Jahr ausgleichen zu können.

Fluggesellschaft	Voraussetzungen	Höchstalter
Augsburg Airways	---	---
Britannia	1000 Std. auf FAR/JAR 25 Flugzeugen	---
Cimber Air	1000 Gesamtflugstunden	---
Deutsche BA	Ex-Flugschule, DLR-Test, SIM-Screening	35 Jahre + 364 Tage
Eurowings	Weiß-Test	---
Hapag Lloyd	300 Std. bei vorh. Typerating, sonst firmeninterne Ausbildung	38
LTU	1000 Stunden, davon 750 Std. auf Flugzeugen über 5,7 t MTOW, DLR-Test, Screening	32
LH City Line	ex Flugschule, DLR-Test, Grunduntersuchung, SIM-Screening, Hauptuntersuchung	35 + 364
Lufthansakonzern	ex Flugschule, primär Schüler der LFT, DLR-Test	32 + 364
Condor	wie Lufthansakonzern	36 + 364
LCAG	1000 Flugstunden	37 + 364

Daraus wird ersichtlich, dass die Luft in der Verkehrsfliegerei mit Mitte 30 langsam dünner wird.

Rechnet man zwei Jahre für den Erwerb der Lizenzen und plant weitere zwei bis drei Jahre für den Aufbau von etwas Flugerfahrung, verbunden mit der Suche nach dem endgültigen Arbeitsplatz, dann sollte man spätestens Anfang 30 mit der Verkehrspilotenausbildung begonnen haben. Dies ist aber bei weitem keine starre Regel und hängt immer von der aktuellen Lage auf dem Arbeitsmarkt ab. So werden die Altersgrenzen bei den einzelnen Gesellschaften schon mal je nach Bedarf und Angebot auf dem Arbeitsmarkt herauf- oder herabgesetzt. Gesellschaften ohne Angaben (---) haben in der Regel überhaupt keine starren Altersgrenzen.

Besonders Regionalfluggesellschaften, die zwangsläufig geringere Gehälter zahlen als Langstreckengesellschaften, werden von vielen Piloten als Einsteiger-*Airline* betrachtet: Nachwuchspiloten nutzen diese Gesellschaften, um ein *Type Rating* und Erfahrungen auf einem Verkehrsflugzeug zu sammeln, um dann mit dieser Erfahrung auf besser bezahlte Jobs zu wechseln. Regionalfluggesellschaften beklagen daher oft eine hohe Fluktuation, die der Sicherheit und dem reibungslosen Ablauf des Flugbetriebes nicht förderlich ist, da ständig Know-how abfließt. Deshalb stellen diese Gesellschaften mitunter auch gerne ältere Piloten ein in der Hoffnung, dass diese aufgrund der Altersbeschränkungen anderer Airlines länger bei der Stange bleiben. So können auch vereinzelt noch Piloten mit Anfang bis Mitte vierzig eine Chance haben. Wenn diese bis zur Pension 15 Jahre in der Firma bleiben, sind sie den Gesellschaften manchmal lieber als ein Fünfundzwanzigjähriger,

der nach einem Jahr wieder verschwunden ist. Ältere Semester sollten dann allerdings schon etwas Flugerfahrung aus anderen Bereichen mitbringen.

Von Bedeutung ist auch die so genannte *Seniorität*. Wer bei einer Fluggesellschaft anfängt, startet in der untersten Gehaltsstufe, egal ob er 21 oder 41 Jahre alt ist. Wer spät anfängt wird deshalb schon ein beträchtliches Alter erreicht haben, bis er in interessante Gehaltsgruppen vorgestoßen ist.

Im Hinblick auf das Alter spielt aber auch eine weitere Überlegung eine Rolle:

Wer heute mit einer Pilotenausbildung beginnt, kann unmöglich voraussagen, wie der Arbeitsmarkt nach Abschluss der Ausbildung aussehen wird. Eine Flaute von zwei bis drei Jahren bis zur ersten erfolgreichen Bewerbung ist eher die Regel als die Ausnahme. Wer sich also bereits mit Anfang bis Mitte zwanzig zum Piloten ausbilden lässt, der kann auch leichter eine Flaute auf dem Arbeitsmarkt aussitzen. Und sitzt er erst einmal in einem Cockpit, kann er jeden Boom zu einem lukrativen Wechsel nutzen – Wechsel, die mit höherem Einkommen, interessanteren Strecken und größeren Flugzeugen verbunden sind. Ältere Piloten können meist froh sein, wenn sie noch einen Job bekommen haben, und bleiben dann bis zur Altersgrenze bei einer Gesellschaft hängen. Und wer noch keine Stelle hat, für den wird das Risiko größer, nach der nächsten Flaute auf dem Arbeitsmarkt endgültig zu alt zu sein.

Was braucht man sonst noch?

In Deutschland braucht man für alles Mögliche eine Geburtsurkunde, so auch für die Fliegerei, sie muss also bei Beginn der Ausbildung vorliegen. Dann muss man noch beim Einwohnermeldeamt ein Behördenführungszeugnis »O« oder »P« beantragen und in Flensburg einen Auszug aus dem Sündenregister.

Zu guter Letzt muss noch eine formlose Erklärung abgegeben werden, dass keine schwebenden Strafverfahren anhängig sind. Vorstrafen, hoher Punktestand in Flensburg, Alkoholsünden und dergleichen wecken bei den Behörden Zweifel an der persönlichen Zuverlässigkeit und können einen Ausschluss von der Ausbildung zur Folge haben.

Nebenbei gesagt:
Verkehrs- oder sonstige Sünden mit strafrechtlicher Konsequenz sind auch eine gute Möglichkeit, die teure Lizenz später schnell wieder loszuwerden. Das Luftfahrt-Bundesamt (LBA) kann in begründeten Fällen die Erlaubnis widerrufen. Wer also als Pilot mit einem Glas zuviel am Steuer seines Autos erwischt wurde, hat in der Regel ein Problem. War es das erste Mal und liegt der Blutalkoholgehalt unter 1,6 Promille, kann man noch mit einer Verwarnung davonkommen. War es schon das zweite Mal oder kommen noch Straßenverkehrsdelikte hinzu, wird das Luftfahrt-Bundesamt eine psychologische Beurteilung anordnen. Der Psychotest ist auch fällig, wenn der Blutalkoholgehalt über 1,6 Promille liegt. Ferner kann er angeordnet werden, wenn jemand mehrfach gegen die Straßenverkehrsregeln verstoßen hat. Dabei muss dann nicht unbedingt Alkohol im Spiel sein.

Wer mit Alkohol im Cockpit erwischt wird, ist seine Lizenz meist – je nach Lage des Einzelfalles – sofort los. Dass eigentlich der Autopilot die Schlangenlinien geflogen habe wird dabei als Ausrede nicht akzeptiert.

Das Problem »Alkohol im Cockpit« ist übrigens gar nicht so weit hergeholt, wie man auf den ersten Blick vielleicht vermutet. Piloten sind auch nur normale Menschen: Genauso wie es unter der restlichen Bevölkerung einen gewissen Prozentsatz an Alkoholikern gibt, gibt es diesen auch unter der Gruppe der Piloten. Große Fluggesellschaften, die mehrere tausend Piloten beschäftigen, haben dieses Problem längst als Krankheit erkannt, nehmen die Betroffenen vorübergehend aus dem Dienst und lassen sie von Fachleuten betreuen.

Hat jemand sonstige Straftaten begangen, muss das LBA berücksichtigen, ob diese einen Einfluss auf die Zuverlässigkeit als Luftfahrzeugführer haben können. Auch hier wird eine psychologische Eignungsuntersuchung Aufschluss geben.

Das LBA bekommt zwar nicht automatisch Informationen über alle Sünden. Man muss aber jeweils bei der Lizenzverlängerung eine Erklärung über entsprechende Strafverfahren abgeben. Das Luftfahrt-Bundesamt ist dabei berechtigt, über den einzelnen Piloten bei den zuständigen Stellen – wie bei Bundeszentralregister, Kraftfahrt-Bundesamt und Gerichten – Informationen einzuholen.

Welche Lizenzen gibt es für Piloten?

Obwohl die »International Civil Aviation Organisation« (ICAO), der die meisten Luftfahrt betreibenden Staaten angeschlossen sind, einige Mindestanforderungen für die Pilotenausbildung festgelegt hat, hat bisher bei Ausbildung und Erteilung der Lizenzen jedes Land sein eigenes Süppchen gekocht. Entsprechend schwer tut man sich mit der gegenseitigen Anerkennung. So kann zum Beispiel ein amerikanischer Pilot mit Verkehrspilotenlizenz seinen Jumbo problemlos von New York nach Frankfurt steuern. Wollte er sich dagegen bei einer deutschen Gesellschaft bewerben, hätte er große Schwierigkeit, seine Lizenz in Deutschland anerkennen zu lassen.

Umgekehrt müsste der deutsche Kapitän seine gesamte Verkehrspilotenprüfung wiederholen, um in den Besitz der entsprechenden US-Lizenz zu kommen. Bei einem seit Jahrzehnten weltweit verknüpftem Luftverkehrssystem eigentlich ein deutliches Armutszeugnis für die Luftfahrtbürokraten dieser Welt, geprägt durch nationales Kleinkrämertum.

Nach jahrelangem Tauziehen zwischen den nationalen Luftfahrtbehörden und Verbänden hat man es jetzt zumindest auf europäischer Ebene geschafft, der internationalen Harmonisierung von Pilotenlizenzen einen Schritt näher zu kommen.

Das europäische »Flight Crew Licensing Committee« (FCLC) hat ein Dokument erarbeitet, das als »Joint Aviation Requirements – Flight Crew Licensing« oder kurz »JAR-FCL« bekannt geworden ist. Dieses Dokument wurde am 8. Oktober 1996 formell von der europäischen Luftfahrtbehörde JAA angenommen. Nach Ratifizierung durch die Europäische Kommission wurde es als »Joint Aviation Requirement« (JAR) in die europäische Gesetzgebung übernommen. 1997 haben die einzelnen Mitgliedstaaten mit der Harmonisierung ihrer Flugausbildung und Lizenzerteilung begonnen.

Aber die Probleme bei der Umsetzung waren dann doch größer als man dachte. Am 1.7.1999 sollten die FAR-FCL in Kraft treten, und die nationalen Bestimmungen sollten bis dahin an dieses Dokument angepasst sein. Kurzfristig wurde dieser Termin wieder abgesagt und die Einführung auf das Jahr 2000 verschoben.

Während früher jedes europäische Land auf Grundlage nationaler Ausbildungsrichtlinien seine eigenen Lizenzen ausgestellt hat, sind nach der JAR-FCL Ausbildung, Erwerb, Verlängerung und Erneuerung von Erlaubnissen und Berechtigungen in ganz Europa einheitlich geregelt.

Der Vorteil liegt auf der Hand. Privat-, Berufs- und Verkehrspiloten können so von ihren Lizenzen europaweit Gebrauch machen, ohne durch umständliche Anerkennungsverfahren ausgebremst zu werden. Die europäische Harmonisierung hat

Klein und Groß in Formation –
Kunstflugstaffel Red Arrows
und Airbus
(Foto Airbus)

auch zu einer Angleichung von Sicht- und Instrumentenflugregeln sowie weiterer Betriebsvorschriften geführt. Während in der Vergangenheit eigentlich nur den US-Lizenzen sowie dem dortigen Ausbildungssystem eine internationale Bedeutung zugesprochen werden konnte, gibt es nun mit dem europäischen ein weiteres Ausbildungssystem von internationaler Bedeutung: Damit ist eine deutsche Pilotenlizenz international kein Exot mehr.

Interessant ist dabei, dass nicht nur die Länder der EU der JAR angehören, sondern zahlreiche weitere Länder beigetreten sind:

- Belgien
- Dänemark
- Deutschland
- Finnland
- Frankreich
- Griechenland
- Großbritannien
- Irland
- Island
- Italien
- Luxemburg
- Malta
- Monaco
- Niederlande
- Norwegen
- Österreich
- Polen
- Portugal
- Schweden
- Schweiz
- Slowakei
- Slowenien
- Spanien
- Tschechische Republik
- Türkei
- Ungarn
- Zypern

Auch für die deutschen Lizenzen ändert sich einiges, und während der Übergangszeit wird sicher auch noch das eine oder andere durcheinander geraten. Daher sehen Sie es mir bitte nach, falls sich nach Erscheinen des Buches noch einzelne Details ändern sollten. Im vorliegenden Buch wird ausschließlich auf die neuen JAR-Lizenzen eingegangen. Wer sich in der Übergangszeit noch für die alten deutschen Lizenzen interessiert, findet hierüber Hinweise in den deutschen Gesetzestexten der entsprechenden Fassung. Grundlage für die deutschen Lizenzen sind die Paragraphen 4 und 5 des *Luftverkehrsgesetzes (LuftVG)*. Details sind dann in der *Verkehrszulassungsordnung (LuftVZO)*, der *Verordnung über Luftfahrtpersonal (LuftPersV)* und die *Richtlinien des Bundesministers für Verkehr für die Ausbildung und Prüfung des Luftfahrtpersonals*. Die LuftVZO legt in den Paragraphen 20 bis 37 unter anderem fest:

- wer eine Erlaubnis benötigt,
- welche Erlaubnisbehörde für die Erteilung zuständig ist,
- welche Voraussetzungen vor Beginn der Ausbildung zu erfüllen sind,
- wie eine Erlaubnis beantragt und erteilt wird.

Art, Umfang und fachliche Voraussetzungen einer Erlaubnis richten sich nach der LuftPersV und den Richtlinien des Bundesministers für Verkehr. Diese Richtlinien und die oben genannten Gesetzes- und Verordnungstexte sind auf verschiedene Hefte verteilt, die über den Fachhandel zu beziehen sind (Adressen im Anhang).

Doch nun zurück zu den JAR-Lizenzen:

Je nach Art der fliegerischen Tätigkeit gibt es verschiedene Lizenzen, die man in seinem Fliegerleben erwerben kann. Zunächst unterscheidet man zwischen der *Privatpilotenlizenz*, der *Berufspilotenlizenz* und der *Verkehrspilotenlizenz*. Darüber hinaus gibt es verschiedene Zusatzqualifikationen. Die wichtigsten sind Instrumentenflug- und Typenberechtigungen. Dann gibt es die Nachtflugberechtigung, Lehrberechtigung, Einweisungsberechtigung, Schleppberechtigung, Absetzberechtigung und die Qualifikation als Sachverständiger.

Privatpilotenlizenz

Stellen Sie sich vor, Sie haben rund 170 Millionen Dollar übrig, lieben geräumige Flugzeuge und kaufen sich einen Großraumjet der neuesten Generation, etwa eine Boeing 747-400. Sofern Sie ihn zu rein privaten Zwecken nutzen, höchstens mal ab und zu die Oma auf einem Rundflug mitnehmen, aber von dieser kein Geld verlangen, reicht die Privatpilotenlizenz. Vorausgesetzt natürlich, Sie haben eine rund 50.000 Dollar teure Typenberechtigung für den Jumbo erworben. Aber die spendiert Boeing Ihnen bei Unterzeichnung des Kaufvertrages.

Die Privatpilotenlizenz berechtigt Sie, alle in Ihrer Lizenz eingetragenen Muster zu fliegen, sofern die Flüge im nicht gewerbsmäßigen Luftverkehr stattfinden und von Ihnen nicht gewerbsmäßig und nicht berufsmäßig durchgeführt werden. Sie dürfen also nicht für ein Luftfahrtunternehmen fliegen, und Sie dürfen auch nicht ein Privatflugzeug gegen Entgelt steuern. Und Sie dürfen zunächst nur nach Sicht fliegen.

Ausnahmen

Vom Verbot gewerbsmäßiger oder berufsmäßiger Tätigkeit gab es in der Vergangenheit zwei Ausnahmen: Man durfte mit einer zusätzlich erworbenen Lehrberechtigung als Fluglehrer arbeiten und nach Erwerb der Schleppberechtigung Gegenstände schleppen – hinter Flugzeugen versteht sich. Nach den neuen JAR-Bestimmungen darf ein Fluglehrer ohne CPL nur noch unentgeltlich tätig werden, etwa in der Vereinsausbildung.

Für den, der mit der Fliegerei kein Geld verdienen will, ist dies schon mal eine ganze Menge Spaß. Und der kann auch eine Nummer kleiner als in einer 747 beginnen. Ein Privatpilot startet normalerweise seine Karriere auf einer kleinen zweisitzigen Kolbenmotormaschine mit 110 PS, feststehendem Fahrwerk und Propeller, deren Bedienung von durchschnittlich begabten Zeitgenossen in einigen Stunden zu erlernen ist.

Je nach Geldbeutel arbeitet man sich dann weiter nach oben. Die nächste Stufe sind viersitzige Flugzeuge mit 160 PS, wie die Cessna 172 oder Piper 28, ebenfalls mit festem Fahrwerk und Propeller. Dann kommen leistungsstärkere Motoren, Einziehfahrwerk, Verstellpropeller, Turbolader, Druckkabine, Enteisung, Radar, zwei Motoren, sechs Sitzplätze und dergleichen – was eben das Bankkonto so hergibt.

Auch kleinere Turboprops wie die King Air 90 oder *Businessjets* (Geschäftsreiseflugzeuge) wie der Citationjet werden durchaus noch zu privaten Zwecken von Selbstfliegern gesteuert. Dementsprechend reichen die Anschaffungspreise für Privatflugzeuge von wenigen zehntausend bis zu mehreren Millionen Dollar. Die Stunden-Mietpreise beginnen bei rund 150 DM und gehen bis zu mehreren tausend DM.

Ein kleiner Trost:

Es werden immer nur die reinen Flugstunden bezahlt, nicht die Standzeiten.

Die Preise für den PPL reichen in Deutschland von 6000 bis 10.000 Euro, je nach Anbieter.

Instrumentenflugberechtigung

Die nächste Stufe ist keine Lizenz, sondern eine Zusatzqualifikation, die in die bestehende Lizenz eingetragen wird. Als frisch gebackener Privatpilot sind Sie nämlich zunächst nur Schönwetterpilot: Nach Verlassen des Flugplatzes fliegen Sie so lange, wie Sie ausreichende Sicht nach draußen haben, anderen Luftverkehr erkennen und entsprechend ausweichen können.

Damit haben Sie bereits ein großes Handikap.

Denn in unseren Breitengraden werden Sie nur etwa die Hälfte aller Flüge zu dem Zeitpunkt und an den Ort durchführen können, den Sie geplant haben. Mit der anderen Hälfte der Flüge wird Petrus bereits andere Pläne haben. Wer hier seine Trefferquote etwas erhöhen will, gönnt sich eine Instrumentenflugberechtigung. Nach Instrumenten zu fliegen bedeutet, nicht mehr frei nach Lust und Laune durch die Gegend zu fliegen, dafür aber in gewissen Grenzen wetterunabhängiger zu sein. Vor jedem Instrumentenflug wird der Flugsicherung ein entsprechender Flugplan übergeben. Die Flugsicherung kennt dadurch zum Beispiel das Flugzeug, die geplante Flughöhe, den Flugweg, den Zielflugplatz, die Flugzeit. Sie wird dann Ihren gesamten Flug vom

Start bis zur Landung so führen und überwachen, wie es Ihren beabsichtigten Plänen am nächsten kommt. Während des gesamten Fluges erhalten sie von Fluglotsen, die den Flugweg auf ihren Radarschirmen verfolgen, Anweisungen hinsichtlich Flughöhe, Richtung und mitunter auch Geschwindigkeit. Dadurch soll der Instrumentenflieger gegenüber anderen Flugzeugen gestaffelt werden. Die Verantwortung für die Kollisionsvermeidung, die beim Sichtflug alleine der Pilot trägt, geht zum größten Teil auf den Fluglotsen über. Der nimmt dann auch keine Rücksicht mehr auf schlechte Sicht oder Wolken, sondern erwartet, dass der Pilot in der Lage ist, sein Flugzeug ohne Sicht nach außen mitten durch die Wolken zu steuern.

Die Instrumentenflugausbildung ist zwei- bis dreimal so teuer wie ein PPL, doppelt so umfangreich und erfordert recht intensives Lernen. Sie wird daher oft als der größte Schritt innerhalb einer Pilotenausbildung bezeichnet.

Das Steuern eines Flugzeuges nur nach Instrumenten, ohne Sicht nach außen, macht dabei nur einen kleinen Teil der Ausbildung aus. Hinzu kommen spezielle Navigations- und Flugverfahren für Abflug, Streckenflug und Anflug und die damit zusammenhängenden Sprechfunkverfahren. Die technischen und physikalischen Hintergründe müssen genauso gelernt werden wie die entsprechenden gesetzlichen Vorschriften. Auch die meteorologischen Kenntnisse müssen tiefer gehen als bei einem Sichtflieger.

Wer eine Instrumentenflugberechtigung erwirbt, kommt mit den erworbenen Fertigkeiten der professionellen Fliegerei einen großen Schritt näher. Er wird seine persönliche Sicherheit, auch im Sichtflug,

deutlich erhöhen. Der Instrumentenflug ist die sicherste Art, sich durch die Luft zu bewegen. Vorausgesetzt der Pilot beherrscht die entsprechenden Verfahren. Wer als reiner Privatflieger eine Instrumentenflugberechtigung erwirbt, muss sich darüber im Klaren sein, dass die Aufrechterhaltung der Fertigkeiten regelmäßige fliegerische Praxis erfordert – mehr als im Sichtflug. Sie macht keinen Sinn für denjenigen, der die Pilotenlizenz nur der Lizenz wegen macht und zeitlebens gerade an den Mindestanforderungen zur Lizenzverlängerung vorbeischrammt.

Für Berufspiloten ist die Instrumentenflugberechtigung, von ganz wenigen Ausnahmen abgesehen, eine Grundvoraussetzung, um überhaupt einen Job zu bekommen. Sie wird in diesem Fall sinnvollerweise vor der Berufspilotenberechtigung erworben.

Einen ATPL gibt es nur mit IFR-Berechtigung. Dort ist sie also Bestandteil der Ausbildung, wenn sie nicht schon vorher erworben wurde.

Mit der Instrumentenflugberechtigung darf man Präzisionsanflüge bis zu einer Entscheidungshöhe von 200 ft oder 60 m fliegen. Bei einem Präzisionsanflug gibt ein Instrument im Cockpit die Richtung zur Landebahn und den Gleitweg für einen kontinuierlichen Sinkflug vor. 200 ft über Grund muss während des Anfluges die Landebahn in Sicht sein. Wenn nicht, muss man durchstarten und sein Glück auf einem anderen Flugplatz versuchen. Dies heißt aber nicht, dass man immer bis 200 ft fliegen muss. Es ist jedem Piloten vorbehalten, sich – je nach individueller Erfahrung – höhere Untergrenzen zu setzen. Mitunter schreiben auch die Luftfahrtunternehmen frisch gebackenen Ka-

Schreibtisch mit Joystick – das Cockpit eines A 340
(Foto Ingried Friedl/ Lufthansa)

pitänen einen Aufschlag auf diese 200-ft-Grenze vor.

Mit zusätzlichem Training – und bei entsprechender Ausstattung der Flugzeuge und der angeflogenen Flugplätze – kann diese Grenze später zunächst halbiert und dann sogar auf null herabgesetzt werden. Das entsprechende Training wird dann aber direkt bei den Fluggesellschaften absolviert.

Berufspilotenlizenz

Die Lizenz zum Geldverdienen ist die Berufspilotenlizenz, die »Commercial Pilot Licence« (CPL), wenn auch nur die Einstiegslizenz.

Mit einem CPL darf man zunächst einmal berufsmäßig tätig werden. Was man mit einem CPL im Einzelnen machen darf, hängt davon ab, ob man im nicht gewerbsmäßigen Luftverkehr oder im gewerbsmäßigen Luftverkehr tätig wird.

Was heißt das?

Jeder Pilot, der für seine Tätigkeit Geld bekommt, ist berufsmäßig tätig. Diese berufsmäßige Tätigkeit kann er für eine Luftverkehrsgesellschaft ausüben, dann ist er im gewerbsmäßigen Luftverkehr tätig. Er kann sich aber auch von einer Firma anheuern lassen, die ein Firmenflugzeug betreibt, um etwa das eigene Management effizienter reisen zu lassen. Dann ist er zwar im nicht gewerbsmäßigen Luftverkehr tätig, macht dies aber dennoch berufsmäßig.

Der im nicht gewerbsmäßigen Luftverkehr berufsmäßig tätige CPL-Pilot darf alle Flugzeuge als Kapitän fliegen, für die er eine Musterberechtigung besitzt.

Will der CPL-Pilot im gewerbsmäßigen Luftverkehr tätig werden, unterliegt er – je nach Umfang seines CPL – verschiedenen Einschränkungen.

Man unterscheidet dabei drei verschiedene Varianten des CPL:

CPL(A) Commercial Pilot Licence – Aeroplanes ohne Instrument Rating

Mit dieser Lizenz ist man berechtigt, gegen Entgeld Sichtflüge mit so genannten Single-Pilot-Flugzeugen« durchzuführen. Damit sind die beruflichen Perspektiven sehr eingeschränkt, beispielsweise auf touristische Rundflüge und Photoflüge. Mit einer entsprechenden Lehrberechtigung kann man auch noch als Fluglehrer arbeiten. Der Erwerb einer Instrumentenflugberechtigung ist also dringend anzuraten. Diese wird sinnvollerweise vor dem CPL erworben, da sich dann die CPL-Ausbildung, wie wir später noch sehen werden, deutlich verkürzt.

Was ist nun ein Single-Pilot-Flugzeug?
Alle Flugzeuge, die sich im Luftverkehr befinden, haben eine Musterzulassung durch die zuständige Luftfahrtbehörde. In dieser Musterzulassung ist unter anderem festgelegt, wie viele Besatzungsmitglieder zum Führen des Flugzeugs erforderlich sind. Es gibt Flugzeuge, die können von einem Piloten alleine bedient werden, sind also Single-Pilot-Flugzeuge. Andere brauchen zwei Piloten, einen Kapitän und einen Copiloten, sind also Multi-Pilot-Flugzeuge. Wieder andere brauchen zusätzlich einen Flugingenieur. Osteuropäische Flugzeuge werden häufig mit noch größeren Besatzungen geflogen: So drängeln sich beispielsweise im Riesenfrachter Antonow AN-124 bis zu sechs Leute auf dem Flugdeck: Zwei Flugzeugführer, zwei Bordingenieure, ein Navigator und ein Funker.

Nebenbei gesagt: Auch wenn die Musterzulassung nur einen Piloten vorschreibt, kann die Art des Flugbetriebes dennoch zwei Piloten verlangen. So kann die zweimotorige Cessna 421 »Golden Eagle« laut Musterzulassung von einem einzelnen Piloten geflogen werden – dies gilt für alle privaten Flüge und gewerbsmäßige Sichtflüge. Wird das Flugzeug jedoch in einem Luftfahrtunternehmen unter Instrumentenflugbedingungen eingesetzt, sind zwei Piloten erforderlich.

Maßgeblich für die Befugnisse aus der Lizenz ist jedoch nicht die Art des Flugbetriebes, sondern die Musterzulassung. Und damit kommen wir zur zweiten Variante des CPL:

CPL(A)/IR Restricted to Single Pilot Operation

Mit dieser Commercial Pilot Licence Aeroplanes mit Instrument Rating darf man nur Flugzeuge fliegen, deren Musterzulassung das Führen durch einen einzelnen Flugzeugführer erlaubt.

Dies entspricht in etwa dem alten deutschen CPL. Schreibt jedoch nur die Art des Flugbetriebes zwei Piloten vor, dann dürfen Sie diese Flugzeuge auch als Kapitän fliegen.

Ein CPL gestattet grundsätzlich nicht, im gewerbsmäßigen Luftverkehr als Kapitän auf Flugzeugen zu fliegen, deren Musterzulassung zwei Flugzeugführer vorschreibt. Dies ist nur mit der Verkehrspilotenlizenz, der »Airline Transport Pilot Licence« (ATPL) möglich.

Bis zum ATPL, für den man – wie wir später noch sehen werden – unter anderem 1500 Stunden Flugerfahrung braucht, ist es jedoch ein weiter Weg. Um diese Flugerfahrung nicht nur auf *Single-Pilot*-Flugzeugen sammeln zu müssen, gibt es vom CPL eine dritte Variante:

CPL(A)/IR Unrestricted

Mit diesem *Unrestricted Commercial Pilot Licence Aeroplanes* mit *Instrument Rating* darf man immerhin als Copilot auf Flugzeugen fliegen, für die eine Mindestbesatzung von zwei Piloten vorgeschrieben ist. Mit dieser Lizenz können Sie schon auf großen Verkehrsflugzeugen bei einer Fluggesellschaft als Erster Offizier starten und die für den ATPL fehlenden Stunden sammeln.

Sie können also das machen, was man früher mit dem eingeschränkten ATPL (A2) machen konnte.

Selber Flüge anbieten

Für frisch gebackene Berufspiloten, die noch keine Stelle haben, ist es nahe liegend, ein Flugzeug zu mieten und den CPL zu nutzen, um selbst gegen Entgeld Taxiflüge, Rundflüge oder Ähnliches anzubieten: Man kann Stunden sammeln und bekommt diese auch noch bezahlt. Doch so einfach geht es leider nicht.

Der CPL – gleich welcher Variante – berechtigt nicht, gewerbsmäßige Transportleistungen selbst anzubieten. Dies ist nur Unternehmen gestattet, die eine Zulassung als Luftverkehrsgesellschaft haben, und diese wird erst nach Abschluss eines aufwendigen Antrags- und Prüfungsverfahrens erteilt. Dabei müssen für Flugbetrieb und Technik bestimmte qualitätssichernde Organisationsstrukturen geschaffen und in entsprechenden Handbüchern beschrieben werden. Ferner muss die wirtschaftliche Leistungsfähigkeit des Unternehmens nachgewiesen werden: Es muss also genug Kapital vorhanden sein, um die Flugzeuge auch in Zeiten schwacher Umsätze sicher zu betreiben.

Sie dürfen sich jedoch mit Ihrem CPL von jedem Unternehmen oder Privatmann, die ein Flugzeug besitzen, als Pilot anheuern lassen. Diese können das Flugzeug natürlich auch mieten und Sie dann als Pilot beschäftigen. Maßgeblich für die Trennung zum gewerbsmäßigen Luftverkehr ist, dass die Transportleistung nicht aus einer Hand angeboten wird: Für Flugzeug und Pilot muss es zwei verschiedene Verträge – also auch Anbieter – geben. Welche Voraussetzungen für den Erwerb der drei CPL-Varianten zu erfüllen sind, wird später noch behandelt.

Verkehrspilotenlizenz

Die Krönung der Pilotenlizenzen ist die »Airline Transport Pilot Licence« (ATPL) oder, wie er im nüchternen Amtsdeutsch heißt, der »Luftfahrerschein für Verkehrsflugzeugführer«. Alle Flugzeuge, deren Musterzulassung mehr als einen Flugzeugführer erfordert, müssen im gewerbsmäßigen Luftverkehr von einem Kapitän mit Verkehrspilotenlizenz geflogen werden. Diese Lizenz wird erst mit einem Alter von 21 Jahren und einer Flugerfahrung von 1500 Stunden vergeben. Wer also dauerhaft seinen Lebensunterhalt als Pilot verdienen will, wird um diese Lizenz nicht herumkommen. Hierauf werde ich aber weiter hinten im Buch noch ausführlicher eingehen.

Nach der gegenwärtigen Situation auf dem Arbeitsmarkt reicht der Unrestricted CPL/IR für den Einstieg bei einer Fluglinie aus, da dies dem alten deutschen ATPL A2 entspricht, der mit rund 150 Stunden erworben werden konnte. Je nach Arbeitsmarktlage kann man aber auch damit rechnen, dass einige Gesellschaften gleich den kompletten ATPL fordern werden. In den USA, wo der ATPL schon immer erst mit 1500 Stunden vergeben wurde, ist dies die Regel. Die Zukunft wird zeigen, wohin hier die Entwicklung in Europa geht.

Klassenberechtigungen – Class Ratings

Die einzelnen Luftfahrerscheine können nach der JAR-FCL mit verschiedenen *Class Ratings* erworben werden. Hierzu gehören:

- alle *Single-Engine-Piston*-Landflugzeuge,
- alle *Single-Engine-Piston*-Wasserflugzeuge,
- alle Motorsegler,
- *Single-Engine*-Turboprop-Landflugzeuge (für jeden Hersteller),
- *Single-Engine*-Turboprop-Wasserflugzeuge (für jeden Hersteller),

- alle *Multi-Engine-Piston*-Landflugzeuge,
- alle Multi-Engine-Piston-Wasserflugzeuge.

Musterberechtigungen

Wenn Sie Ihren Führerschein auf einem VW Golf gemacht haben, wird Ihnen niemand verbieten, nach bestandener Prüfung einen BMW zu fahren. In der Fliegerei sieht das anders aus.

Es gibt zwar für Flugzeuge einheitliche Bauvorschriften, die jeder Hersteller erfüllen muss. Dennoch führen bekanntlich viele Wege nach Rom. Flugeigenschaften, Handling, Aufbau, Bedienung und Störungsbeseitigung der diversen Systeme unterscheiden sich bei einzelnen Flugzeugmustern erheblich. Daher schreibt der Gesetzgeber Typenberechtigungen vor, in der Fliegersprache *Type Ratings* genannt.

Type Ratings sind beispielsweise erforderlich für Flugzeuge, die ein separates Lufttüchtigkeits-Typenzertifikat haben:

- Flugzeuge mit besonderen Flugeigenschaften,
- jeder Typ von Multipilot-Flugzeugen,
- alle *Single-Pilot-Multi-Engine*-Flugzeugtypen mit Turbinentriebwerken,
- alle *Single-Engine*-Flugzeuge mit einem Turbinentriebwerk sowie
- weitere Flugzeuge, für die die Behörde ein *Type Rating* anordnet.

Kolbenmotorflugzeuge unter 2000 kg maximalem Abfluggewichts sind in der Bedienung noch relativ einfach und einander ähnlich. Daher bekommt man bei Erwerb eines PPL für diese Flugzeuggruppe eine Sammeleintragung gleich mitgeliefert.

Für alle anderen Flugzeuge braucht man eine zusätzliche Qualifikation, die im Rahmen einer theoretischen und praktischen Ausbildung mit abschließender Prüfung erworben wird. Je nach Größe und Komplexität des Flugzeuges kann diese Ausbildung von einigen Tagen bis zu mehreren Monaten dauern.

Musterberechtigung auf Multi-Pilot-Flugzeugen

Das *Type Rating* ist für einen angehenden Berufs- oder Verkehrspiloten sicher eine der größten und auch interessantesten Herausforderungen innerhalb der Gesamtausbildung.

Nachdem man die Grundlagen der Fliegerei beherrscht und erste Erfahrungen auf kleineren Flugzeugen sammeln konnte, ist die Ausbildung auf einem komplexen Verkehrsflugzeug nochmals ein größerer Sprung, sowohl vom theoretischen Wissen her als auch vom fliegerischen Handwerk.

Die Ausbildung besteht aus fünf Teilen: Zunächst werden im Rahmen einer theoretischen Ausbildung die notwendigen Kenntnisse über das Flugzeug vermittelt. Dazu gehören insbesondere die einzelnen Systeme: Hydraulik, Elektrik, Treibstoffversorgung, Triebwerke, Avionik, Autopilot, Fahrwerk, Bremsen, Steuersysteme und dergleichen. Je nach Flugzeughersteller und Ausbildungsstätte wird im Frontalunterricht oder am Computer mittels Multimedia-Lehrgängen geschult. Die theoretische Ausbildung dauert je nach Flugzeugmuster einige Tage bis zu mehreren Wochen. Bei den heute

üblichen Verkehrsflugzeugen muss man im Durchschnitt mit etwa zwei Wochen rechnen.

Bis zum Beginn des *Type Ratings* sollte man seine Kenntnisse im Fliegerenglisch weitgehend gefestigt haben, denn die Ausbildung findet in der Regel auf Englisch statt und ist sehr konzentriert. Sie wird mit einer schriftlichen Prüfung abgeschlossen, die am letzten Ausbildungstag geschrieben wird, sodass nur wenig Zeit zum Nachbereiten und Lernen des Stoffes verbleibt. Dennoch: Nichts wird so heiß gegessen, wie es gekocht wird – normalerweise kommen alle Kandidaten mehr oder weniger gut durch diese Prüfung.

Der nächste Abschnitt führt dann in den *Cockpit Procedure Trainer* (CPT). Dies ist ein dem richtigen Cockpit identisch nachgebildetes Modell. Die Funktion der einzelnen Systeme wird naturgetreu simuliert, allerdings steht der CPT fest am Boden und hat meist keine Sichtsimulation – vor den Cockpitscheiben herrscht also schwarze Nacht. Der CPT dient dazu, alle wichtigen Knöpfe und Schalter kennen zu lernen, bevor es dann in den teuren vollbeweglichen Simulator geht. Je nach Training finden etwa zwei bis sechs Sitzungen von je vier Stunden Dauer im CPT statt, die im Fliegerenglisch »Sessions« genannt werden. Jeder *Session* geht eine Vorbesprechung von ein bis zwei Stunden Dauer voran, die »Briefing« genannt wird. Nach der Session gibt es eine Fehleranalyse von etwa 30 Minuten Dauer, »Debriefing« genannt. Während das CPT-Training noch recht entspannt abläuft, wird es dann im Flugsimulator etwas schweißtreibender. Der Flugsimulator steht auf Hydraulikstelzen, die von einem Computer gesteuert Bewegungen um alle sechs Freiheitsgrade ermöglichen. Dadurch können dreidimensionale Beschleunigungskräfte simuliert werden, die in Verbindung mit den optischen Eindrücken von Instrumenten und Sichtsystem dem Insassen vorgaukeln, er sitze in einem richtigen Flugzeug. Tatsächlich vergisst man mit zunehmender Arbeitsbelastung recht schnell, dass alles nur Show ist. Simulatoren sind sehr aufwändige Entwicklungen und kosten etwa so viel wie das Flugzeug, das sie simulieren sollen, also eine mindestens achtstellige Dollarsumme. So gut wie jedes Flugverhalten und jeder technische Fehler können im Simulator demonstriert und nachgeflogen werden. Dementsprechend ist nicht nur das Fluggefühl wirklichkeitsnah, auch die vier Trainingsstunden vergehen wie im Fluge.

Eine lästige Folgeerscheinung der hohen Anschaffungskosten sind die »unchristlichen« Betriebszeiten. Damit es sich für die Betreiber rechnet, sind die Simulatoren rund um die Uhr im Betrieb. Und nachts um drei Uhr zum Unterricht zu gehen ist nicht gerade jedermanns Sache. Neben den CPT-Sitzungen werden mindestens acht Simulatorsessions geflogen. Häufig wird noch eine weitere Sitzung für die CAT-II-Ausbildung drangehängt. Wer eine CAT-II-Ausbildung hat, darf sich mit hierfür zugelassenen Flugzeugen und auf entsprechend ausgerüsteten Flugplätzen etwas weiter ohne Sicht an den Boden heranwagen als der normale IFR-Pilot. Je nachdem, wie spendabel die Airline ist, bei der man das Type Rating macht, können auch noch ein bis zwei weitere Sitzungen zur Vertiefung angehängt werden.

Abgeschlossen wird das Simulatortraining durch einen Checkflug mit einem Sachverständigen. Der kann vom Luftfahrt-Bundesamt kommen oder direkt von der Fluggesellschaft.

Erst danach darf man zum ersten Mal im Cockpit des richtigen Flugzeuges Platz nehmen, um mit dem Flugtraining zu beginnen.

Hierzu werden mehrere Kandidaten gemeinsam in ein leeres Flugzeug gesetzt und fliegen mit einem Ausbildungskapitän zu einem ruhigen Flugplatz. Dort drehen sie nacheinander jeweils 10-20 kurze 21/2 bis 3 Minuten lange Platzrunden, während der Rest der Mannschaft hinten in der Kabine sitzt und auf den eigenen Einsatz wartet – oft mit zunehmend grüner werdendem Gesicht.

Wer bereits Erfahrung auf einem anderen Verkehrsflugzeug hat, kann die Platzrunden erlassen bekommen, bekommt also das gesamte Type Rating im Simulator verpasst. Voraussetzung ist, dass der Simulator für eine Schulung mit null Flugstunden zugelassen ist.

Nach Abschluss des Flugtrainings werden diverse Papiere an das Luftfahrt-Bundesamt gesandt, und das Type Rating wird in die Lizenz eingetragen.

Während die Ausbildung auf kleineren Flugzeugen damit beendet ist, fängt sie auf großen Verkehrsflugzeugen eigentlich erst an. Denn das Simulator- und Flugtraining reichen bei komplexen Verkehrsflugzeugen nicht aus, um alle Feinheiten im täglichen Umgang mit dem Flugzeug zu beherrschen. Daher folgen dort nochmals 100 bis 150 Stunden Supervision Training, die in zwei bis drei Monaten absolviert werden.

Supervision bedeutet, man fliegt als Erster Offizier im normalen Linieneinsatz unter der Aufsicht eines Trainingskapitäns. An den ersten zwei bis drei Tagen fliegt noch ein erfahrener Erster Offizier als *Senior First Officer* mit. Dieser weist den Neuling zunächst in die *Airline*-spezifische Flugvorbereitung ein. Während des Fluges wird er auf dem »Jump Seat«, dem Flugbeobachtersitz hinter den Pilotensitzen, Platz nehmen. Von dort kann er dem neuen Kollegen kritisch über die Schulter schauen und unterstützend eingreifen, wenn die Arbeitsbelastung zu groß wird. Dies ist auch notwendig, denn Neulinge bekommen oft auf ihren ersten richtigen Jetflügen, zumal wenn es sich um kurze Strecken handelt, noch nicht allzu viel vom Flugablauf mit und müssen erst nach und nach in die Aufgaben hineinwachsen. Daher wird der *Senior First Officer* auch sofort die Kontrolle des Flugzeuges übernehmen, wenn der Kapitän ausfällt, in der Fachsprache »Incapacity« genannt. Aus diesem Grunde sollte der *Senior First Officer* eigentlich so lange an Bord bleiben, bis der neue »Co« das Flugzeug so weit beherrscht, dass er es notfalls alleine wieder sicher zur Erde bringen kann. Aus Kostengründen und wegen Personalknappheit halten sich daran allerdings nur wenige Fluggesellschaften. Meist steigt der Senior bereits nach zwei bis drei Tagen wieder aus. Bei manchen Gesellschaften fliegt er gar nicht erst mit.

Während der *Supervision*-Zeit hat der Trainingskapitän die Aufgabe, durch Gespräche und Fragen vor, während und nach den Flügen die theoretischen Kenntnisse über das Flugzeug und den alltäglichen Flugbetrieb zu vertiefen und die handwerklichen Fertigkeiten zu verbessern oder Fehler zu korrigieren. Die *Supervision*-Zeit ist nochmals mit viel Lernen und Lesen in der Freizeit verbunden. Sie wird durch den so genannten *Final Line Check* abgeschlossen. Während

dieser Prüfung sitzt statt des Ausbildungskapitäns ein Sachverständiger auf dem linken Sitz.

Für die Fluggesellschaft ist die *Supervision*-Zeit so etwas wie eine Probezeit. Gelegentlich wird der *Final Line Check* auch genutzt, um unliebsame Neulinge wieder auf die Straße zu setzen. Dies ist zwar nicht die Regel, denn immerhin wurde in die Simulatorausbildung viel Geld investiert, kommt aber gelegentlich vor.

Berechtigungen für besondere Zwecke

Die Voraussetzungen für alle mit dem PPL zusammenhängenden »Berechtigungen für besondere Zwecke«, wie etwa Schleppflüge, Kunstflüge, Absetzen von Fallschirmspringern und dergleichen werden von den Behörden des jeweiligen JAA-Mitgliedstaates festgelegt. Von diesen Berechtigungen darf nur im Luftraum des ausstellenden JAA-Mitgliedsstaates Gebrauch gemacht werden. Bei Benutzung in einem anderen JAA-Mitgliedsstaat muss die Genehmigung dieses Staates eingeholt werden.

Diese Einschränkungen gelten übrigens auch für Ultraleichtflugzeuge. Diese werden als reine Sportgeräte betrachtet, deren Zulassung sich ausschließlich nach nationalen Vorschriften richtet. Dies gilt auch für die Erteilung entsprechender Pilotenlizenzen.

Nachtflugberechtigung

Die Nachtflugqualifikation kann von Inhabern eines PPL oder CPL erworben werden.

Lehrberechtigung

Wer anderen das Fliegen beibringen will, muss eine Lehrberechtigung erwerben. Die Anforderungen an den europäischen Fluglehrer sind gegenüber der alten deutschen Lehrberechtigung deutlich höher geworden. Die JAR-FCL unterscheidet fünf verschiedene Fluglehrerkategorien:

a) *Flight Instructor Rating Airplane – FI(A),*
b) *Type Rating Instructor Rating Airplane – TRI(A),*
c) *Class Rating Instructor Rating Airplane – CRI(A),*
d) *Instrument Rating Instructor Airplane – IRI(A),*
e) *Synthetic Flight Instructor Authorisation Airplane – SFI(A).*

Ein *Synthetic Flight Instructor* ist übrigens kein »synthetischer« Fluglehrer, sondern ein Simulator-Lehrer.

Prüfberechtigung

Schließlich muss es dann auch noch jemanden geben, der das Werk des Fluglehrers begutachtet, bevor eine Berechtigung ausgestellt wird. Dies ist der Examiner. Die JAR-FCL unterscheidet fünf verschiedene *Examiner* (Prüfer), die jeweils für drei Jahre ernannt werden:

a) *Flight Examiner – FE(A),*
b) *Type Rating Examiner – TRE(A), Synthetic Flight Examiner – SFE(A),*
c) *Class Rating Examiner – CRE(A),*
d) *Instrument Rating Examiner – IRE(A),*
e) *Flight Instructor Examiner – FIE(A).*

Wie wird man Pilot?

Durchgehende oder modulare Ausbildung

Wer Verkehrsflugzeugführer werden will, steht vor der Frage, ob er sofort viel Geld in eine schnelle durchgehende Ausbildung investieren oder lieber modular Lizenz für Lizenz aufbauen soll.

Unter einer durchgehenden Ausbildung versteht man, dass der Theorieunterricht für alle Ausbildungsabschnitte durchgehend ist und die gesamte praktische Ausbildung von rund 200 Stunden auf die theoretische Ausbildung abgestimmt durchgeführt wird. In der Fachsprache wird die durchgehende Ausbildung auch »Abinitio-Ausbildung« genannt.

Eine dritte Variante ist die durchgehende Theorieausbildung bis zum ATPL ohne Integration der praktischen Ausbildung – die praktischen Stunden werden also beliebig modular aufgebaut mit etwa 30 Stunden IFR-Training, 10 Stunden CPL-Training und zwischendurch etwas Stundensammeln dort, wo es preiswerter ist, wie etwa in den USA.

Eine Verkehrsfliegerschule wird Ihnen – schon im eigenen Interesse – immer zu einer durchgehenden Ausbildung raten. Auch die großen Fluggesellschaften favorisieren, sofern sie selbst ausbilden, diese Variante.

Dennoch werden Sie hierzu unterschiedliche Meinungen hören, und im Prinzip befürwortet meist jeder den Weg, den er selbst gegangen ist. Es gibt jedoch ganz klare Argumente, die für jede der beiden Ausbildungsvarianten sprechen, und jeder kann anhand dieser Argumente selbst prüfen, welcher Ausbildungsweg für ihn der Richtige ist.

Der Umgang mit einem großen Verkehrsflugzeug ist für einen Berufsanfänger mit wenigen Flugstunden eine sehr schwierige Aufgabe. Bei einer Flugerfahrung von – einschließlich Typenberechtigung – rund 250 Stunden sitzen die handwerklichen Grundlagen noch nicht sehr tief und bereiten hier und da noch Schwierigkeiten. Gerade einer Cessna 152 mit 110 PS entwachsen, muss man sich bereits dem Geschwindigkeitsdiktat eines Jets beugen und sich mit den Tücken neuer komplexer technischer Systeme auseinander setzen. Das kann eigentlich nur dann gut gehen, wenn die gesamte Ausbildung von der ersten Stunde an auf das Ziel Verkehrsflugzeugführer ausgerichtet ist.

Dies ist das Hauptargument der Befürworter einer durchgehenden Ausbildung, die primär aus Kreisen der großen Gesellschaften und der Verkehrsfliegerschulen kommen. Letztere nicht ganz unvoreingenommen, denn sie wollen natürlich gerne ihr komplettes Paket verkaufen. Das bedeutet: Wer auf dem kürzesten Wege in die Kanzel eines Verkehrsflugzeuges will, ist mit der durchgehenden Ausbildung am besten bedient.

Es gibt aber auch Nachteile:

Der größte Nachteil ist eher wirtschaftlicher Natur – nämlich die Tatsache, dass man in kürzester Zeit eine sechsstellige Summe in eine Berufsausbildung investieren muss, für die es keine Garantie auf einen Job gibt und deren Berufsbild man eigentlich noch gar nicht kennt. Es kommt in der Praxis durchaus vor, dass jemand nach zwei Jahren Tätigkeit im Cockpit eines Verkehrsflugzeuges nicht den richtigen Draht zur Fliegerei gefunden hat, sich in der Kanzel tödlich langweilt, den Job hinwirft und eine andere Tätigkeit beginnt. Diese Erfahrung war dann eigentlich zu teuer erkauft.

Auch wer nach bestandener Prüfung drei Jahre auf eine Stelle warten muss, ohne in dieser Zeit weitere Flugerfahrung sammeln zu können, hat die Vorteile der durchgehenden Ausbildung eigentlich schon wieder verspielt.

Bei der Auswahl der Flugschule ist zu beachten, dass der Vorteil der *Abinitio-Ausbildung* nur dann gegeben ist, wenn tatsächlich alle praktischen Stunden unter der Aufsicht eines Fluglehrers und in enger Abstimmung mit dem Theorieunterricht geflogen werden. Dies ist nicht an jeder Flugschule gewährleistet.

Wer dagegen seine Lizenz modular aufbaut, braucht länger und bekommt eine Ausbildung, die zunächst – mit Einschränkung – mehr auf die *General Aviation* (Allgemeine Luftfahrt) zugeschnitten ist und dann erst später zum Verkehrsflugzeugführer erweitert wird. Der Vorteil ist: Man kann neben der Ausbildung noch einen Beruf ausüben und die Kosten auf überschaubare Häppchen – sprich einzelne Lizenzen – verteilen, ohne sich zu verschulden.

Wer bis zum ATP noch Erfahrungen in der Allgemeinen Luftfahrt sammelt, sei es als Fluglehrer, in der *Executive*-Fliegerei (Bedarfsluftfahrt) oder im Werksverkehr, besitzt solide handwerkliche Grundlagen und wird dann mit höherer Stundenzahl auch keine Probleme bei der Umstellung auf ein Verkehrsflugzeug haben.

Wer zunächst Erfahrungen in der *General Aviation* sammeln will, wird mit der modularen Ausbildung nicht schlecht fahren. Ich selbst war viele Jahre in der *Executive*-Fliegerei tätig, unter anderem auch als Flugbetriebsleiter und Sachverständiger. Dort werden Piloten häufig neben der Fliegerei mit allgemeinen Aufgaben betraut, für die es in der Großluftfahrt eigene Abteilungen gibt. Das Planen eines Fluges unter Gesichtspunkten wie Flugplatzdaten, Öffnungszeiten, Zollabfertigung, Einflug- und Landegenehmigungen, *Performance,* das Aufgeben von Flugplänen, das Einholen von *Slots,* das Organisieren von *Catering,* Anschlusstransporten und dergleichen sind Aufgaben, die in der *General Aviation* häufig spontan von den Piloten bewältigt werden müssen. Dies setzt Improvisationstalent, entsprechende Einsatzbereitschaft und Kenntnisse rund um die Fliegerei voraus, die ein Verkehrspilot nicht in dem Maße braucht.

Wir haben damals immer wieder die Erfahrung gemacht, dass junge Piloten, die ihre Lizenzen in der Allgemeinen Luftfahrt modular aufgebaut haben, bessere Voraussetzungen hierfür mitbrachten als die Absolventen einer mehr auf die Großluftfahrt zugeschnittenen durchgehenden Ausbildung.

Meine ganz persönlichen Beobachtungen und Erfahrungen zu diesem Thema: Wer das nötige Geld für die Ausbildung besitzt, ohne sich über Gebühr verschulden zu müssen, sich genau des Berufsbildes und Alltags eines Verkehrspiloten bewusst ist und möglichst schnell und ohne Umwege in ein Verkehrsflugzeug kommen will – kurz derjenige, dessen Berufsziel unumstößlich feststeht, der ist mit der durchgehenden Ausbildung am besten bedient.

Wer aus Spaß an der Fliegerei gerne fliegen lernen möchte, sich aber vielleicht noch unsicher ist, ob der Alltag eines Verkehrspiloten wirklich das Richtige für ihn ist, wer zunächst Erfahrungen in der Allgemeinen Luftfahrt sammeln möchte, ohne sich gleich hoch zu verschulden, der ist mit der modularen Ausbildung besser bedient. Der CPL/IFR kann dann durchaus in der Freizeit neben einer Vollzeitstelle bewältigt werden, auch wenn es etwas länger dauert. Auch die ATP-Theorie lässt sich per Fernlehrgang nach Feierabend und am Wochenende erarbeiten – hierzu später mehr. Wer auf diesem Wege zum ATP gekommen ist, kann sich in aller Ruhe aus einer festen Anstellung heraus um eine Pilotenstelle bewerben und kommt nicht so schnell in finanzielle Schwierigkeiten, wenn auf dem Arbeitsmarkt gerade mal wieder Flaute herrscht. Beachten Sie zu diesem Thema auch die Hinweise im Kapitel »Fördermöglichkeiten« ab Seite 90.

Noch ein abschließender Tipp zur Ausbildung:

Bei den gängigen Wetterlagen in Deutschland ist es empfehlenswert, im Winter mit der theoretischen Ausbildung zu beginnen und im Sommer die Praxis zu absolvieren. Im Winter zwingen schlechtes Wetter und kurze Tage häufig zu längeren Pausen, was dem Ausbildungsfortschritt nicht gut tut.

Ausbildung in Deutschland

Wer nun eine, der im vorangegangen Kapitel beschriebenen Lizenzen erwerben will, findet hierzu verschiedene Möglichkeiten. Die Palette reicht von der Vereins-

ausbildung über gewerbliche Flugschulen bis zur Ausbildung bei einer Airline. Ferner sind diverse Fernlehrgänge im Angebot und preiswerte Trainingsofferten aus dem Ausland. In diesem Kapitel gebe ich einen Überblick über die verschiedenen Ausbildungsmöglichkeiten.

Nach den neuen europäischen Bestimmungen unterscheidet man grundsätzlich zwei verschiedene Arten von Trainingseinrichtungen:

- *Registered Facility* und
- *Flight Training Organisation*

Registered Facility

Eine *Registered Facility* (Registrierte Ausbildungseinrichtung) kann jeder einzelne Fluglehrer sein. Es genügt eine Anmeldung bei der Behörde. Nach den neuen europäischen Bestimmungen kann man bei einer *Registered Facility* die Ausbildung zum PPL(A), zum Nachtflug und zum *Single Engine Single Pilot Rating* (SESP) absolvieren.

Flight Training Organisation

Ausbildungen zum CPL, IFR, ATPL, Fluglehrer sowie *Class* und *Type Ratings* müssen(!) an einer *Flight Training Organisation* (FTO = herkömmliche Flugschule) erfolgen. FTO werden nach Erfüllung verschiedener Voraussetzungen hinsichtlich Personal, Flugzeugen, Unterrichtsmaterial und dergleichen genehmigt. Dabei gibt es auch reine Theorieschulen. Theoretische und praktische Ausbildung können getrennt voneinander in verschiedenen europäischen Ländern erfolgen. Die europäische Lizenz wird dann von dem

Staat ausgestellt, der am Schluss die praktische Prüfung abnimmt. Dabei gibt es einen zentralen europäischen Fragenkatalog.

Ausbildung in Luftsportvereinen

In Deutschland gibt es einige hundert Luftsportvereine, die als *Registered Facilities* oder in seltenen Fällen auch als *Flight Training Organisations* selbst ausbilden. Gegenüber gewerblichen Flugschulen haben sie einen entscheidenden Vorteil:

Sie sind deutlich preiswerter. Dies hat mehrere Gründe.

Es ist zwar auch in Vereinen üblich, den Fluglehrern ein Honorar zu bezahlen, dennoch arbeiten Vereine ohne eine Gewinnerzielungsabsicht. Meist leisten Vereinsmitglieder kostenlose Arbeitsstunden und helfen so mit, die Gemeinkosten zu senken. Gemeinkosten- und Gewinnaufschläge auf Fluglehrerhonorare und Flugzeugcharterpreise können dadurch weitgehend entfallen.

Ferner müssen bei den Charterpreisen keine betriebswirtschaftlichen Kosten für Abschreibung und Verzinsung berücksichtigt werden, sondern nur die normalerweise geringeren Rücklagen für Ersatzanschaffungen. Neue Flugzeuge werden meist vom »Eintrittsgeld« der Mitglieder finanziert.

Ferner entfällt für die in Anspruch genommenen Vereinsleistungen die Mehrwertsteuer.

Die Nachteile sind:

Man muss Vereinsmitglied werden, zu den Ausbildungskosten also auch gleich die Aufnahmegebühr und den ersten Jahresbeitrag entrichten. Wer im Verein bleibt, kann nach Scheinerhalt die Vereinsmaschinen mieten, die normalerweise deutlich günstiger sind, als vergleichbare Flugzeuge auf dem freien Markt.

Ferner bilden die meisten Vereine nur Privatpiloten aus. Eine IFR- und CPL-Ausbildung ist auf Vereinsebene nur selten anzutreffen, und eine ATP-Ausbildung gibt es dort überhaupt nicht. Hinsichtlich der ATP-Ausbildung ist rechtlich auch noch nicht eindeutig geklärt, inwieweit ein Verein, der ja den Luftsport fördern soll, überhaupt eine Berufsausbildung wie die ATP-Ausbildung durchführen dürfte. Bei der CPL-Ausbildung ist dies kein Problem, da Vereine auch Fluglehrer mit CPL im Rahmen der Ausbildung von Mitgliedern brauchen.

Wer es eilig hat, muss einen weiteren Nachteil in Kauf nehmen. Wegen der eingeschränkten Verfügbarkeit von Flugzeugen und Fluglehrern dauert die Ausbildung deutlich länger als an einer gewerblichen Schule. Während man sich an einer gewerblichen Schule im Prinzip jeden Tag schulen lassen kann, sind die Vereinsfluglehrer meist nur in ihrer Freizeit tätig und haben nicht jeden Tag Zeit. Dafür ist die Atmosphäre etwas familiärer, und es wird sicher auch mehr Gelegenheiten geben, Kontakte zu Gleichgesinnten aufzubauen.

Wer die Sache ruhig angehen will und vor einer Berufspilotenlaufbahn erst seine Ausbildung oder sein Studium beenden will, der findet in den Vereinen eine preiswerte Einstiegsmöglichkeit. Ausgestattet mit einem PPL, einigen Stunden Flugerfahrung und einigen gesparten Tausendern kann die Ausbildung dann an einer gewerblichen Schule fortgesetzt werden. Häufig engagieren sich in den Luftsportvereinen auch Kollegen aus der Verkehrsfliegerei, sodass man dort gute Kontakte knüpfen, weitere Anregungen für die eigene fliegerische Laufbahn bekommen und so manche Neuigkeit aus der Branche erfahren kann.

In Reuß' *Jahrbuch der Luft- und Raumfahrt* (siehe Anhang Seite 280) finden Sie eine komplette Liste aller deutschen Luftsportvereine. Aber nicht jeder dort genannte Verein bildet aus und wenn, dann sind die Kapazitäten recht unterschiedlich. Auch ein Vergleich der Aufnahmekosten, Mitgliedsbeiträge und dergleichen lohnt sich.

Ausbildung an gewerblichen Flugschulen

Wer über den PPL hinausgehen will, muss seine Ausbildung in der Regel an einer gewerblichen Flugschule machen. Über die Bundesrepublik verteilt gibt es mehrere Flugschulen, von denen nur eine Handvoll bis zum ATPL ausbilden. Die meisten ATPL-Schulen sind – jedenfalls in den Werbeanzeigen – in einem so genannten *Verband der Verkehrsfliegerschulen* zusammengefasst. Bei den Recherchen zu diesem Buch war der Verband übrigens nicht bereit, Anfragen zu beantworten, was auch kein Wunder ist: Es handelt sich dabei um ein reines Marketinginstrument und ist kein Qualitätssiegel für die angeschlossenen Flugschulen. Anders sieht es zum Beispiel bei vergleichbaren US-Verbänden aus, die ihren Mitgliedern diverse Vorgaben vom Verhaltenskodex über die Ausstattung der Schulungseinrichtungen bis zur Ausbildungsqualität machen. Ob also eine Flugschule im deutschen Verband der Verkehrsfliegerschulen Mitglied ist oder

nicht, sagt nichts über die Qualität der Ausbildung aus und ist für die Wahl der Flugschule völlig unerheblich.

Flugschulen gehören zu den Bildungseinrichtungen, die ohne staatliche Unterstützung auskommen müssen. Entsprechend kommerziell sind sie ausgerichtet, was nicht immer nur im Interesse des Schülers ist. Denn Hauptzweck einer kommerziellen Flugschule ist nun mal nicht der Bildungsauftrag, sondern der unternehmerische Gewinn. Da man dem »Kunden Flugschüler« ein Produkt verkaufen will, nämlich die Pilotenausbildung, kann der Schüler dort selten eine fundierte und neutrale Berufsberatung erwarten. Auch kann er dort verständlicherweise nichts umsonst erhalten, und jede Leistung muss bezahlt werden, erst recht unter dem Diktat des deutschen Servicegedankens.

Entsprechend weit gehen die Meinungen über die einzelnen Flugschulen auseinander. Die Palette reicht vom lieblosen, unprofessionellen Abhaken gesetzlicher Ausbildungsvorschriften mit unqualifizierten Lehrern für teures Geld bis zu einer engagierten professionellen Ausbildung, die weit über die gesetzlichen Vorgaben hinausgeht.

Jeder angehende Flugschüler ist daher gut beraten, verschiedene Vergleichsangebote einzuholen und das Kleingedruckte zu beachten. Auch sollte man sich Referenzen holen, mal in der Schule vorbeischauen und andere Flugschüler intensiv befragen. Auch im Internet findet sich heute das eine oder andere Diskussionsforum mit interessanten Insiderinformationen zu einzelnen Flugschulen.

Die Checkliste zur Auswahl der Flugschule der *Vereinigung Cockpit* im Anhang auf Seite 280 soll dabei helfen.

Ausbildung bei einer Fluggesellschaft

Eine FTO kann natürlich auch bei einer Fluggesellschaft angesiedelt sein. Die *Verkehrsfliegerschule der Deutschen Lufthansa* ist in Deutschland die einzige Einrichtung dieser Art.

Früher haben die großen »Flag Carrier« (führende Fluggesellschaft eines Staates) geeignete Kandidaten im Rahmen der Eignungstests ausgewählt und diese dann gegen Rückzahlung und/oder Verpflichtung ausgebildet. Für die Flugschüler war dies eine faire Angelegenheit, da ihre Stelle bereits bei Ausbildungsbeginn weitgehend gesichert war. Die meisten dieser Tage operierenden Fluggesellschaften stehlen sich aus dieser Verantwortung.

Im Rahmen des zunehmenden Wettbewerbes und Kostendrucks sind in den letzten Jahren verschiedene europäische Fluggesellschaften dazu übergegangen, ihre Flugschulen von einem kostenintensiven Anhängsel in profitable, eigenständige Unternehmen umzuwandeln. So ist zum Beispiel die Verkehrsfliegerschule der Lufthansa erst seit 1997 ein selbständiges Unternehmen. Während die Lufthansa früher nur den eigenen Pilotennachwuchs ausgebildet hat, bietet dieses Tochterunternehmen nun praktisch für jedermann eine Flugausbildung an.

Die Mehrzahl der weltweit operierenden Fluggesellschaften bildet gar keine Piloten mehr aus, mit Ausnahme der Schulung für Musterberechtigungen. Damit wird nicht nur das Kostenrisiko von den *Airlines* komplett auf die Flugschüler verlagert, auch die Qualität der Ausbildung ist schlechter geworden. Während früher eine Pilotenausbildung bei der Lufthansa 250.000 DM gekostet hat, ist die Ausbildung heute – auch bei der Lufthansa – im Durchschnitt für 130.000 DM zu haben. Und dies trotz deutlich gestiegener Kosten für die einzelne Flugstunde.

Die Flugschulen der Fluggesellschaften führen zwar vor Ausbildungsbeginn Eignungstests durch. Diese sollen aber lediglich die grundsätzliche Eignung für den Pilotenberuf feststellen, bevor die Ausbildung begonnen wird. Das Herausfiltern von geeigneten Kandidaten für eine spätere Festanstellung ist weiterführenden Tests vorbehalten, die die Firmenqualifikation prüfen sollen.

Die Hürden für einen »Eignungstest« sind naturgemäß deutlich niedriger als für einen »Einstellungstest«. Wenn beispielsweise eine Firma wie die Lufthansa 50 Stellen besetzen muss und hierfür 3000 Bewerbungen vorliegen, dann müssen die Tests so angelegt werden, dass zwangsläufig 2950 Bewerber auf der Strecke bleiben, obwohl vielleicht 1500 grundsätzlich für den Pilotenberuf geeignet wären. Bei den Eignungstests zu einer selbst bezahlten Ausbildung läuft es genau andersherum. Die Flugschule der Airline möchte möglichst vielen potenziellen Schülern ein Ausbildungspaket verkaufen und zuvor lediglich die Kandidaten herausfiltern, die für diesen Job augenscheinlich ungeeignet sind. Dass dabei auch mal eher zugunsten des wirtschaftlichen Interesses der Flugschule entschieden wird, liegt auf der Hand.

Ein Ausbildungspaket, das von vornherein konsequent auf den Einsatz in der Großluftfahrt zugeschnitten ist, wird von verschiedenen Airlines angeboten. Im deutschsprachigen Raum außer von der

Lufthansa beispielsweise auch von der Swissair.

Wer sich für ein solches Ausbildungspaket entscheidet, sollte sich über das Ziel Großluftfahrt im Klaren sein. Die Ausbildung setzt andere Schwerpunkte als sie in der *General Aviation* gefordert werden. Beispielhaft soll hier die Ausbildung der Lufthansa näher beschrieben werden.

Lufthansa

Die Verkehrsfliegerschule der Lufthansa hat seit ihrer Gründung am 1.5.1956 etwa 5000 Piloten ausgebildet. Seit 1960 wird die praktische Ausbildung in zwei Außenstellen nahe Phoenix in Arizona/USA durchgeführt. Eine unabhängiges Unternehmen ist die Flugschule seit dem 1.1.1997 – eine der vielen Umstrukturierungen, die erforderlich waren, um die Lufthansa nach Milliardenverlusten wieder in die Gewinnzone zu führen. Die Umstellung ging nicht ganz glatt über die Bühne, und zeitweilig war die Ausbildung heftiger Kritik ausgesetzt, die sich auch in einigen bösen Fachartikeln niederschlug. Inzwischen sollten die Anfangsschwierigkeiten überwunden sein. Man hat sich neu organisiert und kann für die Ausbildung auf 60 Schulflugzeuge, acht vollbewegliche Simulatoren und 90 PC-Arbeitsplätze zurückgreifen.

Die Ausbildung wurde 1997 zunächst nach dem so genannten *Futura-Programm* gestartet. Dies ist ein Ausbildungskonzept, dessen Didaktik in Zusammenarbeit mit der Swissair entwickelt wurde und zum Beispiel schon am Beginn der Ausbildung vollbewegliche Simulatoren einsetzt. Aus Kostengründen wurde das Futura-Programm jedoch später wieder gekippt, und die Lufthansaausbildung wurde an die normale Ausbildung anderer Verkehrsfliegerschulen angepasst, weist also keine wesentlichen Unterschiede mehr auf.

Man muss sich auch darüber im Klaren sein, dass die im Allgemeinen qualitativ hochwertige Ausbildung bei der FTO einer Gesellschaft wie der Lufthansa nicht zum Discountpreis zu haben ist. Schon der Grundpreis liegt im oberen Bereich, und bei Zusatzleistungen muss man richtig tief in die Tasche greifen.

So berechnen etwa amerikanische Flugschulen für eine PA 28 rund 55 bis 65 $ pro Stunde ohne Lehrer und 70 bis 90 $ mit Lehrer.

Die Lufthansa berechnet in ihrer US-Niederlassung rund das Doppelte.

Für eine zweimotorige Piper Seneca, an jeder US-Schule für rund 150 $ zu haben, werden bei Lufthansa in Phoenix dem ahnungslosen Flugschüler 300 $ pro Stunde abgenommen.

Wer nachsitzen muss, zahlt für Theorie im Einzelunterricht sogar ein Vielfaches dessen, was amerikanische Flugschulen für diese Leistung verlangen.

Eine gute Flugschule kann später in der Bewerbung eine gewisse Empfehlung sein. Aber die Erfahrung zeigt, wer in der Bewerbung keine spezielle Flugschule angibt, wird meist auch nicht danach gefragt, wo er seine Ausbildung gemacht hat. Was letztendlich bei der Bewerbung mehr zählt, sind die Flugerfahrung, das Abschneiden im Einstellungstest, die Leistung im Simulator beim *Screening* und dann die Leistung am Arbeitsplatz.

Für denjenigen, der knapp kalkulieren muss, kann es daher durchaus eine Alternative sein, eine etwas preiswertere Ausbildung zu wählen und das gesparte Geld in einige Stunden zusätzliche Flugerfahrung zu investieren.

Einen Vorteil haben diejenigen, die die Firmenqualifikation für die Lufthansa bestanden haben und nach Abschluss der Ausbildung eine Übernahme in den Konzern erwarten können. In diesem Fall finanziert die Lufthansa einer erheblichen Teil der Ausbildung vor, und die Kosten müssen später auch nur zum Teil zurückgezahlt werden. Die Höhe des Zuschusses richtet sich nach dem jeweils aktuellen Bedarf an Piloten. Auch kommen nur angehende Piloten der Muttergesellschaft in den Genuss eines Zuschusses. Angehende Lufthansa *City Liner* (Regionalflieger) müssen nach wie vor alles selbst bezahlen.

Fernlehrgänge

Zurück nach Deutschland. Theoretisches Grundlagenwissen kann durch verschiedene Methoden vermittelt werden. Man kann sich auf herkömmliche Weise in ein Klassenzimmer setzen und einem Lehrer lauschen, man kann sich Lehrfilme anschauen, Computerprogramme durcharbeiten, Bücher und Fragenkataloge wälzen und diverse Übungsaufgaben lösen.

Bei Typenberechtigungen für Verkehrsflugzeuge wurde der konventionelle Frontalunterricht heute weitgehend durch Computerlehrgänge ersetzt.

Auch die Amerikaner haben sich bereits seit langem an die verschiedenen Möglichkeiten moderner Medien angepasst. Dem Pilotennachwuchs ist es selbst überlassen, wie er sich auf seine Prüfung vorbereiten will. Hauptsache, die Prüfung wird bestanden. Um zu vermeiden, dass jemand nur den Fragenkatalog auswendig lernt, wird die praktische Prüfung mit einer mündlichen Prüfung gekoppelt. Ferner muss ein Fluglehrer vor jeder Theorieprüfung dem Kandidaten bescheinigen, dass er ihn für ausreichend fit hält.

In der deutschen Pilotenausbildung wurde leider lange Zeit am reinen Frontalunterricht festgehalten. Erst durch die Einführung der JAR-Lizenzen ist es möglich geworden, moderne Medien auch alternativ einzusetzen.

Wer in der unglücklichen Lage ist, seinen Lebensunterhalt durch regelmäßige Arbeit verdienen zu müssen, wird sich schwer tun, mehrere Monate ganztags in einem Klassenraum zu verbringen. Auch gibt es viele Menschen, die sich in Klassenräumen langweilen und wesentlich effektiver lernen, wenn sie sich den Stoff in Ruhe zu Hause aneignen können.

Für diese Gruppe und besonders für die Seiteneinsteiger unter den Fliegern sind Fernlehrgänge ein geeignetes Mittel, neben der Ausbildung noch weiter Geld zu verdienen und der monatelangen Langeweile eines Klassenraumes zu entgehen.

Mit einem Fernlehrgang kann der Unterricht im Klassenraum auf wenige Stunden reduziert werden, die nach Abschluss des Fernlehrgangs an jeder Verkehrsfliegerschule absolviert werden können. Hierfür muss man dann in der Regel lediglich zwei Wochen Urlaub opfern.

Fernlehrgänge kann in Deutschland nicht jeder Verlag beliebig anbieten. Die Lehrgänge müssen durch das Luftfahrt Bundesamt und die Zentralstelle für Fernunterricht (ZFU) zugelassen sein.

Fernlehrgänge für angehende Verkehrsflugzeugführer werden zur Zeit von zwei Lehrinstituten angeboten:

- HJ Seibert
  Civil Aviation Training Worms
  Flugplatz 6, 67547 Worms
  Tel: 06241/4000 40,
  Fax: 06241 4000 50
  e-Mail: info@catworms.com,
  Internet: http://www.catworms.com

- Ernst Gröger
  Fernschule für Aeronatik
  Finkenweg 7, 85774 Unterföhring
  Tel: 089/9581 838,
  Fax: 089 9581 944

Gröger ist die bekannteste und älteste Fernschule. Sie bietet Fernlehrgänge für alle Lizenzen an, nicht nur für den ATPL. Die Lehrgänge wirken allerdings etwas verstaubt, und häufig wird die pädagogisch mangelhafte Aufbereitung des Stoffes kritisiert.

Civil Aviation Training (CAT) ist ein neuer Anbieter, dessen Lehrgänge etwas moderner wirken. H.J. Seibert, ein Trainings- und Checkkapitän für die Boeing 747 bei der Deutschen Lufthansa, hat die Lehrbriefe mit diversen Fachleuten vier Jahre lang vorbereitet. Gute Grafiken und eine übersichtliche Seitenaufteilung erleichtern das Lernen.

Die Lehrbriefe sind nach modernen didaktischen und pädagogischen Gesichtspunkten gestaltet. Die Absolventen berichten auch von einer guten Betreuung. Bei fachlichen Fragen ist die Schule gut erreichbar, und individuelle Fragen werden durch die einzelnen Lehrbriefautoren umgehend telefonisch beantwortet. Da es für einen Anfänger schwierig ist, sich in einen neuen – für ihn mangels fliegerischer Erfahrung noch abstrakten – Stoff einzuarbeiten, ist die individuelle Betreuung bei Fernlehrgängen besonders wertvoll. Tests, die per Fax oder E-Mail eingereicht wurden, werden innerhalb weniger Stunden korrigiert. Den gesamten Lehrgang soll es demnächst auch als CD-ROM geben.

Meine eigenen Erfahrungen mit einem Gröger-Lehrgang waren hier deutlich schlechter.

Preislich unterscheiden sich die beiden Schulen nur geringfügig. Ein ATPL-Lehrgang kostet rund 2000 Euro. Für ein reines Verlagsprodukt sehr viel Geld. Aber leider hat in Deutschland alles, was in der Fliegerei angeboten wird, seinen Preis. Und bei nur zwei Anbietern gibt es auch eine gewisse Monopolstellung.

Immerhin ist die gleiche Summe dann nochmals für den Nahunterricht fällig, was vom Preis-Leistungsverhältnis her eigentlich zu hoch ist.

Man darf gespannt sein, was hier die JAR-Lizenzen noch bringen werden. Englischsprachigen Multimedialehrgängen – Lehrgänge, die in allen JAA-Mitgliedsländern angeboten werden – wird hier sicher die Zukunft gehören. Der größere Markt und ein gesunder Wettbewerb könnten die Preise dann schnell in Bewegung bringen. Die Amerikaner führen bereits vor, wie man für 150 bis 250 US-$ moderne Multimedialehrgänge auf den Markt bringen kann, die die entsprechenden deutschen Lehrgänge in Qualität und Preis weit hinter sich lassen. Allerdings sind Lehrgänge wie zum Beispiel der preisgekrönte IFR-Lehrgang von Jeppesen zu stark auf die amerikanischen Lizenzen zugeschnitten, um sie zur Vorbereitung auf JAR-Lizenzen zu nutzen. Deutschen Anbietern muss man zugute halten, dass sie in einem sehr kleinen Markt tätig sind und demzufolge nicht – wie die Amerikaner – siebenstellige Summen in die Entwicklung stecken können.

Aber nicht jeder, der das Geld auf der Bank und den Willen zum Lernen hat, darf etwa an solch einem deutschen Fernlehrgang teilnehmen. Schließlich leben wir in der Bundesrepublik, und da muss man erst einmal einige Unterlagen einreichen:

- Geburtsurkunde,
- Behördenführungszeugnis O oder P,
- Erklärung über schwebende Strafverfahren (formlose persönliche Erklärung, dass keine Strafverfahren anhängig sind),
- Fliegerärztliches Tauglichkeitszeugnis Klasse I,
- Nachweis der fachlichen Voraussetzungen gemäß § 14 (1) 3 LuftPersV, also
  Nachweis ausreichender Kenntnisse in Mathematik, Physik und Englisch.

Diese Unterlagen müssen innerhalb von acht Tagen nach Lehrgangsbeginn vorliegen.

Wer nun einen solchen Fernlehrgang gebucht hat, lässt zunächst einmal den Postboten schwitzen. Denn der muss rund ein Dutzend schwere Ordner mit zahlreichen Lehrbriefen ins Haus schleppen.

Die können dann bei beliebiger Zeiteinteilung in aller Ruhe zu Hause durcharbeitet werden. Am Ende eines jeden Kapitels sind Selbstkontrollaufgaben zu lösen, für welche die Lösungsschlüssel gleich mitgeliefert werden.

Jedes Fachgebiet wird mit Testaufgaben abgeschlossen. Die Testaufgaben werden zur Korrektur an die Fernschule gesandt. Der Test gilt als bestanden, wenn 75 Prozent der Fragen richtig beantwor-

tet wurden. Wurden alle Tests eingereicht und mit jeweils 75 Prozent bestanden, stellt die Fernschule eine Bescheinigung über die erfolgreiche Teilnahme am Lehrgang aus.

Das Luftfahrt-Bundesamt liebt allerdings anscheinend keine Piloten, die Tag und Nacht büffeln. Ganz im Sinne deutscher Regulierungswut hat man für den Lehrgang eine Mindestlaufzeit von 32 Wochen vorgeschrieben. Wer bereits einen CPL/IR hat, muss sich mindestens 18 Wochen mit den Lehrbriefen beschäftigen. Diese Mindestlaufzeiten basieren auf einer täglichen Arbeitszeit von 2-3 Stunden.

Unter besonderen Bedingungen (das LBA nennt dies »uneingeschränkte Studiumfähigkeit«) kann die Lehrgangsdauer – auf Antrag (!) – auf eine Mindestlaufzeit von acht Wochen reduziert werden.

Die Höchstlaufzeit richtet sich nach der für die jeweilige Theorieausbildung nach JAR höchstzulässigen Ausbildungsdauer. Diese Frist ist nicht (!) verlängerbar.

Bezüglich der Bezahlung müssen sich auch die Fernschulen für Aeronautik dem *Fernunterrichts-Schutzgesetz* (FernUSG) beugen. Dieses schreibt bei Laufzeiten von mehr als drei Monaten Teilzahlungen vor. Jede Teilzahlung darf dabei nur einen Zeitraum von maximal drei Monaten abdecken. Also: Je nachdem, wie schnell Sie die Lehrbriefe abrufen und den Lehrgang abschließen wollen, werden Sie alle drei Monate mit unterschiedlich hohen Beträgen zur Kasse gebeten.

Fernlehrgänge haben drei Vorteile:

- freie Zeiteinteilung, die oft mehr Freude beim Lernen bringt, vorausgesetzt, die notwendige Selbstdisziplin ist vorhanden

- eine gewisse Kostenersparnis, bei der man auch berücksichtigen muss, dass man weiter seinen Lebensunterhalt durch regelmäßige Arbeit verdienen kann, während andere mehr oder weniger einkommenslos im Klassenraum sitzen
- das fundiert aufbereitete schriftliche Lehrmaterial, das sich auf mehrere Aktenordner verteilt und auch später immer wieder zum Nachschlagen gut ist.

Flugschulen haben dagegen oft nur sehr mäßiges Material, und man ist viel auf Mitschriften angewiesen, mit denen man dann später oft nichts mehr anfangen kann.

Fernlehrgänge haben aber auch einen großen Nachteil. Sie sind sehr umfangreich und kosten unter dem Strich oft mehr Zeit als der konventionelle Klassenunterricht. Fernlehrgänge müssen zwangsläufig den gesamten in den Ausbildungsrichtlinien enthaltenen Stoff in aller Ausführlichkeit abdecken. Flugschulen müssen sich zwar auch an die Richtlinien halten, können aber etwas flexibler auf das reagieren, was gerade an Prüfungsfragen aktuell ist, und einzelne Themen abkürzen.

Alte Fernlehrgangshasen arbeiten daher die Lehrbriefe zunächst nur oberflächlich durch, beantworten die Testfragen und setzen sich erst einmal in den Nahunterricht. Dort werden dann zwei Wochen lang die relevanten Prüfungsfragen durchgesprochen. Mit diesem aktuellen Material eingedeckt, kann man sich dann nochmals die Lehrbriefe vornehmen und sich etwas intensiver konkrete Hintergrundinformationen zu den Prüfungsfragen erarbeiten.

Fernlehrgänge haben natürlich auch den Nachteil, dass man Fragen nicht mal eben schnell mit dem Lehrer klären kann. Da man nicht mit jeder Kleinigkeit die Hotline nerven kann (wenn überhaupt vorhanden), versucht man natürlich die Antworten aus dem vorliegenden Material zunächst selbst zu erarbeiten: Die Fähigkeit zum Selbststudium muss mithin vorhanden sein.

Übrigens: Wer nur den PPL machen will, sollte das »Projekt Lilienthal« verfolgen. Unter diesem Namen wurde ein PPL-Lehrgang für das Internet entwickelt.

Studium in Luftfahrt-Systemtechnik und -Management

»Dr. Luft« – so wurde früher im Scherz die theorielastige deutsche Instrumentenflug-Ausbildung genannt. Am 29. Oktober 1999 sollte dann der akademisch ausgebildete Pilot tatsächlich Wirklichkeit werden. In einer kleinen Feierstunde erhielten die ersten drei Absolventen des internationalen Studienganges für Luftfahrtsystemtechnik und -management ihre Abschlusszeugnisse. Eigentlich sollten es mehr als drei sein. Doch der neue Studiengang fiel in eine Phase intensiver Neueinstellungen bei verschiedenen deutschen Fluggesellschaften. Viele Studienanfänger konnten sich diesem Sog nicht entziehen. Sie nutzten die Chance, bei einer großen *Airline* unterzukommen, und verzichteten auf das Studium zugunsten der kürzeren reinrassigen Verkehrspilotenausbildung.

Doch was steckt hinter diesen diplomierten Piloten:

Pilot ist keine Tätigkeit, die auf der Basis einer anerkannten Berufsausbildung ausgeübt wird. Der Flugzeugführer erwirbt lediglich eine Lizenz, die ihn berechtigt, ein Flugzeug zu steuern – das wars. Dennoch liegen die fachlichen Anforderungen auf einem hohen Niveau und die Tarifforderungen im akademischen Bereich. Das Führen eines modernen Verkehrsflugzeuges stellt heute andere Anforderungen als noch vor 20 Jahren. Der technologische Fortschritt im Cockpit hat die Piloten weitgehend von technischen, handwerklichen Routineaufgaben entlastet. Den klassischen Piloten, der mit dem Steuerknüppel in der Hand das Flugzeug sicher durch Wind und Wetter steuert, gibt es heute – wenn überhaupt – nur noch in der Allgemeinen Luftfahrt. An seine Stelle ist ein Flugzeugführer getreten, der, gerüstet mit einem soliden technischen Grundwissen, ein komplexes elektronisch-mechanisches System unter Kriterien wie Sicherheit, Wirtschaftlichkeit, Zuverlässigkeit, Pünktlichkeit und Passagierkomfort optimal »managen« muss. Bereits der Erwerb einer Verkehrspilotenlizenz beinhaltet eine fundierte technische Ausbildung, deren Inhalte durchaus mit dem zu vergleichen sind, was einzelne Fächer eines Ingenieurstudiums vermitteln.

Welcher Pilot kennt nicht die nervende Frage des in die Kanzel schauenden Passagiers:

»Haben Sie jetzt etwas zu tun, oder fliegt der Autopilot?«

Wissenschaftliche Untersuchungen haben gezeigt, dass durch die zunehmende Automatisierung im Cockpit nicht etwa, wie der Laie schnell vermutet, die fachlichen Anforderungen an einen Piloten verringert werden – im Gegenteil: Die gestiegene technische Komplexität der Luftfahrzeuge erfordert zunehmend Ausbildungs- und Trainingsinhalte, die vom klassischen Piloten weg und hin zum Systemingenieur führen.

Allerdings wird bei diesen Untersuchungen die Frage außer Acht gelassen, ob es sich nur um einen vorübergehenden Trend handelt, der im engen Zusammenhang mit der Einführung neuer Technologien im Cockpit steht. Es wäre also durchaus denkbar, dass die Anforderungen an die Systemkenntnisse zunächst steigen, um dann in zukünftigen Flugzeuggenerationen mit zunehmender Zuverlässigkeit und Beherrschung der Probleme durch die Ingenieure wieder zu sinken. Wir werden uns mit dieser Frage im letzten Kapitel noch ausführlicher beschäftigen.

Der Beruf des Verkehrspiloten gilt als anspruchsvolle Tätigkeit. Zahlreiche Seiteneinsteiger kommen daher auch aus akademischen Kreisen. Vom Studienrat, Arzt, Pharmazeut bis hin zum Pastor habe ich schon alle möglichen Berufsgruppen im Cockpit angetroffen. Am engsten ist jedoch die Verbindung zu einer ingenieur- oder naturwissenschaftlichen Disziplin. Deutsche Hochschulen stehen seit langem bei der Wirtschaft in dem Ruf, praxisfremd auszubilden. Was lag also näher, einmal das Gegenteil zu beweisen und sich über einen neuen praxisgerechten Studiengang Gedanken zu machen.

Hierzu wurde unter dem Vorsitz von Prof. Faber der FHP e.V. gegründet mit dem Ziel, ein Curriculum (Studienplan) für ein Studium zum »Systemoperator« zu entwickeln. Die herkömmliche Ausbildung eines Ingenieurs soll die Fähigkeit entwickeln, ingenieurwissenschaftliche Grundlagen zu erarbeiten sowie technische Systeme zu entwickeln, zu konstruieren und zu produzieren. Anders der Systemoperator: Er soll lernen, komplexe technische Systeme zu bedienen. Hierfür ist das herkömmliche Ingenieurstudium ungeeignet, was die Definition neuer Lerninhalte erforderlich macht. Da es an Geld fehlt, ist man allerdings von der endgültigen Umsetzung dieses Ziels noch weit entfernt.

Nur als erster Schritt auf diesem Wege, nicht jedoch als das endgültige Ziel, ist daher das Studium im Fachbereich Maschinenbau der Hochschule Bremen zu sehen. Dort wurden keine völlig neue Lerninhalte definiert, sondern Elemente des herkömmlichen Ingenieurstudiums mit denen einer Verkehrspilotenausbildung zu einem gemeinsamen Ausbildungsgang verschmolzen.

Die Idee ist in Europa bisher einmalig, wenn auch nicht grundsätzlich neu. Derartige Studiengänge gibt es seit langem in den USA, und es gab sie auch in der ehemaligen DDR nach russischem Vorbild. Dort konnten junge Leute nach einer vierjährigen Ausbildung mit dem Abschluss »Dipl.-Ing. Verkehrstechnik« in das Cockpit einer Maschine der Interflug klettern. Die Ausbildung war zunächst rein zivil ausgerichtet, kam aber dann nach etwa zwei Jahren unter die Obhut der Militärs.

Zur Zeit sind Bestrebungen im Gange, entsprechende Studiengänge auch an anderen Hochschulen einzuführen. Aachen beispielsweise bietet seit dem Wintersemester 98/99 einen Studiengang »Flugbetriebstechnik« an, den man als Grundlage einer Hochschulausbildung von Piloten betrachten kann. Eine zusätzliche fliegerische Ausbildung an einer Flugschule kann mit dieser Hochschulausbildung abgestimmt werden.

Das Studium in Bremen gliedert sich in ein Grundstudium von drei Semestern, das mit der Diplomvorprüfung abgeschlossen wird.

Wie bei einem herkömmlichen Maschinenbaustudium werden die Fächer Ingenieurmathematik, Messtechnik und Experimentalphysik, Werkstofftechnik und -chemie, Informatik, Technische Mechanik, Hydromechanik, Konstruktion, Elektrotechnik und Elektronik, Technisches Englisch und Betriebswirtschaft behandelt, aber auch Geschichte der Luftfahrttechnik und Psychologie.

Das Hauptstudium umfasst fünf Semester. In drei theoretischen Semestern spezialisiert sich der angehende Ingenieurverkehrspilot zunächst auf Luftfahrtthemen wie Luftfahrttechnik, Aerodynamik, Flugmechanik, Flugzeugbau, Flugantriebe, Gasturbinen, Regelungstechnik und Flugregler, Flugbetriebstechnik, Flugbetrieb, Luftfahrtnavigation, elektrische und hydraulische Antriebe, Systemtechnik, Management, Luftverkehr und Recht, insbesondere Luftfahrtrecht.

Dann folgen zwei Praxissemester zur fliegerischen Ausbildung.

Zum Schluss wird eine Diplomhauptprüfung abgelegt. Der frisch gebackene Ingenieurpilot darf sich dann »Dipl.-Ing. Luftfahrtsystemtechnik und Management (FH) mit Airline Transport Pilot License (ATP)« nennen oder – nach JAR – »Unrestricted CPL(A)/IR«.

Tätigkeitsschwerpunkte für ihre Absolventen sieht die Hochschule Bremen in den Bereichen

- Flottenführung,
- Technischer Pilot,
- Flugunfalluntersuchung,
- Sicherheitspilot,

- Check- und Trainingskapitän,
- Verbindung zwischen Airline und Flugzeugindustrie,
- Technisch-organisatorische Aufgaben in der Luftfahrtindustrie,
- Systemtechnik in Industriefirmen.

Diese Ausbildung ist mit Sicherheit eine interessante Alternative, die Zukunft haben wird. Bei dem ständigen Auf und Ab in der Luftfahrt mit zeitweise miserablen Beschäftigungsaussichten und dem ständigen Gesundheitsrisiko im Nacken waren angehende Verkehrspiloten auch in der Vergangenheit nicht schlecht beraten, wenn sie noch einen weiteren Berutsabschluss in der Tasche hatten.

Der Studienabschluss bietet den Vorteil einer ausgezeichneten Qualifikation gegenüber reinen ATPL-Inhabern und ein ingenieurwissenschaftliches Diplom, das Ihnen unter Umständen auch hilft, wenn Sie wegen Fluguntauglichkeit, Lizenzverlust oder Arbeitslosigkeit auf dem Trockenen sitzen.

Nicht zuletzt hegen die Initiatoren übrigens die Hoffnung, dass im Rahmen einer europäischen Ausbildungsordnung aus diesen Ansätzen einmal die Standardausbildung für einen anerkannten Beruf werden könnte, etwa ein *Bachelor-Degree* nach sechs Semestern Flug-Fachhochschule. Denn bis heute ist der Erwerb einer Verkehrspilotenlizenz kein anerkannter Beruf.

Voraussetzungen

Für den Studiengang müssen Sie folgende Voraussetzungen erfüllen:

- Fachhochschulreife,
- Beherrschung der deutschen und der englischen Sprache in Wort und Schrift,

- Staatsangehörigkeit eines EU-Landes oder eine Aufenthaltsberechtigung beziehungsweise eine unbefristete Aufenthaltserlaubnis für die Bundesrepublik,
- Besitz eines uneingeschränkten Reisepasses,
- Erfolgreich durchlaufene Berufsgrunduntersuchung beim DLR (Deutsches Zentrum für Luft- und Raumfahrt),
- Fliegerärztliches Tauglichkeitszeugnis Klasse I,
- Korrektur der Sehschärfe von max. ± drei Dioptrien.

Empfohlen wird ferner ein abgeleisteter Wehr- oder Zivildienst oder aber Befreiung oder Ausmusterung.

Der Studiengang wurde zwar in enger Zusammenarbeit mit der Verkehrsfliegerschule der Lufthansa entwickelt, steht aber grundsätzlich allen Verkehrsfliegerschulen offen. Wer die Praxis bei der Lufthansa durchläuft, absolviert seine zwei Praxissemester in Phoenix/Arizona und hat bei Erfüllung bestimmter Voraussetzungen Chancen auf eine Übernahme in den Lufthansakonzern.

Übernahme in den Lufthansa-Konzern

Wer nach abgeschlossenem Studium bei einer Firma des Lufthansa-Konzerns beginnen möchte, muss noch einige weitere Voraussetzungen erfüllen. Dabei wird zwischen der *Lufthansa Passage Airline*, der *Lufthansa Cargo* und der *Condor Flugdienst* einerseits und der *Lufthansa City Line* andererseits unterschieden.

Die fliegerärztliche Tauglichkeit muss jetzt generell durch den Medizinischen Dienst der Lufthansa festgestellt werden, der Wehr- oder Zivildienst muss abgeleistet sein, und es muss eine zusätzliche Firmenqualifikation bestanden werden. *City Liner* haben es dabei etwas leichter. Sie dürfen mit 34 Jahren und 364 Tagen sechs Jahre älter sein als die Piloten des Stammhauses, die es auf maximal 29 Jahre und 364 Tage bringen dürfen.

Dabei dürfen die *City Liner* mit ± 3 Dioptrien etwas schlechter gucken als die Piloten der anderen Lufthansa Unternehmen. Für letztere ist eine Korrektur von maximal 1 Dioptrie gestattet. Man könnte stattdessen natürlich auch sagen, man stellt keine Blondinen ein, aber dies klingt wissenschaftlich nicht so korrekt wie eine Dioptriengrenze.

Ferner muss der Wehr- oder Zivildienst abgeleistet sein, oder es muss eine Ausmusterung oder Befreiung vorliegen.

Berufsgrunduntersuchung

Vor dem Studienbeginn muss eine Berufsgrunduntersuchung beim *Deutschen Zentrum für Luft- und Raumfahrt* (DLR) absolviert werden. Diese darf frühestens sechs Monate vor Studienbeginn durchgeführt werden.

Die Untersuchung findet in Hamburg statt und prüft die grundsätzliche Eignung zum Verkehrsflugzeugführer. Die Untersuchung dauert zwei Tage und beinhaltet Tests zu folgenden Anforderungsmerkmalen:

- Englischkenntnisse,
- Technisch-physikalisches Grundwissen (einfache technische Systeme, Elektrotechnik, Mechanik, Wärme- und Strömungslehre, Wellenlehre),
- Technisches Verständnis für die Funktionen einfacher Systeme und Vorrichtungen,

- Rechenfertigkeiten und logisches Denken,
- Merkfähigkeit, Konzentrationsvermögen,
- Wahrnehmungsgeschwindigkeit, räumliches Orientierungsvermögen,
- Persönlichkeitsmerkmale,
- Sensomotorische Koordination unter Mehrfachbelastung.

Wichtige Hinweise zu dieser Untersuchung finden Sie auch im Kapitel »Eignungstests« ab Seite 180. Eine sorgfältige Vorbereitung ist unerlässlich, denn wer durchgefallen ist, darf nicht noch einmal antreten.

An den Kosten für diese Untersuchung müssen Sie sich mit rund 300 Mark oder 150 Euro beteiligen.

Wer die Grunduntersuchung bestanden hat, wird eventuell – dies hängt unter anderem vom Bedarf ab – zu einer 2 1/2-tägigen Zusatzuntersuchung geladen. Dabei wird die Firmenqualifikation für den Lufthansakonzern überprüft. Die Kosten hierfür trägt die Lufthansa. Diese Zusatzqualifikation ist in drei Abschnitte aufgeteilt:

Im ersten Abschnitt werden individuelle Tests an Geräten durchgeführt, in denen die psychomotorische Begabung und die Fähigkeit zu Mehrfacharbeit in komplexen dynamischen Situationen geprüft werden.

Im zweiten Abschnitt wird das Verhalten in verschiedenen Gruppen- und Einzelsituationen bewertet.

Im dritten Abschnitt erfolgt ein Test im Simulator und danach – mit den bis dahin erfolgreichen Kandidaten – ein Einzelgespräch. In den Einzelgesprächen können auch nochmals mündliche Englischkenntnisse und technisches Verständnis abgeprüft werden.

Dies hört sich alles sehr aufwendig und kompliziert an, wird aber durchschaubarer, wenn Sie den Abschnitt »Eignungstests« ab Seite 180 gelesen haben.

Studienkosten

Im Unterschied zu anderen Studiengängen muss bei dieser Kombination aus dem Angebot einer staatlichen und einer privatwirtschaftlichen Bildungseinrichtung Geld von zu Hause mitgebracht werden und dies leider nicht zu knapp. Die Ausbildungsteile, die an der Hochschule Bremen absolviert werden, sind kostenlos oder besser und werden – wie andere Studiengänge auch – vom Steuerzahler finanziert.

Der Ausbildungsabschnitt an der Lufthansaverkehrsfliegerschule kostet dagegen rund 65.000 Euro zuzüglich etwa 8500 Euro für Nebenkosten wie Lehrmittel, Prüfungen, Unterkunft in den USA und Flugtickets in die USA.

Die Unterkunft in Bremen und die Lebenshaltungskosten müssen extra aufgebracht werden, wobei die Ausbildung allerdings zur Förderung nach dem BAföG anerkannt ist.

Die Schulungskosten werden nach einem festgelegten Plan auf sechs Raten verteilt.

Wer das Glück hat, in den Lufthansa-Konzern übernommen zu werden, bekommt die Ausbildung zur Zeit von der Lufthansa vorfinanziert und muss nur einen Teil zurückzahlen. Voraussetzung sind ein entsprechender Bedarf und die bestandene Firmenqualifikation. Ferner gilt das Finanzierungsangebot nur bei Übernahme in den Mutterkonzern – die »Lufthansa Classic«, wie Eingeweihte sie nennen. Zukünftige Lufthansa *City Liner* müssen die Ausbildung komplett selber finanzieren.

Seiteneinsteiger

Es ist kein Seiteneinstieg für PPL/A- oder CPL/IFR-Inhaber während der Schulung möglich.

Trainingsmöglichkeiten in Deutschland

Die deutschen Flugschulen leiden gerade bei der IFR-Ausbildung unter erheblichen Einschränkungen bei den praktischen Trainingsmöglichkeiten. In einigen Regionen Deutschlands nehmen die lokalen Verkehrsflughäfen kaum Schulungsflüge an. Gerade im süddeutschen Raum gibt es zu wenig kleine Flugplätze mit Instrumentenanflugverfahren, und die großen Plätze wie München oder Frankfurt verweigern aus Kapazitätsgründen ihre Unterstützung bei der Ausbildung. Bevor Sie sich für eine Schule entscheiden, sollten Sie sich auch nach den Trainingsmöglichkeiten erkundigen. Dies kann lange und teure Flüge zu entfernteren Plätzen ersparen. Zur Auswahl der richtigen Flugschule beachten Sie bitte auch die Checkliste Flugschulen der Vereinigung Cockpit im Anhang ab Seite 280.

Ausbildung im Ausland

Studium im Ausland

In dem von mir seit 1988 herausgegebenen Ratgeber *Fliegen in den USA* habe ich seit langem kritisiert, dass die deutsche Pilotenausbildung von wenigen Ausnahmen abgesehen – längst den Anschluss an den internationalen Standard verloren hat.

Deutlich wird dies auch am studierten Piloten. Hier freut man sich noch über die ersten diplomierten Flugzeugführer und diskutiert dabei umständlich, wie eine solche Ausbildung in Zukunft aussehen sollte, um das Rad neu zu erfinden. Zur gleichen Zeit produzieren amerikanische Universitäten bereits mehrere tausend(!) Absolventen jährlich mit einer erstklassigen und praxisorientierten Ausbildung zu einem Bruchteil der deutschen Kosten. Und, was besonders wichtig ist, mit Lehrplänen, die von der internationalen Luftverkehrswirtschaft akzeptiert und gefördert werden.

In den USA gibt es seit vielen Jahren Ausbildungsgänge, die ein Studium mit einer Pilotenausbildung kombinieren, angeboten von diversen *Colleges* und Universitäten. Und was besonders wichtig ist: Die großen amerikanischen *Major Airlines* haben diese Ausbildungsgänge nicht nur längst akzeptiert, sondern ziehen Bewerber mit derartigen Zusatzqualifikationen vor. Auch wenn das erworbene Wissen nicht immer direkt im Cockpit einsetzbar ist, so wird das Streben der Bewerber begrüßt, neben der Lizenz fundiertes Hintergrundwissen erwerben zu wollen.

Eine Haltung, die die deutschen *Airlines* sicher noch einige Jahre und Absolventen kosten wird, wie bei jeder neuen Ausbildung. Die Flugbetriebsleitung so mancher Gesellschaft, für die bisher nur zwei Kriterien zählte, nämlich Flugerfahrung und Einstellungstest, wird sich erst an den Gedanken gewöhnen müssen, dass da plötzlich ein Bewerber vor der Tür steht, der eine Qualifikation mitbringt, die die ältere Pilotengeneration noch gar nicht erwerben konnte.

Besonders wertvoll sind für die Studenten der praxisorientierten US-Unis im Übrigen deren gute Verbindungen zur Luftverkehrswirtschaft. Zu den ersten Adressen gehört etwa die *Western Michigan University*, die auf Basis eines festen Vertrages Studenten für British Airways, Air Lingus und Emirates Airlines trainiert. Geschult wird auf bestens ausgerüsteten einmotorigen Flugzeugen der Marke Mooney mit EFIS *(Electronic Flight Information System)* und FMS *(Flight Management System)*.

Eher bescheiden wirken die ersten deutschen Gehversuche auch, wenn man ihnen die größte Ausbildungseinrichtung der Welt gegenüberstellt, die sich ausschließlich dem Thema Luftfahrt widmet, die *Embry Riddle Aeronautical University*. Über 6000 Studenten lernen in Daytona/Florida, Prescott Campus und in 125 weiteren – über die USA verteilten – Ausbildungszentren alle Facetten der Luftfahrt kennen. Regelmäßig befinden sich alleine 2500 Studenten in der Ausbildung zum Verkehrspiloten. Der Rest macht ein Ingenieurstudium oder eine betriebswirtschaftlich orientierte Managementausbildung für den Bereich Luftverkehr. Die praktische Ausbildung wird in enger Zusammenarbeit mit *Flight Safety,* der sicher mit Abstand bekanntesten und größten Flugschule der Welt, durchgeführt. Boeing 737-300- und Beech-1900-D-Simulatoren bereiten auf die Tätigkeit im Cockpit großer Verkehrsflugzeuge vor. Jährlich veranstaltet Embry Riddle eine so genannte *Industry/Career Expo*, an der namhafte Firmen wie Boeing, Lockheed, Sikorsky, American Airlines, Continental, Delta und United Airlines teilnehmen. Auch nicht-amerikanische Gesellschaften, wie etwa British Airways, Turkish Airlines und Saudi Arabian Airlines, sind regelmäßig vertreten. Studenten, die kurz vor dem Abschluss stehen, finden hier ein geeignetes Kontaktforum für die Stellungssuche. Im Vergleich dazu sind deutsche Flugschulen bisher nur äußerst selten dadurch aufgefallen, dass sie ihren Abgängern bei der Jobsuche helfen – nachdem die Ausbildung erst einmal bezahlt wurde.

Weitere bekannte Namen für ein Pilotenstudium sind die *University of Nebraska* und die *University of Alaska*.

Wer auf eine internationale Karriere ausgerichtet ist, sollte sich durchaus einmal an diesen Ausbildungsstätten umschauen. Für eine mehr national orientierte Berufskarriere sind derartige Ausbildungsgänge allenfalls als Zusatzqualifikation geeignet, da sie in Deutschland kaum anerkennungsfähig sind.

Ausbildung im europäischen Ausland

Wer bei der Suche nach einer geeigneten Flugschule in der Dienstleistungswüste Deutschland nicht fündig oder durch die Preise abgeschreckt wird, der kann nach den neuen europäischen Ausbildungsrichtlinien auch einmal über den Zaun schauen und sich im benachbarten Ausland nach einer geeigneten Flugschule umsehen. Mit der gegenseitigen Anerkennung von Lizenzen gibt es nach Einführung der JAR-FCL keine Probleme mehr. Wie bereits erwähnt, können die theoretische und die praktische Ausbildung getrennt voneinander in unterschiedlichen JAR-Ländern absolviert werden. Es ist also durchaus denkbar, die zeitaufwändige Theorie nahe dem Heimatort abzusitzen und sich für den praktischen Unterricht ein preiswertes und sonniges Land im Süden zu suchen.

Im Rahmen der weiteren Europäisierung kann man zukünftig sicher auch mit entsprechenden Auslandsofferten deutscher Flugschulen rechnen.

Ausbildung außerhalb Europas

Wer an eine Ausbildung außerhalb Europas denkt, denkt natürlich zuerst an die USA. Die USA sind heute das Luftfahrtland schlechthin mit der weltweit größten Luftfahrtindustrie, den meisten Flugzeugen, Flugplätzen und Flugschulen.

Während Deutschland – mit Ausnahme der Verkehrsfliegerschule der Lufthansa – keine einzige Flugschule mehr von internationalem Ruf vorweisen kann, gibt es in den USA zahlreiche renommierte Ausbildungsstätten, in die Flugschüler aus der ganzen Welt strömen. Grund sind ein exzellentes, praxisorientiertes Ausbildungssystem und ein Preisniveau, das bei etwa 40 Prozent des deutschen liegt.

Aber auch die Trainingsbedingungen sind durch unzählige Flugplätze mit Instrumentenanflugverfahren und das ganzjährig gute Wetter in den südlichen Staaten exzellent.

Die Luftfahrt hat in den USA eine enorme wirtschaftliche Bedeutung, an der Millionen Arbeitsplätze hängen. Im Gegensatz zu Europa gilt dies dort auch für die Allgemeine Luftfahrt. Die meisten Flugschulen sind in Florida beheimatet, gefolgt von Texas und Kalifornien. Alleine Florida hat 380 Flugplätze, 30 Wasserflugbasen und mehr als 47.000 lizenzierte Piloten. Die gesamten USA zählen rund 16.000 Flugplätze.

Diesen mit weitem Abstand größten Luftfahrtapparat der Welt zu organisieren und zu verwalten ist eine gewaltige Aufgabe, die die Amerikaner hervorragend gelöst haben. Ohne sich im bürokratischen Sumpf zu verlieren, werden für die einzelnen Verwaltungsakte pragmatische Lösungen präsentiert, die vordergründig die Handschrift von Luftfahrtexperten tragen

und nur zweitrangig von Verwaltungs-
fachleuten. Ohne Übertreibung kann man
feststellen, dass kein anderes Land der
Welt in der Lage ist, Verwaltungsakte der
Luftfahrt so schnell, fachgerecht und bür-
gerfreundlich abzuwickeln wie die Vereinigten Staaten.

Die amerikanische Luftfahrtbehörde *Federal Aviation Administration* (FAA) ist fe-
derführend bei internationalen Richtlinien
der Luftfahrt. Beeindruckend ist dabei die
Dynamik, mit der das ganze System ständig in Bewegung ist, wie stets an allen
Ecken und Kanten geforscht, geprüft, gearbeitet und verbessert wird. Trotzdem
gelingt es der Luftfahrtverwaltung, alle
Regeln und Verordnungen jedem Teilneh-
mer am Luftverkehr klar und übersichtlich
zu präsentieren und diesen sogar an der
Entscheidungsfindung zu beteiligen.

Unsere Luftfahrt ist dagegen nach dem
Zweiten Weltkrieg nicht mehr aus einem
provinziellen Niveau herausgekommen.
Die Pilotenausbildung hatte sich bis zur
Einführung der JAR-Lizenzen jahrzehntelang kaum weiterentwickelt und war von
der Umsetzung moderner flugpädagogi-
scher und technischer Erkenntnisse weit
entfernt. Erst durch die europäischen Lizenzen kommt das erste Mal nach rund
vier Jahrzehnten wieder etwas Bewegung in die Ausbildung.

Dennoch besitzt Deutschland von allen
europäischen Staaten – neben Großbritannien und Frankreich – die beste Infrastruktur in der Allgemeinen Luftfahrt. Gerade deshalb ist es traurig, dass die Trainingsbedingungen inzwischen nur noch
als miserabel bezeichnet werden können.
Und dies liegt nicht nur am Wetter: Hohe
Landegebühren, Flugplatzbeschränkun-
gen aus zum Teil sachlich absurden Umweltschutzgründen, Flughafenslots, flug-

sicherungstechnische Probleme, Öff-
nungs- oder besser Schließungszeiten der
Flugplätze und die allgemein zunehmende
Verdrängung der Allgemeinen Luftfahrt
nehmen ihr zunehmend die freie Luft unter
den Flügeln.

In den USA dagegen

- gibt es keine Landegebühren für kleine Flugzeuge,
- werden alle Schulflüge steuerlich gefördert,
- kann man auf den meisten Flugplätzen rund um die Uhr fliegen,
- haben viele kleine Plätze Instrumentenanflugverfahren,
- sehen die Fluglotsen die Ausbildung
  des Nachwuchses als einen selbst-
  verständlichen Bestandteil ihrer täglichen Arbeit, verhalten sich entsprechend hilfsbereit und lehnen selten In-
  strumententrainingsflüge ab.

Also ab in die USA zum Erwerb preiswerter Lizenzen bei hochwertiger Ausbildung, einem interessanten Auslandsauf-
enthalt und einem Vertiefen der in der
Fliegerei so wichtigen Englischkenntnisse?

Diese Hoffnungen muss man leider rasch
zerstören, denn es gibt zahlreiche Hindernisse, die sich diesem Ansinnen in
den Weg stellen.

**Der Weg eines amerikanischen Ver-
kehrspiloten**

Was in Deutschland zumindest bis zum
Unrestricted CPL(A)/IR noch im Schnelldurchlauf möglich ist, ist in den Vereinigten Staaten ein mehrjähriger Weg, der in
vier Hauptabschnitte aufgeteilt ist.

Erster Ausbildungsabschnitt

Der erste Ausbildungsabschnitt geht von Null bis zum CPL mit *Instrument* und *Multi Engine Rating.* Bis dahin baut das Ausbildungsprogramm für alle Berechtigungen in pädagogisch sinnvoller Weise aufeinander auf. Die Privatpilotenausbildung etwa endet mit einigen Flugstunden unter der Haube, also ohne Sicht nach außen. Dabei werden erste Grundlagen des Instrumentenfluges wie einfache Manöver und Umkehrkurven geübt.

Nach Abschluss der PPL-Ausbildung müssen die Erfahrungen in mindestens 50 *Cross-Country*-Stunden vertieft werden, bevor es mit der Instrumentenflugausbildung weitergeht. Dabei werden zunächst die in der Privatpilotenausbildung gelegten Grundlagen wiederholt und vertieft. Da in den USA IFR- und VFR-Verkehr auf der gleichen ATC-Frequenz betreut werden und *VFR-Following* (Sichtflug mit Radarservice) weit verbreitet ist, sind die Flugzeugführer schon vor Beginn der IFR-Ausbildung mit den gängigen ATC-Verfahren vertraut.

Nach dem *Instrument Rating* folgt wiederum ein längerer Abschnitt mit Soloflügen, bevor dann der erste Abschnitt mit dem Erwerb des *Commercial Pilot Certificate* und dem *Multi Engine Rating* abgeschlossen wird.

Zweiter Ausbildungsabschnitt

Jetzt werden die Lehrberechtigungen wie CFI, CFII und *Multi Engine* erworben. Der angehende amerikanische Verkehrspilot bewirbt sich dann meist um eine Anstellung als Fluglehrer. Alternativ gibt es auch drittklassige Copilotenjobs für oft unbezahlte fliegerische Aufgaben.

Dritter Ausbildungsabschnitt

In durchschnittlich drei bis vier Jahren werden die 1500 Flugstunden gesammelt, die für die amerikanische Verkehrspilotenberechtigung ATP erforderlich sind. Diese Jahre werden als zusätzliche Ausbildung aufgefasst, entsprechend niedrig sind die Fluglehrerhonorare, die nahe am Existenzminimum, oft auch darunter, liegen. Diese kargen, aber lehrreichen Jahre machen jedoch das gesamte Ausbildungssystem erschwinglicher.

Die Fluglehrer stehen dabei unter strenger Aufsicht durch ihren Arbeitgeber und die FAA. Unterrichtstechniken und Inhalte werden genauso überwacht wie das Erreichen der Ausbildungsziele durch die Flugschüler.

Vierter Ausbildungsabschnitt

Mit mindestens 1500 Stunden erwirbt der US-Pilot seine Verkehrspilotenberechtigung, den ATP. Anschließend bewirbt er sich um einen Job bei einer Airline. Oft sind die Bewerbungen um so erfolgreicher, je mehr *Multi-Engine*-Stunden nachgewiesen werden können.

Die größeren Fluggesellschaften fordern oft zusätzlich zum ATP die theoretische Prüfung als Flugingenieur. Einige Gesellschaften setzen die angehenden Verkehrspiloten zunächst für ein Jahr als Flugingenieur ein, bevor sie auf den rechten Sitz wechseln dürfen. Alles in allem vergehen von der ersten Flugstunde bis zu einem Copilotenjob auf einem *Airliner* etwa fünf Jahre – und damit deutlich mehr Zeit als in Deutschland.

Anerkennung von US-Lizenzen in Deutschland

Während die Amerikaner im Interesse ihrer Luftfahrtindustrie seit langem auf eine Harmonisierung der FAA- und JAA-Lizenzen drängen, sträuben sich die hiesigen Behörden dagegen.

Auf den ersten Blick ist es vielen unverständlich, weshalb man sich in einem weltweit verzweigten Luftverkehrssystem so schwer tut, Pilotenlizenzen auf Gegenseitigkeit anzuerkennen. Immerhin wurden die Grundlagen einer Pilotenausbildung in international gültigen ICAO-Richtlinien festgeschrieben. Hier muss jedoch berücksichtigt werden, dass entsprechende internationale Vereinbarungen auf Gegenseitigkeit existieren müssen. Und viele Staaten haben leider kein vorrangiges Interesse, entsprechende internationale Vereinbarungen zur Lizenzharmonisierung mit Nachdruck voranzutreiben. Was früher schon auf deutscher Ebene schwierig war, wird auf europäischer Ebene nicht einfacher werden. Dort sind noch mehr Interessen unter einen Hut zu bringen.

Sensation von 1938- Berlin-New York nonstop in 24:57 Stunden
(Foto Lufthansa)

Dabei spielt auch eine Rolle, das die Allgemeine Luftfahrt in Europa einen schwereren Stand hat: Hohe Preise und mangelhafte Trainingsbedingungen sind nicht unbedingt Schuld der Flugschulen, sondern liegen an spezifisch europäischen Bedingungen. Bei einer Harmonisierung von JAA- und FAA-Lizenzen würde zwar nicht gleich jeder PPL-Schüler nach Amerika pilgern. Es würde aber doch die Gefahr bestehen, dass die CPL- und die ATP-Ausbildung hierzulande drastische Einbußen erleben würde.

Die Anerkennung ausländischer Lizenzen in den USA routiniert und unbürokratisch abzuwickeln, ist daher hier ein trauriges Kapitel mit häufig nur schwer nachvollziehbaren bürokratischen Hindernissen.

Hinweis:
Bei Erscheinen dieses Buches war noch nicht endgültig geregelt, welche Veränderungen es bei der Anerkennung ausländischer Lizenzen durch die JAR geben wird. Das jeweils aktuelle Merkblatt hat das LBA im Internet veröffentlicht. Die Adresse: »www.lba.de.«
Auf den folgenden Seiten wurden daher die bei Drucklegung geltenden Regeln veröffentlicht. Weitere aktuelle Detailinformationen zu diesem Thema finden Sie auch in der jeweils aktuellen Auflage des vom Autor herausgegebenen Ratgebers *Fliegen in den USA*.

Grundsätzlicher Ablauf

Die Umwandlung einer US-Lizenz in eine entsprechende deutsche läuft in zwei Schritten ab:

1. Zunächst muss Ihre US-Lizenz vom Luftfahrt-Bundesamt (LBA) für eine Tätigkeit als Flugzeugführer in Deutschland anerkannt werden.
   Über die Anerkennung wird eine Bescheinigung ausgestellt, die für einen begrenzten Zeitraum gültig ist. Die Bescheinigung müssen Sie bei allen Flügen zusammen mit Ihrer US-Lizenz mitführen. Die Anerkennung kann nach Ablauf der Gültigkeit verlängert werden.
2. Wenn Sie mit Ihrer US-Lizenz auf unbestimmte Zeit in Deutschland fliegen möchten, können Sie nach Anerkennung durch das LBA das Ausstellen einer deutschen Lizenz bei der zuständigen Erlaubnisbehörde beantragen. Die Erlaubnisbehörde kann – je nach Art und Umfang der anerkannten Lizenz – wiederum das LBA oder die Landesbehörde sein. Das LBA ist zum Beispiel zuständig für den ATPL und die Instrumentenflugberechtigung. Die Landesbehörden kümmern sich um PPL und CPL.

Bei der Anerkennung wird zwischen einer »allgemeinen Anerkennung« und einer »Anerkennung im Einzelfall« unterschieden.
US-Lizenzen gehören zu den Erlaubnissen, für die keine bilateralen Vereinbarungen existieren. Sie können daher nur im Einzelfall und auf Antrag anerkannt werden.
Zunächst fordern Sie vom Luftfahrt-Bundesamt Vordruck »LII3 062-07/89« an, Tel: 0531/23 55-623.
Unabhängig von der Art der Berechtigung gelten für die Anerkennung folgende allgemeine Voraussetzungen:

- Sie muss bei Antragstellung und zum Zeitpunkt der Anerkennung gültig sein
- Die Bedingungen für eine Verlängerung der entsprechenden deutschen Lizenz müssen erfüllt sein
- Sie müssen für den CPL einen Erste-Hilfe-Lehrgang besuchen oder für den PPL einen Kurs über Sofortmaßnahmen am Unfallort

Je nach anzuerkennender Berechtigung oder Umfang der gewünschten Anerkennung müssen außerdem die in den nachfolgenden Kapiteln genannten speziellen Voraussetzungen erfüllt werden.

Anerkennung eines US-PPL

Die Anerkennung eines US-PPL ist kein allzu großer Aufwand. Sie müssen bei Antragstellung

- einen gültigen US-PPL besitzen (Flight Review, Medical)
- die Bedingungen für die Verlängerung eines deutschen Scheines erfüllen, also 24 Flugstunden nach Scheinerhalt geflogen sein.

Für die Anerkennung müssen Sie dann noch einen Navigationsdreiecksflug nach Sichtflugregeln unter Aufsicht und in Begleitung eines Fluglehrers durchführen und eine schriftliche Prüfung im deutschen Luftrecht über sich ergehen lassen.

Anerkennung der Nachtflugberechtigung

Wer in seinen deutschen Schein die Nachtflugberechtigung eingetragen haben möchte, muss die Anforderungen für die deutsche Nachtflugberechtigung erfüllen. In den USA werden drei Stunden Nachtflugausbildung und zehn Starts und Landungen geschult. In Deutschland sind es dagegen fünf Stunden, davon drei mit Fluglehrer und eine Stunde Überlandflug. Ferner müssen fünf Alleinstarts und fünf Alleinlandungen bis zum vollständigen Stop enthalten sein sowie drei Stunden Theorieeinweisung.

Anerkennung der Instrumenten-Flugberechtigung

Wenn Sie in Deutschland privat IFR fliegen möchten, müssen Sie eine gültige US-Instrumentenflugberechtigung besitzen, Sie müssen also nach den US-Bestimmungen »instrument current« sein.

Eine Anerkennung ist erst möglich, nachdem Sie mindestens 100 Flugstunden mit der US-Lizenz als *Pilot in Command* unter einem Instrumentenflugplan geflogen sind. Ferner sind eine Theorieprüfung und ein Checkflug mit einem LBA-Sachverständigen erforderlich. Nach Auskunft des LBA kommt es häufiger vor, dass Anträge auf Anerkennung abgewiesen werden müssen, weil diese 100 Instrumentenflugstunden nicht ausreichend nachgewiesen werden. Daher einige Hinweise:

Anerkannt werden nur die reinen Flugstunden, nicht jedoch die Blockzeit. Im Schnitt müssen Sie von den Blockstunden zehn Prozent abziehen. Des weiteren müssen Sie die Stunden als *Pilot in Command* fliegen und überwiegend ohne Begleitung durch einen Fluglehrer.

Zum Verständnis:
Piloten führen zur Aufzeichnung ihrer Flugzeit ein Logbuch. Es ist weltweit üblich, in dieses Logbuch die Blockzeit, also die Zeit vom Wegrollen aus der Parkposition bis zum Stop in der Parkposition einzutragen. In Deutschland gibt es jedoch eine Ausnahme für Flugzeuge mit einem Maximalgewicht von 2000 kg. Piloten dieser Flugzeuge dürfen sich nur die reine Flugzeit eintragen, also die Zeit vom Abheben bis zur Landung.

Anerkennung eines US-CPL

Während die Anerkennung eines PPL zwar aufwendig, aber ohne Weiteres möglich ist, wird es bei den gewerblichen Berechtigungen CPL und ATPL sehr schwer bis praktisch unmöglich. Ein US-CPL kann in Deutschland anerkannt werden, wenn folgende Voraussetzungen erfüllt werden:

* gültiges *US-Commercial Pilot Certificate* mit *Instrument Rating*,
* medizinisches Tauglichkeitszeugnis Klasse I ohne Einschränkungen,
* 21 bis 60 Jahre alt,
* 1000(!) Flugstunden mit der US-Lizenz als *Pilot in Command* im gewerbsmäßigen Luftverkehr nach Erwerb der IFR-Berechtigung.

Die 1000 gewerbsmäßig geflogenen Stunden müssen in einem Luftfahrtunternehmen geflogen worden sein. Eine gewerbsmäßige Tätigkeit als Fluglehrer wird nicht angerechnet.
Praktisch zwingt man damit jeden, der eine deutsche Berufspilotenlizenz erwerben will, diese auch an einer deutschen Flugschule zu machen. Eine Chance auf

Anerkennung haben lediglich erfahrene Berufspiloten. Diese müssen aber trotzdem noch eine Theorieprüfung und einen Checkflug ablegen.

Anerkennung eines US-ATP

Wenn Sie in Deutschland gewerbsmäßig Personen oder Fracht in Flugzeugen befördern möchten, deren Führung einen ATPL erfordert, müssen Sie, wie bei der Anerkennung des ATP Voraussetzungen erfüllen, die nur erfahrene Verkehrspiloten erreichen:

* *US-Airline Transport Pilot Certificate,*
* Medizinisches Tauglichkeitszeugnis Klasse I ohne Einschränkungen,
* 21 bis 60 Jahre alt,
* 1500 Stunden mit der US-Lizenz als PIC in FAR/JAR 25 Flugzeugen.

Anerkennung des US-CPL/ ATP für Nichtdeutsche

Wenn Sie kein Deutscher sind und berufs- oder gewerbsmäßig tätig werden wollen, müssen Sie außerdem nachweisen:

* Bestätigung eines deutschen Luftfahrtunternehmens über die vereinbarte Einstellung sowie über Art, Umfang und Dauer der Tätigkeit,
* Das ausreichende Beherrschen der deutschen Sprache. Hiervon kann abgesehen werden, wenn im Flugbetriebshandbuch des Luftfahrtunternehmens sichergestellt ist, dass fehlende deutsche Sprachkenntnisse die Durchführung der Notverfahren nicht beeinträchtigen.

Wenn Sie nicht einem Land der Europäischen Gemeinschaft angehören, müssen Sie ferner eine Arbeitserlaubnis für Luftfahrer besitzen.

Anerkennung von Musterberechtigungen

Berechtigungen wie etwa Musterberechtigungen können in die Anerkennung einbezogen werden, wenn die Voraussetzungen für die Erteilung den deutschen Bestimmungen entsprechen. Dies können Sie nachweisen, wenn Sie sich vor dem Erwerb einer amerikanischen Musterberechtigung *(Type Rating)* das deutsche Formblatt »16 A/3« besorgen und dieses von der amerikanischen Flugschule ausfüllen lassen. Auf ihm werden alle Manöver bestätigt, die bei der deutschen Ausbildung gefordert werden. Das Formblatt gibt es in Deutsch und Englisch beim Verlag R. Eisenschmidt GmbH in Frankfurt.

Theorieprüfungen für die Anerkennung einzelner Berechtigungen

Sie müssen nicht die komplette theoretische Prüfung wiederholen, sondern nur Auszüge. Die Themen erfahren Sie vorher vom Luftfahrt-Bundesamt.

Praktische Prüfung zur Anerkennung

Nachdem Sie das Ergebnis der theoretischen Prüfung in den Händen halten, müssen Sie sich zur Anerkennung des CPL, ATPL und IFR noch einer praktischen Prüfung stellen. Diese kann im Simulator oder im Luftfahrzeug erfolgen. Die Checkflüge werden von einem Sachverständigen des Luftfahrt-Bundesamtes abgenommen.

Was nicht anerkannt wird

Alle Lehr- und Einweisungsberechtigungen werden nicht anerkannt.

Die Anerkennung Ihres Flugfunkzeugnisses

Bevor Sie Ihre US-Lizenz endgültig anerkannt bekommen, müssen Sie noch Ihr amerikanisches Flugfunkzeugnis, das *Restricted Radiotelephone Operator Permit,* erkennen lassen. Hierfür ist die Außenstelle Mülheim/Ruhr des *Bundesamtes für Post- und Telegraphie* (BAPT) zuständig. Die Anschrift lautet:
BAPT, Aktienstr. 1-7, 4330 Mülheim,
Tel: 0208/45 07-215 o. 245.
Da in den USA die Sprechfunkausbildung in die Pilotenausbildung integriert ist, wird das amerikanische *Restricted Radiotelephone Operator Permit* nicht für sich alleine anerkannt, sondern immer zusammen mit Ihrer US-Pilotenlizenz in dem Umfang, wie es dieser Lizenz entspricht. Wenn Sie etwa ein *Instrument Rating* in Ihrem Schein haben, bekommen Sie eine Anerkennung für die Ausübung des Sprechfunks bei Instrumentenflügen.
Diese Anerkennungsbescheinigung ist übrigens noch kein deutsches Sprechfunkzeugnis. Wie Sie ein deutsches

Sprechfunkzeugnis erhalten, erfahren Sie im nächsten Abschnitt.

Zur Anerkennung müssen Sie einreichen:

- *US-Pilot Certificate*
- Kopie Ihres Passes oder Personalausweises

Diese Unterlagen müssen Sie vorher beglaubigen lassen. Nach Einreichen der Unterlagen nennt Ihnen die BAPT eine Bankverbindung, auf die Sie 20 Euro Bearbeitungsgebühr einzahlen. Nach einer Bearbeitungszeit von etwa einer Woche erhalten Sie die Anerkennungsbescheinigung.

Das »Upgrade« Ihres deutschen Sprechfunkzeugnisses

Wenn Sie ein deutsches Sprechfunkzeugnis – also BZF I oder II – haben und in den USA eine Instrumentenflugberechtigung erwerben, können Sie anschließend bei der BAPT die Anerkennung für ein AZF erhalten. Diese Prozedur kostet ebenfalls 20 Euro. Die US-Validation (Gültigkeitserklärung) eines deutschen PPL mit BZF II reicht aber nicht, um hinterher ein BZF I zu beantragen.
Anders würde es aussehen, wenn Sie in den USA keine Validation, sondern eine vollwertige Lizenz erwerben. In diesem Fall hätten Sie im Rahmen der US-Prüfung auch Ihre Sprechfunkfertigkeiten nachgewiesen und könnten auf dieser Basis ein deutsches BZF I erhalten. Die Anerkennung Ihres amerikanischen Sprechfunk-

zeugnisses ist übrigens auf fünf Jahre befristet. Bis dahin müssen Sie sich, wie weiter unten beschrieben, ein deutsches Sprechfunkzeugnis ausstellen lassen.

Zusammenfassung der Anerkennungsprozedur

Bei der Anerkennung gehen Sie in folgenden Schritten vor:

- Sammeln Sie alle Ausbildungsnachweise. Hierzu gehören auch Abrechnungen, die Ihre Flugbucheintragungen bestätigen. Lassen Sie sich alle Flugstunden von der Flugschule im Flugbuch bestätigen.
- Lassen Sie sich das Training für ein *US Multi Engine Rating* auch im deutschen Formblatt 16 A/3 bestätigen, um nachzuweisen, dass die Ausbildung das deutsche Programm abdeckt.
- Lassen Sie sich vom Luftfahrt-Bundesamt das Formblatt für die Anerkennung ausländischer Erlaubnisse zusenden.
- Lassen Sie sich Ihre Flugstundenauflistung in dem Formblatt von einer Luftaufsichtsstelle, einem deutschen Fluglehrer oder vom Luftamt bestätigen.
- Besorgen Sie sich den entsprechenden Fragenkatalog im Fachhandel oder von einer Flugschule und lernen Sie die Luftrechtfragen.
- Beantragen Sie bei der BAPT die Anerkennung des Sprechfunkzeugnisses.
- Legen Sie beim Roten Kreuz, beim Arbeiter-Samariter-Bund oder bei der Johanniter-Unfallhilfe für den PPL ei-

nen Lehrgang über Sofortmaßnahmen am Unfallort und für den CPL, ATPL über Erste Hilfe ab.

- Bitten Sie in einem formlosen Brief das Kraftfahrt-Bundesamt um Auskunft aus dem Verkehrszentralregister. Der Brief muss Name, Geburtsort und -tag enthalten und beglaubigt sein.
- Beantragen Sie beim Einwohnermeldeamt ein Behördenführungszeugnis der Belegart O oder P, das direkt dem LBA zugesandt wird.
- Machen Sie für die Anerkennung des PPL den Navigationsdreiecksflug mit einem deutschen Fluglehrer oder lassen Sie sich von ihm auf den CPL-IFR-Checkflug vorbereiten. Das LBA legt Wert auf das Erfüllen seiner *Procedures,* und auf diese Weise sind schon gestandene Flugkapitäne bei simplen *Single-Engine*-Checkflügen durchgefallen.
- Wenn Sie Schwierigkeiten bei der Anerkennung haben, vereinbaren Sie einen Termin mit dem zuständigen Sachbearbeiter, um eine Klärung herbeizuführen. Es gibt leider immer wieder Punkte, die zwar bürokratisch korrekt, aber aus fliegerischer Sicht unsinnig erscheinen mögen. Die gerichtliche Durchsetzung einer Anerkennung kann bei mäßigen Erfolgsaussichten sehr lange dauern.

Ausstellung einer JAR-Lizenz

Nach Anerkennung Ihrer US-Lizenz durch das LBA kann der nächste Schritt erfolgen. Bei der zuständigen Erlaubnisbehörde können Sie die Erteilung einer entsprechenden deutschen beziehungsweise JAR-Erlaubnis beantragen. Dieser Schritt muss jedoch nicht erfolgen, denn Sie können auch regelmäßig beim LBA Ihre Anerkennung verlängern, um D-registrierte Flugzeuge zu fliegen.

Für den PPL und CPL ist die Luftfahrtbehörde des Bundeslandes zuständig, in dem Sie Ihren Wohnsitz haben. Den ATPL stellt das Luftfahrt-Bundesamt aus. *Ratings,* wie IFR und *Multi Engine,* werden von der Behörde, die für die jeweilige Lizenz zuständig ist, eingetragen.

Das deutsche Sprechfunkzeugnis

Nach der Anerkennung Ihres US-Funkzeugnisses können Sie sich auch ein richtiges deutsches Sprechfunkzeugnis ausstellen lassen. Zuvor müssen Sie eine mündliche Prüfung in den deutschen »Verfahrenssprechgruppen« ablegen. Dies ist auch sinnvoll, da es viele kleine Verkehrslandeplätze gibt, an denen kein Englisch gesprochen wird.

Das Ausstellen eines BZF I *(Beschränkt gültiges Zeugnis für den Flugfunk)* oder eines AZF *(Allgemeines Zeugnis für den Flugfunk)* beantragen Sie wieder bei der BAPT Mülheim/Ruhr. Die BAPT nennt Ihnen eine Außenstelle in der Nähe Ihres Wohnsitzes, die Prüfungen abnimmt. Die Prüfungsgebühr beträgt 40 Euro.

Förder- und Finanzierungs- möglichkeiten

Da die Pilotenausbildung – mit Ausnahme bei der Bundeswehr – nicht zu den Ausbildungen gehört, die die Allgemeinheit ihrem Nachwuchs aus Steuergeldern spendiert, wird sie im Allgemeinen ein dickes Loch in die Familienkasse reißen. Daher ist natürlich jede Chance willkommen, die Kosten zu senken oder von dritter Seite erstattet zu bekommen.

Die Möglichkeiten, eine Pilotenausbildung vom Staat oder anderen Institutionen »gesponsort« zu bekommen, sind allerdings noch weitaus rarer als gute Pilotenjobs. Doch sehen wir uns die einzelnen Möglichkeiten nacheinander an:

Ausbildungs- und Stellengesuche

Häufig findet man in den Fachzeitschriften Anzeigen wie folgende:
»Hochmotivierter junger Mann, 26 Jahre, sucht Ausbildungsmöglichkeit zum Verkehrspiloten gegen Rückzahlung oder Verpflichtung.«
Die einfachste Möglichkeit der Kostensenkung ist, kein Geld für derartige Stellengesuche auszugeben. Denn Hand aufs Herz, wer sollte sich auf eine solche Anzeige melden?

Etwa ein gut betuchter Geschäftsmann mit Privatjet oder eine Firma mit Werksverkehr, die 75.000 Euro ausgibt und zwei Jahre wartet, um dann einen völlig unerfahrenen Piloten einstellen zu können?
Während es im künstlerischen Bereich noch wohlhabende Mäzene geben soll, sind diese in Fliegerkreisen eher selten anzutreffen, und lebensmüde sind sie schon gar nicht.
Als Betreiber eines Flugzeuges greift man dann schon eher auf die danebenstehende Anzeige eines erfahrenen Verkehrspiloten mit 6000 Stunden Erfahrung und diversen *Type Ratings* zurück, der sofort verfügbar ist.
Fluggesellschaften suchen sich ihre Leute anhand festgelegter Auswahlverfahren aus einer Reihe von Bewerbern aus und schalten gegebenenfalls selbst Stellenanzeigen. Niemand würde dort auf die Idee kommen, auf eine derartige Anzeige zu antworten.
Nebenbei gesagt: Auch Stellengesuche fertig ausgebildeter Piloten sind nur selten erfolgreich. Von wenigen Spezialbereichen abgesehen, zieht es jeder potenzielle Arbeitgeber vor, aus einer Gruppe von Bewerbern die besten herauszusuchen, anstatt Einzelpersonen anzuschreiben. Doch dazu später mehr.

Wenden wir uns also den etwas realistischeren Möglichkeiten zu:

BAföG

Die Lebenshaltungsosten sind während der rund zweijährigen Ausbildung ein wesentlicher Bestandteil der Gesamtkosten. Das Bundesausbildungsförderungsgesetz, kurz BAföG, bietet unter gewissen Voraussetzungen die Möglichkeit, wenigstens regelmäßig den Kühlschrank füllen zu können.

Nach dem BAföG wird eine individuelle Ausbildungsförderung gewährt, wenn einem Auszubildenden die für seinen Lebensunterhalt und seine Ausbildung erforderlichen Mittel anderweitig nicht zur Verfügung stehen.

Alle Details zur Förderung würden den Rahmen dieses Buches sprengen. Diese finden Sie sehr ausführlich und anschaulich im Internet beschrieben unter der Adresse: »http://www.bafoeg.bmbf.de«

Dort können auch gleich die Antragsformulare heruntergeladen werden. Weitergehende Fragen beantworten die Ämter für Ausbildungsförderung.

An dieser Stelle wollen wir kurz die wichtigsten Eckdaten wiedergeben.

Ob die Ausbildung gefördert wird, ist von der richtigen Beantwortung folgender Fragen abhängig:

• Ist die Ausbildung förderungsfähig?
• Erfüllen Sie die persönlichen Förderungsvoraussetzungen?
• Ist der Ausbildungsbedarf nicht durch Ihre eigenes Vermögen und Einkommen sowie das Ihres Ehegatten und Ihrer Eltern gedeckt?

Damit die Ausbildung förderungsfähig ist, muss unter anderem die Flugschule als so genannte *Ergänzungsschule* nach Paragraph 2, Absatz 2 des BaföG zugelassen sein. Dies ist bei einigen Schulen der Fall. Das Landesamt für Ausbildungsförderung erkennt damit an, dass die Lehrgänge für eine durchgehende Ausbildung zum Verkehrsflugzeugführer gleichwertig sind mit dem Besuch einer öffentlichen *Höheren Berufsfachschule*.

Zu den persönlichen Förderungsvoraussetzungen gehört zum Beispiel, dass die Ausbildung bis zum 30. Lebensjahr begonnen wurde.

Bei eigenen Einkommen – dem des Ehegatten oder der Eltern – gibt es Freigrenzen. Alles, was über diese Freigrenzen hinausgeht, wird von der Förderleistung abgezogen. Eigenes Vermögen ist bis 6000 DM frei. Hinzu kommen die Kosten für die Ausbildung. Darüber hinausgehendes Vermögen wird ebenfalls von der Förderleistung abgezogen.

Die Höhe der Förderung hängt von der Art der Ausbildungsstätte, der Unterbringung (bei den Eltern oder auswärts) und der Lage der Ausbildungsstätte (in den alten oder neuen Bundesländern) ab.

Der monatliche Fördergrundbetrag beträgt derzeit 315 Euro. Wer nicht bei seinen Eltern wohnt, kann zusätzliche 245 DM für den Wohnbedarf erhalten. Wer deutlich höhere Mieten zahlen muss, kann darüber hinaus nach der Härteverordnung mit einem weiteren Zuschuss von 38 Euro rechnen. Ferner ist noch ein Krankenversicherungszuschuss von 41 Euro monatlich möglich. Der Förderungshöchstsatz beträgt somit 528 Euro monatlich. Dies gilt für die alten Bundesländer. In den neuen Bundesländern gelten etwas andere Beträge. Interessant ist dabei, dass die Förderung als Zuschuss gewährt wird, also nicht zurückgezahlt werden muss.

Im Hinblick auf die in diesem Buch gemachten Ausführungen sollte sich jemand, der einen so geringen finanziellen Rückhalt besitzt, dass er nach dem BAföG förderungsfähig ist, gut überlegen, ob er wirklich eine hohe Verschuldung oder seine gesamten Ersparnisse riskieren sollte.

Zu berücksichtigen ist allerdings, dass kein BAföG gezahlt wird, wenn die Ausbildung teilweise im Ausland durchgeführt wird. Möglich, dass es hier zukünftig durch die EU Änderungen geben wird. Wer also derzeit einen Teil seiner Ausbildung ins Ausland verlagern will, muss sich ausrechnen, ob die Kostenersparnis den Verlust einer möglichen Förderung wert ist.

Förderung durch das Arbeitsamt

Auf der Suche nach Finanzierungsmöglichkeiten für Ihre Ausbildung können Sie auch beim Arbeitsamt anklopfen. Ob man Ihnen dort die Ausbildung bezahlt, hängt jeweils von der Existenz aktueller Förderprogramme ab. Ende der 80er-Jahre, als das Arbeitsamt einen entsprechenden Pilotenbedarf vorausgesehen hatte, konnte man mit einer kompletten Förderung von Null bis zum ATPL rechnen. Dieses Förderprogramm ist leider 1990 ausgelaufen.

Bei Drucklegung des vorliegenden Buches wurde jedoch unter bestimmten Voraussetzungen die ATPL-Ausbildung für Inhaber eines CPL gefördert. Wer etwa mit seinem CPL bei einem Unternehmen fest angestellt ist, das eine *King Air* betreibt und sich nun einen Jet anschafft,

der muss seinen CPL aufstocken, um weiter in Amt und Würden bleiben zu können. Dies wäre ein klarer Fall für eine Förderung durch das Arbeitsamt, das dann sogar die gesamten ATPL Kosten übernehmen würde – oder nach den neuen JAR-Lizenzen zunächst die Kosten für einen *Unrestricted CPL(A)/IR*.

Für denjenigen, der in den Genuss einer solchen Förderung kommt, hätte sich dann sogar der modulare Aufbau der Lizenzen gelohnt.

Da derartige Förderprogramme laufend Änderungen unterliegen, sollten Sie sich beim Arbeitsamt nach den aktuellen Fördermöglichkeiten erkundigen.

Kompetenter Ansprechpartner ist hierfür der Fachvermittlungsdienst für Luftverkehrsberufe:

Bundesanstalt für Arbeit
Fachvermittlungsdienst Frankfurt –
Vermittlungsstelle für Luftverkehrsberufe
Ficherfeldstr. 8-12, 60311 Frankfurt
Tel: 069/217 12 092 oder 217 12093

Von dort kann man Sie dann gegebenenfalls an die lokalen Arbeitsämter weiterleiten.

Förderung durch Berufsverbände

Vor einiger Zeit traf ich beim Simulatortraining einen ehemaligen Bäckergesellen, der seinen ATPL von der Berufsgenossenschaft der Bäcker finanziert bekam. Wie dass?

Nun, unser Nachwuchsflugzeugführer litt an einer Mehlallergie und war dadurch berufsunfähig. Die Berufsgenossenschaft war daher bereit, ihm eine neue Berufsausbildung zu finanzieren. Er entschloss sich für die Pilotenausbildung, was zunächst etwas Befremden und Gelächter hervorrief. Eine wohlwollende Prüfung ergab dann allerdings, dass Flugzeugcockpits tatsächlich frei von Mehlstaub sind und auch ansonsten außer den hohen Kosten nichts gegen die Förderung des ATPL sprach: Also bekam er seine komplette Ausbildung bezahlt.

Derartige Geschichten sind zwar Ausnahme- und Glücksfälle, aber vielleicht bringen sie den einen oder anderen Leser auf eine Idee, wo er noch anklopfen könnte.

Förderung durch Fluggesellschaften

Die Fördermöglichkeiten durch Fluggesellschaften hängen immer von der aktuellen Situation auf dem Arbeitsmarkt ab, sind aber generell in den letzten Jahren dramatisch zurückgegangen.

Wie bereits im vorhergehenden Kapitel erwähnt, stellen die meisten Fluggesellschaften fertig ausgebildete Piloten ein und führen nur die *Type-Rating*-Ausbildung selbst durch. Einige wenige Fluggesellschaften wie etwa Lufthansa oder Swissair leisten sich eigene Flugschulen, die eine *Ab-initio*-Ausbildung anbieten. In früheren Zeiten, als die Lufthansa nur die Ausbildung des konzerninternen Nachwuchses durchgeführte, wurden die gesamten Ausbildungskosten vorgestreckt und dann im Laufe der Zeit vom Gehalt abgezogen. Seit die Lufthansa ihre Flugschule als eigenständiges Unternehmen ausgelagert hat, muss die Ausbildung auch dort bezahlt werden.

Seit kurzem finanziert die Lufthansa jedoch wieder die Ausbildung derjenigen vor, die die Firmenqualifikation bestanden haben und später in den Lufthansakonzern übernommen werden sollen. Die Ausbildungskosten werden später in überschaubaren Raten vom Gehalt abgezogen, müssen aber unter dem Strich nur zum Teil zurückgezahlt werden.

Flugschüler, die von der Lufthansa City Line übernommen werden oder wegen erfolgloser Firmenqualifikation zu anderen Fluggesellschaften gehen, bekommen keine Förderung.

Förderung durch das Finanzamt

Mehrwertsteuer

Hinsichtlich der Mehrwertsteuer bietet die durchgehende Ausbildung einen entscheidenden Vorteil. Sie ist größtenteils von der Mehrwertsteuer befreit. Lediglich Landegebühren und Lehrmaterial sind steuerpflichtig. Dies spart je nach Gesamtausbildungskosten immerhin 7500 Euro und mehr. Von der Steuer befreit sind auch Ausbildungteile, die in Verbindung mit einem *Unrestricted-CPL/IR*-Ausbildungsvertrag durchgeführt werden, wie zum Beispiel der PPL oder das Funksprechzeugnis.

Wer seine Lizenzen dagegen nacheinander einzeln erwirbt, muss die Mehrwertsteuer bezahlen.

Ermäßigung der Einkommenssteuer

Fortbildungskosten können als Werbungskosten in voller Höhe vom zu versteuernden Einkommen abgezogen werden. Ausbildungskosten lassen sich dagegen nur als Sonderausgaben absetzen, und hierfür liegt der Höchstbetrag zur Zeit bei 2400 DM jährlich.

Über die Frage, was Fortbildung und was Ausbildung ist, gibt es mit den Finanzämtern immer wieder Streitigkeiten. Eine Ausbildung zum CPL/IFR oder zum *Unrestricted CPL/IFR* lässt sich nur als Sonderausgabe geltend machen. Mir ist es vor einigen Jahren allerdings gelungen, das Aufstocken eines CPL/IR zum ATPL in voller Höhe als Werbungskosten abzusetzen.

Auch wer bereits eine Lizenz hat, aber mangels Pilotenstelle in seinem alten Beruf weiterarbeitet, kann die Kosten zum Lizenzerhalt steuerlich absetzen, da es sich um Kosten zur Aufrechterhaltung der Qualifikation in einem zur Zeit nicht ausgeübten Beruf handelt. Detailfragen kann Ihnen sicher Ihr Steuerberater beantworten.

Bankfinanzierung

Ausbildungsfinanzierungen werden auch von einigen Banken angeboten. Banken sind natürlich keine Wohltäter, die etwas verschenken. Am einfachsten bekommen Sie einen Bankkredit über beispielsweise 100.000 DM, wenn Sie vorher als Sicherheit 200.000 DM auf ein Festgeldkonto einzahlen.

Doch Spaß beiseite: Ohne Sicherheiten – wie etwa Grundbesitz, Wertpapierdepots oder Bürgen – wird es schwer sein, der Bank das Geld aus dem Kreuz zu ziehen. Aber auch, wer durch Bürgen oder dergleichen Sicherheiten stellen kann, sollte sich die Aufnahme eines hohen Bankkredites gut überlegen und zunächst die folgenden Kapitel lesen. Vierstellige monatliche Belastungen können die Lebensfreude schnell trüben, wenn das spätere Einkommen eigentlich in keinem rechten Verhältnis zu diesen Belastungen steht.

Nach allen negativen Beobachtungen, die ich im Laufe der Zeit bei vielen Kollegen machen konnte, kann man eigentlich nur wenigen zu einer Bankfinanzierung der Ausbildungskosten raten. Zum Beispiel demjenigen, der notfalls auch auf andere Vermögenswerte zurückgreifen kann, die er im Moment nicht antasten will, oder sei es, dass notfalls die Familie unterstützend eingreifen kann.

Doch hierzu mehr im nächsten Kapitel.

»Sponsored by Papa«

Ein Zuschuss durch Eltern oder Verwandte bleibt daher heute sicher die mit Abstand häufigste Fördermöglichkeit.

Nichts tun oder Pilot werden – eine wirtschaftliche Betrachtung

»Hoch über den Wolken muss die Freiheit wohl grenzenlos sein!«
Welcher Flugbegeisterte kennt nicht das berühmte Lied von Reinhard Mey, der selbst fliegt, das die romantische Stimmung eines startenden Flugzeugs beschreibt. Zweifellos: Wer für derartige Signale empfänglich ist, kommt nicht mehr davon los. Die Gashebel eines Flugzeuges nach vorne zu schieben, zu beschleunigen, sich in die Luft zu schwingen und die Erde hinter sich zu lassen, ist ein Gefühl, das mit nichts Anderem vergleichbar ist. Wer dann an einem trüben, regnerischen Tag die Wolkendecke durchstößt, um an einem glas-

Die romantischen Bilder des Fliegens- Boeing 747-400
(Foto Gerd Rebenich/ Lufthansa)

klaren blauen Himmel seine Bahn zu ziehen, merkt, wie sich seine Stimmung schlagartig aufhellt.

»Alle Sorgen dieser Erde bleiben darunter verborgen« ist mehr als eine romantische Übertreibung des Sängers. Das Abarbeiten einer klar umrissenen Aufgabe, während man die Erde aus der Vogelperspektive betrachtet und dabei Dinge sieht, die anderen verborgen bleiben, lässt tatsächlich für eine gewisse Zeit so manche Sorge klein erscheinen. Wer dann einen feuerroten Sonnenuntergang über den Alpen aus 10.000 m Höhe erlebt, der weiß, dass er ein Privileg genießt, dass nur einer Minderheit vergönnt ist.

Aber auch nach dem Ende eines Fluges kann man Befriedigung empfinden.

Ein berühmter Formel-1-Rennfahrer sagte einmal auf die Frage, was er daran finde, immer im Kreis herumzufahren: »Es ist ein unbeschreibliches Glücksgefühl, eine ganze Runde perfekt und fehlerfrei hinzulegen.«

Ähnlich geht es einem Piloten nach einem schwierigen Flug. Er steigt mit dem Gefühl aus, eine klar umrissene Aufgabe dank seines Könnens und seiner Erfahrung abschließend, fehlerfrei und ohne offene Fragen bewältigt zu haben: Zweifellos eine andere Art der Befriedigung, als sie das Zuschlagen einer Akte zum Feierabend im Büro bringt. Und dieses Erfolgserlebnis wird mit zunehmender Erfahrung eher größer.

So manch ein Pilot, der die Stunden in seinem Flugbuch addiert, empfindet dabei eine ähnliche Befriedigung, wie jemand, der stetig größer werdende Zahlen auf seinen Kontoauszügen zusammenzählt. Und mit dieser kleinen Ersatzbefriedigung sind wir auch schon beim Thema.

Denn eines ist sicher: Das Privileg »Fliegen«, so schön es auch sein kann, gibt es nicht zum Nulltarif. Es muss für viel Geld erkauft werden, und für manch einen wird der Preis unverhältnismäßig hoch.

Was verdient ein Pilot?

Um es vorwegzunehmen: Zeiten, in denen ein altgedienter Jumbokapitän inklusive Flugzulagen ein Gehalt jenseits der 300.000 DM nach Hause bringt, sind vorbei – und sie werden auch nicht wiederkommen.

Den meisten Piloten – vor nicht allzu langer Zeit noch durch üppige Gehälter verwöhnt – steigen heute schnell die Tränen in die Augen, wenn sie ihre Gehaltsabrechnungen betrachten. Mit monatlichen Rückzahlungen im Nacken kommt hier kaum noch ein junger Copilot ohne Nebenjobs aus. Sehr viele Kollegen auf dem rechten Sitz machen während ihrer Copilotenzeit nur Miese und zehren zusätzlich von einer eventuell noch vorhandenen Substanz oder dem Einkommen des Partners.

Die oben genannten »Gagen« stammen aus Zeiten, in denen die großen staatlichen Fluggesellschaften quasi ohne Wettbewerb operieren konnten. Jede Gesellschaft hatte ihr eigenes, von der Konkurrenz streng getrenntes und durch internationale, bilaterale Abkommen geschütztes Gebiet. Die Ticketpreise konnten damals fast beliebig an den Kostenapparat angepasst werden – und nicht umgekehrt.

In den 80er-Jahren hat man, zunächst in den USA, begonnen, die alten monopolistischen Märkte aufzulösen. Später wurde der Luftverkehr auch in Europa dereguliert und ist seit April 1997 innerhalb der Europäischen Union quasi unbeschränkt. Dadurch sind aus den staatlichen Fluggesellschaften Unternehmen geworden, die sich nun nach den Gesetzen der freien Marktwirtschaft richten mussten und zunehmend privatisiert wurden. Viele, oder besser: Fast alle Gesellschaften kamen in der Übergangszeit ins Trudeln und mussten grundlegend reorganisiert werden. Viele Leser werden sich noch an die Milliardenverluste bei der Lufthansa Anfang der 90er-Jahre erinnern.

Der freie Wettbewerb im Luftverkehr zwingt die Fluggesellschaften, jede denkbare Kostenersparnis aufzugreifen. Während die Kosten für Flugbetrieb und Technik kaum Spielraum nach unten lassen, sind die Personalkosten nach wie vor die größte Variable.

Um den Wasserkopf in der Verwaltung zu beseitigen und von den hohen Personalkosten herunterzukommen, mussten die Fluggesellschaften in ihrem Überlebenskampf einzelne Strecken, aber auch ganze Flotten, an Billig-*Airlines* auslagern. Die Billiganbieter waren neu gegründete oder aber in diesen Zeiten schnell gewachsene Regionalfluggesellschaften, die mit schlanker Verwaltung und minimalen Gehältern operieren, teilweise bis heute ohne Manteltarifverträge. Nachteile fehlender oder unzureichender Tarifverträge sind nicht nur in der Bezahlung zu finden, sondern auch in der Regelung vieler Alltagsfragen. Zum Beispiel sind trotz sinkender Gehälter die durchschnittlichen Arbeitszeiten drastisch gestiegen. Aber auch Urlaubs- und Spesenregelungen, Sozialleistungen und Weiterbildungsangebote wurden beschnitten. Eine inzwischen weit verbreitete Unsitte

ist es etwa, Überstunden deutlich schlechter zu bezahlen als die reguläre Flugstunde. Wer also sein Jahresgehalt durch die Jahresflugstunden teilt, stellt bei vielen Gesellschaften fest, dass er für die Überstunde weniger als 50 Prozent der Normalstunde bekommt. Berücksichtigt er dann noch die unbezahlten Bodenzeiten, Anfahrtszeiten und dergleichen, wird er schnell feststellen, dass er für weniger Geld im Flugzeug sitzt, als die Putzfrau bekommt, die während eines Zwischenstopps die Kabine reinigt. Das bestätigt den Satz: »Geld wird nicht mit dem Fliegen, sondern am Fliegen verdient.«

Für die Gesellschaften heißt dies, dass mit einem kleinen preiswerten Personalstamm gearbeitet wird und Spitzenzeiten während der sommerlichen Hochsaison durch billige Überstunden ausgeglichen werden. Die Crews sehen nach Abzug der Steuern und Sozialabgaben nicht mehr viel von dem Überstundengeld und müssen ständig unter Personalengpässen leiden.

Um einem Ausverkauf ihrer Flugverbindungen entgegenzuwirken, waren in der Folge auch die Mitarbeiter der Stammhäuser gezwungen, zur Kostensenkungen beizutragen, zum Beispiel durch Nullrunden bei den Tarifverhandlungen und Verschlechterungen verschiedener Arbeitsbedingungen.

Die Pilotengehälter sind dadurch in den letzten Jahren weltweit dramatisch gesunken. Insbesondere die Anfangsgehälter für Piloten wurden regelmäßig immer weiter nach unten gedrückt und reichen heute vielfach kaum noch aus, um den Lebensunterhalt zu decken.

Aber die Deregulierung hat für die Pilotenschaft auch einen Vorteil:

Fliegen ist nach der Deregulierung billiger und für eine breitere Bevölkerungsgruppe erschwinglich geworden. Dies hat zu einem erheblichen Wachstum des weltweiten Luftverkehrs geführt, das immer noch anhält.

Das bedeute deutlich gesunkene Pilotengehälter auf der einen Seite, dafür aber auf der anderen Seite eine Vielzahl neuer Pilotenstellen.

Während vor noch gar nicht so langer Zeit die Beschäftigungsmöglichkeiten für Piloten auf einige rare Arbeitsplätze bei den Staats- und einigen wenigen Chartergesellschaften beschränkt waren, haben heute – einige Jahre nach der Deregulierung – deutlich mehr junge Leute die Chance, diesen Beruf zu ergreifen. Auch wenn es sich finanziell immer weniger lohnt.

Und der Trend hält ungebrochen an.

Der Luftverkehr weitet sich aus wie nie zuvor. Viele Fluggesellschaften verzeichnen zweistellige Zuwachsraten bei den Passagierzahlen. Airbus und Boeing können sich vor Neubestellungen kaum retten.

Dennoch wird es für die Fluggesellschaften immer schwerer, richtig Geld zu verdienen.

Die Preise für Flugtickets fallen zur Zeit (2000) jährlich um vier Prozent. Der zunehmende freie Wettbewerb unter den Fluggesellschaften hat das Flugzeug zu dem billigsten Transportmittel gleich hinter dem Fahrrad gemacht.

Wer heute für 800 DM von Deutschland nach Florida und zurück fliegt, wird – zieht man Steuern und Reisebüroprovision ab – für weniger als vier Pfennig pro Kilometer transportiert inklusive warmer Mahlzeiten und Freigetränke.

Exorbitant hohen Ausgaben für Fluggerät, Wartung, Treibstoff, Flugsiche-

rung, Schulung und dergleichen stehen Einnahmen gegenüber, die dieses Geschäft zu einer Gratwanderung machen, die von vielen Fluggesellschaften nicht gepackt wird.

Der Trend zum Sparen wird also trotz »boomenden« Luftverkehrs weiter anhalten, und dies geht immer noch am besten bei den Personalkosten. Denn die tägliche Praxis zeigt, dass die Schmerzschwelle, bei der niemand mehr in diesen Beruf eintreten will, offensichtlich noch nicht erreicht ist. Dem Zwang zum Sparen auf der einen Seite steht auf der anderen Seite eine Bewerberschar gegenüber, die um jeden Preis fliegen will und alles über sich ergehen lässt.

Das Sparen fängt bereits bei der Bewerbung an. Wer zum Eignungstest und später dann nochmals zum Vorstellungsgespräch anreist, kann vielfach nicht einmal mehr damit rechnen, seine Reisespesen ersetzt zu bekommen, in anderen Branchen eine Selbstverständlichkeit.

Wer dann zu den Auserwählten gehört, muss nicht selten nochmals einige Monate auf sein erstes Gehalt warten. Denn immer weniger Gesellschaften zahlen während der firmeninternen Eingangsausbildung, die das *Type Rating* und diverse Lehrgänge einschließt, ein Gehalt: Während man sich also ganztags dem Simulatortraining und diversen Theorielehrgängen widmet, laufen zu Hause die festen Kosten weiter.

Und dies wird so lange weitergehen, wie es junge Leute gibt, die einen völlig verklärten Blick von der Fliegerei haben und bedenkenlos alles mitmachen, um in ein Cockpit zu kommen.

Während meiner Zeit als Geschäftsführer und Flugbetriebsleiter eines Luftfahrtunternehmens der Allgemeinen Luftfahrt gingen bei mir beispielsweise regelmäßig Bewerbungen von Piloten ein, die anboten, kostenlos zu fliegen, nur um Flugstunden für weitere Bewerbungen sammeln zu können.

Von mehreren Hundert Verkehrspiloten, die Jahr für Jahr die Schulbank verlassen, werden allenfalls zwei Drittel von den Gesellschaften eingestellt. Also wird der Überhang Jahr für Jahr größer. Zur Zeit sind – die Zahlenangaben schwanken je nach Quelle – etwa 1200 Verkehrspiloten arbeitslos gemeldet. Inoffiziell sind es deutlich mehr, da viele arbeitslose Piloten anderswo ihr Brot verdienen, solange sie nichts zum Fliegen haben. Oder sie melden sich als Berufsanfänger in ihrem alten Beruf arbeitslos, um in den Genuss von Arbeitslosengeld oder -hilfe zu kommen.

Wer bereits 50.000 bis 100.000 Euro in seine Ausbildung investiert hat, wird primär durch die Hoffnung getragen, mit zunehmender Erfahrung dann doch noch auf den linken Sitz eines Verkehrsflugzeuges und damit in Gehaltsgruppen vorzustoßen, die es erlauben, seinen Lebensunterhalt ohne Klimmzüge zu bestreiten. Doch kommen wir zu konkreten Zahlen: Auf der unteren Gehaltsskala rangieren kleinere Regionalfluggesellschaften, die ihren jungen Copiloten Einstiegsgehälter von etwa 1750 Euro brutto im Monat bieten; netto kommen dabei 1000-1250 Euro heraus. Je größer die Gesellschaft und das Fluggerät, desto größer ist dann auch das Gehalt. Die Obergrenze für einen Berufsanfänger kann man daher bei etwa 2750 Euro monatlich ansiedeln, was dann je nach Familienverhältnissen schon einem Nettoverdienst von 1750-2000 Euro entspricht.

Kapitäne können in Deutschland, wiederum je nach Größe des Unternehmens und des Flugzeugs, mit 3000-7500 Euro brutto rechnen.

Aufgrund häufig fehlender Tarifverträge ist dies nur ein grober Überblick, sodass Abweichungen nach oben und nach unten möglich sind.

Werden die Ausbildungskosten erwirtschaftet?

Im Unterschied zu fast allen anderen Berufen sind Piloten in einer besonderen Lage: Sie müssen ihre Ausbildung normalerweise selbst finanzieren. Bis eine ausreichende Qualifikation für den Jobeinstieg erreicht ist, sind schnell sechsstellige Summen ausgegeben, Summen also, die nicht jeder einfach so in der Spardose hat. Eine Pilotenausbildung hat daher auch immer ein wenig den Ruf, eine Ausbildung für Söhne oder Töchter reicher Eltern zu sein. Dies ist mit Einschränkung richtig, denn ein gut gepolstertes Bankkonto im Rücken erleichtert die Ausbildung erheblich und mindert das Risiko.

Viele Menschen, die in der glücklichen Lage sind, etwas überschüssiges Geld anlegen zu können, mussten schon auf die eine oder andere Weise die Erfahrung machen, dass es keinen Gewinn ohne Risiko gibt. In der Regel sind die Möglichkeiten, Geld zu verlieren, deutlich vielfältiger, als diejenigen, Geld zu gewinnen. Die Palette reicht von hoch spekulativen Wertpapieranlagen über schöngerechnete Abschreibungsmodelle bis zu vielfältigen Beteiligungsmodellen.

Aber: Auch eine Ausbildung ist eine Investition mit dem Ziel, irgendwann in der Zukunft seine Einlagen nebst Zinsen wieder herauszubekommen.

Wer ein wenig Erfahrungen mit dem Kauf von Aktien und Wertpapieren hat, weiß, dass diese Papiere von den Banken gerne in fünf verschiedene Risikoklassen eingeteilt werden. Zur Risikoklasse 1 gehören Papiere, mit denen man in der Regel kein Geld verlieren kann: sichere, fest verzinste Zertifikate erstklassiger Schuldner. In die Risikoklasse 5 fallen Papiere, die mit hohen Gewinnen locken, aber mit denen man auch sein gesamtes Geld verlieren kann, wie beispielsweise Optionsscheine. Dazwischen stehen Anlageformen, mit denen man verlieren und gewinnen kann, aber im Fall eines Verlustes meist nicht seine gesamte Einlage abschreiben muss. Nur Profis, die sich mit den Feinheiten des Kapitalmarktes auskennen, stehen in der Risikoklasse 5 auf der Gewinnerseite – und selbst diese liegen auch mal daneben.

Wer zwischen 50.000 und 100.000 Euro für eine Pilotenausbildung ausgibt, investiert nach allen vorliegenden Erfahrungen eindeutig in die Risikoklassen 4-5, allerdings ohne die entsprechenden Gewinnaussichten.

Machen Sie sich doch einmal den Spaß und erzählen einem Bekannten, der sich in Finanzfragen auskennt, von Ihren Plänen, ohne ihm zu sagen, worum es im Detail geht. Sagen Sie ihm, Sie planten eine größere Investition und bitten um seinen Rat. Es handele sich um eine Investition in Ihre berufliche Zukunft. Sie müssten hierzu Ihre gesamten Ersparnisse einsetzen, sich etwas Geld von Ihren Eltern leihen und noch einen Bankkredit aufnehmen. Es bestehe ein gewisses Risiko, das gesamte Geld zu verlieren. Die genaue Summe, die Sie bis zum Erhalt erster Einnahmen einsetzen müssten, sei noch nicht bekannt. Der Gewinn sei anfangs recht mager und auch später nach oben begrenzt. Es sei keine selbstständige Existenz, sodass Zukunftsaussichten und Ausbaumöglichkeiten begrenzt seien. Aber Sie hätten einen Riesenspaß an der Sache, und mit viel Glück könnten Sie das Geld eventuell so in 10-20 Jahren wieder auf dem Konto haben.

Die Antwort lässt sich leicht erraten und wird wahrscheinlich in dem intensiven Zureden gipfeln, sich die Sache nochmals zu überlegen. Denn Ihr Vorhaben würde gegen die Grundsätze eines jeden seriösen Anlageberaters verstoßen.

Das Risiko, seine gesamte Investition zu verlieren, ist kaum geringer als bei einer hoch spekulativen Anlage in *Emerging Markets* oder in Optionsscheinen. Wer keinen Job bekommt oder aus medizinischen Gründen fluguntauglich wird, hat seine gesamte Einlage verloren.

Die Möglichkeit, keine Stelle zu bekommen, ist nicht zu unterschätzen. Die konjunkturelle Lage kann sich verschlechtern. Wenn dann der Arbeitsmarkt mit erfahrenen Piloten überschwemmt wird, haben Anfänger kaum eine Chance. Aber auch in Zeiten großen Pilotenbedarfs kann noch einiges schiefgehen. Als ich zum Beispiel meinen ersten Job auf einem Verkehrsflugzeug bekam, herrschte gerade ein großer Pilotenmangel bei diesem Unternehmen. Eingeladen zur Auswahluntersuchung wurde eine Gruppe von 16 fertig ausgebildeten Piloten, also Bewerbern, die immerhin alle Prüfungen und Checkflüge bis zum ATPL bestanden hatten. Sechs davon bekamen einen Vertrag. Fünf wurden nach Abschluss der firmeninternen Ausbildung mit *Type Rating, Supervision*-Zeit und firmeninternen Lehrgängen als Erste Offiziere in den Liniendienst übernommen. Einer fiel komplett durch den *Final Line Check,* einer schaffte ihn gerade so beim zweiten Anlauf.

Berücksichtigt man, dass die 16 eingeladenen Bewerber aus Dutzenden schriftlicher Bewerbungen herausgepickt worden waren, bleibt eine Quote von vielleicht zehn Prozent. Dies – wohlgemerkt – in einer Zeit mit Pilotenmangel!

Derjenige, der durch den *Final Line Check* fiel, hatte übrigens mit Warte- und Leerlaufzeiten über vier Monate ohne Gehalt in die firmeninterne Ausbildung investiert, um anschließend drei Monate für eine mageres Gehalt unter *Supervision* zu fliegen: Macht unter dem Strich sieben Monate auf Sozialhilfeniveau und ein weiteres Minus auf dem Konto.

Jede namhafte Fluggesellschaft will für sich in Anspruch nehmen, die besten Piloten zu haben, und die Auswahlkriterien werden bei steigendem Bedarf in der Regel nicht großzügiger. Steigender Bedarf macht sich nur dadurch bemerkbar, dass eine *Airline* die Anzahl der Auswahluntersuchungen pro Jahr erhöht. Statt einmal im Jahr werden dann vielleicht jeden Monat Bewerber eingeladen, bis der Bedarf wieder gedeckt ist.

Danach kann dann auch einmal lange Zeit gar nichts laufen, und bis zur nächsten Auswahluntersuchung stapeln sich einige hundert oder noch mehr Bewerbungen auf dem Schreibtisch der Flugbetriebsleitung.

Und wer dann doch einen Job bekommen hat, muss stets noch mit dem Risiko leben, fluguntauglich zu werden, durch einen Checkflug zu fallen oder seine Lizenz auf andere Weise, etwa durch ein Delikt im Straßenverkehr, zu verlieren.

»Nachschusspflicht« besteht für den, der länger auf einen Job warten muss. Denn der Erhalt der Lizenzen kostet Geld. Regelmäßige fliegerärztliche Tauglichkeitsuntersuchung, das Sammeln der Pflichtflugstunden, Checkflüge zur Lizenzverlängerung und dergleichen verschlingen je nach eingetragenem *Type Rating* Jahr für Jahr vier bis fünfstellige Summen.

Jeder Anlageberater würde die Hände über dem Kopf zusammenschlagen, wenn er erführe, dass Sie möglicherweise alles »auf eine Karte setzen« und Ihr gesamtes Vermögen in die Fliegerei stecken.

Gänzlich entsetzt wäre Ihr Anlageberater wahrscheinlich über eine Kreditfinanzierung, die dafür sorgt, dass Ihr Investment nicht nur Ihre Ersparnisse auffrisst, sondern Sie bei einem Scheitern zusätzlich in Schulden stürzt.

Wie es einem ergehen kann, zeigt der folgende Brief eines jungen Nachwuchspiloten, der an verschiedene Piloten verteilt wurde:

»Liebe Kollegin, lieber Kollege aus dem Cockpit,
ich wende mich heute an Sie in einer ganz privaten Angelegenheit.
Sie sollen mehr erfahren über die Situation, wie sie sich für die jungen Piloten, die ihre Ausbildung heute selber finanzieren müssen, darstellt.
Als Beispiel, wie diese selbst finanzierte Ausbildung in einem Desaster enden kann, möchte ich Ihnen meine Situation näher bringen.
Aufgrund meiner positiven Tests entschloss ich mich nach reiflicher Überlegung für die Ausbildung zum Flugzeugführer. Zum Zeitpunkt des Schulungsbeginnes war ich bereits verheiratet und unser Sohn war 6 Monate alt. Da meine Frau ihn betreute und wir keinerlei sonstige Einkünfte

hatten, mussten wir neben den Ausbildungskosten die Lebenshaltungskosten der Familie für die zwei Jahre während der Ausbildung ebenfalls aufnehmen. Hinzu kamen diverse Wartezeiten bis zur Übernahme in den Konzern, sodass unser Schuldenberg auf 210.000.- DM anwuchs. Nachdem ich meinen Arbeitsvertrag mit ... (Fluggesellschaft) bekam, schien es so, dass wir wieder aufatmen konnten. Das Einstiegsgehalt reichte, um uns über Wasser zu halten, und wir konnten die monatliche Tilgungsrate bezahlen.

Doch während der Linienausbildung auf dem ... (Flugzeugmuster) bekam ich keine (Copiloten) Qualifikation. Die Ausbildungsabteilung und die Flotte entschieden, dass ich nicht für den ... (Fluggesellschaft) Konzern geeignet sei. So kam es, dass mir während der Probezeit gekündigt wurde.

Da ich nun mit Frau und Kind, ohne Arbeit, mit einem riesigen Schuldenberg und den Forderungen meiner Bank dastehe und die nächsten Monate bis zu einer Einstellung bei einer anderen Fluggesellschaft finanziell überleben muss, habe ich mich dazu durchgerungen, um die Hilfe meiner Kollegen zu bitten.

Wenn mir z.B. jeder Kollege nur 10.- DM spenden würde, könnte ich bis zu einer möglichen Einstellung bei einer anderen Fluggesellschaft ohne den Besuch des Gerichtsvollziehers überstehen.

Spenden Sie bitte für einen Kollegen, für den sich nun niemand mehr verantwortlich fühlt, der mit allen möglichen Zusagen zu einer kostspieligen Ausbildung ermuntert wurde und nun mit seinem Schuldenberg alleine gelassen wird und vor dem Ruin steht.

Vielen Dank für Ihre Hilfe – glauben Sie mir – ich weiß sie zu schätzen.

Ich wünsche Ihnen von ganzem Herzen ein schönes Weihnachtsfest.«

Leider spiegelt dieser Brief keinen Einzelfall wieder, sondern ist symptomatisch für die Gratwanderung, auf die sich ein Berufsanfänger heute begibt. Und offen gesagt, jeder verantwortungsbewusste »neutrale« Berufsberater, wenn es ihn denn in dieser Branche geben würde, hätte dem Kollegen in seiner speziellen Situation von der Ausbildung abgeraten. Wer Summen in eine Ausbildung investiert, die vielen Menschen schon für die Gründung einer selbständigen Existenz ausreichen und vor allen Dingen oft um ein Vielfaches über dem individuellen Jahreseinkommen liegen, sollte dies nicht tun, ohne dabei auch selbst unternehmerisch zu denken. Denn so wie jeder Unternehmer seine Investitionen irgendwann mit einer ordentlichen Gewinnspanne wieder erwirtschaftet haben will, will auch der Pilot die investierten Trainingskosten irgendwann wieder auf dem Konto haben und als Profit ein ordentliches Gehalt mit nach Hause nehmen. Wie ein Unternehmer muss er sich also mit folgenden Fragen beschäftigen:

- Mit welchen Lizenzen und Ratings habe ich die größten Chancen auf eine Anstellung?
- Wieviel muss ich investieren, um diese Qualifikation zu erreichen?
- Woher bekomme ich die Finanzierung?
- Was kostet mich die Finanzierung?
- Wann haben sich meine Investitionen amortisiert?
- Welche Gewinnaussichten habe ich?
- Welche Risiken gibt es?
- Wie hoch sind die Risiken zu bewerten?

Schauen wir uns diese Fragen detaillierter an.

Wie bereits an anderer Stelle dieses Buches beschrieben, sollte es schon ein *Unrestricted CPL(A)/IR* sein, für den heute alleine 50.000-70.000 Euro auf den Tisch der Flugschule zu blättern sind.

Wer in der glücklichen Lage ist, das Geld auf der Bank zu haben, hat zumindest das Problem der Finanzierung gelöst. Aber irgendwann nach einigen Jahren Pilotentätigkeit sollte das Geld wieder auf dem Konto sein, nebst Zinsen versteht sich. Denn immerhin hätte das Bankguthaben in der Zwischenzeit ordentlich Zinsen erwirtschaftet.

Wer sich das Geld borgt – ob nun von der Bank, von den Eltern oder vom reichen Onkel – zahlt also Zinsen und Tilgung.

Gleich also, ob mit eigenem oder geborgtem Geld, unter dem Strich sollte das gleiche wieder hereinkommen. Der eine verliert die Zinsen für sein Erspartes, der andere bezahlt sie für das Geborgte.

Schauen wir uns einmal die folgende Rechnung an:

	Effektiver Zins 7 Prozent	effektiver Zins 8 Prozent
Darlehenssumme	70.000 Euro	70.000 Euro
Monatsrate 10 Jahre	812 Euro	849 Euro
Monatsrate 6 Jahre	1227 Euro	---

Diese Rechnung berücksichtigt noch nicht die Lebenshaltungskosten während der Ausbildung, die auch irgendwie aufgebracht werden müssen.

Das Institut der deutschen Wirtschaft in Köln hat einmal errechnet, dass ein Student im Durchschnitt rund 625 Euro monatlich für Miete, Essen, Kleidung, Bücher und Fahrgeld verbraucht. Geht man davon aus, dass die Pilotenausbildung in zwei Jahren abgeschlossen ist, muss man nochmals 15.000 Euro auf den oben angeführten Posten addieren, hat also insgesamt 85.000 Euro ausgegeben, bevor Geld in die Kasse kommt. Nicht berücksichtigt ist, dass häufig von der ersten Bewerbung bis zum ersten Arbeitstag mit Bewerbungen, Auswahluntersuchungen, *Type Rating* mindestens sechs Monate, häufiger jedoch ein bis zwei, manchmal sogar drei Jahre vergehen: Zeiten, in denen unter anderem auch weitere Flugstunden gesammelt werden müssen, um die Lizenzen gültig zu erhalten.

Das bedeutet: Wer auf der sicheren Seite sein will, sollte mit 100.000 Euro rechnen – wie auch der oben abgedruckte Brief zeigt – und diese auch verfügbar haben.

Junge Abiturienten stehen häufig vor der Entscheidung, ein Studium zu beginnen oder aber eine Pilotenausbildung. Von denjenigen, die sich für die Pilotenausbildung entschieden haben, hört man oft das Argument: »Das geht schneller, und man verdient früher Geld!« Daher ist ein wirtschaftlicher Vergleich durchaus angebracht:

Ein durchschnittlicher Student gibt für seinen Lebensunterhalt bis zum Studienabschluss innerhalb von sechs Jahren rund 50.000 Euro aus. Diese Kosten beziehen sich auf den reinen Lebensunterhalt, während die eigentliche Ausbildung vom Steuerzahler bezahlt wird. Diese Lebenshaltungskosten müssen allerdings selten aus der Substanz, durch Bankkredite oder ähnliches finanziert werden. Normalerweise hat ein Student ausreichend Möglichkeiten, seinen Lebensunterhalt durch Nebenjobs in den Semesterferien zu finanzieren und/oder bekommt Mittel aus dem BAföG. Die meisten Studenten können daher ihre Ausbildung schuldenfrei beenden.

Anders der Pilot.

Er ist zwar schneller mit der Ausbildung fertig. Dafür ist diese aber auch so intensiv, dass während einer durchgehenden Ausbildung kaum Zeit für Nebenverdienste bleibt. Zusätzlich zu den hohen Ausbildungskosten muss der Flugschüler daher auch noch seine Lebenshaltungskosten vorfinanzieren.

Wie sieht es nun – nach abgeschlossener Ausbildung – auf der Einnahmeseite aus? Ein junger Copilot sieht sich zunächst mit einem sehr beschränkten Arbeitsmarkt konfrontiert und startet, wenn er denn einen Job bekommt, netto zwischen 1000 und 1500 Euro, in seltenen Fällen auch mal bei bis zu 2000 Euro. Wenn er also Glück hat, wird er zwar schon drei Jahre vor dem Studenten in Lohn und Brot stehen. Abzüglich der monatlichen Belastung aus den Ausbildungskosten wird ihm aber trotzdem kaum mehr Geld bleiben, als ein Student für seinen Lebensunterhalt braucht.

Solange ein Pilot auf dem rechten Sitz fliegt, sind auch keine sensationellen Einkommenssteigerungen zu erwarten. Wer das *Type Rating* von seiner *Airline* bezahlt bekommen hat, muss sich in der Regel für zwei Jahre verpflichten. Nach Ablauf der zwei Jahre kann er dann mit einem kleinen Gehaltssprung von 500 bis 800 Euro rechnen. Erst nach einem Wechsel auf den linken Sitz und Abschluss der Rückzahlungsverpflichtungen kommt ein vertretbares Einkommen zustande.

So ist es keine Seltenheit, dass sich die Ausbildung erst nach zehn oder mehr Berufsjahren refinanziert hat und der Pilot über sein volles Gehalt verfügen kann.

Der Student startet mit etwas Verzögerung, dafür aber weitgehend schuldenfrei ins Berufsleben. Auf der Einkommensskala hat er dann je nach persönlichen Neigungen und Fähigkeiten unbegrenzte Möglichkeiten und kann sich, sehen wir einmal von exotischen Studienfächern ab, auch in Zeiten rarer Jobs zumindest auf einem wesentlich größeren Arbeitsmarkt bewähren.

Im Gegensatz zu vielen anderen qualifizierten Berufen wird dagegen das Einkommen des Piloten zeitlebens durch Tarifverträge begrenzt sein und keine individuellen Gestaltungsmöglichkeiten zulassen.

Ein Sozialhilfeempfänger darf zwar die schicke blaue Uniform nur im Karneval tragen, lebt dafür aber oft in finanziell besseren Verhältnissen als so mancher junge Copilot in seinen ersten Jahren.

Altersversorgung

Auch wenn es jungen Berufsanfängern noch schwer fällt, sich über die Altersversorgung Gedanken zu machen, so sollte man doch im Rahmen einer wirtschaftlichen Betrachtung einige Gedanken an die Zukunft verschwenden.

Das Höchstalter für Verkehrspiloten wurde vom Gesetzgeber auf 60 Jahre begrenzt. Dennoch hat der Gesetzgeber keine Veranlassung gesehen, für die Übergangszeit bis zum Rentenalter von 65 Jahren eine Versorgung zu schaffen. Deshalb müssen nicht nur die Ausbildungskosten, sondern auch diese fünf

Jahre Übergangszeit aus dem Lebenseinkommen des Piloten finanziert werden. Dies ist nochmals eine Summe von einigen hunderttausend Euro, die vom Einkommen regelmäßig beiseite gelegt sein will – es sei denn, die Übergangszeit ist im Tarifvertrag geregelt, wogegen sich aus internationalen Wettbewerbsgründen immer mehr Fluggesellschaften sperren. Diese fehlenden fünf Jahre in der Altersversorgung sind übrigens auch ein Argument, das Seiteneinsteiger berücksichtigen müssen, die erst mit Mitte bis Ende 30 in den Pilotenberuf einsteigen. Je später man anfängt, desto weniger amortisiert sich beides: Ausbildungskosten und Deckungslücke in der Altersversorgung.

Berufsunfähigkeit

Der Pilotenberuf ist als solcher nicht anerkannt. Das heißt: Zum erhöhten Risiko einer medizinisch bedingten Berufsunfähigkeit kommt auch noch das Risiko eines finanziellen Ruins. Es sei denn, Sie versichern sich privat. Ein weiterer monatlicher Betrag, der vom kargen Gehalt abgeht.

Letztendlich heißt dies, wer gerade seine Ausbildung abbezahlt hat, macht gleich mit den nächsten Raten für Übergangsversorgung und Berufsunfähigkeitsversicherungen weiter.

Krankheit

Aus den Zeiten des industriellen Mittelalters haben auch manche *Airlines* ihre Arbeitsverträge abgekupfert. Da sind beispielsweise noch Verträge mit einem minimalem Grundgehalt und einer entsprechend hohen Flugstundenzulage zu finden. Dies bedeutet: Wer krank wird und nicht fliegen kann, verdient auch so gut wie nichts.

Dabei muss man wissen, dass Piloten anfälliger für Krankschreibungen sind als die meisten anderen Arbeitnehmer. Wen der weit verbreitete Herbstschnupfen plagt, der kann sich, zwar nicht lustvoll, aber doch noch halbwegs effektiv an seinen Schreibtisch setzen. Für einen Piloten kann dieser Arbeitseifer ernsthafte Folgen haben. Probleme beim Druckausgleich durch Schwellungen im Nase-Ohrenbereich können schnell aus einem harmlosen Schnupfen schwere Entzündungen machen, die in Extremfällen sogar bis zur chronischen Fluguntauglichkeit führen. Es gibt sicher kaum einen Kollegen, der hier nicht schon einmal unangenehme Erfahrungen gemacht hat. Statt drei Tage Krankmeldung waren dann gleich drei Wochen Krankschreibung fällig.

Ein Pilot kann eigentlich fest damit rechnen, dass er jedes Jahr einige Tage mit einer Erkältung zu Hause verbringt. Wer dann einen entsprechend ungünstigen Arbeitsvertrag hat, kann sich gleich nochmals pauschal zwei Wochen von seinem Jahresgehalt abziehen. Finanziell so richtig unangenehm wird es dann, wenn bei einer längeren Erkrankung das Geld kaum für die Miete reicht, geschweige denn für die Rückzahlung der Ausbildungskosten.

Startkapital bar auf dem Konto

Aber auch, wer die 100.000 Euro Startkapital bar auf dem Konto hat, kommt unter ökonomischen Gesichtspunkten ins Grübeln, sofern er rechnen kann. Wer sein Geld nicht aufs Sparbuch einzahlt, sondern intelligent anlegt, kann es dank Zinseszins auf beachtliche Renditen bringen.

Einer der bekanntesten und ältesten Aktienfonds der Welt konnte seinen Sparern zum Beispiel in den letzten 20 Jahren eine Durchschnittsrendite auf DM-Basis von stolzen 15,1 Prozent jährlich erwirtschaften. Oder wer ganz simpel nur dem größten Aktienindex der Welt, dem Dow Jones folgt, und in alle dort enthaltenen Werte – die guten und die schlechten gleichermaßen – investiert, kommt langfristig immer noch auf eine Durchschnittsrendite von 14 Prozent jährlich.

Wer sein Geld gut anlegt und 12 Jahre nicht anfasst, kann aus 100.000 Euro über 500.000 Euro machen. Der eine etwas mehr, der andere etwas weniger.

Die Kapitaleinkünfte, die sich aus diesem kleinen Vermögen erzielen lassen, kommen nach heutiger Rechnung bereits an das heran, was ein Pilot, der heute mit der Ausbildung beginnt, in zwölf Jahren auf dem linken Sitz verdienen wird. Das bedeutet: Auf guter alter DM-Basis hätten Sie bereits Ihre erste Million gemacht, während Ihr fliegender Schulkamerad zu diesem Zeitpunkt, wenn er Glück hat, gerade seine Ausbildungskosten zurückgezahlt hat und anfängt, das erste Geld beiseite zu legen.

Wer dann immer noch fliegen will, kann sich von diesem Vermögen schon ein nettes kleines Sportflugzeug leisten. Die eingangs gestellte Frage »Nichts tun oder Pilot werden?« ist also durchaus gerechtfertigt.

Diese Rechnung weist natürlich die eine oder andere Lücke auf. Sie wurde dennoch aufgestellt, um deutlich zu machen, in welcher einmaligen Sondersituation sich ein junger Pilot mit dieser sehr teu-

ren, selbst finanzierten Ausbildung befindet.

Zusammenfassend bleibt also die Feststellung, dass der Pilotenjob gegenüber einem qualifizierten Beruf mit staatlich finanzierter Ausbildung ein risikoreiches Verlustgeschäft ist, da – kaufmännisch betrachtet – die zu erwartenden Einkünfte in keinem gesunden Verhältnis zu den Investitionen stehen.

In fast allen Berufen ist der Berufseinstieg staatlich gefördert, indem der Steuerzahler das Studium spendiert und die Betriebe ihre Ausbildungskosten steuerlich geltend machen können. Und nach Erreichen des Rentenalters ist wiederum der Berufsausstieg durch Greifen der gesetzlichen Rente lückenlos geregelt.

Man sollte diese Investition daher wie ein Unternehmer durchleuchten:

Verfügbar sind 100.000 Euro, die in ein Geschäft, nämlich die Pilotenlaufbahn – investiert werden sollen. Die Wahrscheinlichkeit, sein Geld zu verlieren, also keinen Job zu bekommen oder diesen wieder zu verlieren, liegt bei, sagen wir 30 bis 40 Prozent. In manchen Jahren sieht es besser aus, in anderen schlechter.

Im Erfolgsfall wird der Einsatz wieder erwirtschaftet, allerdings mit einer Rendite, die in den ersten 5 bis 10 Jahren nicht den Lebensunterhalt deckt.

Auf der anderen Seite: 100.000 Euro reichen vielfach schon aus, um sich mit der einen oder anderen Geschäftsidee selbständig zu machen oder aber – gut angelegt – langfristig ein solides Grundvermögen aufzubauen.

Wer diesen Beruf ergreift, muss daher ein echter Idealist sein, bei dem der Spaß am Fliegen alle anderen Nachteile wettmacht. Wer diese idealistische Grundeinstellung nicht mitbringt, ist in diesem Beruf falsch und wird mit seiner Arbeit auf Dauer unzufrieden sein. Es sei denn, er findet eine Möglichkeit, die Ausbildung von dritter Seite bezahlt zu bekommen.

Es soll an dieser Stelle nicht verschwiegen werden, dass nicht wenige junge Piloten irgendwann, um einige Erfahrungen reicher und um gutes Lehrgeld ärmer, dann doch wieder in einem anderen Beruf landen. Ganz zu schweigen von denjenigen, die die Ausbildung mit anderen Vorstellungen begonnen haben und hinterher von der täglichen Berufsroutine enttäuscht sind. Derartige Fehlentscheidungen gibt es in fast allen Berufen – aber nirgends gehen sie mit derartig hohen finanziellen Verlusten einher.

Leser, die der Fliegerei nicht idealistisch verbunden sind, können vielleicht durch dieses Buch vor teuren Fehlentscheidungen und persönlichen Niederlagen bewahrt werden.

Demjenigen, der zu den Idealisten der Fliegerei gehört, soll das Buch helfen, die gröbsten Fallstricke zu erkennen und zu vermeiden.

Und damit sind wir dann auch schon bei einer der wichtigsten Grundregeln für eine erfolgreiche Pilotenkarierre:

Man sollte sich nicht blind in jede angebotene Ausbildung stürzen, sondern – da man sein eigenes Geld mitbringt – auch als Idealist einige Grundregeln beachten.

1. Der Start einer Pilotenkarriere kann sämtliche Ressourcen auffressen, ohne Garantie auf Erfolg. Man sollte daher stets optimistisch das Beste erhoffen (ein gut dotierter *Airline-Job*) und das schlechteste (Geld weg und kein Job) planen. Dies gilt insbesondere bei der Entscheidung für eine Bankfinanzierung.

2. Die Entscheidung für jede einzelne Lizenz, jedes *Rating,* jedes Zusatztraining oder fliegerische Erfahrung sollte auf die Fragen hin durchleuchtet werden:

- Was muss ich dafür investieren?
- Wie kann ich es finanzieren?
- Was kostet mich die Finanzierung?
- Was bekomme ich für mein Geld zurück?
- Wann bekomme ich es zurück?
- Was passiert, wenn ich es nicht zurückbekomme?

3. Man kann Glück haben und nach Ausbildungsende schnell in ein Cockpit kommen. Dennoch kann es noch viele weitere Jahre dauern, bis man den Job erreicht hat, in dem man bis zu seiner Pensionierung bleiben will. Viele Piloten erreichen diesen Job nie, denn keine Fluggesellschaft wird später so nach Ihnen suchen, wie Sie nach der *Airline* suchen.

Wer sich dieser Regeln stets bewusst ist und danach handelt, wird in der Lage sein, die schlimmsten beruflichen Abenteuer zu vermeiden.

Am Ende dieses Kapitels noch ein Wort zur Bankfinanzierung der Ausbildung:

Ein angehender Flugschüler sollte sich darüber im Klaren sein, dass jede kreditfinanzierte, risikobehaftete Investition, zu der die Pilotenausbildung gehört, zum Problemfall werden kann, auch wenn die Versprechen der Flugschulen und Bankberater noch so rosig sein sollten.

Denn wenn wir wieder in den Kategorien der Finanzwelt denken, kann vieles, was jungen Nachwuchspiloten heute aufgeschwatzt wird, mit Anlageschwindel gleichgesetzt werden. Und wer dann erst einmal durch unglückliche Umstände einen Schuldenberg von mehr als 100.000 Euro aufgebaut hat, wie es das Schicksal in dem oben zitierten Brief zeigt, der wird als Berufsanfänger kaum einen Copilotenjob finden, der so hoch bezahlt ist, dass die Schulden getilgt und der Lebensunterhalt für eine dreiköpfige Familie bezahlt werden können.

Und eines ist sicher: So schön der Beruf eines Piloten auch sein kann – nach einigen Routinejahren auf immer den gleichen Linienflügen mit immer den gleichen Handgriffen und einem Privatleben auf Sozialhilfeniveau werden Sie diesem Beruf nur noch wenig Positives abgewinnen können. Zumal wenn Ihre Klassenkameraden inzwischen mit dicken Gehältern in anspruchsvollen, kreativen Jobs nach Hause kommen, während Sie sich überlegen müssen, ob Sie es sich leisten können, mit Ihren Freunden mehr als zweimal im Monat ein Bier trinken zu gehen.

Denken Sie auch daran: Ihre Finanzplanung für die Ausbildungskosten kann noch so gut sein – ein Jahr Arbeitslosigkeit nach der Ausbildung, einige zusätzliche Flugstunden, um die Lizenz zu erhalten, ein selbst bezahltes *Type Rating,* eine fehlgeschlagene Anstellung, die Sie erst einmal für 3 bis 5 Monate ohne Gehalt vollzeitlich in eine Firmenausbildung bindet – und schon ist das Minus auf dem Konto um 50.000 Euro größer. Ohne laufendes Einkommen ist das Geld schneller weg als sich manch junger Pilot vorher noch so schön ausgerechnet hat.

Auch ein Bankberater oder Kreditvermittler wird Ihnen hierzu selten die Wahrheit sagen. Ein Kredit ist letztendlich nichts anderes als ein Produkt, an dem die Bank verdient, wie jede Handelsware auch. Dieses Produkt wird sie jedem verkaufen, der die notwendigen Sicherheiten stellen kann. Die Frage, ob dieses Produkt für Sie auch wirklich sinnvoll ist, wird Ihnen kein Kreditberater ehrlich beantworten.

Aber vor allen Dingen: Glauben Sie keinen Prognosen und Statistiken.

Prognosen und Statistiken

Glaubt man den Hochglanzprospekten einiger Verkehrsfliegerschulen, dann wird es eine rasante Entwicklung der Luftfahrt mit glänzenden Berufsaussichten geben. Die *Verkehrsfliegerschule der Deutschen Lufthansa* beispielsweise zitiert auf ihren Internetseiten folgende Prognosen:

1. Boeing und Airbus schätzen, dass sich der Weltluftverkehr in den nächsten 20 Jahren verdreifachen wird, was laut Airbus zu einer Verdoppelung der Flugzeugflotte führen soll.
2. Die Lufthansa rechnet dadurch mit 100.000 zusätzlichen Arbeitsplätzen für Piloten weltweit.
3. Die Arbeitsgemeinschaft deutscher Verkehrsflughäfen rechnet mit einer Verdoppelung des Passagieraufkommens in Deutschland bis zum Jahr 2010. Auf dem Weltmarkt soll das Wachstum bei 5 bis 7 Prozent und im pazifischen Raum bei 15 Prozent jährlich liegen.
4. Eine jüngste Pressemitteilung der Lufthansa geht von 200 Flugzeugführern aus, die jährlich alleine durch Flottenwachstum im Lufthansakonzern benötigt werden.

Also: trotz allem glänzende Aussichten? Wer bis zu 100.000 Euro in eine Ausbildung investiert und sich hierfür mitunter hoch verschuldet, sollte schon etwas genauer hinsehen.

Churchill sagte einmal: »Ich glaube keiner Statistik, die ich nicht selbst gefälscht habe.« Ähnlich ist es mit Prognosen. Um deren Wahrheitsgehalt prüfen zu können, sollte man sich zunächst ansehen, von wem sie kommen und zu welchem Zweck sie veröffentlicht wurden.

Gewerbliche Flugschulen, zu denen auch die Pilotenschmiede der Lufthansa gehört, haben alle ein Ziel gemeinsam: Sie wollen und müssen Gewinn machen. Dies ist an sich nicht verwerflich, denn schließlich verdankt jeder von uns diesem Streben Arbeitsplatz und Lebensstandard. Den überlebensnotwendigen Gewinn kann eine Flugschule aber nur machen, wenn sie – in guten wie in schlechten Zeiten – ausreichend neue Schüler anwirbt und dabei möglichst expandieren kann.

Um dieses Ziel zu erreichen, muss die Pilotenausbildung möglichst vielen Menschen schmackhaft gemacht werden. Dazu gehört natürlich, oder besser: sollte gehören, dass die Flugschule als Dienstleistungsunternehmen ein hochwertiges Produkt, sprich eine gute Ausbildung anbietet. Sie muss dem Kunden Flugschüler ein angemessenes Serviceniveau bieten, und sie muss die Kosten im Griff haben, um ein marktgerechtes Preis-Leistungsverhältnis zu erreichen.

Dies reicht aber noch nicht.

Eine Pilotenausbildung bucht man nicht so eben mal wie einen Rundflug um den örtlichen Hausberg. Die hohen Kosten, die eine Pilotenausbildung verursacht, kann man nur schmackhaft machen, wenn die Aussichten stimmen. Wenn also der Kunde Flugschüler davon überzeugt werden kann, dass er das Produkt, für das er eine sechsstellige Summe auf den Tresen blättert, auch für sich Gewinn bringend einsetzen kann – sprich: einen gut bezahlten Job bekommt, der die Investition wieder erwirtschaftet. Da der Nutzen des verkauften Erzeugnisses weit in der Zukunft liegt, geht dies nicht ohne Prognosen. Und in dieses Bild passen ausschließlich rosige Zukunftsaussichten. Gleich wie schlecht die Aussichten eigentlich sind, aus den veröffentlichten Prognosen müssen genau die positiven Elemente herausgekitzelt werden, die einen Berufsanfänger dazu bewegen, seine berufliche Zukunft auf eine Investition von 70.000 Euro aufzubauen beziehungsweise realistischen 100.000 Euro bis zum Einstieg in einen Job.

Flugschulen werden daher alle positiven Prognosen kritiklos übernehmen und über die negativen hinwegsehen.

Aber auch die Verfasser von Prognosen vertreten häufig bestimmte Interessen. Die Arbeitsgemeinschaft deutscher Flughäfen beispielsweise ist an Investitionen und öffentlichen Zuschüssen für ihre Flughäfen interessiert. Und wo kein Wachstum vorausgesagt wird, wird auch nicht investiert.

Flugzeughersteller werden, besonders bei der Entwicklung neuer Modelle, erst durch direkte oder indirekte staatliche Subventionen wettbewerbsfähig. Diese sprudeln aber besonders dann, wenn eine positive Marktentwicklung mit der Schaffung vieler neuer Arbeitsplätze vorausgesagt wird.

In Wirklichkeit würden Unternehmen wie Airbus und Boeing kaum aufgrund derartiger Prognosen sofort losrennen und ihre Kapazitäten für Milliardenkosten verdreifachen.

Daher ist es bei diesen Prognosen wie mit dem Wetterbericht: Wenn Sonnenschein vorausgesagt wurde, dann scheint auch häufig die Sonne, aber fast ebenso häufig wird es regnen. Wie bei der Wettervorhersage geht man bei der Pilotenbedarfsvorhersage von konkreten Beobachtungen aus, berücksichtigt bestimmte Strömungen gesellschaftlicher und wirtschaftlicher Art und rechnet sie mit Methoden der Wahrscheinlichkeitsrechnung und Statistik auf die Zukunft hoch. Das Ergebnis stimmt, wenn sich alle Parameter tatsächlich so entwickeln, wie ursprünglich angenommen, und keine neuen Faktoren hinzukommen.

Zum Thema Prognosen sagt bereits eine alte Bauernregel: »Kräht der Hahn früh morgens auf dem Mist, ändert sich das Wetter, oder es bleibt wie es ist.« Denn die Störfaktoren der Prognosen lauern an jeder Ecke. Hier nur einige Beispiele von vielen:

Wirtschaftliche Entwicklung

Berücksichtigt man die Entwicklung neuer Wirtschaftsmärkte wie China, die Staaten des ehemaligen Ostblocks oder den Aufstieg ehemaliger Entwicklungsländer in den Status von Industrieländern, dann kann man sich durchaus bei Flugverbindungen in diesen Regionen sowie zu und von diesen Regionen ein gewisses Wachstum vorstellen. Ob dieses Wachstum aber wirklich eintritt, oder ob diese Regionen zu den Krisenherden des nächsten Jahrzehnts werden, ist eine offene Frage. Wie schnell sich die wirtschaftlichen Vorzeichen umkehren können, zeigte die Wirtschaftskrise gerade in einer Region, der das größte Wachstum in der Luftfahrt vorausgesagt worden war.

Riesige Doppeldecker am Himmel – Airbus A3XX
(Foto Airbus)

In den sogenannten Tigerstaaten Asiens, in denen einst Jumbojets weggingen, wie frische Brötchen, konnte Boeing nach der fatalen Wirtschaftskrise im Jahr 1998 noch ganze zwölf Jumbos verkaufen. Oder nehmen wir die Finanzkrise Russlands, die jahrelange Rezession Japans. Alles Geschehnisse, die in den rosaroten Prognosen der Flugschulen nicht vorkommen.

Grenzen der Mobilität

Einer Steigerung der Mobilität in unseren westlichen Industrieländern werden irgendwo in der Zukunft Grenzen gesetzt sein. Man denke dabei an Umweltgründe oder Kapazitätsgrenzen der entsprechenden Infrastruktur wie Flughäfen und Flugsicherung, aber auch an die Rohstoffressourcen. Immerhin könnten von dem, was ein Jumbo hin- und zurück für einen einzelnen Nordatlantikflug verbraucht, 200 Pkw ein Jahr lang betrieben werden. Es wird dann gerne argumentiert, dass für den Transport eines Fluggastes pro 100 Kilometer nur 3 bis 4 Liter Treibstoff verbraucht werden, also weniger als mit dem Auto. Aber seien wir – auch als Flugbegeisterte – ehrlich: Wer würde schon von Deutschland zum Urlaub in die Karibik reisen, wenn man diese Strecke mit dem Pkw zurücklegen müsste?

Schon lange fordern Umweltpolitiker eine Einschränkung der Mobilität, und selbst konservative Politiker machen sich über die Grenzen des mobilen Wachstums Gedanken.

Der Flugtourismus wird daher nicht grenzenlos wachsen können und irgendwann an seine umweltbedingten, hoffentlich vernünftigen Grenzen stoßen.

Der Weltfrachtverkehr wird in einigen Regionen drastisch zunehmen, aber nicht grenzenlos. Die zunehmende Globalisierung der großen Konzerne führt auch zu einer gleichmäßigeren Verteilung von Produktionsstandorten rund um den Erdball, was den Frachtverkehr wiederum einschränken könnte.

Die zukünftig zu erwartende Leistungsfähigkeit der Telekommunikation, der Wachstumsbranche des nächsten Jahrhunderts, mit Videokonferenzen und ausgeklügelten Intranet- und Internetdiensten wird die eine oder andere teure Geschäftsreise überflüssig machen. Die Telekommunikation wird daher auch ein Gegengewicht zur Steigerung des Flugverkehrs durch neue Absatzmärkte und die weltweite Vernetzung der großen Konzerne sein.

Niemand kann heute genau voraussagen, wie sich die genannten Faktoren entwickeln und wohin unsere mobile Gesellschaft in den nächsten Jahrzehnten treiben wird.

Selten wurden in der Vergangenheit langfristige Prognosen von der Wirklichkeit bestätigt.

Aber auch eine deutliche Steigerung des Weltluftverkehrs führt nicht zwangsläufig zu einem höheren Pilotenbedarf.

Zusätzliche Flugzeuge und damit Piloten werden primär dort eingesetzt, wo neue Strecken erschlossen werden.

Dagegen können Steigerungsraten im Passagier- und Frachtaufkommen auch durch den Einsatz größerer Flugzeuge aufgefangen werden, denn der Sitzplatz wird umso billiger, je mehr Sitze das Flugzeug hat. Airbus hat bereits den »Superbus« A3XXX in der Entwicklung, und auch bei Boeing liegen schon Flugzeuge mit bis zu 1000 Sitzplätzen auf dem Reißbrett.

Während Regionalstrecken in Europa vielfach mit Flugzeugen zwischen 20 bis 100 Sitzplätzen bedient werden, setzt man etwa in Japan Großraumflugzeuge à la Boeing 747 mit enger Bestuhlung von bis zu 500 Sitzplätzen auch auf Kurzstrecken ein.

Größere Flugzeuge gehen zwar als Steigerung des Luftverkehrs in die Statistik ein, bringen aber zunächst keinen einzigen zusätzlichen Arbeitsplatz für Piloten.

Aber Entwicklungen können auch in die andere Richtung gehen. So war der Regionalverkehr auf Strecken von unter 500 km nach den Prognosen vergangener Jahre bereits totgesagt. Vorausgesagt wurde der Ersatz durch die Eisenbahn. Dank moderner, kleiner und preiswerter Regionalflugzeuge auf der einen Seite und der Unfähigkeit der Bahn, entsprechend attraktive Alternativen anzubieten, erlebt der Kurzstreckenflugverkehr heute eine neue Blütezeit. Aber auch eine andere Entwicklung hat zum Aufblühen des Regionalverkehrs geführt: Wer als Passagier langjährige Langstreckenerfahrung hat, merkt, dass er heute immer häufiger umsteigen muss. Der Grund ist der gegenwärtige Trend, Langstreckenflüge immer stärker auf wichtige Knotenpunkte zu konzentrieren. Die Jumbos werden dann durch eine Fülle regionaler Zubringerflüge gefüllt, um die Leute dann am Zielort wiederum mit verschiedenen Regionalflügen zu verteilen. Diese Tendenz wird auch durch den internationalen Zusammenschluss von Fluggesellschaften gefördert.

Zusammenschluss von Fluggesellschaften

Schon heute zeigt sich, dass zukünftig nur wenige Fluggesellschaften mit Nischenangeboten für sich alleine überlebensfähig sein werden. Globale Zusammenschlüsse sind daher an der Tagesordnung. Dies erlaubt einer Fluggesellschaft beispielsweise eine Abstimmung der Flugpläne, den Ausbau von Zubringerflügen, und damit das Erschließen neuer Kundenkreise. Eine Fluggesellschaft wie die Lufthansa, die früher in den USA nur fünf Zielorte bediente, konnte durch den Zusammenschluss mit der amerikanischen United Airlines plötzlich fast alle amerikanischen Zielflugplätze anbieten und damit die Transatlantik-Jumbos besser füllen. Umgekehrt konnte United die Palette europäischer Zielorte erweitern und damit auch den eigenen Transatlantik-Verkehr steigern.

Dies bringt so lange einen Wachstumsschub, bis alle großen *Airlines* derartige Verbindungen eingegangen sind. Der Zusammenschluss von Fluggesellschaften bedeutet aber auch, dass dort, wo vielleicht früher im Abstand von wenigen Minuten zwei Fluggesellschaften jeweils mit halbbesetzten Flugzeugen das gleiche Ziel angesteuert haben, zukünftig nur noch ein Flug angeboten wird und die beiden Gesellschaften sich kostensparend abwechseln, eventuell mit größerem Gerät fliegen. Und schon wird vielleicht wieder ein Flugzeug nebst Besatzung weniger gebraucht.

Überträgt man die gegenwärtige Entwicklung in verschiedenen Branchen auf die Luftfahrt, kann man leicht voraussehen, dass die eine oder andere Allianz in Zukunft zu einer neuen großen Luftverkehrsgesellschaft fusionieren wird. Letztendlich werden wir in 15 bis 20 Jahren weltweit nur noch einige wenige bedeutende Luftverkehrsgesellschaften haben. Nicht zuletzt auf Druck der Luftverkehrswirtschaft wird dann auch die internationale Harmonisierung von Lizenzen weiter voranschreiten. Niemand kann heute voraussagen, ob dann nicht vielleicht fliegende Besatzungen aus Niedriglohnländern den teuren europäischen Piloten den Platz im Cockpit streitig machen werden? Derzeit würde jede Fluggesellschaft diesen Gedanken weit von sich weisen, aber manchmal wird die Wirtschaft eben auch von den Ereignissen überrollt und muss sich den Zwängen des Marktes und/oder der Politik beugen.

Mineralölsteuer

Das Wachstum des Luftverkehrs hängt auch davon ab, dass sich Jahr für Jahr weltweit immer mehr Leute das Fliegen leisten können. Ein Faktor von vielen ist hier die steuerliche Belastung.

Der gewerbliche Luftverkehr zum Beispiel ist von der Mineralölsteuer befreit, was zu erheblichen Kosteneinsparungen führt. Die Einführung einer europaweiten Mineralölsteuer für Flugkraftstoffe schwebt jedoch wie ein Damoklesschwert über der Branche. Ferner ist ungewiss, was zukünftige ökologische Steuerreformen sonst noch bringen werden.

Die einen möchten aus Umweltgründen einen Teil des Luftverkehrs auf die Schiene verlagern, wobei eine Besteuerung der Flugkraftstoffe die Wettbewerbsposition der Eisenbahn stärken würde. Die anderen suchen nach neuen Quellen, um die Staatskassen zu sanieren. Daher findet man bei der Einführung einer entsprechenden Steuer eine gewisse Übereinstimmung bei allen Parteien. Die Frage ist, ob sich die Besteuerung der Flugkraftstoffe europaweit durchsetzen lässt. Denn mit Sicherheit würde sie Arbeitsplätze kosten und europäische Unternehmen durch höhere Belastungen bei den Reisekosten wieder ein Stückchen mehr im internationalen Wettbewerb schwächen.

Dennoch bleibt die Frage, ob Fliegen mittelfristig so billig bleiben wird wie heute – oder ob sich zukünftig wieder weniger Menschen das Fliegen leisten können.

Bedarfsplanungen der Fluggesellschaften

Wie schwer all diese Faktoren tatsächlich vorauszusehen sind, zeigt die für einen Außenstehenden zum Teil chaotisch anmutende Bedarfsplanung der *Airlines*. Zeiten, in denen sich Piloten mit erfolglosen Bewerbungen die Finger wund schreiben, wechseln sich mit Zeiten ab, in denen Flugzeuge stehen bleiben oder die Indienststellung neuer Flugzeuge verschoben werden muss, weil zuwenig Besatzungen verfügbar sind. Und dies nicht etwa, weil der Arbeitsmarkt leergefegt ist, wie die Fluggesellschaften dann meist zu ihrer Entschuldigung behaupten. Bei den Überhängen an Piloten, die Jahr für Jahr von den Flugschulen produziert werden, kann es gar keine leergefegten Arbeitsmärkte geben. Schon eher ist zutreffend, dass die Gesellschaften in Boomzeiten aufgrund ihrer eigenen Anforderungsprofile nicht die Leute bekommen, die sie gerne hätten.

Das Problem in der Praxis ist aber auch häufig, dass der Bedarf – bedingt durch Kündigungswellen oder Änderungen im Flugplan von einer Saison zur nächsten – so plötzlich entstehen kann, dass die Lücke nicht mit der gleichen Geschwindigkeit geschlossen werden kann. Dies umso mehr, als die Personaldecken aus Kostengründen bei den meisten Gesellschaften immer dünner werden.

Ein Erster Offizier, der mit einer Frist von drei Monaten kündigt, seinen Resturlaub nimmt und sich vielleicht noch ein oder zwei Wochen krank meldet, ist nach vier bis sechs Wochen aus den Cockpits der Firma verschwunden. Einen Nachfolger auszubilden dauert dagegen mit Stellenausschreibung, Auswahlverfahren, *Type Rating* und *Supervision* sechs Monate. Wenn dann etwa nur eine einzige Fluggesellschaft drei neue Flugzeuge in Dienst stellt und hierfür 30 Piloten bei anderen Airlines abwirbt, haben plötzlich gleich mehrere Gesellschaften Personalengpässe. Dann kann es schon mal passieren, dass ein Flug wegen Crewmangel ausfallen muss – und schon reden Flugschulen und Fachpresse den nächsten Aufschwung herbei.

Selbst große Gesellschaften wie die Lufthansa, die viel Geld für eigene Planung und Forschung ausgeben, liegen nicht immer richtig.

So fanden zum Beispiel zwischen 1992 und 1995 fertig ausgebildete Flugzeugführer keine Anstellung im Lufthansakonzern. Dies zu einer Zeit, als die Lufthansa noch ausschließlich für den eigenen Bedarf ausgebildet hatte: Also waren Dutzende von Piloten am Bedarf vorbei ausgebildet worden.

Auch 1982 gab es bereits eine weltweite Rezession im Luftverkehr, die zu einem Aufnahmestop neuer Schüler bei der Lufthansa geführt hatte.

Nehmen Sie Bedarfsprognosen daher – gleich von wem sie kommen – als das was sie sind:

Vorhersagen mit der Treffersicherheit einer Langfristwettervorhersage, auf keinen Fall aber als zuverlässige Basis für Ihre Investition. Diese Entscheidung sollten Sie auf andere Argumente stützen.

Beispielsweise, ob Sie auch in der Lage sind, die Investition zu verkraften, wenn es später mit dem Job nicht klappt, oder ob sich Ihre Vorstellung vom Berufsbild eines Piloten tatsächlich mit dem deckt, was Sie später im Berufsalltag erwartet.

Wer noch immer optimistisch ist, sollte sich die folgenden Zahlen zur Entwicklung der Lizenzen genauer ansehen. Nebenbei gesagt: Weder Luftfahrt-Bundesamt noch Berufsverband können wirklich zu 100 Prozent verlässliche Zahlen präsentieren, aber der Vergleich verschiedener Quellen zeigt, dass die unten stehenden Zahlen der Realität am nächsten kommen:

1999, also in einem Jahr, als es auf dem Arbeitsmarkt nicht so schlecht ausssah, gab es etwa 8200 ATPL-Inhaber, davon hatten rund 6600 einen Arbeitsplatz. Neu ausgestellt wurden:

1997: 530 ATPL
1998: circa 750 ATPL
1999: circa 732 bis 1200 ATPL (die Zahlenangaben schwankten bei Drucklegung)

Alleine im ersten Halbjahr 2000 hatten 500 Flugschüler mit der ATPL-Ausbildung begonnen.

Die *Vereinigung Cockpit* hat einmal für ein jährliches Wachstum des Luftverkehrs um durchschnittlich sechs Prozent und unter Berücksichtigung der normalen Altersabgänge einen Bedarf von 650 bis 750 Piloten pro Jahr errechnet. Dies gilt für gute(!) Jahre. In manchen Jahren sind es auch deutlich weniger, denn es gibt immer wieder auch Jahre, in denen fast alle Airlines »Nullrunden« bei Neueinstellungen einlegen. Noch kleinere Zahlen hat das Arbeitsamt angesetzt: Dort geht man in guten Jahren von maximal 500 Nachwuchspiloten aus, die der Markt aufnimmt.

Welche Schätzungen auch stimmen – es wird deutlich, dass ständig mehr Piloten ausgebildet werden als Chancen auf einen Job vorhanden sind. Erst recht, wenn die gegenwärtigen Wachstumsraten eines Tages abflachen. Dieser Überhang ist nicht etwa einmalig, sondern kann seit vielen, vielen Jahren beobachtet werden. Das bedeutet: Um eine sehr begrenzte Stellenzahl bewirbt sich Jahr für Jahr eine immer größer werdende Anzahl an Piloten aus vorangegangenen Jahrgängen.

Und der Trend hält an. Kaum erlebt die Luftfahrt ein gutes Jahr mit vielen Neueinstellungen, findet man in der Presse wieder einige unsinnige Veröffentlichungen, und schon erhöht sich die Zahl der Flugschüler von neuem.

Sobald bei einer *Airline* ein zeitweiliger Mangel an Cockpitpersonal auftritt – sei es durch kurzfristige Veränderungen in der Flotte, hohe Fluktuation oder einfach nur schlechte Personalplanung – wird sofort wieder von Medien und Flugschulen hemmungslos die Werbetrommel gerührt. Dabei lässt sich der Engpass in den meisten Fällen gar nicht auf die Gesamtheit der deutschen oder gar europäischen Luftfahrtunternehmen übertragen.

Daher: Trotz allem, was Sie möglicherweise in der Presse über angeblichen Pilotenmangel lesen – die Berichte sind schlichtweg gelogen. Man würde bereits heute einen längeren Ausbildungsstopp brauchen, um alle Berufspiloten ohne Anstellung unterzubringen.

Diese Tatsache wird von Vertretern der Fluggesellschaften und Flugschulen gerne geleugnet, und man führt als fadenscheinige Begründung gerne an, dass nur die unqualifizierten Piloten keinen Job bekommen. Eine Fülle von Beispielen aus dem Alltag führt diese Begründung jedoch ad absurdum.

Wenn überhaupt, dann ist im ständigen Auf und Ab ein gewisser Pilotenmangel immer nur zeitlich sehr begrenzt zu beobachten, also für eine Saison oder ein Jahr. Wer dann erst mit der Ausbildung beginnt und in zwei Jahren fertig wird, muss eventuell schon wieder auf den nächsten Zug warten.

Nach offiziellen Angaben liegt die Arbeitslosenquote bei nur 6 bis 8 Prozent, was etwa 500 bis 600 Piloten entspricht. In Wirklichkeit sehen die Zahlen weit schlechter aus. Denn die Mehrzahl der arbeitslosen Piloten taucht zwar in keiner Statistik auf, bewirbt sich aber dennoch regelmäßig um die wenigen Stellen, so etwa

- Piloten, die – wenn es nichts zu fliegen gibt – einen anderen Job ausüben, wie die vielen Seiteneinsteiger, die in ihrem alten Beruf weiterarbeiten,
- Berufsanfänger, die noch nicht gearbeitet haben, sich daher nicht arbeitslos melden können und auch kein Arbeitslosengeld bekommen, oder aber
- Piloten, die ihre Lizenzen aus finanziellen Gründen ruhen lassen, also so lange nicht verlängern, wie sie keine Stelle haben.

Auch hier befinden sich Piloten in einer besonderen Situation. Ein normaler Arbeitnehmer bewirbt sich mit Lebenslauf und diversen Zeugnissen um einen Arbeitsplatz. Die Zeugnisse werden nicht gleich schlechter, wenn man mal eine Zeit lang etwas anderes gemacht hat oder arbeitslos war. In einem geschickt formulierten und begründeten Lebenslauf lässt sich der eine oder andere Schlenker durchaus unterbringen. Ein Pilot dagegen kann seine Qualifikation nur durch ständiges Üben erhalten und verbessern. Wer längere Zeit nicht geflogen ist oder nach der Ausbildung erst gar keine Stelle bekommen hat, wird sich zunehmend schwerer tun, den Simulatorcheck im Rahmen des Einstellungstests einer *Airline* zu bestehen. Denn immerhin muss er dort gegen Mitbewerber antreten, die sich im täglichen Linieneinsatz bei einer anderen Gesellschaft befinden. Aber auch wer den *Simcheck* besteht, kann am *Type Rating* oder an der *Supervision* scheitern, wenn er nach Ausbildungsende eine längere Pause hatte.

Pilotenmangel heißt nicht: zu wenig Piloten

Aber auch wenn die Meldungen über Pilotenmangel ausnahmsweise einmal den Tatsachen entsprechen, ist damit oft etwas anderes gemeint, als der Laie vermutet.

Der Erwerb einer Lizenz durch Abfragen einiger *Multiple-Choice*-Fragen und Bestehen von Checkflügen nach einem festgelegten Programm sagt einiges, aber noch nicht alles über die Eignung zu diesem Beruf aus.

Nicht jeder, der die Fußballregeln kennt und in der Schulmannschaft ein paar Tore geschossen hat, eignet sich zum Profifußballer. Ebenso verhält es sich in der Fliegerei.

Die zur Lizenzierung primär abgefragte Fähigkeit, ein Flugzeug im Normalbetrieb nach festgelegten Regeln zu bedienen, reicht für die Verkehrsfliegerei nicht aus.

Natürlich könnte man, wenn man denn wollte, die Eignung auch während der Pilotenausbildung bestimmen. Gerade während der Instrumentenflugausbildung lässt sich sehr schnell erkennen, wer für die Profiliga taugt. Aber Hand aufs Herz: Jede Flugschule, die diese Art von Selektion betreibt, würde wirtschaftlichen Selbstmord begehen. Zum einen würde sie auf diverse lukrative Ausbildungsverträge verzichten. Zum anderen – und dies ist menschlich – würde jeder Flugschüler dorthin gehen, wo er die Lizenz am leichtesten und sichersten bekommt. Eine Schule, die ihre Schüler nach den ersten investierten 20.000 DM wieder aussortiert, hätte schnell keine Schüler mehr.

Und so wird auch in Zukunft jeder durch die Lizenzen gebracht werden, der die Kasse klingeln lässt. Dies ließe sich nur ändern, wenn die Verantwortung für die Ausbildung zwischen Gesellschaften, Flugschule, Staat und Flugschüler grundsätzlich anders verteilt wäre. Aber dieses Szenario ist ein Traum, ebenso real wie der Traum von der heilen Welt.

Dadurch obliegt es den Fluggesellschaften, sich aus dem Topf ausgebildeter Verkehrspiloten diejenigen herauszupicken, die für die Ausübung des Berufes geeignet sind, nach den Kriterien dieser Gesellschaften wohlgemerkt. Und hier geht die Schere zwischen dem, der sich berufen fühlt, und dem, den die Fluggesellschaften für geeignet halten, manchmal weit auseinander.

Meldungen über Pilotenmangel lassen in keiner Weise den Schluss zu, dass jeder oder zumindest die Mehrzahl der erfolgreichen Absolventen eine Stelle bekäme – sie bedeuten lediglich, dass es den Gesellschaften schwer fällt, aus der Bewerberschar geeignete Kandidaten herauszufinden. Seriöse Gesellschaften gehen dabei auch keinen Mittelweg ein. Sie setzen lieber noch ein zusätzliches Auswahlverfahren *(Screening)* mit weiteren Bewerbern an, als einen Kandidaten einzustellen, der ihre Kriterien nicht erfüllt.

Daher muss jeder, der diese Ausbildung beginnt, sich des Risikos bewusst sein, nicht zu den Auserwählten zu gehören. Dies können durchaus Bewerber sein, die so manchem gestandenen *Airline*-Piloten intellektuell überlegen sind, aber eben nicht in denjenigen Kriterien, die die Gesellschaften von einem Piloten erwarten. Mehr zu diesem Thema später noch in dem Kapitel über Einstellungstests.

Bei der *Vereinigung Cockpit* sind übrigens Bestrebungen im Gange, einen von den Fluggesellschaften unabhängigen Eignungstest zu entwickeln, der über den Berufsverband vor Beginn der Ausbildung angeboten wird. Dieser Test soll nur der objektiven Überprüfung der persönlichen Eignung dienen.

Sofern dieser Test eines Tages kommt, sei er jedem zur Absicherung seiner Investition empfohlen.

Nachdem wir uns ausgiebig den negativen Seiten der Fliegerei gewidmet haben, wollen wir uns nun dem praktischen Pilotenalltag widmen.

Wo kann man als Pilot arbeiten?

Außenstehende stellen sich einen Piloten meist am Steuer eines großen Verkehrsflugzeuges oder in einem Kampfflugzeug der Luftwaffe vor. Das Berufsbild des Piloten hat jedoch wesentlich mehr Facetten. Immerhin sind rund 25 Prozent der Berufspiloten außerhalb der Großluftfahrt beschäftigt. Denn neben der Militärfliegerei und der Verkehrsluftfahrt gibt es noch das breite Spektrum der Allgemeinen Luftfahrt *(General Aviation),* mit der wir beginnen wollen.

General Aviation

General Aviation – die Allgemeine Luftfahrt – ist im Prinzip alles, was außerhalb des planmäßigen Linien- und Charterflugverkehrs in die Luft geht. Und dies ist eine ganze Menge. Immerhin kann die *General Aviation* pro Jahr weltweit mehr Starts und Landungen aufweisen als die Verkehrsluftfahrt. Und nicht wenige Piloten haben in diesem Bereich einen interessanten Broterwerb gefunden.

Da gibt es zunächst einmal den

Werksverkehr

Als Berufs- oder Verkehrspilot muss man nicht immer in einem Luftfahrtunternehmen tätig sein. Viele Firmen leisten sich ein eigenes Geschäftsflugzeug und stellen hierfür Piloten ein. Die Palette reicht von der kleinen kolbenmotorgetriebenen Sene-

ca über Turbo Props wie die King-Air-Baureihe bis hin zu den *Wide-Body-Businessjets* mit interkontinentaler Reichweite wie der kanadischen Challenger oder dem Rolls Royce unter den Geschäftsreiseflugzeugen, der Gulfstream V. Wer Letztere sein Eigen nennt, kann sich meist auch gute Pilotengehälter leisten. Immerhin gehen für dieses Luxusspielzeug mit rund 50 t Abfluggewicht mehr als 30 Millionen Dollar über den Ladentisch. Aber auch ausgewachsene Passagierflugzeuge wie die Boeing 737 oder der kleine Airbus A 319/320 werden in einer so genannten *Executive*-Ausführung verkauft.

Nicht selten sind die Geschäftsflugzeuge finanzstarker Unternehmen besser und moderner ausgestattet als so manches Verkehrsflugzeug im Linieneinsatz einer kostenbewussten Gesellschaft. Große Konzerne mit weltweiten Geschäftstätigkeiten leisten sich mitunter einen Flugbetrieb, der aus einer ganzen Flotte verschiedener Flugzeuge besteht und nach Standards betrieben wird, die einer Fluggesellschaft in nichts nachstehen.

Zu den Aufgaben des Werkspiloten gehört in erster Linie das Kutschieren der Geschäftsleitung beziehungsweise des höheren Managements eines Unternehmens zu verschiedenen Geschäftsterminen. Gelegentlich ist auch Feuerwehr zu spielen, wenn Ersatzteile oder einzelne Mitarbeiter schnell dorthin gebracht werden müssen, wo es klemmt.

Der Ferrari unter den Business Jets- Learjet
(Foto Bombardier)

Während in den USA das Geschäftsrei-seflugzeug ab einer bestimmten Firmen-größe ein selbstverständliches Werkzeug ist, fristet diese Sparte in Deutschland eher noch ein Schattendasein. Dies hat viele Gründe:

Da ist zum einen die Mentalität. In den USA soll und darf jeder sehen, wer es zu etwas gebracht hat, und der Amerikaner ist stolz darauf, seinen Wohlstand zu zei-gen. Dieses Verhalten wird in Deutsch-land eher als neureiche Protzerei emp-funden. Auch macht es sich in Zeiten wirtschaftlicher Schieflagen nicht gut, wenn der Chef mit dem Privatjet verreist und gleichzeitig den Mitarbeitern das Ur-laubsgeld gestrichen wird.

Ein weiterer Grund ist die mangelhafte Infrastruktur. Während es in den USA al-le paar Meilen einen Flugplatz gibt, der selbstverständlich 24 Stunden anfliegbar ist und ein Instrumentenlandesystem hat, schließen in Deutschland viele kleinere Landeplätze bereits 30 Minuten nach Sonnenuntergang. Dies kann im Winter bedeuten, dass Eigner eines *Businessjets* ihre Geschäfte bis spätestens 16 Uhr erledigt haben müssen. Ganz zu schweigen von einem Instrumentenlandesystem, über das hier nur ein Bruchteil aller Flugplätze verfügt, eine Grundvoraussetzung wetterunabhängigen Agierens.

Und wer dann auf die großen Verkehrsflughäfen ausweicht, wird schnell belehrt, dass er dort eigentlich nichts zu suchen hat. Denn schließlich hat der im Charterflieger sitzende Mallorca-Tourist Vorrang vor der Geschäftsleitung eines Konzerns, der in der Region investieren will. Er wird mit exorbitanten Lande-, Abflug-, Park-, *Slot*-, *Handling*-Gebühren und Nachtzuschlägen bei miserablem, unfreundlichen Service so lange abgezockt, bis er auch wirklich das letzte Mal dort war und seine Geschäfte vielleicht doch lieber in einem anderen Land tätigt. Nach vielen Jahren *Executive*-Fliegerei weiß ich, wovon ich rede.

Und zu später Stunde läuft auch auf den meisten Verkehrsflughäfen für die *General Aviation* wenig bis gar nichts mehr. Wenn Sie etwa eine Fernsehshow verfolgen und enttäuscht feststellen müssen, dass der Stargast die Sendung gegen 22 Uhr fluchtartig verlässt, passiert dies nicht etwa wegen der mickrigen Gage, jedenfalls meistens. Vielmehr möchte der Gast mit seinem Flugzeug rechtzeitig in der Luft sein. Denn um Punkt 23 wird auf vielen Flugplätzen die Landebahn hochgeklappt, und ein korrekter Verkehrsleiter lässt ab 23:01 Uhr auch einen Weltstar zu

Fuß gehen, wie ich es selbst einige Male erleben musste – nicht als Weltstar, sondern als Pilot eines solchen.

Ganz hartgesottene Ignoranten, denen das Geld locker in der Tasche sitzt, werden schließlich durch *Slots* vergrault. Was bereits in der Verkehrsluftfahrt ein Ärgernis ist und dazu führt, dass ein Pilot jeden zweiten Tag unbezahlte Überstunden macht, kann in der Allgemeinen Luftfahrt schnell jeden flexiblen Einsatz zunichte machen. Ein Passagier, der plötzlich zwei Stunden früher starten will als geplant und dem man dann beibringen muss, dass er eigentlich erst zwei Stunden später abfliegen kann, bekommt in seiner Flugbegeisterung einen starken Dämpfer. Wobei – nebenbei bemerkt – natürlich jeder gute *Executive*-Pilot hier noch einiges in der Trickkiste hat, um doch noch früher rauszukommen.

Schuld an dem Dilemma ist nicht etwa der überfüllte Luftraum, sondern ein schlecht organisierter. Während die Einheit Europas am Boden stetig voranschreitet, lässt sie in der Luft noch sehr zu wünschen übrig. Der europäische Himmel besteht aus einem Flickenteppich nationaler Flugsicherungssysteme, von Bürokraten eifersüchtig verteidigt.

Während die USA einen riesigen Luftraum, mit moderner Technik einheitlich vernetzt, flexibel verwalten können, beschränkt sich bei uns die Vernetzung auf eine zentrale, zumeist bürokratisch agierende *Slot*-Verwaltung in Brüssel, die zudem noch auf Dutzende nationale Beschränkungen Rücksicht nehmen muss. Wer dann seine Terminpläne umwerfen muss, weil er einen halben Tag wegen eines *Slots* herumgesessen hat, ist nicht mehr ganz so von der Flexibilität seines Geschäftsreiseflugzeuges überzeugt.

Die Freude an dem millionenteuren Spielzeug kann daher durch die vielen Einschränkungen in der praktischen Nutzbarkeit schnell getrübt werden.

Ein weiteres Handicap sind die hohen Betriebskosten. Wartungskosten, Treibstoff, Flugsicherungs- und Landegebühren, Hangar- und sonstige Nebenkosten haben in Deutschland einen Spitzenstand erreicht. Die direkten Betriebskosten liegen in Deutschland mehr als doppelt so hoch wie etwa in den USA. Ein Flug mit einem Geschäftsreiseflugzeug von zum Beispiel Berlin nach München und zurück kostet bereits allein an Lande-, Abflug- und *Airway*-Gebühren doppelt soviel wie ein Linienflugschein.

Dennoch gibt es immer noch genug Argumente, die für den Einsatz eines Geschäftsreiseflugzeuges sprechen. Kein anderes Verkehrsmittel erlaubt eine so hohe Termindichte. Je nach Einsatzprofil kann der *Businessjet* daher unter dem Strich Personalkosten sparen helfen und ermöglicht es oft erst, bestimmte Termine entspannt unter einen Hut zu bringen.

So profitiert auch die Geschäftsfliegerei nach einer längeren Stagnation in den letzten Jahren wieder von kräftigen Zuwachsraten. Stichwort ist hier unter anderem die zunehmende Globalisierung der Unternehmen. Für viele Unternehmen werden die Märkte immer größer und damit auch der Zwang, flexibel zu reisen. Aber auch die Öffnung der osteuropäischen Länder mit der noch unzureichenden Verkehrsinfrastruktur wird zukünftig eine immer größere Rolle spielen. In viele Regionen lassen sich Geschäftsreisen im Firmenflugzeug an einem Tag erledigen, die mit der Linie durch umständliche Umsteigeverbindungen drei Tage dauern.

Auch die derzeitige internationale Fusionswelle großer Konzerne fördert den privat organisierten Geschäftsreiseverkehr. Einen derartigen Flugbetrieb hat beispielsweise die Daimler-Chrysler AG in Stuttgart aufgebaut, um nach der Fusion den regen Geschäftsreiseverkehr zwischen Deutschland und den USA bewältigen zu können. Dort werden im transatlantischen *Shuttle* sogar Flugzeuge vom Typ Airbus eingesetzt.

Aus diesen Zeilen wird deutlich, dass sich der Pilot in der *General Aviation* gegenüber seinem Kollegen in der Verkehrsluftfahrt durch eine völlig andere Stellenbeschreibung auszeichnet.

Der Linienpilot kann auf ein personell und technisch gut ausgestattetes *Operation Center* zurückgreifen, dass sich um *Slots,* Landegenehmigungen, Betankung der Flugzeuge, Einholen der Wetterinformationen, Abfertigung der Passagiere und dergleichen kümmert. Selbst Landungen auf fremden Flugplätzen werden vorher durch die *Performance*-Abteilung durchgerechnet und vorbereitet. Während die meisten Linienpiloten gar nicht wissen, wo sie anrufen müssten, um einen *Slot,* eine Wetterberatung, eine Sondergenehmigung oder Ähnliches zu bekommen, muss der *General Aviation*-Pilot besonders in kleinen Flugbetrieben alles selbst machen. Um diesen Job erfolgreich zu meistern, sind neben der Beherrschung des fliegerischen Handwerks und Organisationsgeschick auch intelligente Vorausplanung und ein geschickter Umgang mit Menschen erforderlich.

Seinen Beruf erfolgreich zu meistern heißt dabei in erster Linie, so hinter den Kulissen zu agieren, dass die Fluggäste so wenig wie möglich von den Missständen europäischer Luftfahrt mitbekommen. Ein Job also, bei dem es wenig Dank gibt, wenn alles wie selbstverständlich klappt, und viel Unverständnis, wenn der geplante Flug in Europas Luftverkehrschaos untergeht.

Piloten im Werksverkehr können als so genannte *Freelancer* stundenweise für das Unternehmen tätig oder aber fest angestellt sein.

Einen Jet oder eine Turboprop für ein großes Unternehmen im Werksverkehr zu fliegen, gehört sicher zu den interessantesten und abwechslungsreichsten Tätigkeiten innerhalb der Luftfahrt.

Dennoch gibt es neben den beschriebenen organisatorischen Ärgernissen, mit denen man sich im Laufe der Zeit arrangiert, weitere Haken.

Die Freude an den interessanten Flügen abseits der Routine des Linienverkehrs wird häufig durch lange Wartezeiten getrübt. Denn meist muss die Besatzung am Flugplatz oder im Hotel warten, bis der Chef seinen Termin erledigt hat. Dies kann Stunden, aber auch Tage dauern. So kommt ein Werkspilot im Verhältnis zu seinem Kollegen von der Linie auf recht wenige Flugstunden. Er braucht also auch relativ lange, um sich ein dickeres Flugstundenpolster aufzubauen, das dann für spätere Bewerbungen um qualifiziertere Stellen sinnvoll ist.

Zweck des Werksverkehrs ist es nicht, mit dem Personen- oder Frachttransport Geld zu verdienen. Die Unternehmensziele sind also nicht auf den Erhalt und den Ausbau des Flugbetriebes ausgerichtet, sondern verfolgen andere Ziele. Der Flugbetrieb ist hierzu ein nützliches Werkzeug, vielleicht aber auch nur ein Statussymbol des Chefs. Das bedeutet, dass der Flugbetrieb auch schnell wieder aufgelöst wird, wenn sich die Geschäfts-

tätigkeit des Unternehmens ändert, die Geschäftsleitung wechselt oder das Geld knapp wird. Der Arbeitsplatz ist mithin häufig nicht so sicher wie bei einer etablierten, wachstumsorientierten Fluggesellschaft – und es existieren kaum Aufstiegsmöglichkeiten.

Während man als Werkspilot in größeren Konzernen häufig noch einen halbwegs sicheren Arbeitsplatz mit allen Sozialleistungen eines Großunternehmens genießt, wird das Arbeitsplatzrisiko in kleineren Firmen umso größer. Vorsicht ist dort angebracht, wo das Flugzeug nur eine Marotte des Chefs ist, die ebenso schnell wieder vorübergeht wie sie gekommen ist. Sehr häufig werden vollkommen falsche Vorstellungen von den anfallenden Kosten entwickelt. In meiner Praxis habe ich schon viele gestandene Unternehmer erlebt, die in einer Art kindlicher Begeisterung für das eigene Flugzeug völlig weltfremde Vorstellungen entwickelt hatten – oder einfach falsch beraten waren – und diese dann irgendwann berichtigen mussten.

Ein weit verbreiteter Irrtum ist beispielsweise, dass durch den Einsatz eines Werksflugzeuges Reisekosten gespart werden. Während meiner Zeit in der *Executive*-Fliegerei bekamen wir fast täglich Anfragen wie: »Ein Linienticket von Berlin nach München kostet hin und zurück 600 DM, was kostet es, bei Ihnen ein Flugzeug zu chartern?« Wenn wir dann sagten: »5000 DM plus Mehrwertsteuer«, ist den Leuten meisten der Hörer aus der Hand gefallen.

Übersehen wird in solchen Fällen, dass Taxifahren teurer als Omnibusfahren ist, und dass solch ein Flug in Deutschland schon alleine 1000 DM an Flugsicherungs- und Flughafengebühren kostet.

Von den direkten Reisekosten her betrachtet wird der Sitzplatz immer umso teurer sein, je kleiner das Flugzeug ist und je seltener es in die Luft kommt. Eine Fluggesellschaft, die ein 150-sitziges Flugzeug 300 Stunden pro Monat in der Luft hat, wird immer auf andere Sitzplatzkosten kommen, als der Betreiber einer achtsitzigen Geschäftsreisemaschine, die 300 Stunden pro Jahr fliegt.

Rechnen tut es sich erst dann, wenn man die Zeitersparnis in einen geldwerten Vorteil umrechnet, also berücksichtigt, dass ein hochdotierter Manager mit dem *Businessjet* das doppelte Arbeitspensum erledigen kann.

Eine weitere falsche Vorstellung ist häufig, dass durch die Fremdvercharterung des Flugzeuges die eigenen Reisekosten gedeckt werden. Die Erfahrung zeigt eher, dass man sie zwar senken, aber kaum decken kann. Häufig wird dabei im Vorfeld schlecht kalkuliert und keine Vorsorge getroffen, um hohe Kostenrisiken abzusichern.

Der Frust kommt meist nach der ersten sechsstelligen Werftrechnung. Das Flugzeug ist dann manchmal sehr schnell wieder weg, und die Besatzung sitzt auf der Straße. Dies kann besonders unangenehm sein, wenn man nur einen *Free-Lance*-Vertrag hatte oder inzwischen ein Alter erreicht hat, das über dem Einstellungsalter der großen *Airlines* liegt. Viele Piloten sehen eine solche Tätigkeit daher als Sprungbrett, um die von der Großluftfahrt häufig geforderte Flugerfahrung aufbauen zu können.

Wer eine solche Stelle als Dauerjob plant – was, wie gesagt, fliegerisch durchaus attraktiv sein kann –, der sollte sich an größere Konzerne halten, die ihren Flugbetrieb schon seit vielen Jahren unterhal-

ten und deren Geschäftsentwicklung erwarten lässt, dass dieser noch lange Zeit bestehen bleibt.

Executive Charter

Executive-Charter-Unternehmen betreiben fliegende Taxis, die von jedermann angemietet werden können. In Deutschland gibt es rund 60 derartige Unternehmen. Die Palette reicht von kleinen Zweimannbetrieben, die nur ein Flugzeug betreiben, bis zu Firmen, die eine ganze Flotte verschieden großer Turboprops und Strahlflugzeuge in die Luft bringen.

Man unterscheidet dabei zwei Arten von Unternehmen:

1. Firmen, die Flugzeuge mit einem maximalen Abfluggewicht von 5700 kg betreiben. In diese Klasse fallen praktisch alle Kolbenmotorflugzeuge und viele leichte Turboprops, wie etwa die King Air 200, aber auch kleinere Jets wie die Cessna Citation Jet oder die Citation II in einer etwas abgespeckten Ausführung.

   Diese Unternehmen sind vom finanziellen und organisatorischen Aufwand her einfacher zu gründen und haben im laufenden Flugbetrieb weniger Auflagen zu erfüllen.

2. Werden Flugzeuge von mehr als 5700 kg Abfluggewicht betrieben, ist die Zulassung aufwändiger. In diese Klasse fallen große Turboprops wie etwa die King Air 350 und – bis auf die genannten Ausnahmen – fast alle Geschäftsreiseflugzeuge.

   Diese Unternehmen müssen einen wesentlich höheren Aufwand für ihre Zulassung betreiben und auch bessere wirtschaftliche Voraussetzungen mitbringen.

Reisen abseits der Massenabfertigung – Das typische Interieur eines Buisinesjets
(Foto Bombardier)

Das Einsatzspektrum der *Executive-Charter*-Unternehmen ist sehr vielfältig. Da gibt es zum Beispiel eilige Frachtflüge. Auftraggeber für diese Flüge ist häufig die Automobilindustrie. Autos werden heute weitgehend ohne Lagerhaltung der Einzelteile produziert, die Speditionen liefern also die Teile der Zulieferfirmen oder anderer Werke direkt ans Fließband, wo sie meist noch am gleichen Tag verarbeitet werden. Dies spart Millionen an Lagerhaltungskosten, kann aber dazu führen, dass ein komplettes Fließband stillsteht, wenn ein Zulieferer nicht rechtzeitig fertig geworden, ein Transport stecken geblieben ist oder dergleichen. Der Einsatz eines Lufttaxis ist dann oft die einzige Möglichkeit, die Teile noch rechtzeitig ans Fließband zu schaffen.

Während meiner Zeit in der *Executive*-Fliegerei ist es häufig vorgekommen, dass 15.000 DM für einen Charterflug ausgegeben wurden, um 50 Plastikteile im Wert von 500 DM zu transportieren. Dies klingt auf den ersten Blick unvernünftig, ist aber auf Dauer billiger, als derartige Risiken durch teure Lagerhaltung auszuschließen oder gar eine laufende Fertigung zu unterbrechen.

Lufttaxiunternehmen können aber auch von den Pannen der großen Gesellschaften profitieren. Ist zum Beispiel an irgendeinem schwer erreichbaren Charter-Zielort ein Verkehrsflugzeug hängen geblieben, weil ein Ersatzteil fehlt oder ein Besatzungsmitglied ausgefallen ist, dann ist das Anmieten eines Lufttaxis billiger, als die Maschine längere Zeit am Boden zu halten und Flüge zu streichen. So kann eine Stewardess, wenn Not »am Mann« ist, schon mal in den Genuss kommen, mit einem Privatjet zur Arbeit geflogen zu werden.

Ähnliches gilt natürlich überall, wo der Stillstand von Maschinen durch fehlende Ersatzteile oder Personal hohe Kosten verursachen würde.

Termingeplagte Politiker, Künstler, Unternehmer und Manager gehören ebenfalls zu den häufigen Nutzern eines Lufttaxis. Durch flexible Abflugzeiten, schnellen *Check-In* (Meldezeit für Fluggäste) und zügige Direktflüge kann das Lufttaxi vieles möglich machen, was mit der Linie nicht geht. Aber auch ein erhöhtes Sicherheitsrisiko kann Grund für einen Privatcharter sein. Bestimmte Weltstars, die

stets mit einem Dutzend Leibwächter unterwegs sind, steigen selten in ein Linienflugzeug und lassen sich den Privattransport vertraglich garantieren. Ich erinnere mich noch an einen Flug, bei dem die Vorbereitungen in Anwesenheit diverser Sicherheitskräfte über zwei Stunden dauerten und vor dem Start auch noch die letzte unbedeutende Klappe geöffnet werden musste. Ich bin wahrscheinlich nie wieder im Leben mit einem so gut überprüften Flugzeug gestartet.

Zu den Passagieren können aber auch schon mal Fluggäste gehören, die das Licht der Öffentlichkeit aus anderen Gründen scheuen. So erinnere ich mich an einen Fluggast, von dem ich später in der Zeitung las, dass er mit einigen Millionen im Gepäck die Freiheit über den Wolken gesucht hat.

Leider gewinnt man in dieser Branche immer wieder den Eindruck, dass es mehr flugzeugbegeisterte Unternehmensgründer gibt als Kunden, die diesen teuren Service bezahlen können oder wollen. Es gibt zwar ein ausreichendes und ständig steigendes Potenzial, um zahlreiche Hersteller von Geschäftsreiseflugzeugen seit Jahren gut leben zu lassen, aber bei den gewerblichen Betreibern dieser Flugzeuge gibt es immer ein paar Kunden weniger als nötig wären, um alle Flugzeuge gut auszulasten. Entsprechend gibt es in dieser Branche wenig Freundschaft untereinander und einige Luftfahrtunternehmen, die mehr oder weniger als ständiges Zuschussgeschäft und Hobby des Inhabers betrieben werden.

Wer in dieser Branche langfristig sein Brot verdienen will, wird im Laufe seines Berufslebens viele verschiedene Arbeitgeber kennen lernen. Zahlreiche Unternehmen sind zwei oder drei Jahre mit massiver Werbung am Markt und dann wieder verschwunden. Unternehmen, die über lange Zeit beständig operieren, muss man mit der Lupe suchen. Diese zeichnen sich meist durch feste, langfristige Verträge mit soliden Großabnehmern aus, die für eine ausreichende Grundauslastung der Flotte sorgen und das Unternehmen unabhängiger von den Ad-hoc-Charterflügen machen.

Die Idee, das eigene Flugzeug zu finanzieren, indem man es gewerblich fliegen lässt, ist also nicht mehr so originell, wie sie manchem frischgebackenen Flugzeugbesitzer erscheinen mag.

Dennoch sehen viele Vollblutflieger – wenn denn die Arbeitsbedingungen anders wären – die interessante und anspruchsvolle Fliegerei in der Allgemeinen Luftfahrt näher an dem, was sie sich einmal von der Fliegerei erträumt haben, als die Großluftfahrt. Ständig neue Ziele und anders geartete Flugaufträge sorgen für Abwechslung. Heute ein Ambulanzflug nach Rotterdam, morgen ein Filmteam in ein Katastrophengebiet, übermorgen ein prominenter Politiker oder ein Filmstar zu einer Talkshow. Dann wieder ein Fotoshooting für ein Magazin, das ein Flugzeug mit Piloten als Hintergrund braucht, gefolgt von einem Ersatzteiltransport nach Spanien und so weiter. Nicht zu vergessen der direkte und bei Stammgästen oft auch persönliche Kontakt zu seinen Fluggästen, häufig zu interessanten Menschen, zu denen man sonst nur selten Zugang hat. Etwas, dass in der heutigen Großluftfahrt quasi nicht mehr existiert. Hier ist der Pilot aufgrund kurzer Bodenzeiten meist so in seine Arbeit im Cockpit vertieft, dass er kaum etwas vom Einsteigen der Passagiere mitbekommt.

Genau wie beim Werksverkehr wird die an sich interessante, abwechslungsreiche Tätigkeit eigentlich nur durch die häufig langen Wartezeiten, die geringen Flugstunden und die Unsicherheit des Jobs getrübt. Während der Pilot in der Großluftfahrt seine Arbeitszeit effektiv nutzen kann und auf jährlich 750 bis 1000 Flugstunden kommt, bringen es die Kollegen der *General Aviation* selten auf mehr als 300 bis 400 Stunden jährlich. Flügen von ein bis zwei Stunden Dauer folgen häufig Wartezeiten von mehreren Stunden oder sogar Übernachtungen. Hinzu kommt die Unbeständigkeit der arbeitgebenden Unternehmen.

Selten gibt es in dieser Branche ältere Piloten, die nicht schon im Laufe ihrer Berufspraxis durch verschiedene Unternehmen kreuz und quer durch Deutschland getingelt wären und zwischendurch längere Phasen der Arbeitslosigkeit in Kauf nehmen mussten.

Ambulanzflugwesen

Neben einigen wenigen Unternehmen, die sich auf die reine Ambulanzfliegerei spezialisiert haben, werden diese Aufträge meist von den *Executive-Charter*-Unternehmen mit erledigt.

Ambulanzflüge werden durchgeführt, um erkrankte Leute aus dem Ausland zurückzuholen, Schwerkranke in Spezialkliniken zu verlegen, Transplantationsteams zu einer Organentnahme zu fliegen oder Transplantate vom Spender zum Empfänger zu bringen. Ferner gehört dazu der Transport radioaktiver medizinischer Materialien, die in normalen Verkehrsflugzeugen nicht transportiert werden dürfen.

Da die medizinische Versorgung in den großen Urlaubsregionen heute wesentlich besser ist als noch vor einigen Jahren, gehen die Patiententransporte eher zurück. Auch komplette Transplantationsteams müssen heute immer seltener geflogen werden, da Organentnahmen zunehmend standardisiert wurden. Ein Organ kann also von einer Gruppe von Ärzten entnommen, in eine andere Klinik transportiert und dort von einer anderen Gruppe dem Empfänger eingesetzt werden. Den Hauptumsatz bringen daher heute die reinen Organtransporte – und hier primär solche Organe, die bereits kurze Zeit nach der Entnahme wieder eingesetzt werden müssen.

Mit Ambulanzflügen wird sehr gutes Geld verdient. Allerdings ist es in der Branche ein offenes Geheimnis, dass ein Teil der guten Einnahmen wieder an verantwortliche Ärzte und Transplantationskoordinatoren der großen Kliniken zurückfließt: Ein Obulus, um an die begehrten Aufträge zu kommen.

Ein wenig Freude in den Pilotenalltag bringen Ambulanzflüge durch die Tatsache, dass man quasi mit Blaulicht unterwegs ist. So sind Flugplätze mit Nachtflugbeschränkungen für Ambulanzflüge stets offen. Es gibt keine *Slots,* kein langes Warten auf eine Startfreigabe, und die Flugsicherung gewährt jede Menge Abkürzungen auf den Luftstraßen. Auch kann so manche luftfahrtgesetzliche Auflage, wie etwa das Einhalten bestimmter Flugdienst- und Ruhezeiten bei medizinischer Notwendigkeit umgangen werden. Die wenigen reinen Ambulanzflugunternehmen, die feste Verträge mit großen Trägern wie dem ADAC haben, sind meist solide und sichere Arbeitgeber. Allerdings werden dort nur selten Stellen frei. Ansonsten gilt das gleiche wie für die *Executive*-Fliegerei.

Schlechte Bezahlung und Sozialleistungen kleiner und kleinster Luftfahrtunternehmen in Verbindung mit der Tatsache, irgendwann für die sichereren Jobs in der Großluftfahrt zu alt zu sein, machen auch diese Sparte für viele Piloten zu einem Sprungbrett.

Ob Werksverkehr, Ambulanz- oder *Executive-Charter:* In allen Bereichen gilt, dass man ein sehr unbeständiges, schwer planbares Leben führt. Dienstpläne, die für zwei Wochen oder einen ganzen Monat gelten wie in der Linienfliegerei, gibt es dort nicht. Man weiß selten im Voraus, an welchem Tag oder an welchem Abend man zu Hause ist. Regelmäßige Freizeitaktivitäten, die an feste Verabredungen oder Termine gebunden sind, sind schwer bis gar nicht planbar, und man lebt weitgehend in seiner Berufstätigkeit.

Agrarflüge

Agrarflug bedeutet, das zu tun, was normalerweise verboten ist, nämlich in »Bierflaschenhöhe« über die Felder zu jagen und dabei landwirtschaftliche Flächen zu besprühen.

Während sich die Agrarfliegerei aufgrund kleiner Anbauflächen und aus Umweltschutzgründen in der Bundesrepublik nie so richtig entwickelt hat und quasi nicht mehr existent ist, hat sie in den USA noch heute einen großen Stellenwert. Auch in der ehemaligen DDR nahm die Agrarfliegerei bis zur Maueröffnung einen breiten Raum ein und wird heute noch in Osteuropa praktiziert.

Geflogen wird mit sehr PS-starken einmotorigen und meist einsitzigen Flugzeugen. Da die Sprühleistung und nicht die Flugzeit bezahlt wird, erfolgt das Manövrieren dicht über dem Erdboden im Akkordtempo. Höchste Konzentration und handwerkliches Geschick sind daher gefragt, um nicht in Bäumen oder einer Stromleitung zu enden.

Die Piloten brauchen hierzu eine besondere Berechtigung. Die Tätigkeit ist aber mehr eine Saisontätigkeit, von der niemand seinen Lebensunterhalt bestreiten kann.

Foto- und Filmflüge

Photo- und Filmflüge sind, von Ausnahmen abgesehen, die Domäne der Hubschrauber. Deren Möglichkeit, ruhig in der Luft zu stehen, wirkt sich hier als entscheidender Vorteil aus. Spezielle schwingungsdämpfende Kameraaufhängungen erlauben dabei eine ruhige Kameraführung. Es gibt selten Unternehmen, die auf Foto- und Filmflüge spezialisiert sind. Bei den meisten Hubschrauberunternehmen sind sie Bestandteil ihrer vielfältigen Arbeit neben Ambulanz- und Taxiflügen.

Vermessungsflüge

Vermessungsflüge werden mit speziell ausgerüsteten Flugzeugen durchgeführt, um in regelmäßigen Abständen die Instrumentenlandesysteme auf den Flugplätzen zu vermessen. Auch für geographische Vermessungszwecke werden Flugzeuge eingesetzt. Allerdings sind die Stellen so rar, dass man eigentlich nicht von einem geregelten Arbeitsmarkt sprechen kann.

Testpiloten

Eine der teuersten und aufwändigsten Ausbildungen, die man in der Fliegerei durchlaufen kann, ist die Ausbildung zum Testpiloten. Auch wenn Flugzeuge heute am Computer bereits so durchkonstruiert

werden können, dass das Risiko des Erstfluges in berechenbaren Grenzen bleibt und die wesentlichen Leistungsdaten bereits feststehen, bevor der erste Prototyp gebaut ist, sind doch einige tausend Flugstunden erforderlich, um die aufwändigen Zulassungsprogramme für eine Musterzulassung abzufliegen und alle Handbuchdaten nachzuweisen. Testpiloten sind häufig nicht nur Piloten, sondern auch Ingenieure.

Testpiloten benötigen immer dann eine besondere Berechtigung, wenn sie als verantwortlicher Flugzeugführer (Kapitän) Flüge durchführen,

- bei denen die Betriebsgrenzen eines Luftfahrzeuges im Rahmen der Ersterprobung festgestellt werden,
- bei denen die Betriebsgrenzen eines Luftfahrzeuges zum Zwecke der Prüfung überschritten werden.

Bei Ersterprobungsflügen muss auch der Copilot eine Testflugberechtigung haben. Man unterscheidet Testflugberechtigungen der Klassen 1 und 2.

Voraussetzung für den Erwerb der Klasse 2 sind ein CPL und eine Kunstflugberechtigung. Ferner muss ein behördlich anerkannter Lehrgang für Testpiloten besucht werden, oder der Bewerber muss sich zwölf Monate lang theoretisch und praktisch durch den Inhaber einer Testflugberechtigung ausbilden lassen.

Aufwendiger ist der Erwerb der Klasse 1. Vor Beginn der Testpilotenausbildung muss ein Hochschulstudium oder zumindest ein Fachhochschulstudium in einer einschlägigen Fachrichtung nachgewiesen werden. Eine einschlägige Fachrichtung wäre zum Beispiel ein Ingenieurstudium. Ferner sind eine Berufspilotenlizenz mit Instrumenten- und Kunstflugberechtigung erforderlich.

Zur speziellen Testpilotenausbildung muss eine behördlich anerkannte Schule für Flugversuchspersonal besucht oder eine vergleichbare Ausbildung nachgewiesen werden.

Vor dem Ausstellen der Testflugberechtigung sind dann auch noch fliegerische Tätigkeiten nachzuweisen, deren Umfang es eigentlich ausschließt, diese Berechtigung außerhalb eines Unternehmens der Luftfahrtindustrie zu erwerben.

Es sind nämlich 1200 Stunden Flugerfahrung nachzuweisen, davon 700 Stunden als verantwortlicher Luftfahrzeugführer innerhalb der letzten zwölf Monate vor Antragstellung. 300 Stunden davon sind entweder nach Instrumentenflugregeln zu absolvieren oder aber im Rahmen der Stück- und Nachprüfung mehrmotoriger Flugzeuge oder Einmotoriger über 5700 kg.

Die Ausbildung zum Testpiloten muss sowohl in der Klasse 1 als auch in der Klasse 2 durch eine theoretische und praktische Prüfung abgeschlossen werden.

Die Testflugberechtigung Klasse 2 ist auf die Ersterprobung von Flugzeugen bis 2000 kg Höchstmasse beschränkt. Ist die Höchstabflugmasse höher als 2000 kg, darf der Klasse-2-Testpilot dort nur als Copilot mitwirken.

Eine Klasse-1-Testpilotenausbildung ist übrigens nicht nur sehr aufwändig, sondern auch privat kaum noch zu finanzieren. Eine siebenstellige Summe ist hier schnell erreicht.

Luftfahrtindustrie

Neben den Testpiloten gibt es in der Luftfahrtindustrie noch weitere Stellen für Flugzeugführer. Zum Beispiel um Flugzeuge und Ausrüstungen potenziellen Käufern vorzuführen, oder um Flugzeuge zu überführen und auszuliefern. Auch diese Tätigkeiten können eine interessante Alternative zur üblichen Airline-Routine bieten. Sie sind jedoch äußerst selten und werden fast nie an Anfänger vergeben.

Öffentlicher Dienst

Auch der öffentliche Dienst beschäftigt einige Berufs- und Verkehrspiloten. Zu deren Aufgaben gehören beispielsweise die Abnahme von theoretischen und praktischen Prüfungen für Pilotenlizenzen und die Überprüfung und Überwachung der Luftverkehrsunternehmen als Flugbetriebsprüfer.

Jede Fluggesellschaft wird in regelmäßigen Abständen durch das Luftfahrt-Bundesamt überwacht. In der Regel werden hier je nach Aufgabe erfahrene, ehemalige oder aktive Verkehrsflugzeugführer eingesetzt. Einige der Herren haben gültige Type Ratings und machen im Rahmen ihrer Tätigkeit auch regelmäßige Erfahrungsflüge als Copiloten, etwa in Cockpits der Lufthansa.

Es gibt bei den Behörden aber mitunter auch Aufgabenstellungen, bei denen Berufsanfänger eine Chance haben.

Entsprechende Stellenausschreibungen findet man unter anderem auf den Internetseiten des Luftfahrt-Bundesamtes.

Was gibt es sonst noch?

Die Fliegerei hat eine breitere Palette, als in der Öffentlichkeit meist bekannt ist. Eines dieser ungewöhnlichen Beispiele ist die Archäologie. So beschäftigt etwa das Bayerische Landesamt für Denkmalpflege einen fliegenden Archäologen, der als

Pilot einer Cessna 172 geschichtsträchtige Stätten aufspürt und fotografiert.

Liegt beispielsweise unter der Erde eine Mauer verborgen, kann diese die Kapazität des Bodens zur Wasseraufnahme reduzieren. Pflanzen, die darüber wachsen, sind dann heller, als die in ihrer unmittelbaren Umgebung. Umgekehrt ist es bei verschütteten Gräben, in denen sich Wasser sammelt, das dann zu einer dunkleren Verfärbung der Pflanzen führt. Beides ist eigentlich nur aus der Luft richtig zu erkennen.

Wer eine solche Tätigkeit ausüben will, muss allerdings viel Geduld mitbringen. Der oben erwähnte Herr ist zur Zeit der einzige in Deutschland bekannte und fest angestellte Luftbildarchäologe.

Die DFVLR *(Deutsche Forschungs- und Versuchsanstalt für Luft- und Raumfahrt)* stellt gelegentlich Piloten ein, die mit Do 228 Forschungsstationen in den Polargebieten versorgen.

Besonders in den Alpenregionen arbeiten Piloten häufig als Kranführer: Sie transportieren mit Hubschraubern Material auf schwer zugängliche Gebirgsbaustellen, fliegen im Akkord mit Betonkübeln auf den Berg, um Fundamente für Skilifte zu gießen und dergleichen.

Erdölunternehmen oder deren Versorgungsgesellschaften beschäftigen Hubschrauberpiloten zur Versorgung der Bohrinseln oder zur Überwachung endlos langer Pipelines auf Leckagen. Aber auch Flächenflugzeuge werden hier gelegentlich eingesetzt. Ich habe in Kanada mal einen älteren Piloten getroffen, der sein Leben lang nichts anderes gemacht hatte, als in einer C 152 rund sieben Stunden täglich Pipelines abzufliegen und auf diese Weise nach eigener Aussage 40.000 Stunden gesammelt hatte, also mehr als

selbst die meisten Langstreckenpiloten Zeit ihres Lebens.

Dann gibt es noch Piloten, die mit Wasserflugzeugen Waldbrände bekämpfen, und es gibt so genannte *Ferry*-Piloten, die, meist auf freiberuflicher Basis, im Auftrag von Flugzeughändlern, Unternehmen und Privatpersonen Flugzeuge weltweit überführen beziehungsweise ausliefern.

Ferry-Flüge mit kleinen einmotorigen Flugzeugen, die besonders häufig zwischen den USA und Europa durchgeführt werden, galten lange Zeit als eines der letzten fliegerischen Abenteuer. Auch heute ist diese Aufgabe nicht zu unterschätzen. Immerhin bewegt man ein Fluggerät über eine Langstreckendistanz, für die es eigentlich nicht gebaut und ausgerüstet ist. In der Regel fehlt es an Wetterradar, Enteisung, Druckkabine und überschüssiger Motorleistung, um den Naturgewalten über dem Nordatlantik unbesorgt begegnen zu können. Der Unterschied zu Lindberghs erfolgreichem Erstversuch liegt in der größeren technischen Zuverlässigkeit der heutigen Flugzeuge und in der zuverlässigen Navigation. Noch in den 80er-Jahren gingen mehrere Flugzeuge jährlich aufgrund von Navigationsfehlern verloren. Dank Satellitennavigation sind die Flüge wesentlich sicherer geworden und lassen sich einfacher durchführen, sodass es Verlustmeldungen aufgrund von Navigationsfehlern eigentlich nicht mehr gibt. Zwei Überführungsflüge, bei denen ich selbst am Steuerknüppel saß, haben mich gelehrt, dass dies auf Dauer kein Broterwerb für Leute ist, die am Leben hängen.

Damit ist das Spektrum der *General Aviation* weitgehend abgeschlossen, und wir wenden uns der Großluftfahrt zu.

Pilotenalltag in der Großluftfahrt

Hand aufs Herz:

Auch wenn andere Bereiche der Fliegerei noch so interessante Herausforderungen bieten, Berufsziel für die meisten Piloten ist es, irgendwann in der Kanzel eines großen Verkehrsflugzeuges zu sitzen – je größer, desto besser. Dies ist der Traum der meisten Flugschüler, die mit einer Verkehrspilotenausbildung beginnen, auch wenn der Traum, wie bereits in der Einleitung erwähnt, auf Klischees aufbaut, die in der Praxis häufig enttäuscht werden. Grund genug, sich den Arbeitsalltag im Cockpit näher anzusehen.

Luftfahrt ist ein Thema, das die Öffentlichkeit immer wieder interessiert, und entsprechend zahlreich sind die Berichte in den Medien über diese Branche. Luftfahrt ist anscheinend aber auch ein schwieriges Thema, denn nur den wenigsten dieser Berichte kann man als Insider zustimmen. Immer wieder stößt man auf irreale Veröffentlichungen, sogar in Fachzeitschriften und offiziellen Publikationen wie etwa der Bundesanstalt für Arbeit. In letzteren liest man dann zum Beispiel von monatlichen Gehältern zwischen 7000 und 20.000 DM bei 85 Arbeitsstunden und einer Pensionsgrenze von 55 Jahren. Wer dieses Buch bis hier aufmerksam gelesen hat, weiß, dass derartige Aussagen Unsinn sind, und auf die Arbeitszeit werden wir in diesem Kapitel noch näher eingehen. Kaum ein Berufsbild ist unter den nicht fliegenden Laien so verzerrt wie das des Verkehrspiloten in der Großluftfahrt.

Um es gleich vorwegzunehmen: Wer auf den bekannten Klischees seine Berufswahl aufbaut, wird nicht nur – wie weiter vorne beschrieben – finanziell enttäuscht werden, sondern auch mit dem Arbeitsalltag dieses Berufes nicht glücklich sein.

Aus dem extravaganten Reisemittel für die oberen Zehntausend ist heute ein simples Förderband für die mittleren Hundertmillionen geworden. Durch die stählernen Gedärme eines einzigen Großflughafens werden Jahr für Jahr bis zu 60 Millionen Passagiere geschoben. Alle 30 Sekunden startet und landet ein Flugzeug, um die Menschenmassen wie Ware aufzunehmen. Aus dem erlesenen Bordessen von einst ist die Massenproduktion einiger Hunderttausend Esstabletts täglich geworden, genormt bis zum letzten Salatblatt.

Während große Unglücksfälle der Vergangenheit, wie der Untergang der *Titanic,* die Menschen noch fast ein Jahrhundert später beschäftigen, sind 250 Tote bei einem Flugzeugabsturz bereits nach einigen Tagen wieder vergessen.

Der Kontakt zu ihren Passagieren ist den Piloten der Großluftfahrt gänzlich abhanden gekommen und hat sich meist auf eine kurze, routinemäßig heruntergeleierte Cockpitansage reduziert. Die Piloten vorne im Cockpit, denen bei Umlaufzeiten von 30 Minuten und weniger bei Kurz- und Mittelstreckenflügen keine Pause am Boden vergönnt ist, sind meist so in ihre Papiere vertieft, dass sie kaum das Einsteigen der Passagiere bemerken.

Sehen wir uns den Alltag eines Piloten bei einer Liniengesellschaft näher an:

Dieser orientiert sich an einem Dienstplan, der jeweils am Ende eines Monats für den darauf folgenden Monat festgelegt wird. Der Dienstplan besteht aus Flugdiensttagen, Bereitschafts- beziehungsweise *Standby*-Tagen, Schulungs-

Auch diese Knöpfe lernt man verstehen- Cockpit einer Boeing 747-400
(Foto Gerd Rebenich/ Lufthansa)

Luxus wie auf dem Kreuzfahrtschiff – Die erste Klasse von 1958
(Foto Lufthansa)

Kalter Komfort und Massenabfertigung – Erste Klasse und Economy im Airbus A3XXX
(Foto Airbus)

tagen, je nach Funktion auch Bürotagen, und freien Tagen.

Die freien Tage sind im Arbeits- oder – sofern es einen gibt – im Tarifvertrag festgelegt. Durchschnittlich gibt es pro Monat neun freie Tage und, auf das Jahr verteilt, noch einen Ausgleich für Feiertage von etwa sechs Tagen. Ihre Ostereier werden Sie also nicht unbedingt am Ostersonntag suchen, sondern Sie bekommen diesen Feiertag an einem beliebigen anderen Tag, etwa an einem nieselverregnetem grauen Novembertag aufgedrückt, der gerade in die Crewplanung passt. Als kleines Bonbon zu den freien Tagen gibt es noch *Standby*-Tage. Diese Tage ergeben sich, nachdem Ihre freien Tage bereits festgelegt sind, an denen Sie von Ihrer Linie aber dennoch nicht gebraucht werden. An *Standby*-Tagen müssen Sie in der Nähe Ihres Telefons bleiben und bei Anruf innerhalb von einer Stunde gewaschen und gekämmt am Flughafen eintreffen. Dies wird immer dann der Fall sein, wenn ein Kollege eine Autopanne hat, krank wird oder aus sonstigen Gründen nicht zur Arbeit erscheint. Oder auch, weil sich die Crewplanung mal wieder vertan hat. Die *Airline* versucht *Standby*-Tage immer so zu planen, dass für jeden Flugtag eine gewisse Anzahl an Reservecrews abrufbereit ist. Dies klappt meist, aber nicht immer. Im harten Alltag müssen schon mal komplette Flüge wegen einer verschnupften Stewardess ausfallen. Bereitschaftstage können ein Bonbon für Leute sein, die sich zu Hause beschäftigen können, denn immerhin gibt es für diese Tage bei manchen Fluggesellschaften eine Flugstundengutschrift und somit eine kleine Bezahlung, zum Beispiel für jeweils vier Stunden *Standby* eine Flugstunde. Wer

Glück hat, bekommt also Geld fürs Nichtstun. Wer Pech hat, ist bei einer Gesellschaft gelandet, die 20 Stunden Bereitschaft verlangt, ohne einen Pfennig dafür zu bezahlen.

Aber die ausgleichende Ungerechtigkeit folgt auf dem Fuß. Bereitschaftstage werden von der Crewplanung gerne für die ungeliebten *Proceedings* verplant. *Proceedings* sind Reisen per Flugzeug, Bahn oder Mietwagen zu einem anderen Einsatzort, an dem ein Flugzeug übernommen werden soll. Aus einem gemütlichen Tag zu Hause sind dann schnell zehn Stunden Reisezeit mit anschließender Entspannung in einem langweiligen Hotel geworden. Alleine versteht sich, weil der Rest der Crew bereits aus der Gegend kommt und zu Hause nächtigt. Und wer ganz großes Pech hat, muss seine *Standby*-Tage komplett in irgendeinem Hotel abseits der *Homebase* (Heimatflugplatz, -standort) verbringen.

Die *Proceeding*-Zeit wird übrigens bei vielen Gesellschaften nicht bezahlt.

Sie haben richtig gelesen: Bezahlt wird *alleine die Flugzeit*. Ob jemand fünf Minuten oder fünf Stunden zum Einsatzort braucht oder auf einem Zwischenstop mehrere Stunden herumhängt, interessiert, von wenigen Gesellschaften abgesehen, niemanden.

Der Dienstplan kann auch davon abhängen, wie die Fluggesellschaft ihr Geschäft betreibt. Es gibt Gesellschaften, die haben ihre Crews und Flugzeuge auf mehrere Stationen verteilt und führen von diesen Stationen aus Flüge durch, die in der Regel (aber nicht immer) abends wieder zu dieser Station zurückführen. Andere Gesellschaften führen von einer *Homebase* aus Flugketten durch. Das heißt, die Crew verbringt 5 bis 7 Tage jede

Nacht in einer anderen Stadt und kehrt erst am Ende der Kette wieder zum Heimatstandort zurück.

Wie auch immer dies gehandhabt wird: An den Flugdiensttagen ist für jeden Tag eine bestimmte Flugdienstzeit festgelegt. Diese beginnt im Allgemeinen eine Stunde vor Abflug mit dem *Briefing* (Vorbereitung) und endet 15 Minuten nach der Landung mit dem *Debriefing* (Abschlussbesprechung). Dazwischen liegen dann Flugzeiten und Bodenzeiten.

Die maximal zulässigen jährlichen Flugzeiten wurden vom Gesetzgeber auf 1000 Stunden begrenzt. Rechnet man die *Briefing-, Debriefing-* und Bodenzeiten hinzu, kommt man zur Flugdienstzeit, und die darf 1800 Stunden pro Jahr ebenfalls nicht überschreiten. Im Idealfall sollte dies zu einer Arbeitsbelastung von 40 Stunden pro Woche führen. In der Praxis gibt es jedoch erhebliche Unterschiede, wie wir später noch sehen werden.

Im Arbeits- oder Tarifvertrag ist ebenfalls festgelegt, wie viele Stunden ein Pilot pro Monat für sein Gehalt fliegen muss. Dies kann von *Airline* zu *Airline* recht unterschiedlich sein und reicht im Allgemeinen von 60 bis 90 Stunden. Wer zum Beispiel für sein Grundgehalt 70 Stunden im Monat fliegen muss, bekommt ab der 71. Stunde Überstunden bezahlt. Um flexibel planen zu können, schließen die Gesellschaften gerne Verträge mit niedriger Pflichtstundenzahl bei entsprechend niedrigem Grundgehalt ab. Saisonbedingt können die Piloten dann im Sommer schon mal 100 und mehr Stunden eingesetzt werden, um dann im Winter nur ihre Pflichtstunden abzufliegen und entsprechend schlechter bezahlt zu werden. Dennoch sind Überstunden bei den

Crews vieler Linien nicht beliebt, da finanziell wenig lohnend.

Denn auch hier wartet die *Airline*-Branche mit einer Besonderheit auf. Während nämlich in der freien Wirtschaft Überstunden im allgemeinen höher bezahlt werden als es dem Grundgehalt entspricht, müssen Piloten erfahren, dass es auch umgekehrt funktioniert. Piloten, die ihr Jahresgehalt durch die Pflichtstundenzahl teilen, werden nämlich bei den meisten Arbeitgebern feststellen, dass sie für ihre Überstunden deutlich weniger bekommen. Wer zum Beispiel bei einer großen deutschen Gesellschaft zu einem Zusatzumlauf von drei Stunden Dauer antritt, bekommt als junger Copilot 40 DM/Stunde, also 120 DM. Mit An- und Abfahrt zum Flughafen, *Briefing, Debriefing* und Bodenzeit ist er hierfür rund sieben Stunden unterwegs, was einem Stundenlohn von 17,14 DM brutto entspricht. Was dann übrig bleibt, nachdem Finanzminister und Sozialversicherung zugeschlagen haben, reicht kaum, um die Familie zum Ausgleich für die verlängerte Abwesenheit zum Essen einzuladen. Wer statt dessen in seiner Freizeit auf dem Flughafen putzen geht, hat mehr verdient. Für einen Kapitän sieht die Rechnung auch nicht besser aus. Er bekommt zwar etwas mehr für die Überstunde, kann aber dank höherer Steuerklasse sein Nettoeinkommen auch nur unwesentlich aufbessern.

Zwischen der Flugzeit und der tatsächlichen Flugdienstzeit können je nach Einsatzspektrum ganze Welten liegen. Und aus genau diesem Missverständnis heraus entstehen die oben beschriebenen Veröffentlichungen über monatliche Arbeitsleistungen von 80 Stunden und weniger.

Ein Langstreckenflieger, der überwiegend zehn Stunden lange Flüge absolviert, hat seine 1000 Stunden Flugzeit bereits nach 100 Arbeitstagen erreicht und muss hierfür mit *Briefing* und *Debriefing* gerade mal knapp über 1100 Stunden Flugdienstzeit aufbringen. Seine Flugdienstzeit ist also annähernd gleich der gesetzlich zulässigen Flugzeit. Wer Kurzstrecke fliegt, kann locker an die maximal zulässige Flugdienstzeit von 1800 Stunden kommen, lange bevor er die zulässigen 1000 Stunden Flugzeit erreicht: Seine Arbeitszeit ist mithin deutlich länger.

Wer beispielsweise seinen Dienst in einem Langstreckenflugzeug absitzt und einmal pro Woche von Frankfurt nach Miami fliegt, hat sein Soll bereits mit jeweils zwei Arbeitstagen pro Woche erfüllt. Aus 20 Flugstunden für den Hin- und Rückflug werden mit *Briefing* und *Debriefing* rund 221/2 Stunden. Sieht man einmal von den physischen Problemen bei Langstreckenflügen, Nachtflügen und dergleichen ab, reduziert sich der ganze Stress auf acht Anflüge im Monat, von denen jeweils vier der *First Officer* und vier der Kapitän macht.

Wer dagegen täglich die Strecke Düsseldorf-Amsterdam fliegt, kommt bei etwa zwei Umläufen täglich gerade auf drei Flugstunden und hat mit *Briefing-, Debriefing-* und Bodenzeiten eine Flugdienstzeit von mehr als 8 bis 9 Stunden. Um auf seine Pflichtstunden zu kommen, muss unser Kurzstreckenpilot also eine ganz normale 5-Tage-Woche im Cockpit absitzen und kommt bei 1800 Stunden Flugdienstzeit auf 6 bis 700 Stunden Flugzeit im Jahr und 80 arbeitsintensive Anflüge pro Monat. Mitunter kommen dann noch stundenlange *Proceedings* hinzu. Das heißt, wer plötzlich nicht an seinem Wohnort, sondern auf einer anderen Station gebraucht wird, muss aufwendig anreisen und hat schnell eine 60- bis 70-Stunden-Woche beisammen.

Derartige im Akkordtakt heruntergeflogene Strecken werden dann für die Crew bereits nach einigen Tagen zu einer sehr öden Tätigkeit. Besondere Freude kommt unter den Crews auf, wenn die *Airline* dann auch noch freie Tage außerhalb der Heimatbasis einplant, weil es so halt bequemer zu planen ist. Wer dann zehn Tage unterwegs war, seine freien Tage in einem einsamen Hotelzimmer in einer fremden Stadt verbracht hat und endlich wieder nach Hause zu seiner Familie kommt, der darf am nächsten Tag gleich wieder los, weil die freien Tage ja schon weg sind. Heftigen Ärger gab es kürzlich bei einer Gesellschaft, die ihren Mitarbeitern für diese »freien Tage« nicht einmal die üblichen Spesen für den Verpflegungsmehraufwand bezahlen wollte.

Die Gesellschaften bezahlen oft nur die reine Flugzeit. Und da nach Adam Riese auf der Langstrecke bei weniger Flugdienstzeit mehr Flugzeit herauskommt, ist dort auch die Bezahlung besser. In dem oben angeführten Beispiel hätte unser Langstreckenpilot bei gleicher Bezahlung pro Flugstunde 50 Prozent mehr Geld auf dem Konto als sein Kollege von der Kurzstrecke und müsste hierfür rund 35 Prozent weniger Zeit aufwänden.

Hinzu kommt, dass mit kleinen Flugzeugen auch nur kleines Geld verdient wird. Daher wird die Flugstunde auf der Langstrecke ungerechterweise auch noch deutlich besser bezahlt.

Arbeitszeitmäßig sind übrigens die Kollegen im Cockpit der Concorde am besten dran. Nach drei monatlichen Umläufen, bei der sie mit der Geschwindigkeit einer

Gewehrkugel über den Atlantik brausen, ist das Soll bereits erfüllt. Die gefährliche radioaktive Belastung, denen der Mensch in 20.000 m Höhe ausgesetzt ist, ist der Grund für die kurzen Dienstzeiten. Um die viele Freizeit sinnvoll nutzen zu können, wird der Job auch noch fürstlich entlohnt. Aber diese Jobs sind einige der wenigen Ausnahmen und Überbleibsel aus eigentlich längst vergangenen Zeiten.

Nach dieser Betrachtung wird übrigens klar, warum Regionalfluggesellschaften unter hoher Fluktuation leiden und gerade jüngere Piloten diese Tätigkeit meist als Sprungbrett zum so genannten *Heavy Stuff* ansehen.

Wer also nun seinen Dienstplan hat, sei es Kurz-, Lang- oder Mittelstrecke, der muss spätestens eine Stunde vor Abflug im Crewraum erscheinen und mit der »Büroarbeit« beginnen.

Von der OPS bekommt die Besatzung einen Packen Papiere in die Hand gedrückt, der im Wesentlichen aus einem Wetterbericht, den NOTAMS, einem *Flight Log* und eventuell weiteren firmenspezifischen Informationen besteht.

»Flugzeuge fliegen nicht mehr mit Kerosin, sondern mit Papier«,

wird in Kollegenkreisen manchmal in Anbetracht zunehmender Pflichten zur Dokumentation geflachst.

Zunächst wird der Wetterbericht studiert. Wichtig ist, dass die vorausgesagten Wetterbedingungen für den Zielflugplatz und den geplanten Ausweichflugplatz für eine Landung ausreichend sind. Wenn nicht, muss so lange nach weiteren Ausweichflugplätzen gesucht werden, bis das Wetter passt. Ferner werden die Wetterbedingungen für die Strecke stu-

diert. Der zu erwartende Höhenwind, mögliche Turbulenzen, Gewitter, Vereisungsbedingungen und dergleichen. Danach sind die NOTAM *(Notice to Airman)* an der Reihe: Das sind aktuelle Informationen der Flugsicherung zur geplanten Flugstrecke, etwa über ausgefallene Funkfeuer, gesperrte Landebahnen, geänderte Anflugverfahren und ähnliches.

Im *Flight Log* wurde die gesamte Flugstrecke bereits vom Computer für bestimmte Standardbedingungen errechnet. Dort sind unter anderem alle Luftstraßen und Funkfeuer, die einzelnen Flugzeiten und der zu erwartende Treibstoffverbrauch aufgelistet. Anhand der aktuellen Informationen aus Wetterbericht und NOTAMs errechnet die Besatzung nun, welche Zu- oder Abschläge zu machen sind, und legt die zu tankende Treibstoffmenge fest. Dabei wird meist versucht, so wenig wie möglich zu tanken, um unnötigen Ballast zu vermeiden, und soviel wie nötig, um ausreichende Sicherheitsreserven für alle Eventualitäten zu haben. Aber auch die Treibstoffpreise auf den einzelnen Flughäfen spielen eine Rolle. So hat jede Besatzung für ihre Planung unter anderem Tabellen, aus denen die Treibstoffkosten auf den verschiedenen Plätzen hervorgehen. Ferner sind besondere Situationen, wie die bei bestimmten Zielflughäfen allgegenwärtigen Streiks, zu berücksichtigen. Streikt z.B. in Paris mal wieder ein Teil der Bodenmannschaft, kann es ratsam erscheinen, gleich für den Hin- und Rückflug zu tanken.

Auf Flugplätzen mit kurzen und/oder hoch liegenden Landebahnen und hohen Außentemperaturen muss manchmal sehr genau gerechnet werden, da das maximale Abfluggewicht stark eingeschränkt sein kann.

In der Regel werden diese Vorplanungen, für die etwa 20 Minuten zur Verfügung stehen, vom Ersten Offizier gemacht, vom Kapitän überprüft und abgezeichnet und dann an die Bodenmannschaft weitergegeben, die sich um die Betankung kümmert.

Der Kapitän macht dann schnell noch ein *Briefing* mit der Kabinenbesatzung und klärt die Damen und/oder Herren über Flugzeiten und Besonderheiten des Fluges, wie Wetterbedingungen und dergleichen auf. Bei Bedarf gibt er bei dieser Gelegenheit auch gleich besondere Anweisungen an die Kabine. So kann er je nach Stärke der zu erwartenden Turbulenzen festlegen, dass der Bordservice bei Aufleuchten des Anschnallzeichens sofort eingestellt wird oder aber unbehindert weitergehen kann. Einige Kapitäne lieben es auch, ihr Kabinenpersonal mit einem kleinen *Refresher* zu ärgern. So etwa: »Können die Damen mir sagen, wieviele Feuerlöscher wir an Bord haben?«

30 bis 35 Minuten vor Abflug macht sich die Besatzung dann auf den Weg zum Flugzeug. Nachdem jeder seine Sachen im Cockpit verstaut hat, wird das Flugzeug durch das Abarbeiten verschiedener Checklisten auf den Start vorbereitet und die Flugstrecke in den Bordcomputer eingegeben.

Während der gesamten Vorbeitungsphase sitzt der Besatzung die Uhr im Nacken, da das Verpassen von *Slots,* die mitunter für den Start nur ein Zeitfenster von 15 Minuten erlauben, mehrstündige Verspätungen zur Folge haben kann. Wer gerade frisch angefangen hat, hat hier oft noch Probleme, seinen Rhythmus zu fin-

den. Nach einiger Zeit funktioniert dies jedoch fast wie im Schlaf.

Inzwischen macht die Kabinenbesatzung ihren Sicherheitscheck und meldet dann ins Cockpit: »Ready for Boarding«. Während die Pasagiere einsteigen, hört der Erste Offizier schnell noch die ATIS ab. Dies ist eine Tonbandansage des Flughafens, auf der nochmals das aktuelle Wetter zu erfahren ist und die über weitere Besonderheiten für An- und Abflug informiert. Kurz bevor die Türen geschlossen werden, reicht der Stationsmanager das *Loadsheet* und das neueste Wetter für den Zielflugplatz ins Cockpit. Das *Loadsheet* ist ein Beladungsdiagramm, aus dem das aktuelle Startgewicht, das zu erwartende Landegewicht, die Verteilung der Beladung und Ähnliches hervorgehen.

Mit diesen Informationen und den aktuellen Wetterdaten blättert der Erste Offizier dann noch schnell einige Tabellen durch und ermittelt verschiedene Daten für den Start. Um die Triebwerke und die Umwelt zu schonen wird zum Beispiel nie mit »Vollgas« gestartet. Vielmehr wird die erforderliche Triebwerksleistung in Abhängigkeit von der Außentemperatur und der Flugplatzhöhe ermittelt. Zu den erforderlichen Startdaten gehört auch das Ermitteln verschiedener Geschwindigkeiten in Abhängigkeit vom aktuellen Gewicht, der Außentemperatur, Flugplatzhöhe, Startbahnlänge und Hindernissituation im Abflugbereich. So muss beispielsweise die Geschwindigkeit festgelegt werden, bis zu der die Besatzung den Start noch sicher abbrechen kann. Leuchtet vor Erreichen dieser Geschwindigkeit eine Warnlampe auf, wird der Start sofort abgebrochen. Tritt der Fehler nach Überschreiten der Startabbruchgeschwindigkeit auf, muss der Start trotz Auftreten eines Fehlers fortgesetzt werden, da das Flugzeug dann auf der Startbahn nicht mehr sicher zum Stehen gebracht werden könnte. Dies gilt selbst für schwere Fehler wie einen Triebwerksausfall. Verkehrsflugzeuge sind so gebaut, dass sie mit den verbleibenden Triebwerken noch sicher starten können. Die Besatzung kümmert sich dann erst in sicherer Höhe um den Fehler und entscheidet sich unter Umständen für eine Rückkehr zum Flughafen. Würde man in dieser Phase den Start abbrechen, könnte das Flugzeug über die Landebahn hinausschießen, dabei schwer beschädigt werden und eventuell Feuer fangen.

Neben dieser wichtigen Startabbruchgeschwindigkeit werden noch Geschwindigkeiten für *Rotation,* also das Anheben des Bugrades während des Startvorganges, Steigflug, Einfahren der Klappen und dergleichen ermittelt. Alle diese Werte sind selten für zwei Flüge identisch. Sie werden vom Flugzeughersteller in verschiedenen Graphiken zur Verfügung gestellt und von der *Performance*-Abteilung der Fluggesellschaft zu dicken, aber übersichtlichen Tabellenwerken zusammengefasst.

Mit diesen Daten werden einige letzte Einstellungen im Cockpit vorgenommen. Inzwischen meldet die Stewardess mit »Cabin ready for Taxi«, dass alle Passagiere auf ihren Plätzen sitzen, angeschnallt sind und ihr Handgepäck verstaut haben. Der Erste Offizier holt bei der Bodenkontrolle die Freigabe zum Anlassen der Triebwerke ein. Nun wird durch verschiedene Schaltungen das Anlassen der Triebwerke vorbereitet und die entsprechende Checkliste gelesen.

Während die Bodenmannschaft den *Push Back* (zurückschieben) durchführt, lässt der Kapitän die Triebwerke an. Der Erste Offizier überwacht dabei aufmerksam die Triebwerksanzeigen. Tritt in dieser Phase ein technisches Problem auf, muss der Anlassvorgang sofort abgebrochen werden. Wer in dieser Phase nur zwei oder drei Sekunden zu spät reagiert, hat mitunter Triebwerksschäden in Millionenhöhe zu verantworten. Eine Einladung zum Kaffeetrinken beim Flugbetriebsleiter ist dann zumeist die geringste Konsequenz.

Nachdem alle Triebwerke stabil laufen, werden wiederum einige Schaltungen vorgenommen, etwa um die hydraulische und elektrische Versorgung der Bordsysteme durch die nun laufenden Triebwerke zu übernehmen. Auch hierzu gehört wieder das Abarbeiten einer Checkliste.

Nebenbei gesagt: Im Flugzeug wird so gut wie kein Handgriff gemacht, der nicht durch eine Checkliste bestätigt wird. Ein Privatpilot sagte mir einmal ganz stolz, er hätte bei seinem Flugzeug alles auswendig gelernt und würde schon lange keine Checkliste mehr benutzen. Nun, auch ein Profi, der tagtäglich mit seinem Flieger unterwegs ist, kennt die wichtigsten Checklisten auswendig. Trotzdem wird er sie immer wieder, auch zum zehntausendsten Mal, peinlich genau lesen.

Dies hat mehrere Gründe.

Zum einen lenkt die Checkliste die Konzentration auf die jeweils nächste Arbeitsphase im Cockpit und beendet damit abrupt Ablenkungen anderer Art. Zum anderen erwischt man sich, auch wenn man eine bestimmte Folge von Handgriffen schon tausendmal gemacht hat, immer wieder dabei, dass man etwas vergisst. Sei es, weil gerade ein Funkspruch dazwischenkommt, die Stewardess einen Kaffee bringt oder der zweite Mann im Cockpit einen Witz erzählt. Und kritische Situationen entstehen nun mal leider häufig, weil etwas, das tausendmal gut gegangen ist, beim tausendundersten Mal schief geht.

Trotz Checklisten passiert es in der Praxis immer wieder, dass alle Sicherheitsnetze reißen. Selbst oder gerade alte Hasen vergessen mal einen bereits tausendfach durchgeführten Handgriff, wie zum Beispiel das Umlegen eines bestimmten Schalters. Auch beim Lesen der Checkliste wird dann übersehen, dass der Punkt noch nicht abgearbeitet wurde, weil man es ja sonst immer richtig gemacht hat und in einer hektischen Situation vielleicht nicht genau hinschaut. Und selbst der zweite Pilot, der den Checkpunkt bestätigen soll, übersieht, dass er noch nicht ausgeführt wurde, weil er weiß, dass sein Kollege es sonst immer richtig macht. Derartige Situationen sollen nach den Erfindern fester *Procedures* (Vorgehensweisen) ausgeschlossen werden und dürften eigentlich nicht passieren. Trotzdem passieren sie häufiger, als man denkt. Zum Glück gibt es in der Fliegerei soviel Absicherungen, dass ein einzelner Fehler selten zu gefährlichen Situationen führt. Die Besatzung kennt das Flugzeug gut genug, um den Fehler später schnell zu bemerken und zu korrigieren, bevor eine gefährliche Situation entstehen kann.

Dies zeigt aber doch den Sinn der Checklisten und einstudierten Verfahren. Denn Fehler werden nun mal gemacht. Während ein einzelner Fehler auch mit Checkliste passiert und meist ungefährlich ist, wären es ohne Checklisten und *Procedures* auch mal zwei oder drei Fehler, und die könnten dann in ihrer Häufung schnell gefährlich werden.

Doch zurück ins Cockpit. Die Checkliste nach dem Anlassen der Triebwerke ist abgearbeitet, das Flugzeug ist vom Schlepper aus der Parkposition in eine Position geschoben worden, von der aus es mit eigener Kraft rollen kann. Der Erste Offizier holt bei der Bodenkontrolle die Rollfreigabe ein, und der Flieger macht sich auf den Weg zur Startbahn. Je nach Größe des Flughafens kann dies ein kurzer geradliniger Weg sein oder über ein auf mehrere Kilometer verzweigtes Rollwegsystem führen, für das ein stadtplanähnliches Kartenwerk benötigt wird. Ein Verrollen auf solchen Flugplätzen kann fatale Folgen haben.

So rollte kürzlich in Paris eine Boeing 737 nach der Landung versehentlich in einen Rollweg, der als Einbahnstraße ausgewiesen war. Plötzlich sah die Besatzung direkt auf die riesige Nase eines Jumbojet, der von der anderen Seite zum Start rollen wollte. Da Jets bekanntermaßen keinen Rückwärtsgang haben, mussten Schleppfahrzeuge geholt werden, um die Maschinen wieder auf den richtigen Weg zu bringen. Inzwischen war für den Jumbo der *Slot* abgelaufen, und er musste eine zweistündige Verspätung in Kauf nehmen. Mit allen Folgen für Anschlussflüge, Weiterflug der Maschine, Umbuchungen der Passagiere, Hotelbuchungen wegen verpasster Anschlussflüge und dergleichen – insgesamt ein teurer Spaß für die betroffene Linie.

Während des Rollens werden dann weitere Startvorbereitungen getroffen und Checks durchgeführt. Der *Pilot Flying* macht ein *Briefing,* er klärt also seinen Kollegen darüber auf, wie er den Start durchzuführen gedenkt: Welche Triebwerksleistung, Klappenstellung und der- gleichen er wünscht, ob er besondere Systeme, wie Enteisung oder Zündung, eingeschaltet haben möchte. Er konzen- triert sich noch einmal auf die Abflu- groute und liest die Streckenführung laut vor. Und schließlich macht er noch ein *Emergency Briefing:* Er gibt seinem Kollegen Anweisungen, wie bei einem Notfall während des Starts zu verfahren ist. Dies sind zwar Standardverfahren. Da sie jedoch in Notfällen in Sekunden- bruchteilen präsent sein müssen, wer- den sie tagtäglich immer wieder herun- tergebetet.

Übrigens ist nicht, wie der Laie häufig an- nimmt, der Kapitän der Flugzeugführer und der Erste Offizier sein Assistent.

Mit der Wandlung des Begriffes Copilot zum Ersten Offizier hat sich allmählich auch die Stellenbeschreibung der Tätig- keit auf dem rechten Cockpitsitz gewan- delt. Rudolf Braunburg, inzwischen ver- storbener Buchautor und Lufthansa-Ka- pitän der Nachkriegszeit, berichtete noch über sein erstes Erlebnis als Copilot in ei- ner Zeit, in der die Deutsche Lufthansa mit Hilfe amerikanischer Kapitäne wieder aufgebaut wurde.

Da gab es dann Kapitäne, die mit dem rechten Arm zu einer halbkreisförmigen Bewegung ausholten und in breitem Texanisch sagten: »That's my part.« Für den armen Copiloten blieb dann kaum mehr als die Bedienung des Fahrwerkhe- bels. Andere Kapitäne stellten gleich beim Einsteigen autoritär fest: »Don't touch anything. That's a big airplane and you will never learn to fly it.« Aus dieser Zeit stammt wahrscheinlich auch der Copilo- tenspruch: »Sitzen zur Rechten Gottes.« Trotzdem konnte sich die Lufthansa von diesem missglückten Start in das moder-

ne *Crew Coordination Concept* glänzend erholen. Immerhin wurde sie zu einem der Vorreiter moderner Arbeitsweisen im Cockpit.

Heute werden beide Piloten als gleicher- maßen vollwertig ausgebildete Flugzeug- führer mit einer Typenberechtigung für das jeweilige Flugzeugmuster betrachtet. Beide wechseln sich während eines Ar- beitstages in der Führung des Flugzeugs ab. So macht der Kapitän zum Beispiel den Hinflug und der Erste Offizier assi- stiert ihm dabei. Dann übernimmt der Er- ste Offizier auf dem Rückflug die Führung des Flugzeuges und der Kapitän wirkt dabei als sein Assistent. Diese Rollenver- teilung wird selbst in Notfällen aufrecht erhalten. Wobei dann allerdings ganz be- stimmte Entscheidungen dem Kapitän vorbehalten sind, die jedoch vom Ersten Offizier genau zu überwachen und zu überprüfen sind. Auch hat der Kapitän das letzte Wort, wenn die Meinungen über die Behandlung einer bestimmten Situation in sicherheitsrelevanten Fragen auseinander gehen. Das bedeutet: Beide können das Flugzeug genauso gut flie- gen, aber der Kapitän trägt letztlich die Gesamtverantwortung. Im Idealfall sollte sich eine kollegiale Zusammenarbeit zweier vollwertig ausgebildeter Flug- zeugführer ergeben, die sich gegenseitig unterstützen und überwachen und nur von einem geringen hierarchischen Ge- fälle getrennt werden.

Soweit die Theorie.

In der Praxis sind die *Airlines* von diesem Idealprinzip mehr oder weniger weit ent- fernt. Da gibt es zum Beispiel Kulturkrei- se, deren Mentalität eine Annäherung zwischen Kapitän und Erstem Offizier er- schwert. Ein typisches Beispiel ist der Absturz der Birginair 1996, bei dem viele deutsche Urlauber ums Leben kamen. Trotz einer sehr soliden Erfahrung von 15.000 Stunden (mehr als so mancher Kapitän) hatte es der Erste Offizier nicht gewagt, in die Flugführung seines Kapitäns einzugreifen. Der Erste Offizier, der seinen Kapitän unter ehrfürchtigem Respekt mit »Effendi« (Herr) anredete, bemerkte zwar den Fehler, wagte jedoch nur sehr zaghafte Hinweise auf die sich anbahnenden Probleme.

Diese in Fachkreisen manchmal als »Dritte-Welt-Problem« angeprangerte Cockpit-Philosophie ist aber durchaus auch noch in manchem deutschen Cockpit anzutreffen. Schließlich hängt die erfolgreiche Umsetzung moderner Cockpit-Philosophie nicht nur von den Konzepten und vom Training ab, sondern von vielen weiteren Faktoren, wie etwa der Persönlichkeit der einzelnen Besatzungsmitglieder. Damit sind wir dann auch bei den Eignungsuntersuchungen und der Frage, in welchem Umfang die so genannte Teamfähigkeit bei den psychologischen Eignungsuntersuchungen erkannt und von der jeweiligen Linie bewertet wird.

Auch heute noch können junge Copiloten auf Kapitäne stoßen, die sich von ihren Kollegen nichts sagen lassen wollen. Übliche Routine ist dann, gleich am Anfang durch einige barsche und banale Zurechtweisungen festzulegen, wer das Sagen hat. Die Erfahrung zeigt, dass die Stimmung im Cockpit dann meist während des ganzen Dienstes verkrampft und gereizt ist, was weitaus mehr Fehler produziert als bei einer gelösten kollegialen und kameradschaftlichen Atmosphäre. Teamfähige Kapitäne bemühen sich gleich in den ersten Minuten, durch einige persönliche Worte eine kollegiale Atmosphäre aufzubauen.

Eine Rolle spielt natürlich auch, wie stark die *Airline* hinter den Konzepten steht und deren Umsetzung durch begleitende Maßnahmen unterstützt.

Doch zurück ins Cockpit:

Kurz vor Erreichen der Startbahn ist dann auch die Taxichecklist gelesen. Die Stewardessen machen während des Rollens ihre Sicherheitsdemonstration. Nachdem sie sitzen und angeschnallt sind, melden sie ins Cockpit »Cabin secured for take-off«. Dies ist dann meist das Zeichen, dem Tower die Startbereitschaft zu melden.

Nach Erteilung der Startfreigabe werden mit dem Lesen der *Before Take-Off Checklist* noch einige letzte Schalter umgelegt und Überprüfungen vorgenommen. Dann heißt es zehn Minuten konzentriert arbeiten:

Der Kapitän schiebt die Gashebel nach vorne, der Erste Offizier übernimmt die Feineinstellung.

Die kritischen Geschwindigkeiten werden ausgerufen, das Flugzeug hebt ab. Das Fahrwerk wird eingefahren und die Abflugkontrolle über Funk gerufen. Erste Anweisungen vom Fluglotsen werden umgesetzt. In der »Acceleration Altitude« (Beschleunigungshöhe) wird die Flugzeugnase etwas nach unten gedrückt, um den Steigflug zu verlangsamen und das Flugzeug zu beschleunigen, bis die Klappen eingefahren werden können. Dann wird – der Abflugroute folgend – der Steigflug fortgesetzt. Nach Einfahren der Klappen sind meist noch verschiedene Systeme umzuschalten und die *After Take-Off Checklist* zu lesen. Der Autopilot wird eingeschaltet, und die Besatzung kann sich etwas entspannter zurücklehnen.

Nachdem die Flugbegleiterinnen mit dem Bordservice fertig sind, erscheint eine Stewardess im Cockpit und fragt, ob sie etwas zu trinken servieren darf. Wer nach längerer Pilotentätigkeit das Bordessen noch sehen kann, bekommt zu diesem Zeitpunkt auch etwas zu essen – sofern etwas übrig ist. Ist nichts mehr übrig, kann es auch schon mal passieren, dass man zehn Stunden außer einem trockenen Brötchen nichts zu beißen bekommt. Dies ist jedoch von *Airline* zu *Airline* unterschiedlich geregelt. Manche Gesellschaften haben Crew-Essen, andere nicht. Und schließlich redet da noch der Finanzminister rein. Denn der verbietet, dass Crew-Essen serviert und gleichzeitig Spesen bezahlt werden. Wer sieben Tage aus dem Koffer lebt, kann dann schon mal ein Ernährungsproblem haben. Zumal die in Deutschland zulässigen steuerfreien Spesensätze auch nicht annähernd die in den Crewhotels üblichen Restaurantpreise decken.

Je nach Länge des Fluges kann die nun folgende ruhige Flugphase zwischen zehn Minuten und zehn Stunden dauern. 20 bis 30 Minuten vor der Landung beginnen dann so langsam die Anflugvorbereitungen. Der gerade nicht fliegende Pilot holt, wie bereits am Boden, über die ATIS des Zielflugplatzes das aktuelle Wetter ein. Dann wird das zu erwartende Landegewicht ermittelt, um aus einigen Tabellen die Geschwindigkeiten für Anflug und Landung zu bestimmen. Eventuelle Geschwindigkeitszuschläge für Turbulenzen und Vereisungen müssen berücksichtigt werden. Schließlich ist noch die Dichtehöhe des Flugplatzes zu errechnen, um dann in Abhängigkeit der vorausgesagten Temperatur die Triebwerksleistung für ein eventuelles Durchstartmanöver zu ermitteln.

Nachdem alle Landedaten ermittelt und eingestellt sind, macht der gerade fliegende Pilot sein Briefing für den Anflug: Er schaut sich die Anflugkarte an und erzählt seinem Kollegen, wie der Anflug durchzuführen ist. Die Frequenzen für Anflugfunkfeuer und Landekurssender werden eingestellt

Inzwischen hat der Fluglotse Anweisungen für den Sinkflug durchgegeben. Die Anschnallzeichen werden eingeschaltet und die *Descend Checklist* abgearbeitet. Meist wird man vom Fluglotsen mittels entsprechender Anweisungen auf den Leitstrahl des Landekurssenders geführt, die Geschwindigkeit wird abgebaut, die Landeklappen und das Fahrwerk werden ausgefahren, die *Approach* und *Final Checklists* abgearbeitet. Je nach Flugzeugmuster wird dann kurz vor der Landung der Autopilot ausgeschaltet und die Landung durchgeführt.

An der Parkposition angekommen, geht es entweder müde und vom *Jetlag* geplagt ins Hotel, oder es beginnen – bei Kurz- und Mittelstreckenflügen – 30 Minuten hektischer Arbeit. Während die Passagiere noch aussteigen, bereitet die Crew dann schon die Papiere für das nächste *Leg* (Teilstrecke) beziehungsweise für den Rückflug vor.

Wenn man Glück hat, schafft man es noch kurz auf die Bordtoilette, dann steht schon der Bus mit den nächsten Passagieren vor der Tür, und das Spiel beginnt wieder von vorne.

Je nach Art des Einsatzes – Kurz-, Mittel- oder Langstrecke – können so bis zu sechs oder sieben Teilstrecken zusammenkommen, bevor Feierabend ist.

Ewiges Ärgernis sind dann die regelmäßigen Verspätungen wegen technischer Probleme oder der allgegenwärtigen *Slots*. Besonders Letztere lassen die Flugpläne immer häufiger durcheinandergeraten.

Auf diese Weise geht es dann einige Jahre rauf und runter – bis das *Upgrade* (Beförderung) zum Kapitän ansteht. Das bedeutet dann wieder eine Woche Simulatortraining, Wiederholen und Vertiefen der Theorie und nochmals 100 Stunden *Supervision*-Fliegen, nunmehr auf dem linken Sitz. Danach geht es dann wieder, nun mit etwas besserem Gehalt, einige Jahre rauf und runter, bis der Wechsel auf einen neuen Typ ansteht. Unterbrochen wird die Routine zweimal im Jahr durch Simulatortraining, Notfallübungen, Erste-Hilfe-Lehrgänge und sonstige Schulungen.

Oft führen die Flüge nicht an den Ort zurück, an dem man gestartet ist, und es geht ins Hotel. Da die Linien Sondervereinbarungen mit großen Hotelketten haben, wird man in guten Hotels der gehobenen Kategorie untergebracht. Nach einem anstrengenden Flugtag ist man allerdings meist zu müde, um noch etwas zu unternehmen: Die Freizeit beschränkt sich oft auf Fernsehen und Lesen im Hotelzimmer und vielleicht ein kurzes Bier mit dem Rest der Crew – sofern diese nicht inzwischen an einen anderen Einsatzort geschickt wurde. Ansonsten werden die Tage gezählt, bis man wieder nach Hause kommt.

Arbeitsbedingungen

Die folgende Grafik zeigt, welche verschiedenen Kosten einer Fluggesellschaft für einen Flug von A nach B anteilig entstehen.

Der Gebührenanteil von 25 Prozent steht fest und kann von der Fluggesellschaft nur wenig beeinflusst werden. Einzige Ausnahme: Die Gebühren richten sich weitgehend nach dem maximalen Abfluggewicht des Flugzeugmusters. Daher kann zu einem kleinen kostensenkenden Trick gegriffen werden, wenn aufgrund des Einsatzprofils das maximal mögliche

Was ein Flug die Airline kostet

Abfluggewicht nicht ausgeschöpft wird. Die Fluggesellschaften ändern dann einfach beim LBA die Zulassung des Flugzeuges um einige Tonnen und sparen dadurch Gebühren.

Die Treibstoffkosten sind weitgehend festgelegt. Einen kleinen Beitrag zur Kostendämpfung können jedoch die Piloten selbst leisten, wie etwa durch das Einhalten treibstoffsparender Betriebsverfahren. Viele Fluggesellschaften händigen ihrem Cockpitpersonal auch einen so genannten *Fuel-Index* aus. Dieser *Fuel Index* enthält eine Auflistung der aktuellen Treibstoffpreise aller angeflogener Flugplätze im Vergleich, zum Beispiel zum Heimatstandort. Sofern dies vom Einsatz her möglich ist, kann die Besatzung dann selbst entscheiden, ob sie auf dem einen Flugplatz etwas mehr, auf dem anderen etwas weniger tankt. Auch die Kosten für Finanzierung und Sonstiges sind nur in engen Grenzen beeinflussbar.

Das größte Sparpotential haben in den letzten Jahren die Personalkosten geboten; wir hatten es bereits weiter vorne angesprochen. Während die großen Flaggschiffe der Luftfahrt nur sehr langsam von ihren einst hohen Personalkosten herunterkommen, haben kleine Regionalfluggesellschaften in den letzten Jahren einen enormen Aufschwung erlebt, indem sie als Kooperationspartner Strecken der großen Gesellschaften übernommen haben. Diese Gesellschaften können billiger fliegen, da sie mit geringeren Personalkosten auskommen: Sie bezahlen ihr Personal schlechter, lassen die Crews meist mehr fliegen und sparen auch bei den Nebenkosten wie Spesen, Hotels und dergleichen.

Personalkosten können allgemein auf vier Arten gesenkt werden:

1. Man bezahlt weniger.
2. Man lässt eine gleichbleibende Anzahl an Flügen mit weniger Crews fliegen.
3. Man reduziert die monatlichen Sollstunden und damit auch das feste Grundgehalt. Den Spitzenbedarf gleicht man durch, im Vergleich zur Normalflugstunde, schlechter bezahlte Überstunden aus.
4. Man nimmt eine gewisse Fluktuation infolge schlechter Arbeitsbedingungen bewusst in Kauf, um den Anteil altgedienter Piloten mit hohem Gehalt niedrig zu halten.

Immerhin fliegt nach den geltenden Tarifverträgen ein frisch beförderter Kapitän für deutlich weniger Geld als sein Kollege, der schon viele Jahre in der Firma ist. Und ein Copilot, der während der ersten zwei Jahre noch sein *Type Rating* abarbeiten muss, bekommt bereits im dritten und vierten Jahr einen Gehaltszuschlag, der in etwa den Kosten eines *Type Rating* für eine Neueinstellung entspricht.

Diese Praxis rächt sich allerdings für die Fluggesellschaft in Boomzeiten, nämlich dann, wenn größere *Gesellschaften* fertig ausgebildete Flugzeugführer mit Erfahrung suchen. Dann kann es schon mal passieren, dass durch Abwerbungen mehr Piloten kündigen, als der Fluggesellschaft lieb ist und sie kurzfristig neu ausbilden kann.

Für den Rest der Mannschaft bedeutet dies dann einen erhöhten Arbeitseinsatz mit Überstunden, kurzfristigen Dienstplanänderungen, dem unbeliebten *Proceeden*, dem Einspringen auf anderen Stationen also, und der umständlichen Anreise per Mietwagen oder Linienflug, um dann einen einzigen Flug zu machen. Aber auch Anrufe an freien Tagen oder sogar im Urlaub, ob man nicht schnell nochmal einen Flug machen könne – wie bereits erwähnt: Bei schlechten Überstundenvergütungen. Ich habe schon von Gesellschaften gehört, bei denen sich die Crews verabreden, in ihrer Freizeit nicht mehr ans Telefon zu gehen, um so ihren Arbeitgeber zu Personalaufstockungen zu zwingen.

Die steigende Unzufriedenheit hat dann noch mehr Kündigungen zur Folge, bis dann Flüge aus Crewmangel gestrichen werden müssen. Manche Regionalfluggesellschaft musste auf diese Weise schon in Kauf nehmen, dass in Boomzeiten rund 50 Prozent des Cockpitpersonals innerhalb eines Jahres gekündigt haben, was nicht zuletzt auch auf Kosten der Sicherheit geht.

Klagen über schlechte Arbeitsbedingungen sind daher bei diesen Gesellschaften am häufigsten anzutreffen.

Und damit wären wir bei einem weiteren interessanten Thema für Cockpitaspiranten. Zuvor aber noch ein Wort zum Thema

Arbeitslosigkeit

Gerade die kleinen Fluggesellschaften kommen und gehen, und ein Pilot, der im Laufe seiner Karriere auch einmal arbeitslos wird, ist keine Seltenheit. Erfahrene Piloten finden zwar meist leichter wieder einen Job als Berufsanfänger, aber ob dann der auf einem engen Arbeitsmarkt notgedrungen angenommene

Job noch den Wunschvorstellungen entspricht, ist eine andere Frage.

Piloten stehen in solchen Fällen auch noch vor anderen Problemen.

Möglicherweise haben sie bereits das starre Eintrittsalter für die renommierten Gesellschaften überschritten und müssen sich mit einem drittklassigen Arbeitgeber zufrieden geben.

Als ehemalige Kapitäne müssen sie beim neuen Arbeitgeber möglicherweise wieder als Copilot in der untersten Senioritätsstufe anfangen.

Der kleine Arbeitsmarkt erlaubt nur eine begrenzte Auswahl, und es wird sich nur sehr selten die Möglichkeit ergeben, eine neue Stelle am gleichen Wohnort zu bekommen. Dies ist dann natürlich für die ganze Familie mit Problemen verbunden, und die Umzugskosten werden in der *Airline*-Branche so gut wie nie vom neuen Arbeitgeber übernommen.

Wer länger arbeitslos ist, hat darüber hinaus das Problem, dass er zunehmend schlechter im Training ist. Für ein bevorstehendes *Screening* müssen möglicherweise einige teure Simulatorstunden als *Refresher* genommen werden, und auch das Aufrechterhalten von Lizenzen und *Ratings* verschlingt Geld.

Dies alles sind nicht zuletzt auch Gründe, weshalb Piloten versuchen, möglichst in jungen Jahren zu einer der großen renommierten Gesellschaften zu wechseln und die kleineren Gesellschaften nur als Sprungbrett betrachten. Dort ist dann nicht nur der Job sicherer, sondern Bezahlung, Sozialleistungen und Arbeitsumfeld können einen Stand erreichen, auf dem das Fliegen Spaß macht.

Wie gefährlich ist Fliegen?
– Beruf und Risiko

Ängstliche Naturen fragen sich, ob man mit der Berufswahl Pilot neben seinem Geld auch sein Leben riskiert. Auch wenn die Chance hierzu statistisch gering ist, wird die Arbeit eines Piloten doch ganz entscheidend durch den Umgang mit Risiko und Sicherheit geprägt. Eine Auseinandersetzung mit diesem Thema gehört daher zum Verständnis des Berufsbildes. Ein- bis zweimal im Monat hört man in den Nachrichten, dass irgendwo auf der Welt wieder ein Verkehrsflugzeug abgestürzt ist. Fast jede Woche sieht man Bilder von verunglückten Privatflugzeugen allein in Deutschland. Im Laufe meines bisherigen Fliegerlebens habe ich mehr als ein halbes Dutzend Piloten persönlich kennengelernt, die später im Cockpit ums Leben gekommen sind – die meisten allerdings am Steuer eines Privatflugzeuges. Ein gewisses Risikopotenzial ist also nicht von der Hand zu weisen, und bei einem Berufspiloten ist es naturgemäß statistisch größer als bei einem nur gelegentlich fliegenden Passagier. Jeder Pilot muss sich stets dieses Risikos bewusst sein und sich zeitlebens mit den Zusammenhängen auseinandersetzen, die zu Unfällen führen: Piloten müssen sich also mit zunehmender Berufserfahrung zu Spezialisten für Unfallverhütung entwickeln. Wie wir in diesem Kapitel noch sehen werden, spielen dabei Fragen eine Rolle, die weit über die rein fliegerischen Fertigkeiten hinausgehen und den Pilotenberuf in einer Weise prägen, die der Laie oft nicht vermutet.

Wer den Pilotenberuf ergreifen will, sollte sich durchaus diese Fragen stellen:

* Welches Risiko gehe ich ein?
* Wo ist das Risiko am größten?
* Wie wird sich das Risikopotenzial während meines Berufslebens weiterentwickeln?
* Was kann ich persönlich dazu beitragen, um das Risiko zu minimieren?
* Besitze ich die persönlichen Eigenschaften, die erforderlich sind, um verantwortungsvoll mit dem Risiko umzugehen oder bin ich bereit, diese zu erwerben?

Die Pionierjahre der Verkehrsfliegerei waren von einer hohen Unfallhäufigkeit geprägt. Die Kenntnisse über das Fliegen mussten erst allmählich entwickelt werden, und das Überschreiten technischer und physikalischer Grenzen war keine Seltenheit. Die technische Zuverlässigkeit war noch sehr gering, und es standen nur wenige Hilfsmittel zur Verfügung, um mit wetterbedingten Gefahren umzugehen. Dies klingt bis heute in einem gewissen Bild vom Abenteurer und Draufgänger nach, das Fliegern häufig angedichtet wird. Schließlich ist die Fliegerei erst ein Jahrhundert alt, und noch heute gibt es lebende Zeitzeugen der frühen Pionierjahre.

Der erste Linienflug der Lufthansa – Berlin-Halle- Erfurt- Stuttgart- Zürich 1926
(Foto Lufthansa)

In der Nachkriegszeit – speziell in den 60er- und frühen 70er-Jahren – konnte die Sicherheit mit Riesenschritten gesteigert werden, und das Abenteurer- und Draufgängertum wurde zumindest aus der professionellen Fliegerei verbannt.

Der Normalflug wurde zu routinierter Langeweile, und das Überschreiten physikalischer Grenzen immer seltener.

Seitdem, also in den letzten 20 Jahren, hat sich die Sicherheit nur noch sehr wenig verbessert. Diese Erkenntnis ist aus mehreren Gründen erstaunlich.

Immerhin ist in diesem Zeitraum eine völlig neue Flugzeuggeneration entstanden. Dank Computertechnik und Elektronik sind moderne Verkehrsflugzeuge hochautomatisiert, und dem Piloten wird die Arbeit wesentlich erleichtert. Anfällige mechanische Steuer-, Anzeige-, Überwachungs- und Bediensysteme wurden durch elektrische Systeme ersetzt, die Fehler verhindern sollen, indem sie den Piloten entlasten und überwachen.

Die Pilotenausbildung wurde durch immer realistischere Simulatorsysteme und neue Trainingsmethoden verfeinert. In modernen Simulatoren lassen sich Störfälle simulieren, deren Training früher im richtigen Flugzeug zu gefährlich gewesen wäre.

Die Zusammenarbeit der Besatzung wurde durch das *Crew Coordination Concept* deutlich verbessert, standardisiert und durch Einführung des *Crew Resource Management* weiter verfeinert. Wo früher möglicherweise ein »einsame Entscheidungen treffender, unfehlbarer Kapitän« am Steuer saß, gegen den kein »Co« aufzumucken sich traute, sitzen heute zwei vollwertig ausgebildete Flugzeugführer, die im Idealfall nur ein geringes Hierarchiegefälle trennt und die sich nach einem ausgeklügelten System gegenseitig überwachen.

Flugsicherung und Radarüberwachung sind in weiten Teilen der Welt deutlich besser geworden: Die Crew erhält mithin eine breite Unterstützung vom Boden und kann besonders bei kritischen Navigationsfehlern schnell korrigiert werden.

Nicht zuletzt wird jeder einzelne Unfall in monatelanger Detektivarbeit penibel so lange untersucht, bis eine Ursache für den Absturz gefunden wurde. Die Erkenntnisse fließen stets in technische Änderungen, das Pilotentraining oder sonstige Flugsicherheitsanweisungen ein, um dafür zu sorgen, dass sich keine Unfallursache wiederholt.

Dennoch wird nach einer Studie von Boeing beim derzeitigen Sicherheitsniveau und bei den vorausgesagten Steigerungen im Luftverkehr im Jahre 2015 jede Woche(!) irgendwo auf der Welt ein Verkehrsflugzeug abstürzen.

Das klingt alarmierend. Ist also trotz Milliarden an Entwicklungskosten bereits das Ende des Machbaren erreicht, und müssen wir eine gewisse Unfallhäufigkeit einfach in Kauf nehmen?

Eine absolute Sicherheit kann und wird es niemals geben. Auch wenn zukünftig die Superjumbos mit 1000 Sitzplätzen und allen technisch realisierbaren Sicherheitsstandards in die Luft gehen werden, wird man eines Tages 1000 Tote auf einen Schlag in Kauf nehmen müssen.

Dennoch, es gibt zahlreiche Denkansätze zur weiteren Steigerung der Sicherheit, und jeder Pilot kann mitbestimmen, welches Maß an Risiko er einzugehen bereit ist.

Unfallhäufigkeit in Abhängigkeit von den Flugstunden zwischen 1992–1997

Art der zivilen Fliegerei	Flugstunden pro Unfall
General Aviation & Privatfliegerei	10.000
General Aviation & Business- und Lufttaxifliegerei	25.000
Commuter- & Airlinefliegerei (weniger als 30 Sitze)	150.000
Verkehrsfliegerei (mehr als 30 Sitze; Airlines mit unter 100 Flugzeugen)	200.000
Verkehrsfliegerei (mehr als 30 Sitzen; Airlines mehr als 100 Flugzeugen	500.000

Dieses hängt unter anderem ganz erheblich vom Bereich der Fliegerei ab, in dem er tätig ist. Eine Statistik aus den USA zeigt die Unfallhäufigkeit zwischen 1992 und 1997 in Abhängigkeit von den geflogenen Stunden.

Wer sich näher für diese Statistiken interessiert, kann sich die Internetseiten des amerikanischen NTSB (National Transport Security Board) anschauen: http://ntsb.gov/aviation/Paxfatal.htm.
Nebenbei gesagt, der alte Kalauer: »Das gefährlichste am Fliegen ist die Fahrt zum Flugplatz« birgt immer noch ein Fünkchen Wahrheit. Denn auf der Fahrt zum Flugplatz riskiert man, bereits alle 3000 Stunden in einen Unfall verwickelt zu werden. Allerdings, wenn es kracht, ist das Risiko schwerer Verletzungen oder des Todes im Auto weitaus geringer als im Flugzeug. Aber auch in der Fliegerei sind Unfälle nicht immer gleich tödlich. Ein Flugzeug, das beispielsweise über die Landebahn hinausschießt und mit abgeknicktem Fahrwerk im Gras stecken bleibt, geht in die Unfallstatistik ein, auch wenn niemand körperlich zu Schaden gekommen ist. Nur jeder siebte(!) Unfall von Verkehrsflugzeugen ist mit einem Totalverlust verbunden.
Der ängstliche Fluganfänger fragt sich da natürlich sofort, wieviele Stunden er denn so in seinem zukünftigen Berufsleben im Flugzeug verbringen wird.
Dies hängt auch wieder davon ab, wo man fliegt.
Erfahrungsgemäß kommen in der reinen Privat- und Sportfliegerei rund 80 Prozent der Piloten gerade mal auf zwölf Stunden im Jahr. Der Rest ist selten mehr als 50 bis 100 Stunden pro Jahr unterwegs. Piloten in der gewerblichen Gene-

ral Aviation, also im Werksverkehr sowie in der Business- und Taxifliegerei kommen auf rund 400 Stunden im Jahr. Piloten in der Verkehrsfliegerei bringen es je nach Art des Flugbetriebes auf 600 bis 1000 Stunden.
Auf ihre Lebensflugzeit bezogen, gehen also rein statistisch alle Gruppen von Piloten in etwa das gleiche Risiko ein, während ihres Fliegerlebens einen schweren Unfall zu erleiden.
Rein statistisch wohlgemerkt, denn ein altes Fliegersprichwort sagt auch: »Die beste Versicherung für ein Flugzeug ist ein gut trainierter Pilot.« Aus der Statistik geht nämlich nicht hervor, wie viele Unfälle mit geringer Flugerfahrung beziehungsweise niedrigen jährlichen Flugleistungen verbunden sind.
Aber zurück zur Berufsfliegerei. Der durchschnittliche Verkehrspilot wird während seiner beruflichen Laufbahn auf insgesamt rund 20.000 Flugstunden kommen – der eine ein paar tausend Stunden mehr, der andere etwas weniger. Die Wahrscheinlichkeit, in einen Unfall verwickelt zu werden und dabei sein Leben zu lassen, liegt demnach bei 1:175. Bei Betrachtung dieser Zahlen muss man natürlich berücksichtigen, dass in die Statistik auch die weltweit schlechtesten Flugbetriebe eingehen. Hierzulande dürfte die Statistik noch deutlich günstiger aussehen.
Dies heißt, dass die meisten Piloten Zeit ihres Lebens nicht mit einem ernsten Störfall in Berührung kommen. Die Wahrscheinlichkeit ist aber doch wieder nicht so gering, als dass man sich hierüber keine Gedanken machen sollte. »Gedanken machen« bedeutet, sich des Risikos bewusst zu sein und seinen Teil zur Unfallverhütung beizutragen. »Gedanken ma-

chen« kann aber auch bedeuten, den zukünftigen Arbeitsplatz nicht nur nach der Höhe des Gehaltes und sonstigen Arbeitsbedingungen auszuwählen, sondern auch unter Berücksichtigung des Sicherheitsaspektes. Eine Frage übrigens, über die sich Berufsanfänger naturgemäß so gut wie gar keine Gedanken machen. Wer etwas Erfahrung hat, nimmt dann nur noch bei besonders ausgeprägter Risikofreudigkeit jeden Job in der Fliegerei an. Und der hat eigentlich in der professionellen Fliegerei nichts zu suchen.

Jeder sollte wissen, welches Risiko er bereit ist, nicht nur für eine kurze Zeitspanne, sondern ein ganzes Berufsleben lang Tag für Tag einzugehen. Dieses Maß an persönlicher Risikobereitschaft kann das fliegerische Umfeld bestimmen, in dem man sich zukünftig bewegen will, und konkret bestimmte Unternehmen ausschließen. Denn wie wir später noch sehen werden, gibt es auch hier starke Unterschiede. Und einige schwarze Schafe ziehen jede Statistik nach unten.

Doch sehen wir uns die einzelnen fliegerischen Bereiche näher an:

Privatfliegerei

Die Statistik offenbart ein sehr schlechtes Abschneiden der Privatfliegerei, gefolgt von der gewerblichen Allgemeinen Luftfahrt.

Die Frage liegt nahe: Sind kleine Flugzeuge unsicher?

Die Antwort ist »nein«. Jedes Flugzeug erreicht dann seinen höchsten Sicherheitsstand, wenn es genau für den Zweck eingesetzt wird, für den es konstruiert wurde und dabei von einem Piloten gesteuert wird, der seine Grenzen und die des Flugzeuges kennt und beachtet.

Wer also in seiner Cessna 172 von A nach B fliegt, den Flug mit der notwendigen Sorgfalt plant und durchführt, sich dabei nur in Situationen begibt, die der Ausrüstung seines Flugzeugs entsprechen und die er selbst wirklich sicher beherrscht, der sitzt genauso sicher wie im Verkehrsflugzeug.

Wer sich mit dem gleichen Flugzeug häufig in Wetterbedingungen begibt, für die es nicht gedacht und ausgerüstet ist, der wird zwangsläufig irgendwann die Unfallstatistik nach unten ziehen.

Das gleiche gilt für Piloten, die über ihre Verhältnisse fliegen.

Ein typisches Beispiel sind Privatpiloten, die zu schnell auf komplexe Flugzeugmuster umsteigen und dann in kritischen Situationen »behind the aircraft« sind.

Mit Abstand häufigste Unfallursache ist das Einfliegen in Wetterbedingungen, die der Pilot nicht beherrscht und/oder für die das Flugzeug nicht ausgerüstet ist.

Ein Flugzeug, das bei fast jedem Wetter eingesetzt werden kann, braucht eine redundante, also mindestens zweifache Blindfluginstrumentierung, eine redundante Stromversorgung, eine Vollenteisung, eine Druckkabine, ein Wetterradar, einen Autopiloten und ausreichend Triebwerksleistung, um zum Beispiel bei schlechtem Wetter nach oben ausweichen zu können und bei leichtem Eisansatz nicht gleich vom Himmel zu fallen. Hinzu kommt ein im Instrumentenflug ausreichend geübter Pilot – besser: Zwei Piloten. Wer auch nur über eine dieser Komponenten nicht verfügt, muss Abstriche machen und sich vor jedem Flug genau überlegen, welche Einschränkungen ihm das Fehlen dieser

Komponenten auferlegt. Wer dies nicht tut – und das ist leider sehr häufig der Fall – trägt irgendwann zur Bestätigung der Statistik bei.

Die Fliegerei eignet sich primär nur dafür, Dinge zu praktizieren, die einem vorher jemand beigebracht hat und die man ausreichend üben konnte. Experimentieren und ausprobieren, in anderen Lebensbereichen durchaus sinnvoll, kann in der Fliegerei tödliche Folgen haben. Aufgabenstellungen, die einem in aller Ruhe und isoliert betrachtet vollkommen simpel erscheinen, können zu einer unlösbaren Aufgabe werden, wenn man sich in einer menschenfeindlichen Umgebung unaufhaltsam vorwärts bewegt und immer neue Aufgabenstellungen hinzukommen. Ohne entsprechendes Training fehlt die Fähigkeit, Aufgabenstellungen zu selektieren und in Abhängigkeit der Wichtigkeit nacheinander abzuarbeiten: Beispielsweise »first fly the aircraft«, dann erst einen Ausweg aus dem schlechten Wetter nach oben, unten oder hinten zu suchen, dann erst sich um die Navigation kümmern, dann erst um den klemmenden Heizungshebel usw.

Verkehrspiloten bekommen dies regelmäßig im Simulator vorgeführt, indem sie vom Ausbilder durch immer neue Fehler an die Leistungsgrenzen gebracht werden. Plötzlich werden dann selbstverständliche Handgriffe, die zehntausendmal richtig gemacht wurden, einfach vergessen.

Von Nichtfliegern bin ich beispielsweise schon oft gefragt worden, warum ein reiner Sichtflugpilot nicht in der Lage ist, ein Flugzeug für eine gewisse Zeit durch Wolken zu steuern. Er habe doch für diese simple Aufgabenstellung einen künstlichen Horizont, einen Höhenmesser und einen Kurskreisel – und überhaupt fliegt das Flugzeuge doch fast von alleine geradeaus.

Ein Vergleich mit dem Fahrradfahren beantwortet diese Frage relativ einfach.

Für den, der es kann, ist es eine der simpelsten Sachen der Welt. Schließlich sorgt die Physik mit ihren Kreiselmomenten von alleine dafür, dass man während der Fahrt nicht umfallen kann. Doch nehmen Sie ein Kind und setzen es zum ersten Mal ohne Stützräder auf ein Fahrrad. Es wird sich ein Stück vorwärts bewegen, dem Frieden nicht ganz trauen und wilde Ausschläge mit dem Lenker machen, bis es nach spätestens fünf Metern weinend auf der Nase liegt.

Ähnlich ist es mit dem Sichtflieger. Sobald er in Wolken ist, bräuchte er das Flugzeug eigentlich nur geradeaus fliegen zu lassen und ab und zu mit dem kleinen Finger korrigieren. Tatsächlich werden ihn seine Gleichgewichtssinne, denen der gewohnte Blick nach draußen fehlt, nicht vorhandene Bewegungen vortäuschen. Er wird ängstlich den künstlichen Horizont beobachten und bereits beim kleinsten Ausschlag wilde Korrekturen mit den Steuerknüppel machen, bis das Flugzeug in eine instabile Lage kommt, aus der es vom Himmel fällt. Der Rekord bis zu diesem Ereignis liegt bei maximal 3 1/2 Minuten. Genauso wie das Kind das Gleichgewichtsgefühl auf dem Fahrrad erst erfahren und die notwendige Stärke der Lenkerausschläge und der Körperkorrekturen erlernen muss, muss der Pilot lernen, auf die Anzeigen der Instrumente feinfühlig zu reagieren. Um zum Beispiel bei 5° Querlage nicht mit 25° in die Gegenrichtung zu antworten, muss er erst ein Gefühl dafür entwickeln, ob überhaupt und wann welche Korrekturen an den Rudern erforderlich sind. Niemand beherrscht dies von Natur aus. Ein klassischer Unfall dieser Art, der weltweit durch die Medien ging, war der Flugzeugabsturz von John F. Kenndy jr. im Juli 1999.

Der relativ unerfahrene Pilot wollte an einem diesigen Tag mit einer einmotorigen Piper von New York nach Martha's Vinyard, einer Insel dicht (etwa 10 km) vor der Küste von Massachusetts reisen. Unterwegs verlor er plötzlich die Kontrolle über das Flugzeug und stürzte mit Ehefrau und Schwägerin ins Meer. Erfahrene Piloten wissen, dass an diesigen Tagen über offenem Wasser Himmel und Wasser zu einer einzigen grauen Masse verschmelzen können, besonders in niedrigen Höhen. Auch bei strahlend blauem Himmel kann es passieren, dass kein natürlicher Horizont mehr sichtbar ist. Es herrschen dann Instrumentenflugbedingungen.

Dieser Unfall ist nicht passiert, weil das Flugzeug unsicher war oder weil der Pilot ohne Instrumentenflugberechtigung unzureichend qualifiziert war: Er ist passiert, weil er als Sichtflieger eine Flugstrecke wählte, die nicht seinen Fähigkeiten entsprach. Hätte der Flugweg über Festland geführt, was einen kleinen Umweg bedeutet hätte, wäre der Unfall vermeidbar gewesen.

Und genau dieses penible, vorausschauende Planen unter Abwägung und Vermeidung aller eventuellen Risiken zeichnet einen guten Piloten aus.

Um ein Flugzeug längere Zeit nur nach den Instrumenten gerade am Himmel halten zu können, ist übrigens nicht nur eine entsprechende Ausbildung erforderlich, sondern man muss auch ausreichend im Training sein.

Aber auch technisches Versagen ist häufig keine Entschuldigung für einen Unfall in der Privatfliegerei. Wer zum Beispiel mit einem Flugzeug unterwegs ist, muss damit rechnen, dass ihm auch einmal ein Motor ausfallen kann. Insbesondere Kolbenmotoren erreichen bei weitem nicht die Zuverlässigkeit eines Turbinentriebwerks. Während meiner Zeit in der *General Aviation* hatte ich innerhalb von 2000 Flugstunden drei technisch bedingte Motorausfälle, davon einen in einer einmotorigen Maschine. Wenn man nur einen Motor hat, dann gehört es insbesondere bei Flügen in niedrigen Höhen dazu, ständig Notlandeplätze im Auge zu behalten. Dies fällt natürlich besonders dann schwer, wenn man jahrelang in keine kritische Situation mehr geraten ist.

Executive-Fliegerei

Das bessere Abschneiden der *Executive*-Fliegerei hängt mit dem höheren Ausbildungsniveau (mindestens CPL/IFR, Musterberechtigung) und der umfangreicheren Flugpraxis der Piloten zusammen. Besonders in der gewerblichen *Executive*-Fliegerei werden die meisten Flugzeuge von zweiköpfigen Besatzungen geflogen, was die Sicherheit erheblich steigert. Gewerbliche Luftfahrtunternehmen unterliegen auch zahlreichen behördlichen Auflagen, denen reine Privatflieger nicht folgen müssen. Auch im reinen Werksverkehr unterhalten gerade große Konzerne häufig einen Flugbetrieb, dessen Standard der gewerblichen Luftfahrt in nichts nachsteht und zum Teil sogar deutlich darüber liegt, da der wirtschaftliche Druck geringer ist.

Für Scheichs und Konzernbosse – Airbus mit Wohnzimmer und Büro (Foto Airbus)

Hinzu kommt, dass die Flugzeuge der *Executive*-Fliegerei in einer anderen Preisklasse als die meist einmotorigen Privatflugzeuge liegen. Sie sind daher technisch besser ausgerüstet und haben ein breiteres Einsatzspektrum. Dadurch kommen sie seltener in Situationen, die ausrüstungsmäßig schwer beherrschbar sind.

Dennoch bleibt – im Vergleich zur Verkehrsluftfahrt – das Unfallniveau immer noch erschreckend hoch. Dies hat mehrere Gründe:
Da sind zum einen die Flugplätze.
In der Großluftfahrt werden überwiegend Flugplätze mit höchstem technischen Standard und Präzisionsanflugverfahren

angeflogen. Die Besatzungen haben durch Radarführung, verschiedene technische Hilfsmittel und aktuellste Wetterberichte jede denkbare Unterstützung. Die *Executive*-Fliegerei lebt dagegen gerade davon, die Gäste so nahe wie möglich an den Zielort heranzubringen. Dabei werden auch Flugplätze mit einfachster Ausstattung genutzt, die nur unter Sichtflugbedingungen anfliegbar sind. Anfliegen dieser Plätze, auch bei schlechten Wetterbedingungen, teilweise sogar mit illegalen selbstgestrickten Anflugverfahren, sind in dieser Branche gängige Praxis. Der Konkurrenzdruck ist enorm, und wenn man den Auftrag nicht selbst durchfuhrt, übernimmt ihn ein anderer. Nach dem Motto: »Es ist bereits tausendmal gut gegangen, warum sollte es nicht auch ein weiteres Mal gut gehen?« wird manchmal lieber ein kleines Risiko eingegangen, als einen lukrativen Flugauftrag abzulehnen und einen guten Kunden damit vielleicht ganz an die Konkurrenz zu verlieren. Die Piloten stehen hier von Seiten der Unternehmer oft unter extremem Druck.

Eine gewisse Mitschuld tragen aber auch manche Passagiere. In fliegerischen Fragen unbewandert, ist ihnen meist nicht bewusst, welchen Einfluss sie selbst auf die Flugsicherheit ausüben könnten. Während meiner Zeit in der *Executive*-Fliegerei habe ich zahlreiche dieser Fälle erlebt. Gerade, wenn es zu kleinen, schlecht ausgestatteten Flugplätzen geht, muss schon einmal ein Flug abgesagt werden, wenn das Wetter nicht passt. Dennoch gibt es Fluggäste, die nach einer solchen Absage so lange herumtelefonieren, bis sie ein Unternehmen gefunden haben, das dennoch fliegt. Ich hatte beispielsweise einmal die Fluganfrage eines bekannten Schauspielers, dem ich aufgrund der Wetterbedingungen am Zielflugplatz eine Absage erteilen musste. Die Ehefrau des Schauspielers fragte dann bei drei weiteren Luftfahrtunternehmen an, die alle die gleiche Antwort gaben. Schließlich fand sie dann einen den Tod nicht scheuenden Privatflieger, der mit einer kleinen Anzeige für Selbstkostenflüge auf sich aufmerksam machte (was er eigentlich nicht darf) und den Flug durchführte. Erfolgreich natürlich und mächtig stolz darauf, es den Profis gezeigt zu haben. Der Fluggast denkt dann natürlich, auf einen besonders guten Piloten gestoßen zu sein und steigt beim nächsten Mal wieder dort ein. Aber die Sicherheit in der Fliegerei lebt nicht davon, dass Dinge tausendmal gut gehen, sondern dass sie auch beim 1001. Mal nicht schief gehen.

In Deutschland haben wir aber leider auch einige hausgemachte Probleme. Unsinnige bürokratische Auflagen verhindern die Ausrüstung vieler kleiner Flugplätze mit Instrumentenlandesystemen, die im Ausland, insbesondere in den USA, auch auf unbemannten Flugplätzen alltäglich sind. So haben zahlreiche amerikanische *Executive*-Piloten die Auflage, keine Flugplätze ohne ILS, also Präzisionsanflugverfahren, anzufliegen. Da dort ein solcher Flugplatz immer in der Nähe ist, ist dies auch kein Problem. Deutsche Piloten müssten bei einer solchen Auflage meist zu Hause bleiben.

Der Kostendruck kann sich auch in der Ausrüstung der Flugzeuge bemerkbar machen. Auch wenn die Flugzeuge vernünftig gewartet werden, bleiben sie ausrüstungsmäßig meist auf dem Stand, auf dem sie einst – meist gebraucht – erworben wurden. Für eine Nachrüstung mit teurem Zusatzgerät, die das Flugzeug jeweils auf einem modernen Stand der Technik hält, fehlt häufig das Geld.

Auch die Arbeitsbedingungen sind in dieser Branche allgemein deutlich schlechter, was leicht auch einmal eine Übermüdung der Crews zur Folge haben kann. So wird bei Ambulanzflügen schnell mal die gesetzlich zulässige Flugdienstzeit überschritten, wenn ein Arzt dem Flugbetrieb die medizinische Notwendigkeit des Fluges bescheinigt – und welcher Pilot kann schon »nein« sagen, wenn es um Menschenleben geht. Schwarze Schafe in der Branche nutzen dies aus, um noch schnell den einen oder anderen Zusatzauftrag hereinzuholen. Kaum jemand wird nachprüfen, ob die medizinische Notwendigkeit wirklich gegeben war. Wenn doch, dann heißt dies noch lange nicht, dass die gleiche Crew tatsächlich nochmals los müsste. Denn in der Regel stehen fast immer andere Unternehmen bereit, die gerne einen *Subcharter* übernehmen.

Vor einiger Zeit passierte ein tödlicher Unfall, weil die Crew vergaß, den Höhenmesser umzustellen, und im Dunkeln, aber bei klarem Wetter, in die Bäume raste. Der vergessene Höhenmesser war hier zwar die unmittelbare Ursache, aber bei den herrschenden Wetterbedingungen hätte die Besatzung eigentlich sehen müssen, wohin sie fliegt. Der rätselhafte Unfall wird klarer, wenn man sich die Vorgeschichte ansieht:

Die Besatzung war gegen 22 Uhr zu einem 11/2-stündigen Taxiflug gestartet. Kurz nach dem Start schloss der Heimatflughafen und sollte erst am nächsten Morgen um 7 Uhr wieder öffnen. Aufgrund des starken Wettbewerbs war der Flug zu einem Dumpingpreis verkauft worden. Ein Hotelzimmer war daher nicht mehr im Preis drin. Statt dessen drückte sich die Besatzung bis 5 Uhr morgens am Flughafen herum, um dann gen Heimat zu starten. Das Ergebnis ist bekannt. Die Unfalluntersuchung ergab Pilotenfehler. Die Flugdienst- und Ruhezeiten waren auf dem Papier korrekt eingehalten worden, denn vom *Check-In* um 21 Uhr bis zum Aufschlag um 7 Uhr waren gerade mal zehn Stunden vergangen. Nur: Ausgeschlafen wäre dieser tragische Unfall höchstwahrscheinlich nicht passiert.

Ein anderes Beispiel:

Auf einem innereuropäischem Flug stürzt ein Geschäftsreiseflugzeug wenige Kilometer vor dem Ziel in den Wald – neun Tote. Die Unfalluntersuchung stellte diverse Mutmaßungen an, aber so richtig aufgeklärt wurde der Unfall nie. Auch die Flugdienst- und Ruhezeiten waren eingehalten worden.

Hinter den Kulissen ergibt sich ein anderes Bild: Die Piloten waren an einem Dienstagmorgen gegen 7 Uhr aufgestanden und hatten sich tagsüber mit verschiedenen Tätigkeiten am Flughafen beschäftigt. Der nächste Flug war erst für den Mittwochmorgen geplant. Gegen Abend kam dann plötzlich noch ein Auftrag für einen Ambulanzflug herein. Die Besatzung startete gegen 20 Uhr und war kurz nach Mitternacht wieder zurück. Nachdem das Flugzeug abgestellt und aufgeräumt war, beschloss man, noch für ein kurzes Nickerchen nach Hause zu fahren und die Kleidung zu wechseln. Um 2 Uhr waren die Piloten im Bett, um 4 Uhr klingelte der Wecker wieder, um pünktlich zum *Check-In* um 5 Uhr wieder am Flughafen zu sein. Mit nur zwei Stunden Schlaf startete man zu dem verhängnisvollen Flug. Die offizielle Flugdienstzeit ging von 20 Uhr bis 8 Uhr, war also im legalen Bereich.

Nun, Schlafmangel ist in der Fliegerei ein häufiges Problem, und jeder Pilot weiß, dass er auch einmal in der Lage sein muss, mit wenig Schlaf 100 Prozent Leistung zu bringen. Schichtdienst, *Jetlag*, fremde und laute Hotelbetten, Schlaflosigkeit vor extremen Frühdiensten und Ähnliches lassen sich schon mal ein oder zwei Nächte verkraften. Von der verunglückten Besatzung war jedoch bekannt, dass sie seit Wochen derartigen Diensten ausgesetzt war, mit den minimalen gesetzlichen Ruhezeiten dazwischen, die oft nur auf dem Papier stimmten.

Müdigkeit war hier sicher nicht die ausschlaggebende Unfallursache. Sie war aber vielleicht genau das entscheidende Glied in der Unfallkette, dessen Unterbrechung den Unfall verhindert hätte.

Die Luftbetriebsordnung berücksichtigt derartige Besonderheiten nur unzureichend. Und es gibt leider eine Reihe von Unternehmen, die ihr Personal entsprechend ausquetschen, obwohl auf dem Papier alles legal ist.

Sicher gibt es dies auch in der Großluftfahrt. Bei einer anonymen Umfrage in Großbritannien haben von 1000 befragten Piloten 390 zugegeben, während des Fluges schon einmal eingeschlafen zu sein. Und offen gestanden habe ich selbst noch keinen Kollegen erlebt, der nach sechs Frühdiensten hintereinander mit *Check-In*-Zeiten um 4 oder 5 Uhr morgens und langen Flugtagen mit jeweils vier *Legs* nicht vor Müdigkeit Fehler gemacht hätte, die er ausgeschlafen nicht machen würde. Obwohl derartige Dienstpläne keineswegs sicherheitsfördernd sind, findet die Großluftfahrt doch in einem anderen Umfeld statt. Die Piloten sind stärker darauf trainiert, sich gegenseitig zu überwachen und Fehler frühzeitig zu erkennen und zu korrigieren. Sie sind ferner von Nebenaufgaben weitgehend entlastet, und der Verkehr läuft über Flughäfen ab, die über hohe Sicherheitsstandards verfügen.

Die Piloten der *Executive*-Fliegerei sind dagegen in den meisten Betrieben deutlich stärker durch Zusatzaufgaben belastet, als ihre Kollegen in der Verkehrsfliegerei. Während ein Verkehrspilot beim *Check-In* seine Papiere fertig in die Hand gedrückt bekommt und nur noch das Wetter und die Treibstoffkalkulation prüft, müssen die *Executive*-Piloten häufig alles selber machen: Die Flugstrecke planen, einen Flugplan schreiben und aufgeben, *Slots* und Wetter einholen, sich um das Einsteigen der Passagiere kümmern, das Gepäck verstauen, den Fluggästen Speisen und Getränke servieren, Fragen beantworten und dergleichen – was bedeutet, dass die Konzentration auf die eigentliche fliegerische Aufgabe wesentlich stärker durch andere Aufgaben abgelenkt wird. Für viele ist dies aber auch gerade der Reiz an der *Executive*-Fliegerei.

Auch bei technischen Problemen können Verkehrspiloten in der Regel auf jedem Flugplatz mit einem qualifizierten Techniker rechnen oder telefonisch auf die Technikabteilung zu Hause zurückgreifen, um Fragen zu klären. *Executive*-Piloten stehen unterwegs oft alleine da, trauen sich auch nicht, das Flugzeug stehen zu lassen, wenn der Chef Druck macht, und starten dann schon mal wider besseres Wissen. In der *Executive*-Fliegerei müssen Flugzeuge aus wirtschaftlichem Druck manchmal – am Rande der Legalität – noch fliegen, die ein Verkehrsflieger schon lange am Boden stehen lassen würde.

Eigentlich dürfte es diese Fälle nicht geben, denn für alle Flugzeuge ist in der so genannten *Minimum Equipment List* eindeutig geregelt, mit welchen Defekten man noch in die Luft gehen darf. In der Verkehrsfliegerei hält man sich zwar auch nicht immer daran, dennoch ist das Verantwortungsbewusstsein der Crews und technischen Angestellten meist ausgeprägter. Niemand möchte die Verantwortung übernehmen, wenn es kracht, und die Kapitäne größerer *Airlines* besitzen in der Regel auch mehr Autorität, um sich gegen den Druck der Fluggesellschaften zu wehren. Schließlich möchte dort niemand in einen öffentlich Skandal verwickelt werden. Dennoch sind auch hierzulande schon Besatzungen aufgefordert worden, die *Minimum Equipment List* zu umgehen. In der *Executive*-Fliegerei ist dieses Verantwortungsbewusstsein oft nicht so ausgeprägt oder die mögliche Gefahr wird nicht gesehen nach dem Motto: »Was soll der Quatsch, der auf dem Papier steht, damit kann ich doch noch fliegen«.

Commuterfliegerei

Das schlechte Abschneiden der *Commuter*-Fliegerei im Vergleich zu den Betreibern größerer Flugzeuge spricht nicht sofort gegen den Sicherheitsstandard dieser Gesellschaften. Die kritischsten Phasen eines Flug mit dem größten Unfallrisiko sind Start und Landung sowie An- und Abflug. Im normalen Reiseflug passieren dagegen seltener Dinge, die nicht beherrschbar sind. Durch die Art der Operation bedingt, muss die Crew einer *Com-*

muterairline pro Flugstunde wesentlich mehr kritische An- und Abflüge bewältigen als ihre Kollegen in den Mittel- und Langstreckenjets.

Hinzu kommt allerdings auch, dass *Commuterairlines* meist kleinere Gesellschaften sind, die nicht über die gleichen Ressourcen wie die Großen der Branche verfügen, um – über das gesetzlich vorgegebene Maß hinaus – in Sicherheit zu investieren.

Allerdings muss in diesem Zusammenhang erwähnt werden, dass sich die hier vorliegende US-Statistik nicht ohne Einschränkung auf die europäischen Verhältnisse übertragen lässt.

Die großen internationalen Gesellschaften

Statistisch sind große Fluggesellschaften sicherer als kleine. Diese für den Laien zunächst vielleicht erstaunliche Feststellung hat ganz handfeste Gründe, denn große Airlines stehen wesentlich stärker vor der wirtschaftlichen Notwendigkeit, Sicherheit zu produzieren. Betrachten wir, ausgehend von der vorstehenden Tabelle, ein Zahlenspiel:

Eine kleine Gesellschaft mit zehn Flugzeugen wird pro Flugzeug etwa 3000 Flugstunden im Jahr produzieren. Dies sind 30.000 Stunden jährlich für die gesamte Flotte. Rechnet man einen Totalverlust pro 1.400.000 Stunden, dann wird diese Gesellschaft statistisch alle 46 Jahre in einen größeren Crash verwickelt sein. Dies ist aus wirtschaftlicher Sicht ein durchaus vertretbares Risiko. Aus Sicht des Managements besteht daher keine Veranlassung, aus dem statistischen Mittelfeld herauszukommen und

Typischer Einstieg für den Nachwuchs – Turboprop im Regionalverkehr
(Foto Bombardier)

mehr für die Sicherheit zu tun, als vom Gesetzgeber gefordert wird.

Anders sieht es bei großen Gesellschaften mit Flottengrößen von 500 Flugzeugen und mehr aus. 500 Flugzeuge produzieren im Schnitt 1.500.000 Flugstunden pro Jahr. Bei einem Totalverlust pro 1.400.000 Flugstunden hätte diese Gesellschaft alle elf Monate einen Crash zu beklagen. Jeder dieser Crashs würde weltweite, überwiegend unqualifizierte Medienberichte, Spekulationen über die Sicherheit dieser Linie, populistische Aufbereitung vergangener Unfälle und Ähnliches nach sich ziehen. Auch eine wirtschaftlich gesunde *Airline* würde ein solches Szenario nicht alle elf Monate durchhalten. Denken wir nur an das Bombenattentat auf den Pan-Am-Jumbo in Lockerby, der die bereits lange kränkelnde Gesellschaft endgültig in den Konkurs trieb.

Für Fluggesellschaften dieser Größenordnung ist es ein absolutes Muss, mehr in die Technik, in die Auswahl der Piloten, in deren Aus- und Fortbildung, in die Unfallforschung und verschiedene unfallverhütende Programme zu investieren. Große Linien unterhalten daher verschiedene Abteilungen, die sich von der Technik bis zur Psychologie mit diversen Fragen rund ums Fliegen beschäftigen – Abteilungen, über die kleine Gesellschaften gar nicht erst verfügen. Selbst bei der Entwicklung der Flugzeuge wirken die großen Gesellschaften mit eigenen, kompetenten Ingenieurabteilungen mit und versuchen so, die Erfahrungen aus dem Flugbetrieb in Neuentwicklungen einfließen zu lassen.

Da auch das Arbeitsumfeld und die Stimmung der Besatzungen, zur Flugsicherheit beitragen, herrschen bei den großen Gesellschaften meist auch bessere Arbeitsbedingungen.

Und wenn es dann doch einmal gekracht hat, hilft ein ausgeklügeltes System der Öffentlichkeitsarbeit, das Schlimmste zu verhindern. Noch bevor die ersten Kameras auf das Wrack gerichtet werden, sind oft schon Logo und Firmenname der Linie mit weißer Farbe überpinselt. Extra für diesen Zweck lagern viele Fluggesellschaften auf den einzelnen Stationen Farbeimer und Pinsel, die dann schnellstens zum Unfallort gebracht werden. Besonders augenfällig wurde dies für Eingeweihte vor einigen Jahren beim *Crash* einer skandinavischen MD 80. Auf einigen in der Presse veröffentlichten Fotos konnte man Männer beobachten, die – auf Leitern stehend – den Firmennamen überpinselten, während unter ihnen noch die Rettungsarbeiten im Gange waren und Verletzte und Tote geborgen wurden.

Was bringt dies, wo doch der Name der Fluggesellschaft sowieso als erstes in den Nachrichten erscheint? Nun, die Antwort ist ganz einfach: Jedes gelungene Pressefoto und jede Filmaufnahme wandert in irgendein Archiv. Bei zukünftigen Unglücken und Berichten über die Flugsicherheit werden immer wieder Archivbilder eingeblendet. Somit erscheint der Name der Fluggesellschaft für Jahre immer wieder in irgendeinem Bericht im negativen Zusammenhang mit einem Flugzeugabsturz. Dies kann vermieden werden, wenn auf den Unfallbildern der Name nicht erscheint.

Zu den Notfallprogrammen gehören aber noch weitere Maßnahmen. So dürfen nur entsprechend geschulte Mitarbeiter mit der Presse reden. Es werden Stäbe gebildet, die sich um Presse und Angehörige kümmern. An die betroffene Besatzung kommt, sofern sie überlebt hat, so leicht kein Pressevertreter heran. Letzteres allerdings auch im eigenen Interesse der Crew. Jeder Unfall, bei dem Menschen zu Schaden gekommen sind, wird auch von der Staatsanwaltschaft untersucht. Und die hat Vorstellungen von der Fliegerei, die einzig auf Gesetzen, Verordnungen und Handbüchern beruhen, weniger auf praktischen Gepflogenheiten und Erfahrungen. Jede unbedachte Äußerung, die nicht auf ihre juristischen Folgen abgeklopft wurde, kann für die Crew und die Gesellschaft fatale Folgen haben.

Unfälle kleiner Gesellschaften sind nicht nur unwahrscheinlicher, sie erregen auch bei weitem nicht die weltweite Aufmerksamkeit der Unfälle großer *Airlines.*

Zusammengefasst kann man feststellen, dass eine kleine Fluggesellschaft – wirtschaftlich betrachtet – vernünftig handelt, wenn sie nur das gesetzlich vorgeschriebene Minimum in Sicherheit investiert. Der gleiche Standard ist dagegen für eine große Gesellschaft wirtschaftlich unvernünftig.

Wer einen Beruf ergreift, mit dem er Sicherheit produzieren soll, der sollte seine Arbeitsplatzsuche dort beginnen, wo er hierzu die besten Voraussetzungen vorfindet. Denn wie wir gesehen haben, gibt es je nach Art des Flugbetriebes gravierende Unterschiede.

Zukünftige Entwicklung?

Die Statistik zeigt, dass es auch heute noch viel zu tun gibt. Vom Management der Airlines produzierte Fehler sind dabei genauso zu berücksichtigen wie solche, die durch die Crews verursacht werden. Eine *Airline* produziert Sicherheit eben durch verschiedene Ressourcen, angefangen vom Management über die Technik, die Aus- und Fortbildung, eine intelligente Crewplanung bis hin zu den Crews selbst.

Auch die zunehmende Verkehrsdichte auf Flughäfen und im Luftraum verlangt neue technische Lösungen. Ein Beispiel ist das zur Zeit vielerorts eingeführte TCAS *(Traffic Alert and Collision Avoidance System* = Zusammenstoßwarnsystem), das der Crew die Annäherung an andere Flugzeuge anzeigt. Dadurch muss die Crew nicht mehr blind dem Radarlotsen vertrauen, sondern kann sich selbst nochmals davon überzeugen, dass kein Kollege auf Kollisionskurs ist. Nur: Die eine Linie führt dieses System sofort nach Verfügbarkeit der entsprechenden Geräte ein, die andere wartet einige Jahre auf entsprechende gesetzliche Vorgaben.

Jeder, der sich heute in diesen Beruf begibt, wird an dem Ziel einer Unfallrate »Null« mitarbeiten müssen, auch wenn dieses Ziel nie erreicht werden wird. Dazu gehört es eben auch, ein ganzes Berufsleben lang in Bewegung zu bleiben, über seine Arbeit nachzudenken, sich fortzubilden und seinen Job mit der größtmöglichen Sorgfalt auszuüben. Auch wenn einen der Arbeitgeber gerade mal wieder geärgert hat.

Nicht nur Bezahlung und Arbeitsbedingungen, auch das Sicherheitsniveau ist statistisch umso besser, je größer die Fluggesellschaft ist. Daher ist es das Ziel der meisten Piloten, entweder gleich bei einer der großen Gesellschaften unterzukommen oder im Laufe des Berufslebens von kleinen zu großen Gesellschaften aufzusteigen.

Viele Linienpiloten, die einst aus der Allgemeinen Luftfahrt kamen, sagen, dass sie mit Familiengründung und zunehmendem Alter das höhere Sicherheitsniveau in der Verkehrsfliegerei zu schätzen gelernt haben und einem vielleicht abwechslungsreicheren Arbeitsfeld vorziehen.

Aber auch die Verkehrsfliegerei unterliegt in ihrem Sicherheitsstreben den Zyklen der Wirtschaft.

Geht es der Branche schlecht, wie zum Beispiel zuletzt Anfang der 90er-Jahre, wird alles, was über dem gesetzlichen Minimum liegt, von den Kaufleuten durchleuchtet und gegebenenfalls gekürzt. Die Anschaffung neuer, moderner Flugzeuge wird verschoben. Zusätzliche Trainingsmaßnahmen werden gestrichen, und gesetzlich vorgeschriebene Ausbildungsmaßnahmen auf eine »Billigvariante« zusammengeschrumpft.

Nach Kenntnis der in diesem Kapitel beschriebenen Zusammenhänge bekommt man Respekt vor den Leistungen der wirklich großen Gesellschaften dieser Welt, die mit riesigen Flotten nur selten mit Unfällen in Erscheinung treten und es schaffen, jahrzehntelang weit über dem statistischen Durchschnitt zu liegen.

Sicherheit als Teil der Firmenkultur

Sicherheit ist immer ein kontinuierlicher Prozess als Teil der Firmenkultur. Neu gegründete Unternehmen können noch nicht den gleichen Standard haben wie Unternehmen, die lange am Markt sind. Das bedeutet aber nicht, dass ältere Unternehmen zwangsläufig sicherer sind. Mehr als das gesetzlich geforderte Minimum zu tun und in allen sicherheitsrelevanten Fragen stets auf dem höchsten *Level*, also auf dem neusten Stand der Technik, in Ausbildung und Organisation zu agieren, ist immer auch eine wirtschaftliche Abwägung.

Die alteingesessene amerikanische Gesellschaft US-Air musste beispielsweise zwischen 1989 und 1994 fünf Totalverluste beklagen. Erst dann ging ein Ruck durch die Gesellschaft, der in allen relevanten Bereichen drastische innerbetriebliche Veränderungen bewirkte. Seit 1996 fliegt die Gesellschaft deutlich besser als der Durchschnitt.

Das Streben nach Sicherheit muss man mit den Leistungen eines Spitzensportlers vergleichen. Ein Formel-1-Rennfahrer wird nicht zum Ziel kommen, wenn er sich einen Rennwagen von der Stange kauft und, mit viel Talent gesegnet, so schnell es geht seine Runden dreht. In einem einzigen Formel-1-Team forschen rund 200 der besten Fachleute, um ihre Erkenntnisse über Werkstofftechnik, Motorenbau, Mechanik, Aerodynamik, Elektronik, Regelungstechnik, Getriebetechnik, Fahrwerkstechnik und dergleichen so unter einen Hut zu bringen, dass ein Spitzenauto auf der Piste steht. Aber auch das reicht nicht, um auf die ersten Plätze zu kommen. Die Psyche der gesamten Mannschaft muss optimal auf das gemeinsame Ziel konzentriert sein. Physisches, psychisches und fahrerisches Training des Rennpiloten müssen optimiert werden, die Taktik muss stimmen – und ein wenig Glück gehört auch dazu.

Genauso wenig reicht es für eine Fluggesellschaft, die sicherer als der Durchschnitt fliegen will, ein Flugzeug von der Stange zu kaufen, gute Piloten einzustellen und alle gesetzlichen Auflagen für den Flugbetrieb und die Technik einzuhalten.

Das Produkt Sicherheit ist mit dem Streben nach einem Sieg im Sport vergleichbar. Das bestmögliche Ergebnis wird nur erreichen, wer alle Ressourcen für dieses eine Ziel bündelt und nach den jeweils neuesten Erkenntnissen optimal einsetzt. Dazu gehört auch, dass es in der Firma überhaupt Abteilungen gibt, die sich mit Grundsatzfragen beschäftigen, was auch wieder von der Größe der Firma abhängt. In der Praxis ist man von diesem Ziel mehr oder weniger weit entfernt.

Neu gegründete Gesellschaften gehen häufig von der falschen Annahme aus, Fliegen sei sicherer als andere Transportarten, Flugzeuge seien technisch ausgereift und sicher, Piloten seien gut ausgebildet und könnten mit viel Erfahrung die gängigen kritischen Situationen meistern; die gesetzlichen Anforderungen seien hierzulande so weit reichend, dass alle Risiken abgedeckt seien.

Dass optimale Sicherheit wesentlich mehr erfordert, ist meist mit einem jahrelangen Erkenntnisprozess verbunden, der eben nicht nur den Flugbetrieb, sondern auch andere Abteilungen einschließt. Manchen Gesellschaften kommt die Erkenntnis nie, anderen erst nach schmerzhaften Unfällen. Und die wirtschaftlichen Zwänge des Alltags wirken bei Sicherheitsfragen zunächst immer kontraproduktiv.

Auslagerung von Teilen des Flugbetriebes

Seit den 90er-Jahren ging weltweit bei den großen *Airlines* die Tendenz dahin, Teile des Flugbetriebes »auszuflaggen«. Die großen internationalen *Carrier* (große Fluggesellschaften) gründeten Billiglinien

als Tochtergesellschaften, kauften kleinere Gesellschaften auf oder schlossen mit diesen feste Verträge. Heute ist schon lange nicht mehr überall, wo etwa Lufthansa, Air France oder British Airways draufsteht, auch wirklich Lufthansa (und so weiter) drin. Mehrere Dutzend kleine Regionalgesellschaften sorgen in verschiedenen Ländern dafür, dass die Langstreckenmaschinen der großen *Carrier* an einigen wenigen zentralen Punkten gefüllt werden.

Diese regionalen Billiglinien zeichnen sich dadurch aus, dass der Wasserkopf kleiner ist, schlechtere Gehälter gezahlt werden, und die Besatzungen für weniger Geld mehr fliegen müssen. Die Kehrseite der Medaille sind aber auch weniger Fachabteilungen, die sich um die verschiedenen kleinen Probleme rund ums Fliegen Gedanken machen, unzufriedene und zum Teil überlastete Besatzungen und eben eine vollkommen andere Firmenkultur. Die Quittung kam für viele Gesellschaften dann Ende der 90er-Jahre. Die Bilanzen stimmten wieder. Dafür liefen den Gesellschaften die Crews scharenweise davon. Viele Regionalgesellschaften mussten Fluktuationen von bis zu 50 Prozent jährlich in Kauf nehmen.

Die Folge sind unerfahrene Crews, Copiloten, die nach kürzester Zeit zum Kapitän aufsteigen und Tausende von Flügen, die unter *Supervision* geflogen werden und dadurch zwangsläufig mit einem höheren Risiko verbunden sind. Aber auch Flugausfälle wegen Crewmangel, wilde Dienstplanänderungen, ermüdende Anreisen der Crews kreuz und quer durch Europa, um auf anderen Stationen einspringen zu können.

Ein Erster Offizier, der frisch auf ein neues Flugzeugmuster kommt, braucht rund 500 Stunden, bis er für seinen Kapitän ein vollwertiger Partner ist und beide als Team 100 Prozent Leistung erbringen können. Die ersten 150 Stunden unter *Supervision* sind die unsichersten. Der Neue macht jede Menge Fehler, der Ausbildungskapitän muss verstärkt auf seinen Kollegen aufpassen, und seine Aufmerksamkeit ist zusätzlich abgelenkt: Der gesamte Flug findet unter erhöhter Stressbelastung statt. Dies stellt gerade an die Fähigkeit des Trainingskapitäns höchste Anforderungen. Ist dieser pädagogisch schlecht ausgebildet, was am ehesten bei kleinen Gesellschaften vorkommt, oder einfach ungeeignet, entsteht schnell eine gereizte, aggressive Stimmung im Cockpit, die die Leistungsfähigkeit auf beiden Seiten noch weiter drückt. Ich habe bei *Supervision*-Flügen einige der schlechtesten Flüge meines Lebens durchgestanden – mit einigen Dutzend Passagieren im Nacken –, aber auch einige der besten, wenn die Anleitung entsprechend professionell war.

Auch nach der *Supervision*-Zeit braucht man noch 300 bis 400 Stunden, um sich ohne ständige Anleitung frei zu fliegen, das Gerät souverän bedienen zu lernen und routiniert eigene Entscheidungen zu treffen. Aber auch Kapitäne, die gerade befördert wurden, brauchen ihre 400 bis 500 Stunden, bis sie mit der neuen Verantwortung wirklich in allen Situationen souverän umgehen können.

Pro Verkehrsflugzeug braucht man rund fünf Crews, um es etwa 3000 Stunden pro Jahr einzusetzen. Hat das Unternehmen nur eine Fluktuation von 20 Prozent, was für Regionalgesellschaften normal ist, bedeutet dies, dass bereits 1200 Stunden davon mit einer nur mäßig quali-

fizierten Besatzung geflogen werden müssen (da ja eine Crew aus zwei Leuten besteht).

Gehen 50 Prozent, was in Boom-Zeiten vorkommt, finden fast nur noch Flüge mit unerfahrenen Besatzungen statt. Dann kann es schon mal passieren, dass ein frischer Kapitän mit einem unerfahrenen »Co« fliegen muss, weil der Personalstamm nicht ausreicht, um dem neuen Kapitän oder Ersten Offizier einen jeweils erfahrenen Kollegen zur Seite zu stellen. Dies ist alltägliche Praxis auch in vielen namhaften deutschen Luftverkehrsgesellschaften – und die Kehrseite der Deregulierung des Luftverkehrs.

Leider wird diese Problematik in den Chefetagen vieler Unternehmen oft abgetan. Dort geht man davon aus, dass hohe Fluktuationen nur in zeitlich begrenzten Zeiten des Aufschwungs auftreten und man die Sache aussitzen kann. Maßnahmen, die Arbeitsbedingungen verbessern und Mitarbeiter in der Firma halten, kosten dagegen über viele Jahre Geld, auch wenn der Trubel längst vorbei ist.

Dass unter diesen Rahmenbedingungen zwar die gesetzlichen Forderungen eingehalten, aber moderne Erkenntnisse der Unfallforschung nicht mehr umgesetzt werden können, ist klar.

Unfälle bei neu zusammengesetzten Crews

Untersuchungen des NTSB zum Beispiel haben ergeben, dass sich Unfälle am ersten Tag eines Umlaufes einer Cockpitcrew häufen. Dennoch werden täglich, bei einigen Gesellschaften sogar mehrmals am Tag, Crewwechsel durchgeführt. Sicher: Das *Crew Coordination Training* sollte die Arbeit im Cockpit so standardisieren, dass ein Crewwechsel problemlos möglich ist – dennoch gibt es in der Praxis bei neuen Crews Anpassungsschwierigkeiten. Für fliegerische Aufgaben gibt es trotz Standardisierung immer noch unterschiedliche Lösungsmöglichkeiten.

Jeder Pilot hat aufgrund vergangener Erfahrungen in Flugbetrieb und Ausbildung unterschiedliche Vorlieben, Fähigkeiten und Schwächen, möchte auf eine bestimmte Weise angesprochen oder auch nicht angesprochen werden. Ein guter Pilot sollte so viel psychologisches Einfühlungsvermögen besitzen, dass er seinen Partner im Cockpit optimal bei seinen Aufgaben unterstützt und zu einer für alle Beteiligten angenehmen Atmosphäre beiträgt: Dies erfordert Zeit. Man muss den anderen erst kennen lernen und ihn bei der Arbeit beobachten. Man muss sich beschnuppern, um zu wissen, wie man sich am besten unterstützen kann, welche Vorgehensweise zu erwarten ist oder auch, auf welche Schwächen man bei diesem Kollegen besonders aufpassen muss.

Gute Besatzungen versuchen daher beim ersten gemeinsamen Flug zwischendurch ein wenig Zeit für einige persönliche Worte zu finden. Beispielsweise: »Wie lange bist Du in der Firma – wo kommst Du her – wo bist du vorher geflogen – wie denkst Du darüber?« und dergleichen, um möglichst schnell eine vertraute Atmosphäre zu schaffen. Solange eine gewisse Vertrautheit noch nicht gegeben ist, gibt es leichter Missverständnisse, der *Pilot Flying* hat vielleicht eine andere Lösung im Kopf als der *Pilot Non Flying* und muss seine Anweisung wiederholen. Oder eine knappe barsche Anweisung wird als versteckte Kritik aufgefasst und führt zu einer Verkrampfung, obwohl man bei näherer Vertrautheit weiß, dass der andere es gar nicht so meint.

Das Gegenteil, nämlich zuviel Vertrautheit, ist natürlich auch nicht gut. Wer immer mit dem gleichen Kollegen fliegt, hat immer weniger Lust, ihm zum dreihundertsten Mal den gleichen, blöden *Call Out* zuzurufen oder die gleiche Checkliste vorzulesen. Zumal, wenn man weiß, dass es der Kollege immer richtig macht. Aber auch eine Sache, die 9999 mal gut gegangen ist, kann beim zehntausendsten Mal schief gehen. Daher sind ungenaue oder unterlassene *Call Outs* laut NTSB der zweithäufigste Pilotenfehler bei Unfällen.

Auch ein weiterer Punkt kommt bei Billig-Airlines mit hoher Fluktuation zu kurz. Boeing zum Beispiel hat festgestellt, dass die strikte Einhaltung von *Standard Operating Procedures* (SOPs) über 50 Prozent aller Unfälle vermieden hätte. Bei hoher Fluktuation ist jedoch deren Anwendung kaum durchsetzbar. Auch wenn alle *Procedures* in Flugbetriebs- und Trainingshandbüchern sowie in Flugbetriebsanweisungen festgehalten sind, reicht das bloße Lesen kaum aus. Es gehören eine längere Firmenzugehörigkeit und praktischer Linieneinsatz dazu, um denkbare Situationen und damit zusammenhängende *Procedures* richtig kennen gelernt zu haben. Wenn 50 Prozent des Cockpitpersonals weniger als zwei Jahre in der Firma bleiben, wird nie der nach dem Papier mögliche Stand erreicht werden.

Die Gebrauchsanweisung für Flugzeuge – das *Airplane Operation Manual* – und das Flugbetriebshandbuch sind voll mit einem Wust an *Operating Procedures,* die kein Mensch alle kennen kann. Dabei gibt es Hersteller, die im Wettbewerb um das schlechteste Handbuch konkurrieren könnten. Es ist manchmal erstaunlich, wie wenig Geld von den Millardenumsätzen mit teuren Jets in eine professionelle Dokumentation fließt.

Vielfach erfüllen Flugbetriebshandbücher in erster Linie den Zweck, den Luftfahrtunternehmer bei Störfällen abzusichern und erst in zweiter Linie, der Besatzung eine sinnvolle Arbeitsgrundlage an die Hand zu geben.

Berufsanfänger haben bei der Fülle neuer Handbücher und Informationen hier regelmäßig das Problem, die inhaltliche Spreu vom Weizen zu trennen. Aber auch dem, der schließlich durchblickt, fällt es nicht immer leicht, SOPs konsequent umzusetzen. Viele beruhen auf lange zurückliegenden, selten auftretenden Zwischenfällen, der tiefere Sinn bleibt der Crew also oft verschlossen und demzufolge auch die Bereitschaft, sich an diese *Procedures* zu halten. SOPs bieten ein erhebliches Potenzial zur Steigerung der Sicherheit. Um dieses Ziel zu erreichen, ist aber noch die eine oder andere Kommunikationslücke zwischen den geistigen Vätern dieser Verfahren und den Ausführenden zu schließen.

Auch das Trainieren der *Technical* und *Non Technical Skills* (Technische und nichttechnische Fertigkeiten) wird mit jedem Simulatortraining, jedem Seminar und jeder Übung weiter ausgebaut und gefestigt, auch im Hinblick darauf, wie eine Firma an bestimmte Fragestellungen herangeht. Firmen mit hoher Fluktuation können hier nicht mithalten und werden kaum in der Lage sein, in der Disziplin »Sicherheit« auf die Spitzenplätze vorzudringen.

Erlernte Sorglosigkeit

Auch erfahrene Piloten müssen immer auch ein wenig von außen gezwungen werden, Sicherheitsvorschriften einzuhalten.

Wer Auto fährt, kann mit ziemlich großer Wahrscheinlichkeit davon ausgehen, dass er auch mal den einen oder anderen leichten oder schweren Unfall hat, und wird sich entsprechend verhalten.

Piloten, die im Laufe ihres Berufslebens zwischen 10.000 und 30.000 Stunden fliegen, sind höchstwahrscheinlich zeitlebens nie in einen schweren Zwischenfall verwickelt. Entsprechend schwer fällt es dann in der täglichen Routine, Sicherheitsregeln und -verfahren zu beachten, und besonders die »lästigen« werden dann schon mal von den Crews »abgekürzt«.

Dennoch werden zwei Drittel aller Unfälle durch Crewfehler gemacht. 56 Prozent übrigens durch Fehler bei Anflug und Landung. Unfälle sind jedoch fast nie auf einen einzelnen, isoliert zu betrachtenden technischen oder menschlichen Fehler zurückzuführen, sondern fast immer das Ergebnis einer Kette von Ereignissen. Viele Unfälle lassen sich vermeiden, wenn nur ein einziges Glied dieser Kette entfernt wird. Dieses schwache Glied ist eben sehr oft der Pilot.

Im Alltag bedeutet dies, dass sich jeder Pilot der erschöpfenden Langeweile immer gleicher *Procedures* stellen muss – umso mehr, je professioneller er agieren will.

Piloten müssen sich darüber im Klaren sein, dass sie Spezialisten für Unfallverhütung sind, und jede Handlung oder Entscheidung unter dem Aspekt Unfallverhütung überdenken, auch wenn es im

Einzelnen noch so lästig ist. Hier ist neben Verstand und Urteilsvermögen für fliegerische Situationen auch eine besondere Selbstdisziplin gefragt, die aus diesem Beruf etwas anderes macht, als sich der Laie vorstellt.

Psychologen haben in diesem Zusammenhang den Begriff der »erlernten Sorglosigkeit« geprägt.

Viele Sicherheitsverfahren haben sich aus nur einem einzigen Unfall entwickelt. Ein Verstoß gegen sie führt vielleicht nie wieder oder erst nach vielen Jahren zur Wiederholung des Unfalles. Daraus entwickelt sich im Laufe der Zeit eine gewisse Sorglosigkeit, denn der Mensch misst allgemein kurzfristigen Folgen mehr Bedeutung bei als den langfristigen. Ziel des Pilotenjobs ist es jedoch, auch gerade das Unwahrscheinliche zu verhindern. Besonders erfahrene Piloten neigen dazu, durch einen lockeren Umgang mit Sicherheitsvorschriften und *Procedures* Erfahrung und Souveränität zu demonstrieren. Ein Verhalten, dass dann allzu gerne vom Ersten Offizier übernommen wird, der ja auch seine fortgeschrittene Professionalität zeigen will. Die Psychologie nennt dies »normativen Einfluss«, der Einfluss der Mehrheit oder des Mächtigen.

Ich kann mich an ein Experiment aus meiner Schulzeit erinnern. In einem Psychologiekurs wollte unsere Lehrerin den normativen Einfluss anhand eines Experimentes demonstrieren. Hierzu legte sie ein kleines durchsichtiges Säckchen, gefüllt mit Erbsen, auf den Tisch. Der Sack wurde in der Gruppe herumgereicht und jeder sollte schätzen, wie viele Erbsen in dem Sack sind. In der ersten Runde gingen die Schätzungen wild durcheinander. Als ich an die Reihe kam, drehte ich den Sack um, betrachtete den Boden. Eine schnelle grobe Zählung ergab, dass rund 80 Erbsen den Boden bedeckten. Ich schätzte, dass jede Erbse circa 5 mm Durchmesser hat und der Sack etwa 10 cm hoch war. Also schätzte ich den Inhalt auf 1600 Erbsen, was weit über den restlichen Schätzungen der Gruppe lag. Der Sack ging dann insgesamt fünfmal herum. Die einzelnen Gruppenmitglieder korrigierten ihre Schätzung bei jeder Runde. Wer in der ersten Runde 100 gesagt hatte und hörte, dass die Mehrheit zwischen 400 und 600 lag, erhöhte in der nächsten Runde schon mal auf 300. Nach fünf Runden pendelten sich alle auf 500 bis 600 ein. Ich blieb als einziger stur bei meinen 1600 Erbsen, denn schließlich war diese Schätzung das Ergebnis meiner analytischen Betrachtung. Unsere Lehrerin erläuterte anschließend den Sinn des Experimentes und zeigte sich beeindruckt von dem gelungenen Ergebnis. Wie viele Erbsen wirklich im Sack waren wurde nicht gesagt – das war auch nicht Zweck des Experimentes. Mir wurde auch keine Gelegenheit gegeben, meine Schätzung zu erklären. Stattdessen warf mir die Lehrerin vor, ich hätte das Experiment durch mein pubertär-stures Beharren bewusst stören wollen. Soweit mein erster negativer Kontakt zur Psychologie.

Was jedoch im Nachhinein Befriedigung verschafft:

Meine Lehrerin wusste damals sicher nicht, dass das Sich-dem-normativen-Einfluss-Entziehen auf Grundlage eigener analytischer Beobachtungen eine wichtige Eigenschaft für Piloten ist und nichts mit Aufmüpfigkeit zu tun hat. Denn:

Häufigster individueller Fehler von Copiloten bei Totalverlusten ist eine nicht erfolgte kritische Überprüfung der Entscheidungen der Kapitäne, was auf dessen normativen Einfluss zurückzuführen ist. Besonders hoch wird dieser normative Einfluss dann, wenn es einmal schnell gehen muss.

Um diesen Einfluss zu durchbrechen, wird vom Copiloten bereits am Ende seiner Ausbildung ein hohes Maß an Kompetenz erwartet, besonders im Hinblick auf die Arbeit im Zweimanncockpit. Der Kapitän dagegen muss sich seines normativen Einflusses bewusst sein und seinem Kollegen die kritische Arbeit erleichtern. Auch in diesem Zusammenhang ist einleuchtend, dass ein frischer Co diese Fähigkeiten erst schrittweise im Verlauf einiger hundert Stunden entwickeln kann.

Piloten als Erbsenzähler

Ich gehe hier so ausführlich auf diese Fragen ein, um demjenigen, der sich für diesen Beruf interessiert, klarzumachen, dass die Aufrechterhaltung der Sicherheit eine Art von Disziplin verlangt, die an Erbsenzählermentalität grenzt. Dies ist eine Eigenschaft, die gerade einem abenteuerlustigen jungen Menschen, der sich diesen Beruf erträumt, oft gar nicht liegt und dann später zu Enttäuschungen führt. Da werden intelligente, entscheidungsfreudige Menschen ausgewählt, von denen man dann verlangt, dass sie gebetsmühlenartig immer wieder die gleichen eintönigen *Procedures* ausführen, deren Sinn sie häufig gar nicht verstehen. Auf der anderen Seite nutzen die besten *Procedures* nichts, wenn keiner mehr zuhört. Das strikte Einhalten der Verfahren ist daher immer eine Gratwanderung. Denn die eine oder andere Abweichung

kann den Arbeitsalltag auflockern und den Blick für die wichtigen Dinge wieder schärfen.

Piloten müssen wissen, in welchen Situationen Unfälle entstehen und welche Fehler dabei von wem gemacht werden. Sie müssen entsprechende Situationen rechtzeitig erkennen und entschärfen können. Dazu gehört auch die Erkenntnis, dass Fehler kein Zeichen von Schwäche oder Unzulänglichkeit, sondern unvermeidlich sind. Hierzu gehört, jeden Fehler sofort offen anzusprechen, auch wenn ihn der Kollege vielleicht noch gar nicht bemerkt hat, und auf Rechtfertigungen zu verzichten. Dies erfordert Umdenken und gewisse charakterliche Stärke. Zeit unseres Lebens haben wir gelernt, dass Fehler bestraft werden: Durch schlechte Schulnoten, Strafen im Elternhaus und Ähnliches. Fehler ohne Gesichtsverlust zugeben zu können, ist daher für einen Piloten ein Zeichen hoher Professionalität und ein wesentlicher Beitrag zur Unfallverhütung. Dennoch fällt dies wider besseren Wissens auch heute noch vielen schwer. Und wenn der Kapitän nicht den ersten Schritt macht und bereit ist, Fehler zuzugeben, wird schnell eine gefährliche Atmosphäre erzeugt, in der auch der Erste Offizier keine Fehler eingesteht.

Ich hatte einmal einen *Supervision*-Kapitän, der seine Schützlinge bei jedem kleinsten Fehler heruntergeputzte und die aus dem pädagogischen Mittelalter stammende Unsitte pflegte, keinerlei Diskussionen über gemachte Fehler zu dulden. Also den wesentlichen Teil des Lernprozesses barsch mit den Worten abzuschneiden: »Sie sollen keine Fragen stellen, sondern nur machen, was ich Ihnen sage!« Die Folge war, dass jeder nur noch krampfhaft versuchte, Fehler zu vermeiden oder zu vertuschen nach dem Motto: »Hoffentlich hat er nichts gemerkt!« Vertuschen ist jedoch genau das Gegenteil von dem, was die Ausbildung bewirken sollte.

Dieses falsch anerzogene Verhalten wieder abzulegen, fällt sehr schwer und wirft junge Piloten in ihrer persönlichen Entwicklung zurück. Man muss sich einfach der Tatsache stellen, dass man Zeit seines Lebens nicht in der Lage sein wird, einen vollkommen fehlerfreien Flug zu machen. Den professionellen Piloten zeichnet nicht seine Fehlerfreiheit aus, sondern die Art, wie er mit seinen Fehlern und denen seiner Kollegen umgeht.

Dazu gehört, eine Art der Kommunikation zu beherrschen, die auch bei schwerwiegenden Fehlern Streit, Trotzrede, Beleidigung oder durch Befehle erzwungene Lösungen vermeidet.

In einem Flugzeug, dass sich ja mit mehreren hundert Kilometern pro Stunde unaufhaltsam vorwärts bewegt, müssen Entscheidungen immer unter Zeitdruck getroffen werden. Einige müssen reflexartig getroffen werden, andere nach einem einheitlichen Entscheidungsmodell zügig und konsequent abgearbeitet werden:

- Analyse der Situation,
- Zielsetzung,
- Handlungsalternativen,
- Bewertung der Alternativen,
- Aktion,
- Erfolgskontrolle.

Dabei ist keine einsame Entscheidung gefragt, bei der ein Einzelner seine Erfahrung heraushängen lässt, sondern eine offene Diskussion.

Des weiteren müssen Piloten in der Lage sein, effektiv mit Stress umzugehen. Dazu gehören Grundkenntnisse über Stressverursacher (*Stressoren*), die biochemischen Reaktionen des Körpers auf sie und die Zusammenhänge zwischen Stress und Leistung. Dies schließt auch eine effektive Stressbewältigung im Privatleben ein.

Zugegeben, wenn man alle Einflüsse gebührend berücksichtigen würde, müsste man sich die Hälfte des Jahres krank melden: Privater Ärger, Streit mit Freundin oder Frau, eine schlaflose Nacht, ein leichtes Unwohlsein und Ähnliches. Zum verantwortungsbewussten Ausüben des Jobs gehört auch, die eigene Person stets kritisch zu betrachten und sich der Auswirkungen von Negativfaktoren bewusst zu sein.

Dazu gehört auch, nicht zuzulassen, dass sich Negativfaktoren auf die Arbeit auswirken, indem man etwa an »schlechten« Tagen bewusst langsamer und genau arbeitet und pingelig die Standard *Procedures* einhält und vor allen Dingen seinen Kollegen darauf hinweist, dass man einen schlechten Tag hat.

Zusammengefasst können wir festhalten, dass die Verkehrsfliegerei Verhaltensmuster erfordert, die den üblichen Lebenserfahrungen zum Teil widersprechen. Damit werden an Verkehrspiloten heute wesentlich höhere Anforderungen gestellt als noch vor zwanzig Jahren. Es wird aber auch deutlich, dass bei der Auswahl von Piloten die Persönlichkeitsmerkmale, neben motorischen und intellektuellen Fähigkeiten, eine ganz entscheidende Rolle spielen. Und dies zeigt auch, warum die großen *Airlines,* wenn der Markt es hergibt, am liebsten Piloten einstellen, die noch relativ jung und fliegerisch nicht zu weit fortgeschritten sind. Bestimmte Charaktereigenschaften lassen sich dann noch leichter im gewünschten Sinne formen.

Alle in diesem Kapitel genannten Faktoren sind in der modernen Verkehrsfliegerei inzwischen bekannt, werden aber bisher nur zu einem Bruchteil umgesetzt. Hier gibt es für zukünftige Pilotengenerationen noch ein breites Entwicklungspotenzial zur Steigerung der Sicherheit.

Wie kommt man an Pilotenjobs?

Wer das nötige Kleingeld für Flugstunden aufgebracht, sich durch alle Prüfungen geschwitzt hat und darüber hinaus auch noch etwas Flugerfahrung sammeln konnte, der kann endlich zur Tat schreiten und sich bei einer Fluggesellschaft bewerben.

Auch für die Bewerbung muss man wieder etwas Geld von zu Hause mitbringen. Doch dazu später mehr.

Bei den Pilotenjobs hat sich ein gewisses Hierarchiebild entwickelt. Allgemein kann man sagen, das Ansehen des Piloten steigt mit der Größe der *Airline,* des Flugzeuges und der Höhe des Gehaltes. Die Gründe hierfür sind bereits in anderen Kapiteln erwähnt worden. Dennoch sollten Sie sich hiervon nicht beeinflussen lassen, ohne Ihre persönlichen Umstände und Neigungen zu berücksichtigen. Natürlich spielt auch die jeweilige Situation auf dem Arbeitsmarkt eine Rolle. Denn in den seltensten Fällen wird man sofort seinen Traumjob bei seiner Traum-*Airline* bekommen.

Die folgende Tabelle zeigt eine grobe Hierarchiebewertung, wie sie häufig unter Piloten gesehen wird. Folglich sind Tätigkeiten im Cockpit eines Langstrecken-Großraumflugzeugs bei einer internationalen Gesellschaft am höchsten angesiedelt.

General Aviation	Regional Carriers	International Airlines
Kolbenmotorflugzeuge, wie z. B. Seneca, Cessna 400er Reihe u. ä.	Kleine Turboprops, wie z. B. Metroliner, Do 228,	Kleinere Jets, wie z. B. Challenger, BAE 146
Turboprops, wie z. B. King Air 200, 300, Piper Cheyenne, Cessna Conquest	Mittlere Turboprops, wie z. B. Do 328.	Mittlere Jets, wie z. B. Boeing 737, Airbus A 319, 320
Kleine Businessjets, wie z. B. Cessna Citation, Learjet, Beechjet	Größere Turboprops, wie z. B. Dash 8, ATR 42/72, Fokker 50	Langstreckenjets, wie z. B. Boeing 757, 767, A 330
Große Businessjets, wie z. B. Challenger, Gulfstream	Kleinere Jets, wie z. B. Challenger, BAE 146	Großraumlangstreckenjets, wie z. B. Boeing 747, Boeing 777, Airbus A 340
Verkehrsflugzeuge im Werksverkehr, wie z. B. Airbus A 319, Boeing 737	Mittlere Jets, wie z. B. Boeing 737, Airbus A 319, 320	Spezielle Flugzeuge, wie z. B. die Concorde.

Wer eine Pilotenkarriere durchläuft und von einem Segment ins nächste wechselt, empfindet dies häufig als Aufstieg, zumal wenn die neue Stelle mit einem höheren Gehalt und besseren Arbeitsbedingungen lockt. Besonders junge Piloten sehen das Steuern eines Jumbos häufig als das Ziel ihrer Träume. Ältere Piloten, die länger im Job sind, sehen das ganze meist etwas nüchterner. Denn die Beurteilung des Arbeitsplatzes alleine nach der Größe des Dienstflugzeuges und der Höhe des Gehaltes wird selten den individuellen Vorlieben und Bedürfnissen gerecht.

Sicher reizt es jeden Piloten eines kleineren Flugzeuges, einmal aus dem 12 m hohen Cockpit eines Jumbojets auf das Vorfeld hinabzuschauen und diesen über Kontinente zu steuern. Aber jedes neue Flugzeug wird nach einigen hundert Stunden Routine. Die fliegerische Aufgabe bleibt die gleiche, ob in einem kleinen oder großen Flugzeug. Da kann es dann durchaus passieren, dass routinierte Linienpiloten das stupide Abfahren der *Procedures* satt haben und sich nach der etwas größeren fliegerischen Freiheit in einem Businessjet zurücksehnen. Der einzige Grund zu bleiben sind dann oft der sichere Job und das gute Gehalt.

Wer zum Beispiel eine zweimotorige Kolbenmotormaschine in allen Wetterlagen sicher durch Europa steuern will, muss sich noch über fliegerische Probleme Gedanken machen, die ein Jumbokapitän, der mehr oder weniger gelangweilt seinen Vogel von Frankfurt nach New York steuert, schon längst vergessen hat. Dafür hat er eine komplexere Technik zu kontrollieren und muss deutlich umfangreichere Systemkenntnisse besitzen.

Oder wer bereits hundertmal gegen Langeweile, Müdigkeit und *Jetlag* auf zehn Stunden langen Nonstopflügen angekämpft hat, wünscht sich manchmal in den Kurz- und Mittelstreckenverkehr mit *Legs* von ein bis zwei Stunden Dauer zurück. Ihn hält dann nur das höhere Gehalt auf der Langstrecke.

Auch ist heutzutage die eine oder andere Turboprop technisch auf einem moderneren Stand als so mancher betagte Jet im Linieneinsatz.

Letztendlich: Wer mit einem ihm vertrauten Flugzeug die *Procedures* abfliegt, merkt nicht mehr, ob hinter ihm 50 oder 300 Passagiere sitzen.

Großen Einfluss haben auch Familie, Kinder, Freunde. Kleine Kinder – ich spreche aus eigener Erfahrung – haben häufig schon den hartgesottensten Globetrotter in einen Menschen verwandelt, der sich freut, wenn er abends wieder zu Hause ist und nicht ständig auf lange Trips mit einsamen Hotelaufenthalten geschickt wird.

Jeder muss sich überlegen, was seiner Mentalität und seinen persönlichen Vorstellungen von der Fliegerei entspricht, und sich den Bereich heraussuchen, der am besten zu seinem gegenwärtigen Lebensabschnitt passt. Die manchmal langweilige, anonyme Routine eines Linienpiloten, verbunden mit einem interessanten, anspruchsvollem Flugzeug, einem relativ sicheren Arbeitsplatz, einem hohen Sicherheitsniveau und einer vernünftigen Bezahlung – oder ein abwechslungsreicher Job im *Executive Charter* mit immer neuen Flugzielen und fliegerischen Aufgaben sowie dem direkten Kontakt zu interessanten Fluggästen, dafür aber schlechterer Bezahlung, unsicherem Job und geringerem Sicherheitsniveau.

Wer gerade erst angefangen hat, muss in erster Linie Flugerfahrung sammeln. Höhe des Gehaltes und Sicherheit des Jobs sind dabei sekundär. Mit zunehmender Erfahrung, Alter, einer Familiengründung und eventuell auch der Korrektur einiger allzu euphorischer Lebensvorstellungen tritt dann automatisch der Wunsch nach einem sicheren Job und einem höheren Einkommen in den Vordergrund.

Wer noch jung genug ist, kann seinen Horizont nur erweitern, indem er – bei den Amerikanern fast selbstverständlich – beides probiert, also einige Erfahrung in der *Executive*-Fliegerei sammelt, um dann in die Großluftfahrt zu wechseln.

Stellensuche

Stellengesuche, wie »Berufspilot, 500 Stunden, sucht neuen Job« können Sie sich in der Regel sparen.

Wer einmal ein solches Inserat aufgibt, wird jede Menge Angebote von Firmen bekommen, die Mitarbeiter für zweifelhafte Strukturvertriebssysteme suchen. Diese Firmen schreiben routinemäßig alle Inserenten der Rubrik Stellengesuche an. Selten jedoch flattern Angebote für seriöse Pilotenjobs ins Haus.

Von wenigen Ausnahmen abgesehen, gibt es eigentlich immer ein paar Bewerber mehr, als gebraucht werden. Den *Airlines* liegen meist schon ohne Stellenanzeigen genug Bewerbungen vor. Sollte dann doch einmal inseriert werden, dann gehen meist so viele Bewerbungen ein, dass man nicht noch mühselig die Stellengesuche der Fachzeitschriften abgra-

sen muss, um eine Bewerbergruppe für ein *Screening* zusammenzustellen.

Tipps, die die Stellensuche erleichtern

In der Luftfahrt geht es – wie in den meisten Wirtschaftsbereichen – ständig auf und ab. In einem Jahr werden Piloten händeringend gesucht, im anderen Jahr können Sie sich mit Bewerbungen die Finger wund schreiben und erhalten in vielen Fällen nicht einmal eine Antwort. Bewerbungen werden zwar selten weggeworfen, sondern von den meisten Gesellschaften für spätere Bedarfsfälle aufgehoben, dennoch haben Sie mit einer Bewerbung zum richtigen Zeitpunkt bessere Chancen, als wenn Ihre Papiere schon seit Monaten in einem Ordner des Flugbetriebsleiters vor sich hin gilben.

Bevor Sie Ihre Bewerbung losschicken, sollten Sie sich daher telefonisch bei der Flugbetriebsleitung erkundigen, ob in Kürze Piloten eingestellt werden. Wenn ja, fragen Sie nach den Voraussetzungen und schicken, wenn Sie diese erfüllen, Ihre Bewerbung ab. Wenn nicht, warten Sie lieber auf bessere Zeiten. Hierzu müssen Sie aber ständig am Ball bleiben. So kann es durchaus passieren, dass die Gesellschaft XY zur Zeit keinen Bedarf hat. Plötzlich reichen mehrere Piloten gleichzeitig ihre Kündigung ein, weil eine andere Gesellschaft durch Indienststellung eines neuen Flugzeuges erfahrene Piloten sucht und die Kollegen abwirbt. Bei einer Kündigungsfrist von drei Monaten, ein wenig Resturlaub und vielleicht noch »drei Wochen Grippe« sind die Kollegen schon nach sechs Wochen verschwunden. Die Gesellschaft muss dringend Ersatz suchen und veranstaltet Hals über Kopf ein *Screening,* zu dem vielleicht 15 Leute eingeladen werden, um 4 bis 6 neue Mitarbeiter auszuwählen.

Wer aus einer solchen Situation Vorteile ziehen will, muss nicht nur Glück haben, sondern auch das schwer erlernbare Geschick besitzen, am Ball zu bleiben: Wer also als Pilot einen erfolgreichen Start haben will, muss zunächst Talente auf einem ganz anderen Gebiet mitbringen. Er muss als guter Verkäufer starten, um ein zunächst schwer verkäufliches Produkt – nämlich sich selbst als Berufsanfänger – an den Mann zu bringen. Zu einem guten Verkäufer gehört nicht nur das Verkaufsgespräch, also der Einstellungstest, sondern auch das Marketing, also eine Zielgruppe aufzuspüren und auf sich aufmerksam zu machen.

Pro Verkehrsflugzeug werden bei einer Gesellschaft je nach Art des Flugbetriebs etwa 4 bis 6 Crews benötigt, also 8 bis 12 Piloten. Beobachten Sie daher den Markt und bewerben Sie sich, wenn Sie erfahren, dass eine Gesellschaft expandiert und demnächst neue Flugzeuge in Dienst stellt.

Kaum eine seriöse Fluggesellschaft stellt bei der Anschaffung neuer Flugzeuge Kapitäne ein. Es sei denn, es findet eine sehr starke Expansion und/oder hohe Fluktuation statt. Stattdessen erhalten erfahrene Copiloten ein *Upgrade* zum Kapitän. Erweitert eine Gesellschaft etwa ihre Flotte um drei neue Flugzeuge, dann müssen 15 Copiloten zum Kapitän befördert werden. Dadurch müssen 30 Copilotenstellen neu besetzt werden, sodass richtig Bewegung in den Arbeitsmarkt kommt.

Wenn Sie auf Jobsuche sind, sollten Sie daher die Fachpresse aufmerksam ver-

folgen. Hierzu gehören Zeitschriften, die sich auch mit der Großluftfahrt beschäftigen, wie etwa *Aero International, Aerokurier, Flugrevue, Flight International*. Auch die Mitgliederzeitung der *Vereinigung Cockpit* enthält regelmäßig zahlreiche Stellenanzeigen.

Chartergesellschaften benötigen neue Crews meist zum Frühjahr, wenn das Sommergeschäft beginnt. Hier haben Sie die besten Chancen, wenn Sie sich im Herbst bewerben. Dann werden die Piloten ausgewählt, die bis zum Frühjahr ihr *Type Rating* haben sollen.

Type Rating vor der Bewerbung

Wer sein Dasein als Berufspilot nicht gerade auf einem einmotorigen Flugzeug unter 2000 kg maximales Startgewicht fristen will, der braucht vor der Aufnahme seiner Tätigkeit ein *Type Rating*. Je nach Flugzeugtyp sind hierfür 10.000 bis 50.000 Euro auf den Tresen des Trainingszentrums zu blättern. Beträge, die auch noch das letzte Taschengeld eines jungen Piloten aufzehren, wenn er es selbst bezahlen muss.

Mit dieser letzten großen Hürde vor dem Erhalt des ersten Gehaltsschecks gehen die einzelnen Fluggesellschaften sehr unterschiedlich um.

Bei einer seriösen Fluggesellschaften wird für die Ausbildung eine bestimmte Summe, z.B. 25.000 Euro festgelegt. Im Arbeitsvertrag steht dann, dass der Pilot die Ausbildungskosten selbst tragen muss, diese aber vom Arbeitgeber vorfinanziert bekommt und durch seinen Einsatz als Copilot abarbeiten muss.

Dies heißt nicht, dass jeden Monat ein bestimmter Betrag von Ihrem Gehalt abgezogen wird, sondern Sie müssen sich als Gegenleistung verpflichten, eine gewisse Zeit für diese Fluggesellschaft zu arbeiten. Üblich sind Vereinbarungen zwischen ein und zwei Jahren. Wenn Sie sich sofort nach Erhalt des *Type Ratings* entschließen, zu einer anderen Gesellschaft zu gehen, z.B. weil Sie von dort ein besseres Angebot bekommen, müssen Sie die kompletten 25.000 Euro zurückzahlen. Entschließen Sie sich, erst nach einem Jahr zu wechseln wird ein Teil Ihrer Arbeitszeit angerechnet und Sie müssen nur noch 12.500 Euro zurückzahlen.

Nach zwei Jahren können Sie dann kostenlos aus dem Vertrag aussteigen, können aber mit einer deutlichen Gehaltserhöhung rechnen, wenn Sie bleiben.

Diese Regelung ist für beide Seiten fair und aus der Sicht der Fluggesellschaften auch notwendig. Fluggesellschaften, die in der Vergangenheit bei der vertraglichen Gestaltung derartiger Regelungen Fehler gemacht hatten, sind vereinzelt schon auf den Kosten sitzen geblieben und haben den Bewerber nach Erhalt des *Ratings* nie wieder gesehen.

Nebenbei gesagt, auch wenn in den Arbeitsverträgen meist eine Bindung von zwei Jahren steht, wird nichts so heiß gegessen, wie es gekocht wird. Wenn es hart auf hart kommt, haben es die Fluggesellschaften schwer, eine Bindung von mehr als einem Jahr arbeitsrechtlich durchzusetzen. Die Arbeitsgerichte haben sich hier auf den Standpunkt gestellt, dass Typenberechtigungen nur ein Jahr gültig sind und dann verlängert werden müssen. Daher ist eine Bindung von mehr als einem Jahr sittenwidrig, auch wenn sie fast immer im Vertrag steht. Wer hier

einmal Probleme bekommt, kann sich u.a. auf ein Urteil des Bundesarbeitsgerichtes unter dem Aktenzeichen 5 AZR 339/92 vom 16.3.94 berufen.

Die *Airlines* versuchen daher immer öfter, die Begrenzung der Vertragsbindung durch Vertragsstrafen zu umgehen. Das heißt im Arbeitsvertrag steht dann eine fünfstellige Vertragsstrafe für den Fall, dass vor Ablauf von zwei Jahren gekündigt wird. Aber auch diese Vertragsstrafen sind von Airlines in der Praxis nur schwer durchsetzbar. Erst recht, wenn diese, wie es eine Gesellschaft häufig gemacht hat, erst nach Ende der firmeninternen Typenschulung präsentiert wird.

Ansonsten, bei einer Gesellschaft, die fair mit ihrem Personal umgeht, wird es auch selten einen Anlass geben, von sich aus vertragsbrüchig zu werden.

Neben diesen, im Großen und Ganzen akzeptablen Vereinbarungen, die Sie finanziell nicht belasten, gibt es aber noch eine ganze Reihe anderer Optionen, die man sich gründlich überlegen sollte.

Eine deutsche Chartergesellschaft verschickt z.B. an Bewerber ein Schreiben folgenden Inhaltes:

...wir danken Ihnen für Ihre Bewerbung und das Interesse, das Sie unserem Unternehmen entgegengebracht haben.

Zu Ihrer Information teilen wir Ihnen mit, dass wir das Type Rating für B-737 bei unseren Bewerbern voraussetzen. Daran wird sich auch in absehbarer Zukunft nichts ändern. Des weiteren teilen wir Ihnen mit, dass wir keinerlei Vorabverträge geben, d.h. wir geben Ihnen keine Zusage bzgl. einer Einstellung, wenn Sie bereit sein sollten das Rating abzuschließen. Wir arbeiten hauptsächlich mit der Flugschule XY zusammen.

Weiter heißt es dann *großzügig*:
...Wir bieten Ihnen an, unter gegebenen Umständen, d.h. wenn wir Kapazität an Supervisorn und Flugzeugen haben, die Starts und Landungen gegen Bezahlung sowie die Supervision-Zeit nach abgeschlossenem Rating bei uns zu absolvieren.
Wir würden uns freuen, wenn Sie sich mit dem abgeschlossenen Rating wieder bei uns bewerben würden.

Schön, werden Sie sich sagen, nachdem Sie schon 50 vergebliche Bewerbungen abgesandt haben. *Endlich gibt mir eine Fluggesellschaft die Chance, in ein Cockpit zu kommen. Die scheinen zwar nicht gerade händeringend Leute zu suchen, aber zumindest kann man als Berufsanfänger Supervision fliegen und damit wichtige Jetstunden sammeln. Und dann sind die auch noch so nett und geben mir ihre Boeing für Platzrundenflüge im Rahmen der Ausbildung. Zwar gegen Bezahlung, aber immerhin.*

Doch sehen wir uns das Angebot genauer an:
Die Fluggesellschaft zieht daraus folgende Vorteile:
1. Sie vermittelt einer befreundeten Flugschule einige Kunden für eine rund 25.000 Euro teure Ausbildung, ohne selbst irgendeine Verpflichtung einzugehen. Als Gegenleistung – eine Hand wäscht die andere – bekommt sie einen kleinen Nachlass bei den *Trainingssessions*, die sie für *Upgrades* und Checkflüge buchen muss.
2. Sie spart die 25.000 Euro für das *Type Rating* bei den Neueinstellungen.
3. Dadurch, dass ständig einige Copiloten ihre *Supervision*-Zeit absolvieren,

kann die Gesellschaft die Zahl der fest angestellten Copiloten gering halten.
4. Ein Gehalt wird für die *Supervision*-Flüge selbstverständlich nicht gezahlt. Fliegen in der Firma ständig fünf Bewerber unter *Supervision*, werden pro Jahr fünf komplette Copilotengehälter von – einschließlich Lohnnebenkosten – rund 30.000 Euro eingespart.
5. Saisonal bedingte Schwankungen im Pilotenbedarf können durch weitere *Supervision*-Kandidaten ausgeglichen werden. Es gibt ja genug.
6. Man kann die neuen Kollegen nach Lust und Laune wieder auf die Straße setzen und sich jeweils die besten herauspicken.
Es gibt Gesellschaften, die gehen gleich noch einen Schritt weiter und überlegen sich, wer Ihnen das Gehalt für die eigentlich viel zu teuren Kapitäne subventionieren könnte.
Richtig geraten.
Wer so dumm war, mindestens 75.000 Euro in eine Verkehrspilotenausbildung zu stecken und sich anschließend nochmals 25.000 Euro für ein *Type Rating* aus der Tasche ziehen lässt, der hat sicher auch noch schlappe 60 Euro pro Stunde für seinen armen *Supervision*-Kapitän übrig.
Mein Rat an Berufsanfänger: Werfen Sie derartige Schreiben in den Papierkorb und warten Sie auf eine bessere Gelegenheit bei einer anderen Gesellschaft.
Was passieren kann, wenn Sie den Vorstellungen dieser Gesellschaft folgen, zeigt die folgende wahre Begebenheit:
Ein junger Pilot hatte sein Ingenieurstudium abgebrochen, seine letzten Ersparnisse geplündert und sich bei Eltern und Verwandten Geld geliehen, um seinen ATPL zu machen. Seit knapp zwei Jahren war

er mit der Ausbildung fertig und hatte sich seitdem bei verschiedenen Gesellschaften vergeblich beworben bis ihm ein Angebot der oben stehenden Art ins Haus flatterte. Dass man mit einem *Type Rating* bessere Chancen hat, wollte ihm einleuchten. Um sicher zu gehen, fragte er bei drei verschiedenen Gesellschaften, die eine Boeing 737 einsetzen nach dem derzeitigen Bedarf und bekam von allen die gleiche Antwort:

»Wir stellen regelmäßig Piloten ein und bevorzugen Kandidaten mit *Type Rating*«. Unser Pilot entschloss sich daraufhin, die Investition zu wagen. Die Familie wurde überzeugt, dass alle bisherigen Mühen und Investitionen vergeblich wären, wenn nicht diese letzten Mittel noch aufgebracht werden. Dank Bürgschaft aus dem Familienkreis wurde ein Bankkredit aufgenommen und er meldete sich zur *Type Rating*-Ausbildung an.

Nach erfolgreichem Abschluss bekam er dann tatsächlich bei einer Chartergesellschaft die Gelegenheit seine *Supervision*-Flüge zu absolvieren. In einem kurzen Bewerbungsgespräch wurde ihm mitgeteilt, dass bei einem erfolgreichen Abschluss der *Supervision*-Zeit eventuell eine Festanstellung winken würde. Fortan flog er einmal pro Woche auf die Kanaren und zurück.

Bei den rosigen Zukunftsaussichten sah er gerne darüber hinweg, dass er kreuz und quer durch Deutschland zu verschiedenen Abflughäfen geschickt wurde und seine Anreise jeweils selbst bezahlen musste, einschließlich der teuren Parkgebühren auf den Flughäfen. Schließlich tat die Gesellschaft etwas für seine Ausbildung.

Während der Flüge zeigte er sich von seiner besten Seite und bereitete sich zu Hause intensiv vor, immer in der Hoffnung auf die ersehnte Festanstellung.

Doch hier hatte er sich zu früh gefreut.

Nach drei Monaten standen die notwendigen *Supervision*-Stunden im Flugbuch und ihm wurde mitgeteilt, dass sich an den Plänen der *Airline* etwas geändert habe. Man sei zufrieden mit seinen Leistungen gewesen, aber die Indienststellung eines weiteren Flugzeuges wäre verschoben worden und man könne ihn leider nicht einstellen.

Etwas enttäuscht sah er sich als typischen Pechvogel, bis er dann im Gespräch mit anderen Piloten feststellen musste, dass nach ihm schon die nächsten *Supervision*-Piloten auf ihren Einsatz warteten. Und vor ihm war es bereits seit vielen Jahren einer ganzen Reihe von Flugzeugführern ähnlich ergangen.

Also fing unser Pechvogel wieder an Bewerbungen zu schreiben. Diesmal klapperte er europaweit alle Gesellschaften ab, die eine Boeing 737 betreiben. Nach einem Jahr musste er nochmals eine vierstellige Summe auf den Tisch einer Flugschule blättern, um das *Type Rating* zu verlängern.

Nach 90 erfolglosen Bewerbungen in ganz Europa geriet er schließlich an eine seriöse Gesellschaft. Bei dem Auswahlverfahren dieser Firma gehörte er zu den Glücklichen, die eine Stelle bekamen. Von allen Bewerbern war er der Einzige, der ein gültiges Jet-*Type Rating* hatte. Dies nützte ihm jedoch nichts. Die Gesellschaft setzte einen ganz anderen Flugzeugtyp ein und die *Type Rating*-Ausbildung begann wieder von vorne.

Ein Leidensgenosse von ihm hatte mehr Glück – so meinte er jedenfalls zunächst – und konnte bei einer großen europäischen Linie auf einer Boeing 737 anfangen. Sein Pech, diese *Airline* war bestrebt, hohe Standards zu setzen und legte großen Wert auf die eigene firmeninterne Ausbildung. Für einige einzige Neueinstellung mit *Type Rating* wollte man nicht ein spezielles Ausbildungsprogramm stricken. Daher musste er die gesamte *Type Rating*-Ausbildung einschließlich theoretischer Schulung, Simulatortraining und *Supervision*-Zeit noch ein zweites Mal durchlaufen.

Die Kosten dieses Abenteuers:

Type Rating	25.000 Euro
Reisekosten während der Ausbildung und der *Supervision*zeit:	3500 Euro
Zehn Starts und Landungen:	4000 Euro
Entgangener Verdienst während der *Supervision*-Zeit:	5000 Euro*
Jahrescheckflug zur Scheinverlängerung einschl. *Refresher*-Training:	2500 Euro
Summe:	**42.500 Euro**

* Unser Bekannter hatte während der Jobsuche als Taxifahrer gejobbt.

Der Nutzen gleich null. Zur Abzahlung des Bankkredites musste er seinen Bürgen um Hilfe bitten. Das magere Anfangsgehalt in seinem neuen Job in Höhe von 1400 Euro netto ging größtenteils noch für die Abzahlung der ATPL-Ausbildung drauf.

Zurzeit hat er keine Vorstellung, wann er wieder schuldenfrei sein wird. Dies bereitet ihm viele schlaflose Nächte, in denen er über seine Zukunft grübelt und die ihm die ganze Freude an dem neuen Job nehmen, der ihm sonst eigentlich Spaß machen würde.

Er denkt sich, heute ist er 28 Jahre alt. Wenn er Glück hat und gesund bleibt, hat er vielleicht in fünf Jahren die notwendigen Flugstunden für ein *Upgrade* zusammen. Vorausgesetzt, seine Firma hat Bedarf, kann er dann seine Schulden etwas zügiger zurückzahlen. Mit 40 hat es dann vielleicht geschafft und kann aus seiner billigen Studentenbude ausziehen. Aber eigentlich hat er sich seine Pilotenkarriere so nicht vorgestellt. Vielleicht ergibt sich ja auch mal eine andere Tätigkeit, in der er besser verdient.

Jede Fluggesellschaft hat das Recht und auch die Pflicht legale Möglichkeiten zu nutzen, um die Kosten so weit wie möglich zu drücken. Anders ist das Überleben in einem harten, heiß umkämpften Markt nicht möglich. Der Skandal ist jedoch, dass einige Fluggesellschaften hier zum eigenen Vorteil eine – man kann es bei nüchterner Betrachtung nicht anders bezeichnen – fast schon kriminelle Energie entwickeln, um einem wirtschaftlich schwachen Partner, der sozusagen bereits mit dem letzten Hemd kommt, falsche Hoffnungen zu machen und ihm dann auch noch dieses letzte Hemd über den Kopf zu ziehen.

Ähnliche Szenen spielen sich übrigens auch in der Allgemeinen Luftfahrt ab. Während Linien- und Chartergesellschaften ihre Flieger mit bis zu 300 Stunden pro Monat auslasten, müssen Bedarfsfluggesellschaften meist mit 400 bis 600 verkauften Stunden pro Flugzeug im Jahr leben. Jede zusätzlich verkaufte Stunde bringt Geld in die Kasse und hilft, die anteiligen Fixkosten zu senken.

Leider wird in dieser Branche meist nicht genug verdient um Bewerbern ein *Type Rating* zu bezahlen, die die *General Aviation* nur als Sprungbrett zur Großluftfahrt betrachten und entsprechend kurz im Unternehmen bleiben. Dies ist verständlich. Wenig verständlich ist, wenn auch hier wieder der Stellenmangel ausgenutzt wird, um die eigene Kasse zu füllen.

Da wird dann z.B. ein *King Air Rating* für 12.500 Euro offeriert, mit dem vagen Versprechen, den Kandidaten hinterher einzustellen. Aus der Einstellung wird natürlich nichts, aber man ist um eine Erfahrung reicher. Eine Gesellschaft, die auf diese Weise zehn *Type Ratings* im Jahr verkauft, hat den Umsatz schon mal um 20 % erhöht. Manchmal ohne das Flugzeug auch nur eine Stunde zusätzlich bewegen zu müssen. Denn die Ausbildungsflüge werden gerne auf Leerflügen gemacht, die sowieso anfallen und bereits von irgendeinem Kunden bezahlt sind.

Dabei geht es auch anders. Kleinere Gesellschaften, die fair sind und wirklich einen Piloten suchen, ziehen die Ausbildung zu minimalen Kosten durch. In den meisten Firmen fliegt zumindest ein Kapitän mit Einweisungsberechtigung. Die praktische Ausbildung auf Leerflügen, die sowieso regelmäßig anfallen wird nicht extra berechnet. Für das Üben von Notverfahren und ein wenig »Airwork« wird dann eben eine Extra-Schleife geflogen. Einige zusätzliche Platzrunden werden zum reinen Selbstkostenpreis abgerechnet. Schon hat das Unternehmen ohne zusätzliche Kosten einen zufriedenen Copiloten, der preiswert an sein *Rating* gekommen ist.

Fazit:
Investieren Sie *kein* Geld in ein unnützes *Type Rating*, es sei denn, Sie haben eine verbindliche schriftliche Zusage, dass Sie nach Erwerb des *Type Ratings* eingestellt werden, was selten ist.

Gesellschaften, die grundsätzlich nur Piloten mit *Type Rating* einstellen, sollten Sie ohne feste Einstellungszusage dann meiden, wenn Sie das *Type Rating* erst noch erwerben müssen. Bei diesen Gesellschaften können Sie sich bewerben, wenn Sie bereits ein *Type Rating* haben, weil Sie schon bei einer anderen Gesellschaft geflogen sind und nun wechseln wollen oder arbeitslos geworden sind.

Steuerliche Fragen zum Type Rating

Ein weiteres Argument, das für die Bezahlung des *Type Rating* durch den Arbeitgeber spricht, ist die steuerliche Behandlung dieser Ausgaben. Während früher ein ATPL-Inhaber das selbst finanzierte *Type Rating* anstandslos von der Steuer absetzen konnte, sperren sich die Finanzbehörden dagegen zunehmend. Einige Finanzämter sehen diese Kosten nämlich nicht als Fortbildungskosten an, sondern als Teil der Ausbildungskosten. Der Unterschied ist gewaltig. Fortbildungskosten können als Werbungskosten in voller Höhe vom zu versteuernden Einkommen abgezogen werden. Ausbildungskosten lassen sich dagegen nur als Sonderausgaben absetzen, und hierfür liegt der Höchstbetrag zur Zeit bei 2400 DM jährlich. Finanziert der Arbeitgeber das *Type Rating,* kann er die Kosten auf jeden Fall als Betriebsausgaben geltend machen.

Bewerbung

Hat eine Fluggesellschaft inseriert und Pilotenstellen ausgeschrieben, sollten Sie eine komplette Bewerbungsmappe zusammenstellen und an die *Airline* senden. In den Buchläden gibt es jede Menge Fachbücher, die beschreiben, wie man Bewerbungen professionell verfasst. Dies muss an dieser Stelle nicht wiederholt werden.

Alternativ können Sie sich auch bei verschiedenen *Airlines* bewerben, ohne dass eine konkrete Stellenausschreibung vorliegt. Hierzu ist es ausreichend, eine Kurzbewerbung an die Flugbetriebsleitung der *Airline* zu senden. Sie sollten die armen Leute, die eh schon genug unter ihrem Papierkram zu leiden haben, nicht noch mit zusätzlichen Aktenbergen belasten. Eine Kurzbewerbung kann aus einem Anschreiben und einem Lebenslauf bestehen. Ihre Qualifikation sollte darin kurz und prägnant wiedergegeben werden.

Das Ergebnis wird dann entweder eine Absage sein, in der beispielsweise steht, dass Sie die Qualifikationsmerkmale derzeit noch nicht erfüllen, sich aber zu einem späteren Zeitpunkt wieder bewerben können – oder aber man teilt Ihnen mit, dass Ihre Bewerbung auf Interesse gestoßen ist und man sich wieder bei Ihnen melden werde, sobald Bedarf bestehe.

In letzterem Fall haben Sie zumindest schon mal ein Bein in der Tür und können eventuell damit rechnen, dass sich die Airline wieder bei Ihnen meldet. Dies kann bis zu mehreren Monaten dauern.

Manchmal können Sie auch zu einem kleinen Trick greifen, um sich gelegentlich wieder in Erinnerung zu bringen: Reichen Sie zwischenzeitlich erworbene Zusatzqualifikationen nach. Durch einen kurzen Zweizeiler können Sie zum Beispiel verkünden:

»Ich beziehe mich auf meine Bewerbung als Flugzeugführer vom ..... Ergänzend teile ich Ihnen mit, dass ich am .... meine ATPL-Ausbildung beendet habe / Long Range Prüfung abgelegt habe / ein Type Rating für ... erworben habe / weitere Flugerfahrung von .... Stunden auf .... erworben habe.«

Sie zwingen dadurch einen Mitarbeiter der *Airline,* Ihre Bewerbung herauszusuchen und das Schreiben abzuheften, und sind dadurch schon wieder etwas präsenter als ein Mitbewerber. Außerdem bekunden Sie dadurch Ihr anhaltendes Interesse an einem Arbeitsplatz in dieser Firma und erwecken zumindest den Anschein, dass dies nicht eine von vielen Dutzend Bewerbungen war.

Es kann auch nicht schaden, wenn Sie ab und zu im Sekretariat des Flugbetriebsleiters anrufen und nach den aktuellen Plänen für Neueinstellungen fragen. Sind Neueinstellungen geplant, können Sie bei dieser Gelegenheits nochmals auf die bereits vorliegende Bewerbung hinweisen. Klinkenputzen gehört hier leider zum Handwerk: Auch wenn dies nicht jedermanns Sache ist, am ehesten wird derjenige Erfolg haben, der ständig am Ball bleibt.

Arbeitsamt

Auch das Arbeitsamt vermittelt Pilotenstellen, allerdings nur in sehr geringer Anzahl. Über die Internetseiten des Arbeitsamtes können Sie unter http://www.arbeitsamt.de aktuelle Stellenangebote abrufen. Als Berufskennziffer (BKZ) geben Sie die »7261« ein.

Ferner gibt es in Frankfurt einen Fachvermittlungsdienst für Luftverkehrsberufe:

Bundesanstalt für Arbeit
Fachvermittlungsdienst Frankfurt
Vermittlungsstelle für Luftverkehrsberufe
Ficherfeldstr. 8-12, 60311 Frankfurt
Tel: 069/217 12 092 oder 217 12093

Luftfahrt-Bundesamt

Wie bereits erwähnt beschäftigt auch das
Luftfahrt-Bundesamt eine Reihe von Piloten, zum Beispiel als Flugbetriebsprüfer
oder zur Durchführung von Pilotenprü-
fungen. Auch diese Herren kommen neben ihrer Verwaltungstätigkeit regelmäßig zum Fliegen.
Aktuelle Stellenausschreibungen werden
auch auf den Internetseiten unter
http://www.LBA.de
veröffentlicht.

Vereinigung Cockpit

Trotz rasanter Zunahme des Luftverkehrs
ist die Berufsgruppe der Piloten immer
noch zu klein, als dass ihre Interessen
durch die großen Gewerkschaften ange-
messen vertreten wären. Aus diesem
Grunde sind die Flieger seit 1969 in der
Vereinigung Cockpit (VC) organisiert, die
heute rund 4700 Piloten und Flugingenieure vertritt. Die VC arbeitet in verschiedenen Arbeitsgruppen an relevanten Fragen des Luftverkehrs und steht den
Cockpitbesatzungen in Fragen des Ar-
beitsrechts oder bei gesundheitlichen
Problemen zur Seite. Während die VC
früher stark Lufthansa-geprägt war, enga-
giert sich heute mit steigender Tendenz
auch Cockpitpersonal aus anderen Fluggesellschaften. Auch Flugschüler können
dort bereits Mitglied werden und von den
verschiedenen Leistungen profitieren,
insbesondere auch von den fachlich qualifizierten Artikeln in der Verbandszeitung
zu verschiedenen Fragen der Fliegerei.
Nicht zuletzt bieten die zahlreichen Veran-
staltungen auch Flugschülern die Möglichkeit, den einen oder anderen Kontakt
zu knüpfen.
Im Dezember 1998 hat die VC eine »Job-
börse« gestartet, die sowohl Flugschülern
als auch Flugzeugführern offen stehen sollte. Ihre persönlichen Daten werden dabei
in eine Datenbank aufgenommen und ano-
nym verschiedenen Fluggesellschaften zur
Verfügung gestellt. Diese sollten dann anhand der Daten eine Vorauswahl treffen
und mit ausgewählten Bewerben die normalen Einstellungsverfahren und Tests
fortsetzen. Bis zum Redaktionsschluss
konnte dieses Konzept allerdings in der
Praxis nicht erfolgreich umgesetzt werden.

Vereinigung Cockpit e.V.
Frankfurter Str. 232, 63263 Neu-Isenburg
Tel: 06102/370-0
E-Mail: info@Vcockpit.de

Einstellungstests für Piloten

Wenn alle rosa Elefanten zur Schule gehen und lesen können und rote Kugelschreiber nur rosa Elefanten sind, wenn sie singen und zur Arbeit gehen, stimmt dann die Behauptung, dass rosa Elefanten rote Kugelschreiber sind?

Einer meiner Fluglehrer hat immer behauptet, wenn er genügend Bananen hätte, könnte er auch einem Schimpansen das Fliegen beibringen. Leider hat das Luftverkehrsgesetz bis heute den praktischen Beweis dieser Behauptung verhindert. Aber eines ist sicher: Der Affe könnte nicht Fragen der zitierten Art beantworten, was bei einigen Fluggesellschaften Voraussetzung für einen Job im Cockpit ist.

Damit wollen die Fluggesellschaften nicht etwa prüfen, ob Sie sich beim Anblick kontrastreicher Wolkenformationen ablenken lassen, indem Sie von singenden rosa Elefanten träumen. Nein: Überprüft wird mit derartigen Fragestellungen die Abstraktionsfähigkeit des angehenden Cockpitpersonals.

Wenn Sie das Glück hatten, aus der regelmäßig bei den Fluggesellschaften eintrudelnden Bewerbungsflut herausgefiltert zu werden, steht Ihnen mit dem Einstellungstest noch eine letzte Hürde bevor.

Wer die Ausbildung bis zur Verkehrspilotenlizenz mit allen praktischen und theoretischen Prüfungen gemeistert hat, sollte eigentlich bereits nachgewiesen haben, dass er nicht zu den Allerdümmsten gehört, ein gewisses technisches Verständnis hat, in einem gewissen Rahmen und Umfeld belastbar ist und das Prinzip des Fliegens an sich verstanden hat.

Wozu also noch einen Einstellungstest überstehen?

Das hat mehrere Gründe:

Die praktische Erfahrung zeigt, dass die Lizenzierung durch das Luftfahrt-Bundesamt kein ausreichendes Kriterium ist, um die Eignung eines Berufsanfängers für die Kanzel eines Verkehrsflugzeuges nachzuweisen. Die Flugschulen bilden jeden aus, der das Training bezahlen kann, und sind in der Regel, aus eigenem wirtschaftlichen Interesse, nicht ehrlich genug, um ungeeignete Kandidaten zum Abbruch der Ausbildung zu überreden. Wir hatten dieses Thema bereits weiter vorne angesprochen.

Dies zwingt die Fluggesellschaften, aus der vorhandenen Bewerberflut nicht nur die Besten auszuwählen, sondern dabei auch deren grundsätzliche Eignung zu überprüfen.

Einstellungstests sind dabei ein Werkzeug, die Kandidaten nach Maßstäben zu beurteilen, welche die Gesellschaften selbst festlegen. Die Frage, ob dies immer die richtigen Werkzeuge sind, steht auf einem anderen Blatt.

Weitere Gründe sind:

- Die Fluggesellschaften können und wollen jeweils nur einen Bruchteil der

Bewerber einstellen – nämlich die Besten – und müssen irgendwie zu einem Ergebnis kommen. Psychologen wissen, dass Einstellungstests umstritten sind. Letztendlich sind sie aber das schnellste und preiswerteste Mittel, um aus einer Gruppe von Bewerbern einige Kandidaten herauszufiltern.

- Für *Type Rating,* Streckeneinweisung, *Supervision* und dergleichen muss die Fluggesellschaft Kosten zwischen 25.000 und 50.000 Euro aufbringen. Man kann sich hier keine Fehlinvestition leisten und will das Risiko durch entsprechende Auswahlverfahren minimieren. Denn schließlich sind auch schon gestandene ATPL-Inhaber durch ein anspruchsvolles *Type Rating* gefallen oder mussten in der *Supervision*-Zeit aussortiert werden.

- Jede Fluggesellschaft will für sich in Anspruch nehmen, nicht nur die besten, sondern auch die für die eigene Firmenkultur am besten geeigneten Piloten zu beschäftigen. Wie wir bereits im Kapitel »Beruf und Risiko« erfahren haben, spielen in modernen Cockpits nicht nur die fliegerischen Fertigkeiten eine Rolle, sondern immer entscheidender auch die Persönlichkeitsmerkmale. Einstellungstests sind hier immer noch die einfachste Möglichkeit, zumindest die absoluten Nieten auszusortieren.

- Den Entscheidungsträgern bei den Fluggesellschaften ist es natürlich lieber, die persönliche Verantwortung für eine Einstellung auf ein Testverfahren abschieben zu können, als selber die Verantwortung zu übernehmen.

So wird es wohl die Einstellungstests in mehr oder weniger abgewandelter Form auch in Zukunft geben – zumindest so lange, wie es mehr Bewerber als Jobs gibt.

Alle Tests basieren im Prinzip auf dem Wunschtraum des Arbeitgebers, in die Zukunft ihrer Bewerber schauen zu können. Da es im Prinzip keinen Einstellungstest gibt, der wissenschaftlich unumstritten wäre, liegen sie irgendwo in einer Grauzone zwischen Wissenschaft und Kaffeesatzleserei.

Sie kennen vielleicht die Geschichte vom reichen Gemüsehändler, der gefragt wird, wie er es zu Wohlstand und Ansehen gebracht hat:

»Ganz einfach«, antwortet dieser, »ich kaufe eine Kiste Tomaten für 3 DM und verkaufe sie für 5 DM. Die zwei Prozent Gewinn haben mich zum Millionär gemacht.«

Diese kleine Anekdote zeigt die Problematik von Einstellungstests, denn der studierte Kaufmann hätte möglicherweise trotz besserer Bilanzrechnung mit seinen Tomaten weniger Erfolg als der ungebildete, aber schlitzohrige Gemüsehändler.

Erfolg oder Misserfolg in einem bestimmten Beruf oder bei einer bestimmten Aufgabe wird durch wesentlich mehr Faktoren bestimmt als in Intelligenz- und Persönlichkeitstests abgefragt werden können. Diese zeigen immer nur eine Momentaufnahme des Bewerbers, die je nach Tagesform und Vorbereitung zu vollkommen gegensätzlichen Ergebnissen führen kann.

Gerade über Einstellungstests für Piloten werden häufig Horrorgeschichten erzählt, die gänzlich unbegründet sind. Denn mit etwas Vorbereitung und gesundem Menschenverstand sind diese Tests auch von durchschnittlich Begabten zu schaffen. Wenn aber bei einer Gesellschaft wie etwa der Lufthansa 4000 Bewerbungen im Jahr eintreffen, davon aber nur 50 Pilotenanwärter eingestellt werden können, dann müssen 3950 Leute nach Hause geschickt werden – ganz gleich, wie gut diese sind.

Bei den 50, die genommen wurden, gab es Kriterien, die bei der Auswahlkommission zu der Ansicht führten, dass diese Kandidaten etwas besser zur Lufthansa passen als die anderen. Trotzdem kann es bei einer anderen Fluggesellschaft wieder ganz anders aussehen.

Dies ist wie im Rennsport. Wer einen Formel-1-Wagen steuert, gehört zu den besten Rennfahrern der Welt. Trotzdem geht bei jedem Rennen einer als erster und einer als letzter ins Ziel. Und selten geht immer der Gleiche als Erster ins Ziel. Der Sieg hängt von so vielen verschiedenen Faktoren ab, dass der Weltmeister unmöglich in einem einzigen Rennen ermittelt werden kann.

Wer also bei einem Rennen – sprich Einstellungstest – rausgeflogen ist, sollte sich nicht entmutigen lassen und getrost auch den Rest der Saison durchfahren, es also weiter bei anderen Gesellschaften probieren.

Denn eine Ablehnung heißt nicht unbedingt, dass ein anderer Kandidat begabter, intelligenter oder geschickter war. Sie heißt nur, dass die Auswahlkommission zur Ansicht gekommen ist, dass ein anderer Kandidat besser in die Firma passt. Die Kriterien, die für diese Entscheidung ausschlaggebend waren, müssen nicht unbedingt auf eine andere Firma oder gar eine andere Testsituation bei der gleichen Firma übertragbar sein. Immerhin hat es auch schon Bewerber gegeben, die bei einer Auswahluntersuchung vor Beginn ihrer Pilotenausbildung durchge-

fallen sind und Jahre später, nach Abschluss ihrer Ausbildung und dem Sammeln einiger Erfahrung, genau bei dieser Gesellschaft einen Job bekommen haben (schließlich werden Testergebnisse nicht endlos aufbewahrt).

Ein guter Bekannter ist vor zehn Jahren nach dem Abitur durch den Einstellungstest der Lufthansa gefallen, hat dann die Ausbildung über Umwege in den USA selbst finanziert, sich einige Jahre mit *Ferry*-Flügen und verschiedenen Jobs in der *General Aviation* durchgeschlagen und sitzt heute auf dem rechten Sitz einer Lufthansa Boeing 747-200.

Bei einem Eignungstest spielt neben einer Bewertung Ihrer grundsätzlichen Eignung für diesen Job auch eine große Rolle, ob Sie zu der jeweiligen Firma passen, bei der Sie sich bewerben. Und diesbezüglich kann die Unternehmenskultur recht unterschiedlich sein. Wer zum Beispiel nicht zu einem Großkonzern wie der Lufthansa passt, der mit den entsprechenden Strukturen aus einem Staatsbetrieb hervorgegangen ist, kann trotzdem der bessere Pilot sein und ist bei einer anders ausgerichteten Firma genau der richtige Mann am richtigen Ort.

Hier sollten Sie es mit dem bekannten Hollywood-Schauspieler und Regisseur Woody Allen halten, der in jungen Jahren bei einem Einstellungstest abgelehnt worden war. Er sagte:

»Bei einer Firma, die Leute wie mich nicht einstellt, würde ich nie im Leben arbeiten wollen.«

Diese Art von Selbstbewusstsein sollten Sie sich auch bei Ihrem Bewerbungsmarathon bewahren. Wer also zu einem solchen Test eingeladen wird, sollte sich gründlich vorbereiten und alles weitere gelassen auf sich zukommen lassen.

Trotz aller Kritik am Sinn und Unsinn der gegenwärtig praktizierten Einstellungstests muss man aber auch berücksichtigen, dass von dessen Bestehen eine immerhin sechsstellige Investition für den ATPL abhängt. Wer auf Nummer Sicher gehen will, sollte eigentlich bereits vor Ausbildungsbeginn einen solchen Test absolvieren.

Wie sieht ein Einstellungstest aus?

Der Einstellungstest besteht aus mehreren Teilen, deren Umfang von Gesellschaft zu Gesellschaft sehr unterschiedlich ist.

Die Palette kann bei kleineren Unternehmen von einem kurzen Gespräch mit dem Flugbetriebsleiter über einen Simulatorcheck bis zu einem mehrtägigen Testmarathon reichen. In der Regel werden die Tests umso umfangreicher, je größer das Unternehmen ist.

Den größten Aufwand trieb hierzulande mit Abstand schon immer die Lufthansa, die auch stets die größte Bewerberflut zu bewältigen hatte und noch hat. Dort hat man mittlerweile sogar einen so genannten Assessment-Center-Test eingeführt. Mehr dazu später.

Flugpsychologische Untersuchung

In der Regel beginnt die Testreihe mit einer flugpsychologischen Untersuchung. Dabei sind verschiedene Testaufgaben zu bewältigen, von denen die Psychologen meinen, dass sie daraus die Fähigkeiten des Bewerbers beurteilen können in Hinblick auf

- Allgemeinwissen,
- Logisches Denkvermögen,
- Konzentrationsfähigkeit,
- Abstraktionsfähigkeit,
- Merkfähigkeit/ Kurzzeitgedächtnis,
- Verbale Intelligenz,
- Praktisch-technische Intelligenz,
- Räumliches Vorstellungsvermögen.

Häufig werden die Tests so angelegt, dass Sie mit den einzelnen Aufgaben unmöglich fertig werden können. Wer dann nicht weiß, dass zum Beispiel schon 30 Prozent ausreichend sind, kommt schnell unter Druck, was eventuell auf die Bearbeitung weiterer Testaufgaben negative Auswirkungen hat. Der Zeitdruck ist beabsichtigt und soll Ihre Belastbarkeit testen. Wichtiger als einzelne Spitzenleistungen ist ein gleichmäßiges Leistungsniveau bei allen Tests.

Gehen Sie daher zügig und konzentriert Aufgabe für Aufgabe ans Werk. Beißen Sie sich nicht in Aufgaben fest, die Sie nicht sofort lösen können, und gehen Sie lieber zur nächsten Aufgabe über. Sie müssen den richtigen Mittelweg zwischen Geschwindigkeit und ausreichender Sorgfalt finden.

Lesen Sie sorgfältig die Bearbeitungshinweise zu den einzelnen Aufgaben, und fragen Sie sofort, wenn etwas unklar ist.

Kurz vor Ablauf der Testzeit sollten Sie mit der Bearbeitung der Aufgaben aufhören und die restlichen Lösungen raten. Dies ist meist besser, als gar nichts anzukreuzen.

Aber Vorsicht: Es kann Testaufgaben geben, bei denen falsche Antworten zu einem Punktabzug führen. Dies wird Ihnen jedoch vor dem jeweiligen Test gesagt. Dies ist beispielsweise oft bei Aufgaben zur physikalischen Intelligenz der Fall.

Testberater empfehlen, nur zum Test anzutreten, wenn man auch wirklich fit ist, also nicht gerade an einer Grippe oder außergewöhnlichem persönlichem Stress leidet. Bei Gesellschaften, die nur ein- oder zweimal im Jahr ein *Screening* machen, ist dieser Tipp natürlich sehr theoretisch.

Tauschen Sie sich in den Pausen mit den anderen Testteilnehmern aus. Es beruhigt die Nerven, wenn Sie Leidensgenossen haben, wenn Sie also feststellen, dass die anderen bei einzelnen Aufgaben auch nicht weitergekommen sind.

Damit Sie sich eine Vorstellung davon machen können, was auf Sie zukommt, finden Sie im Folgenden einen Querschnitt der üblichen Testaufgaben und einige Tipps, die die Lösung erleichtern. Mit diesen Hinweisen können Sie dann schon etwas gelassener in den Test gehen. Der Rest ist: Üben.

Buchtipp

Beim Üben hilft Ihnen ein hervorragendes Buch des bereits durch zahlreiche Veröffentlichungen bewährten Autorengespanns Hesse & Schrader:

Der Pilotentest
ISBN 3-8218-1582-5
Preis: 98,– DM

Wer etwas weniger ausgeben will, kommt auch mit dem Buch der gleichen Verfasser zurecht:
Testtraining 2000 – Einstellungs- und Eignungstests erfolgreich bestehen
ISBN 3-8218-1408-X
Preis: 39,80 DM

Sie werden kaum auf eine Testart stoßen, die in diesen Büchern nicht beschrieben wurde und anhand verschiedener Übungsbeispiele trainiert werden kann. Das Buch enthält ausreichend Hintergrundinformationen, um den Sinn einzelner Tests zu verstehen und sich eigene Lösungsmethoden zu erarbeiten.

Nachdem Sie dieses Buch durchgearbeitet und die einzelnen Tests gründlich geübt haben, werden Sie so schnell bei keinem Einstellungstest mehr ins Schwitzen kommen. Das zweite Buch ist allgemeiner und umfangreicher als das spezielle Pilotentestbuch.

Eine weitere Möglichkeit zur Testvorbereitung bietet die DLR auf ihren Internetseiten. Unter der Adresse

http://www.hh.dlr.de

finden Sie viele Tipps und Ratschläge zu den Eignungstests. Sie können anhand von Beispielaufgaben üben und erfahren, wie man grundsätzlich an die Tests herangeht. Und das alles ist kostenlos.

Sinn einer Testvorbereitung sollte es nicht sein, ungeeignete Kandidaten mit Gewalt durch den Eignungstest zu bringen. Diese würden sich für den Rest ihres Lebens keinen Gefallen tun. Mit einer guten Testvorbereitung sollten Sie vielmehr die notwendige Gelassenheit bekommen, um Ihre Fähigkeiten optimal einsetzen zu können. Und Sie können eigene Denkansätze zur Lösung von Aufgabenstellungen entwickeln, die Ihnen bisher fremd waren.

Wer für diesen Job geeignet ist, kann sich mit den Hinweisen in dem vorliegenden Buch und dem oben genannten Titel für wenig Geld mehr als ausreichend vorbereiten. Weitere Ausgaben zur Testvorbereitung, wie spezielle Testtrainings, sind verschwendet.

Die Testautoren haben sich längst auf die neue Situation eingestellt und Werkzeuge in die Tests eingebaut, die erkennen lassen, ob jemand trainiert wurde oder nicht. Dies wird bei der Auswertung berücksichtigt. Ferner hat die DLR festgestellt, dass trotz Vorbereitung häufig systematisch falsche Antworten gegeben werden. Das bedeutet: Die Testtrainer verfügten – trotz vollmundiger Werbung – häufig nicht über die korrekten Lösungen. Auffällig werden trainierte Bewerber auch bei der Darstellung ihres Persönlichkeitsbildes. Während sich untrainierte Bewerber mit einem klaren Persönlichkeitsbild präsentieren, neigen vorbereitete Kandidaten dazu, zwischen der vom Testtrainer antrainierten Persönlichkeit und ihrer eigenen hin- und herzuschwanken. Besonders deutlich wird dies bei den Rollenspielen. Vertreter der DLR sind daher der Meinung, dass ein Testtraining eher Nachteile als Vorteile hat.

Aber auch wenn die eine oder andere Klage über die Seriosität diverser Testtrainingsangebote berechtigt ist, muss man doch einräumen:

Es ist durchaus schon dem einen oder anderen ungeeigneten Kandidaten gelungen, sich durch ein Training in den Anstellungs- beziehungsweise Ausbildungsvertrag einer Airline zu mogeln. Allerdings trennt sich dann während der firmeninternen Ausbildung schnell die Spreu vom Weizen. So mancher testtrainierte Neuling, der sich schon auf einem sicheren Arbeitsplatz wähnte, wurde nach der *Type-Rating*-Ausbildung oder Supervisionzeit wieder dem freien Arbeitsmarkt zur Verfügung gestellt. Dies ist nicht nur für einen jungen Piloten äußerst enttäuschend, sondern auch für die Fluggesell-

schaften ein Ärgernis, da sie in diesem Fall auf den *Type-Rating*-Kosten sitzen bleibt.

Vorsicht Falle!

Und an dieser Stelle ist gleich noch eine Warnung angebracht. Dem Thema »Nepper, Schlepper, Bauernfänger« im Zusammenhang mit der Fliegerei hatten wir uns bereits an verschiedenen Stellen dieses Buches gewidmet. Einige findige Zeitgenossen haben nun entdeckt, dass man auch einem fertig ausgebildeten Piloten schnell noch ein paar Mark aus der Tasche ziehen kann, bevor man ihn endgültig ins Berufsleben entlässt.

Ein altes Sprichwort sagt: »Geld verdient man nicht mit der Fliegerei, sondern an der Fliegerei.« Dies haben einige geschäftstüchtige Psychologen beherzigt und bieten in Kleinanzeigen ein Bewerbertraining für Piloten an.

Man hat sich wohl zu Recht gedacht, wer bereits 75.000 Euro und mehr in seine Ausbildung investiert hat, um sich anschließend mit 1000 frischen Verkehrspiloten um einige wenige Cockpitplätze zu prügeln, dem sind auch noch ein bis zwei weitere Tausender aus der Tasche zu ziehen.

Die Angst, nach all der Mühe an einem simplen Eignungstest zu scheitern, wird hier geschickt ausgenutzt, um völlig überteuerte Vorbereitungsmaterialien an den Mann oder die Frau zu bringen.

Den Vogel schießt hier eine Firma aus Freiburg ab. Je nach *Airline* werden verschiedene Tests offeriert. Wer sich zum Beispiel bei Eurowings bewerben will, bekommt – nachdem er 715 DM (360 Euro) Vorkasse geleistet hat – den sogenannten »Weiss-Test« in Form eines dünnen Leitz-Ordners übersandt. Der Ordner enthält 75 Blätter, die zudem noch recht großzügig beschrieben wurden.

Einer Einleitung, die aus 25 Zeilen besteht und außer Banalitäten – die eh jeder weiß, der zur Schule gegangen ist – nichts Erwähnenswertes enthält, folgen elf verschiedene Tests. Diese entsprechen nur sehr grob dem, was Herr Weiss tatsächlich in seinen Prüfungen verlangt. Einige Tests kommen in der Praxis nicht dran, andere wichtige Tests, die seit Jahren vorkommen, sind nicht enthalten.

Begleitende Erklärungen zum Hintergrund der Tests, zu den Lösungen, zum Erarbeiten von Lösungsschemata fehlen fast vollständig. Bis auf wenige Ausnahmen wird nicht einmal erwähnt, wie viel Zeit zum Bearbeiten der einzelnen Tests zur Verfügung steht.

Einige Grundsatzerklärungen gibt es lediglich zu den Themen »Technik« und »Psychologie«. Hilfreich ist allenfalls der kleine *Refresher* zu den physikalischen Zusammenhängen – immerhin neun Seiten.

Eine Erklärung zum Lösungsschlüssel der Übungsaufgaben fehlt dann aber wieder vollkommen.

Mit dem Kapitel »Psychologie« meint der Autor des Ordners den Persönlichkeitstest. Dort werden auf fünf Seiten zwar sinnvolle, aber völlig unzureichende Erklärungen gegeben.

Die Krönung des Ganzen ist dann der Abschnitt, der laut vollmundiger Werbung den Bewerber auf das persönliche Gespräch mit dem Psychologen vorbereiten soll. Auf einer einzigen mickrigen Seite werden kurz und bündig mögliche Fragestellungen aufgelistet. Keine Hinweise darauf, wie man sich im Interview verhalten soll, welche Fehler man vermeiden

sollte, was der Interviewer hören will. Nichts – außer dem frommen Wunsch am Ende »und nun viel Glück und guten Erfolg«.

Einen solchen Ordner stellt ein Laie auf dem Gebiet der Eignungstests mit etwas Schulbildung und gesundem Menschenverstand an einem Wochenende zusammen. Vielleicht mit Hilfe von ein oder zwei Bewerbern, die das Testprogramm bereits durchlaufen haben. Alle dargestellten Testaufgaben sind in der Literatur hinreichend bekannt und können abgeschrieben, gescannt oder ausgeschnitten und zusammengeklebt werden. Die Produktionskosten pro Ordner betragen dann für Photokopien und Leitz-Ordner weniger als 5 Euro. Nach nur zwei Tagen Arbeitsaufwand hat der Autor also ein Produkt in der Hand, das er mit 350 Euro Gewinn vom Wohnzimmer aus verkauft – und sich selbst damit wahrscheinlich so manche Hobbyflugstunde finanziert.

Kein Wunder, dass diese Werke nur gegen Vorkasse verkauft werden. Wer dieses Werk in seiner Buchhandlung durchblättern und mit richtiger Fachliteratur vergleichen würde, der würde es nicht einmal für 10 Euro kaufen.

Das am Anfang dieses Kapitels beschriebene Buch von Hesse & Schrader enthält für einen Bruchteil des Preises alle(!) Tests, die in dem Ordner zusammenkopiert wurden und darüber hinaus noch eine unbezahlbare Fülle an seriös aufbereiteten Informationen.

Aber auch weitere Anbieter sind nur mit Vorsicht zu genießen. Bis Mitte 2000 warb zum Beispiel der Anbieter eines Computertesttrainings ganz frech mit dem Gütesiegel »von der Vereinigung Cockpit empfohlen«, obwohl der Berufsverband das Programm nie in Händen gehabt hatte.

Ein anderer Anbieter, der in Inseraten auf sich aufmerksam macht, fiel bei den Recherchen zu diesem Buch überwiegend durch die zahlreichen Beschwerdebriefe auf, die von den Absolventen nach Besuch der dortigen Seminare verschickt werden.

Trotz aller Kritik am Testtraining: Etwas vorbereiten sollte man sich schon. Dazu gehören neben der genannten Literatur und der Vorbereitungsseite des DLR im Internet auch ein oder zwei Auffrischungsstunden im Simulatortyp, in dem der Checkflug stattfindet.

Um Ihnen ein wenig die Angst vor den Tests zu nehmen und bei der Vorbereitung zu helfen, hier einige Testbeispiele, die Sie in Ruhe nachvollziehen und üben können:

Allgemeinwissen

Fragen zum Allgemeinwissen kommen bei Pilotentests nur noch selten vor. Beispiel:

Wo liegt das Hauptlaichgebiet der europäischen Flussaale?

a) Nordsee
b) Ostsee
c) Golf von Mexiko

Wenn Sie diese Frage nicht beantworten können, befinden Sie sich auf der gleichen Bildungsstufe wie der Autor des vorliegenden Buches.

Uns Dummköpfen zum Trost:

Es sind immer wieder die gleichen Fragen, die durch derartige Tests geistern. Und hierfür haben wir schließlich Jürgen Hesse und Hans-Christian Schrader, die

in einem weiteren Buch »Test Aufgaben – Das Übungsbuch« (ISBN 3-442-13684-9) die gängigen Fragen zusammengefasst haben. Dieses Buch ist als Taschenbuch erhältlich.

Leistungs-Konzentrationstest

Sie erhalten ein DIN-A4-Blatt mit etwa 100 Zeilen voller Buchstaben. Nun sollen Sie mit einem Stift zum Beispiel alle d, b und q durchstreichen. Für jede Zeile wird Ihnen eine bestimmte Zeit vorgegeben. Nach Ablauf dieser Zeit bekommen Sie ein Signal und müssen zur nächsten Zeile übergehen. Bei diesem Test kommt es leicht vor, dass ähnliche Buchstaben, wie p und q verwechselt oder einzelne Zeilen ausgelassen werden.

Stress bereitet der Zeittakt, aber nur wenn man es vorher nicht weiß. In der Regel werden Sie nicht einmal die Hälfte der jeweiligen Zeile schaffen. Wer sich dessen bewusst ist, kann gelassen an den Test herangehen und sich auf die eigentlichen Testkriterien konzentrieren, nämlich wenig Fehler zu machen und bis zur letzten Zeile ein gleichmäßiges Leistungsniveau zu zeigen. Bei Ertönen des Signals hören Sie also diszipliniert auf und beginnen sofort mit der nächsten Zeile. Ein Anfängerfehler ist, auch nach Ertönen des Gongs immer noch einzelne Zeilen nachzubearbeiten.

Wer beispielsweise von den ersten Zeilen 40 Prozent schafft, sollte bei den letzten Zeilen nicht bei 20 Prozent liegen, sondern die 40 Prozent gleichmäßig und möglichst fehlerfrei durchhalten.

Hier ein Beispiel für diesen Test. Der Leser möge mir Schreibfehler verzeihen.

s i w o s o w q e i r e z t f c n s l s d z d n m s w p w j d d p j q p w s a p

p k l a h y p q e i y m y h z w p k h d q y x m p b h q u d w g u i p b q w a p

w e d s a y x c v b h t z u i o p q w f k o p b c v b v b a d w e r q d f g b d

p l k m n h g b v b g b h b h u p d h b q h p o p k l p b t h u d r t v d u o p

d c g h t e q a y x s w e d c v b f g t n j m p g c b r t q d f r t b u o p f d

p l k m n h g b v b g b h b h u p d h b q h p o p k l p b t h u d r t v d u o p

d l k q y x m p b h q u d w g u i p b q a d l k q y x m p b h q u d w g u i p b

i d z d n m s w p w j d d p j q p w s a p l k m n h g b v b g b h b h u p d a d

s a y x c v b h t z u i o p q w f g h j k o p b c v b v b a d w e r q d f g b d

y h z w p k h d l k q y x m p b h d k p l k m b h n b h n p q r t i o p n m g b

a h y p q w e d c v b f g t b p g w e d c v b f g t b p g w e d c v b f g t b p

y h z w p k h d l k q y x m p b h d k p l k m b h n b h n p q r t i o p n m g b

k o p b c v b v b a d w e r q d f g b d g h j k o p b c v b v b a d w e r q d d

g b v b g b h b h u p d a d n h g b v b g b h b h u p d a d b h u p d h b r t z

y h z w p k h d l k q y x m p b h d k p l k m b h n b h n p q r t i o p n m g b

m n h g b v b g b h b h u p d h b r t z q h p o p k l p b t h u d r t v d u o p

o s o w q e i r e z t f c n s l s d u i d z d n m s w p w j d d p j q p w s a p

h k b p q p d g h d b n h z u p a d b g t u o p h f d w r b h p y c b r t u p q

m n h g b v b g b h b h u p d h b r t z q h p o p k l p b t h u d r t v d u o p

a h z w p k h d l k q y x m p b h d k p l k m b h n b h n p q r t i o p n m g b

i u z q w e r d c b h t z y s d f g h j k p y c v b h t z e w q a y s d r d f d

h k b p q p d g h d b n h z u p a d b g t u o p h f d w r b h p y c b r t s i w

o s o w q e i r e z t f c n s l s d u i d z d n m s w p w j d d p j q p w s a p

q d f g b h n b g h j k p o i u z t r f g h b v d f w a d f b n h j t z r w a d

s i w o s o w q e i r e z t f c n s l s d u i d z d n m s w p w j d d p j q p w

o q p h k b p q p d g h d b n h z u p a d b g t u o p h f d w r b h p y c b r t

p l k m n h g b v b g b h b h u p d h b r t z q h p o p k l p b t h u d r t v d

p l k m n h g b v b g b h b h u p d h b r t z q h p o p k l p b t h u d r t v d

p l k m n h g b v b g b h b h u p d h b r t z q h p o p k l p b t h u d r t v d

p l k m n h g b v b g b h b h u p d h b r t z q h p o p k l p b t h u d r t v d

p l k m n h g b v b g b h b h u p d h b r t z q h p o p k l p b t h u d r t v d

p l k m n h g b v b g b h b h u p d h b r t z q h p o p k l p b t h u d r t v d

p l k m n h g b v b g b h b h u p d h b r t z q h p o p k l p b t h u d r t v d

p l k m n h g b v b g b h b h u p d h b r t z q h p o p k l p b t h u d r t v d

p l k m n h g b v b g b h b h u p d h b r t z q h p o p k l p b t h u d r t v d

p l k m n h g b v b g b h b h u p d h b r t z q h p o p k l p b t h u d r t v d

p l k m n h g b v b g b h b h u p d h b r t z q h p o p k l p b t h u d r t v d

Konzentrationstest

Eine der vielen weiteren Möglichkeiten, Ihre Konzentration zu testen, ist das Abfliegen von Kurven.

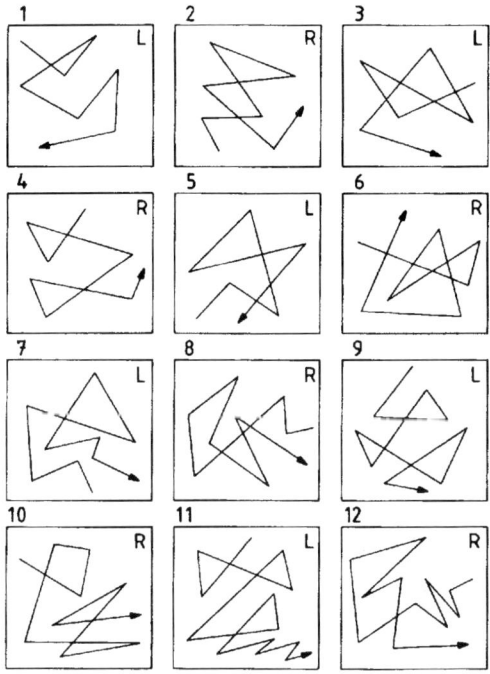

Abfliegen von Kurven

Bei diesen Aufgaben müssen Sie mit Höchstgeschwindigkeit in den Kästchen mit einem L in der Ecke die Linkskurven zählen und bei einem Kästchen mit einem R die Rechtskurven. In zum Beispiel zwei Minuten sollen Sie so viele der zwölf Aufgaben wie möglich lösen.

Auch hier heißt es wieder: »Übung schärft den Blick für scharfe Kurven« und damit auch die Geschwindigkeit beim Zählen.

Verbale Intelligenz

Die verbale Intelligenz wird gerne anhand von Analogien überprüft.
Beispiel:

Buchstabe : Ziffer = Wort : ...?....
a) Wert
b) Summe
c) Zahl
d) Satz
e) Rechnung
f) Aufgabe

Richtig ist Lösung: c)
»Buchstabe« verhält sich zu »Ziffer« wie »Wort« zu »Zahl«, denn der Buchstabe ist das Grundelement eines Wortes, die Ziffer ist das Grundelement einer Zahl.
Wichtig ist – wie bei allen Testaufgaben – ein systematisches Vorgehen. Um sich nicht zu verzetteln, tasten Sie sich bei etwas schwierigeren Aufgaben dieser Art mit der Ausschlussmethode an die richtige Lösung: Klammern Sie zunächst alle Antworten aus, die offensichtlich falsch sind und konzentrieren Sie Ihre Überlegungen dann auf die Antworten, die in die engere Wahl kommen. Meist sind dies nur noch zwei.
Eine Variante dieses Tests besteht darin, dass Sie aus sieben Begriffen zwei Begriffe herausfinden müssen, die einen gemeinsamen Oberbegriff haben; Beispiel:

a) Gras
b) Wurzel
c) Tulpe
d) Eiche
e) Laub
f) Rose
g) Wald

Es gehören zwar alle Begriffe dem Pflanzenreich an, aber nur für die zwei Begriffe »Rose« und »Tulpe« lässt sich der gemeinsame Oberbegriff »Blume« finden. Richtig ist demnach die Lösung: c) + f).

Schwierig sind diese Tests, wenn Deutsch nicht Ihre Muttersprache ist.

Bei einer anderen Variante bekommen Sie fünf Begriffe, von denen vier einen gemeinsamen Oberbegriff haben. Sie müssen nun den Begriff herausfinden, der nicht in die Wortreihe passt.

Beispiel:

a) gebohrt
b) gehobelt
c) geschliffen
d) poliert
e) gewalzt

Hier passt der Begriff »gebohrt« nicht in die Reihe, da sich alle anderen Begriffe der Oberflächenbearbeitung widmen.

Gestaltwahrnehmung

Bei diesen Tests sollen Sie Ihr Vorstellungsvermögen unter Beweis stellen, indem Sie Figuren erkennen, die zuvor zerschnitten und durcheinander gewürfelt wurden.

In der Regel haben Sie pro Aufgabe nicht mehr als 30 Sekunden Zeit.

Um einen Blick für die »dunklen Gestalten« zu bekommen, die auf dem Weg ins Cockpit zu enttarnen sind, helfen nur Üben und ein kleiner Trick.

Machen Sie keine schmerzhaften geistigen Verrenkungen, indem Sie versuchen, das Mosaik zu einer Figur zusammenzusetzen. Umgekehrt ist es einfacher. Nehmen Sie sich zu einem bestimmten Mosaik nacheinander die Figuren a bis b vor und versuchen Sie diese so zerschneiden, dass die Mosaikfiguren herauskommen. Dies geht einfacher, mit ein wenig Übung recht flott, und das Gehirn bleibt frisch für den nächsten Test.

Hier einige Beispiele:

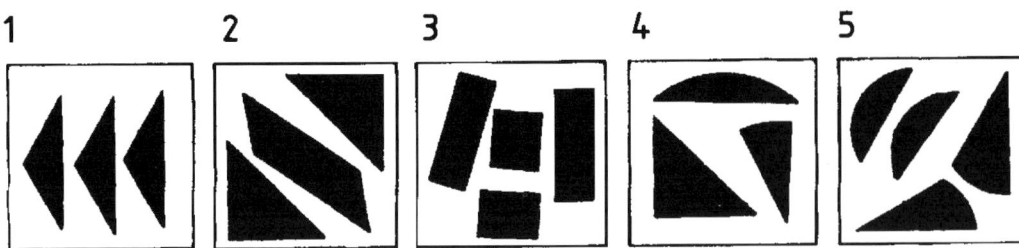

Dunkle Gestalten

Dreisatzrechnen

Ein »Sixpack« kostet 7 Euro. Wieviele Flaschen bekommt man für 133 Euro?
Hierzu gibt es nur zu sagen: Soviel Mathematik sollte eigentlich jeder drauf haben, der im Leben nicht verdursten will oder schon ab und zu eine Fete gegeben hat. Und wer sein Abitur gemeistert hat, hat schon schwierigere Aufgaben der Mathematik gelöst als einige Dreisatzaufgaben, die nicht mehr als die vier Grundrechenarten erfordern. Bei wem die entsprechenden Hirnzellen schon ein wenig eingerostet sind, der übt einige Aufgaben aus dem Übungsbuch von Hesse & Schrader. Wenn Ihnen erst einmal das Prinzip wieder klar geworden ist, lösen Sie alle Aufgaben dieser Art mit links und konzentrieren sich lieber auf die

Zahlenreihen

11 13 17 25 32 37 47 58?
Welche Zahl setzt die Reihe fort?
Richtig, die 71.

Zahlenreihen erscheinen auf den ersten Blick recht schwierig, sind es aber nicht, wenn man einmal grundsätzlich verstanden hat, worum es geht und wie man systematisch die Lösung erarbeitet.
Beim Lösen von Zahlenreihen können Sie sich auf einem separaten Zettel Notizen machen, was die Lösung erleichtert.
Schreiben Sie die Reihe nochmals auf und schreiben Sie jeweils unter zwei Zahlen, worin sich diese von der vorangegangen unterscheidet.

```
11   13   17   25   32   37    47    58
  +2   +4   +8   +7   +5   +10   +11
```

Auf den ersten Blick werden Sie feststellen, dass die jeweils zu addierenden Zahlen in keinem Zusammenhang stehen. Deutlicher wird es, wenn Sie sich dazu nochmals die Reihe darüber ansehen. Dann stellen Sie fest, dass 2 die Quersumme von 11 ist, 4 die Quersumme von 13, 8 von 17 usw. Die Quersumme von 58 ist 13. Diese Zahl addieren Sie zur 58 und schon haben Sie die Lösung: 71
Ein anderes Beispiel:

```
3   6   10   30   35   140   146   730
```

Auch hier kann man wieder systematisch vorgehen, ohne sein Gehirn über Gebühr zu strapazieren.
Zunächst schreiben Sie unter die Reihe, wie sich die einzelnen Zahlen durch Additionen verbinden lassen. Als zweiten Schritt schreiben Sie über die Reihe, wie sich einzelne Zahlen durch Multiplikationen verbinden lassen.

```
  x2       x3        x4        x5
3   6   10   30   35   140   146   730
 +3   +4   +20   +5   +105   +6   +584
```

Erst jetzt setzt die eigentliche Denkarbeit ein. Wenn Sie sich die Reihe anschauen, stellen Sie fest, dass bei jeder zweiten Zahl in der Multiplikation eine Systematik liegt, also x2, x3, x4, x5. Dies ist schon der erste Schritt zur Lösung. Die gleiche Systematik stellen Sie nun bei jeder zweiten Zahl in der darunterliegenden Addition fest, also +4, +5, +6.
Die Additionen +3, +20, +105, +584 führen erkennbar zu nichts, können also wieder gestrichen werden, es bleibt

```
  x2       x3        x4        x5
3   6   10   30   35   140   146   730
      +4         +5          +6
```

Um die Reihe fortzusetzen, ist als nächstes eine Addition dran, nämlich plus 7. Die Lösung lautet daher 737.

Auch bei diesem Test wird wieder der Sinn – oder Unsinn – von Eignungstests deutlich. Wer derartige Aufgaben noch nie im Leben bearbeitet hat und sich erst einmal überlegen muss, wie er an diese Aufgabe herangeht, wird mit Sicherheit auch bei überdurchschnittlicher Intelligenz Probleme haben. Wer weiß, wie es geht, löst diese Aufgaben auch noch nach dem dritten Bier am Stammtisch aus dem Handgelenk.

Eine graphische Abwandlung der Zahlenreihen ist der Positions-Logik-Test:

Vorgegeben sind 4 Zeilen mit Punkten, Leerzeichen und Sternen

```
. . . . .   . . . . .   . . . . .       . * . . .
. . . . .   . . . . .   . . . .  . *     . . . . .
. . . . .   . . . . .   . . . . .    . * . . .
. . . . .   . . . . .   . . . . . * . .   . . . .
```

In der fünften Zeile müssen Sie nun ankreuzen, welchen der drei Sterne Sie nach Ihren Überlegungen erwarten.

```
. * . . .   . . . . .       . * . .     . * . . .
   a            b     c
```

Richtig ist die Lösung c.

Jede Zeile enthält 4 Punktgruppen, und der Stern steht abwechselnd in der 4., 3., 4., 3. Gruppe. In Zeile 5 ist also wieder die 4. Gruppe dran.

Die Position des Sterns wechselt innerhalb einer Punktgruppe zwischen der 2., 3., 2., 3. Position. In der fünften Zeile ist also wieder die 2. Position dran.

Etwas schwieriger wird es, wenn auch die Anzahl der Punkte pro Gruppe wechselt:

```
. . . .  . . . . .    . . . *  . .  . . . .
.  . . .  . . .   . . . . .    . . . .
.  . . . . .    . . . . . .   . . . .   .
. . . . . .   . . . *  . . . .   . . . .
. . . * . .  . . . . *  . . *  . . . . *  . .
   a            b  c        d
```

Lassen Sie uns wieder systematisch an die Lösung herangehen:

1. Frage: In welcher Gruppe steht der Stern?

Antwort: 3. – 3. – 3. – 3.

Schlussfolgerung: Die Lösung muss einen Stern in der 3. Gruppe enthalten.

2. Frage: Welche Position in einer Gruppe hat der Stern?

Antwort: 4 – 4 – 4 – 4

Schlussfolgerung: Die Lösung muss einen Stern in der 4. Position einer Gruppe enthalten

Also müssen wir nach der dritten Gruppe mit einem Stern in der vierten Position suchen. Dies ist Lösung b).

Etwas schwieriger ist die folgende Aufgabe:

```
. . . . . . *   .   . . .     . . .
. . . .  . .    . * . . .  . . .  . . .  .
. . . . .  . . . . . . .    . * . . .
.  . .  . . .  . . . . .   . .    . * . . . .
. . .  . * . . . * . . * . . * . .   . .  . *
   a        b      c        d
```

1. Frage: In welcher Gruppe steht der Stern?

Antwort: 1. – 4. – 2. – 7.

Schlussfolgerung: Wir kommen so nicht weiter.

Wir müssen die Frage also etwas weiter fassen. Wir fragen nicht mehr: In welcher Gruppe steht der Stern?, sondern: Welche Eigenschaft hat die Gruppe, in der der Stern steht?

Mit dieser Fragestellung finden wir heraus, dass es jeweils die längste Gruppe in einer Zeile ist.

2. Frage: Welche Position in einer Gruppe hat der Stern?

Antwort: 7 – 1 – 9 – 1

Schlussfolgerung: Auch hier kommen wir nicht weiter.

Wir erweitern die Frage wieder und fragen: Welche Eigenschaft hat die Position innerhalb einer Gruppe, in der der Stern steht? Nun stellen wir fest: Es ist abwechselnd die erste und die letzte Position.

Also suchen wir nach einem Stern an letzter Position innerhalb der längsten Gruppe. Dies ist Antwort b).

Mit diesen Fragestellungen können Sie alle Aufgaben dieser Art lösen.

Kopfrechnen

Dieser Test soll Ihre Konzentrationsfähigkeit prüfen. Nach dem Motto »Steter Tropfen höhlt den Stein« sollen Sie mit simplen Rechenaufgaben, allein durch deren hohe Anzahl, zermürbt werden.

$3 + 5 + 4 = ?$
$7 - 2 + 1 = ?$

Sie sollen nun die erste Reihe ausrechnen und sich das Ergebnis merken. Dann rechnen Sie die zweite Reihe aus. Ist das Ergebnis kleiner, als das aus der ersten Reihe, ziehen Sie es von diesem ab. Ist das Ergebnis größer, addieren Sie es zu diesem.

Also $3 + 5 + 4 = 12$
$12 - 6 = 6$
$7 - 2 + 1 = 6$

Auf den Lösungszettel kommt die 6.

Beurteilt wird, wie weit Sie kommen und wie viele Fehler Sie machen.

Wer dies für Kinderkram hält, wird eines Besseren belehrt, nachdem er 300 dieser Aufgaben am Stück und unter Zeitdruck gelöst hat.

Der Test erfordert keine besonderen Fähigkeiten – außer Konzentration. Einen Nachteil hat höchstens derjenige, der es gewohnt ist, schon bei derartigen Aufgaben zum Taschenrechner zu greifen.

Zum Thema »Kopfrechnen« gibt es noch weitere Spielarten. Bei einem dieser Tests werden zum Beispiel Bilder mit Rechenaufgaben an die Wand geworfen. Die Aufgaben müssen im Kopf gelöst werden – Sie dürfen sich also keine Notizen machen.

Aufgabe: $35 \times 755 = ?$
Lösung:
a) 26.425
b) 7225
c) 55.625

Wer jetzt anfängt nach herkömmlicher Art zu rechnen, muss bereits nach der ersten Aufgabe passen, denn der Zeittakt ist gnadenlos, und Sie werden immer deutlich weniger Zeit zur Verfügung haben, als Sie zur exakten Lösung der Aufgabe brauchen.

Der Schlüssel zum Bearbeiten dieser Aufgaben liegt in dem Begriff »exakte Lösung«. Denn man kann diese Aufgaben auch überschlagsmäßig lösen und hierfür ist die Zeit mehr als ausreichend. Denn wer sich auskennt, sieht sofort, dass die angebotenen Lösungen weit auseinander liegen. Als überschlägige Rechnung würde sich anbieten:

$40 \times 800 = 32.000$

Dies lässt sich in zwei Sekunden ausrechnen. Das Ergebnis von 35×755 muss dann knapp darunter liegen. Also kreuzen Sie die Lösung a) an, entspannen sich bis zur nächsten Aufgabe und schauen zu, wie Ihr Nachbar fieberhaft rechnet.

Eine weitere Aufgabe:

$\sqrt{7250} = ?$

Lösung
a) 125,000
b) 85,146
c) 250,000
Während Ihr unvorbereiteter Nachbar bei dieser Aufgabe bereits daran denkt, sich einen anderen Beruf zu suchen, bleiben Sie ganz gelassen und grenzen die richtige Lösung in drei Sekunden ein.
10 x 10 = 100
100 x 100 = 10.000
Die Wurzel aus 7250 muss also größer als 10 und kleiner als 100 sein, weshalb Sie – ohne weiter nachzudenken – sofort Lösung b) ankreuzen und bis zur nächsten Aufgabe noch einen Schluck aus der Kaffeetasse nehmen können.

Räumliches Vorstellungsvermögen

Nachdem Sie gezeigt haben, dass diese Aufgaben kein Problem für Sie sind, entspannen wir uns bei einem kleinen Würfelspiel.
Stellen Sie sich einen Würfel vor, dessen Felder leer sind bis auf eines – es trägt das Symbol eines Flugzeuges.
Der Würfel liegt auf dem Tisch, das Symbol ist oben. Nun schließen Sie die Augen und lauschen Drehanweisungen, die von einem Tonband kommen:

links – hinten – rechts – hinten

Nun müssen Sie aufschreiben wo sich das Flugzeug befindet. Also nochmals langsam zum Mitdenken:
Der Würfel wird nach links gedreht: Das Flugzeug befindet sich links.
Der Würfel wird nach hinten gedreht: Das Flugzeug bleibt links.
Der Würfel wird nach rechts gedreht: Das Flugzeug ist wieder oben.
Der Würfel wird nach hinten gedreht: Das Flugzeug ist hinten.
Die richtige Lösung ist also hinten.
Nun eine etwas längere Anweisung:
Das Flugzeug ist rechts.
rechts – rechts – hinten – links – rechts – rechts – links – rechts vor – rechts – links – links – links – rechts – hinten vor – hinten
Lösung: oben

Der Test beginnt mit kurzen langsamen Anweisungen, die dann allmählich immer länger und schneller werden, bis der Flieger auf dem Würfel kunstflugähnliche Manöver macht – und Sie Ihr persönliches Limit erreicht haben.
Damit dieses recht hoch liegt und Ihnen das Flugzeug in der Prüfung nicht verloren geht, können Sie derartige Aufgaben üben, indem Sie eine andere Person verschiedene Anweisungen vorlesen lassen oder sich diese auf ein Bandgerät diktieren.
Eine Variante des Würfelspiels ist das zweidimensionale Drehen von Flugzeugen.

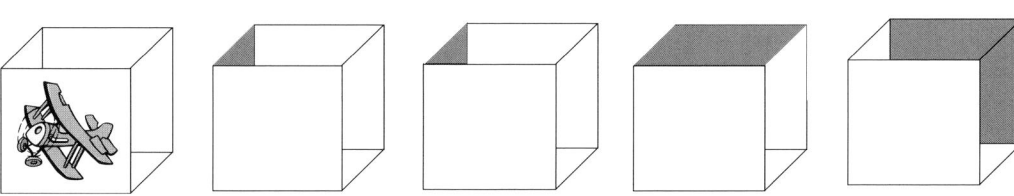

Würfelspiel

Vorgegeben ist ein Flugzeugsymbol, dass mit der Nase nach oben, rechts, unten oder links steht.

Nun müssen Sie fünf Drehanweisungen befolgen, die ebenfalls auf einem Blatt Papier stehen und auf dem Lösungsblatt ankreuzen, in welche Richtung die Nase des Flugzeugs zeigt.

Beispiel:

- 90li – 180 – 90re – 270li – 90re

Sie dürfen sich keine Notizen machen und müssen herausbekommen, dass die Nase am Ende nach rechts zeigt, was keine prinzipiellen Probleme bereiten sollte. Etwas Konzentration ist gefordert, wenn Sie eine größere Stückzahl dieser Aufgaben in kürzester Zeit lösen müssen.

Logisches Denkvermögen und Abstraktionsfähigkeit

Zu diesem Thema gehören unter anderem auch die rosa Elefanten vom Anfang dieses Kapitels.

Also:

Wenn alle rosa Elefanten zur Schule gehen und lesen können und rote Kugelschreiber nur rosa Elefanten sind, wenn sie singen und zur Arbeit gehen, stimmt dann die Behauptung, dass rosa Elefanten rote Kugelschreiber sind?

a) stimmt

b) stimmt nicht

Richtig ist Lösung b).

Wie man bereits mit wenig Allgemeinbildung erkennt, spielt die reale Wirklichkeit bei diesen Aufgaben keine Rolle. Es geht einzig um die formale Überprüfung von Schlussfolgerungen, die aufgrund bestimmter Behauptungen gezogen werden.

Schauen wir uns an, wie man diese Testabsurditäten löst:

Der Bedingungssatz: »Wenn alle rosa Elefanten zur Schule gehen und lesen können« ist zwar eine interessante Aussage, soll aber nur Verwirrung stiften und beeinflusst die Lösung nicht.

Im nächsten Satzteil behauptet der Autor dieser Testaufgabe, dass »rote Kugelschreiber gleichzeitig rosa Elefanten sein können, aber nur dann, wenn sie singen und zur Arbeit gehen«. Nun wird ein Umkehrschluss gezogen und behauptet, dass »rosa Elefanten rote Kugelschreiber sind«, sofern die vorangegangenen Behauptungen stimmen. Dieser Umkehrschluss ist jedoch eindeutig nicht zulässig. Denn schließlich könnte im Sinne der obigen Aussagen durchaus jemand glaubhaft behaupten, dass grüne Kugelschreiber rosa Elefanten sind, wenn sie zum Beispiel als Piloten im Linienverkehr fliegen. Dann gäbe es auch einige rosa Elefanten, die grüne Kugelschreiber sind, und die Behauptung, rosa Elefanten sind rote Kugelschreiber, wäre grundsätzlich falsch.

Primär muss man bei diesen Aufgaben also aufpassen, dass man nicht auf unzulässige Umkehrschlüsse hereinfällt.

Lesen Sie diesen Absatz am besten nochmals nach dem Frühstück, wenn Sie ausgeschlafen sind.

Eine weitere Möglichkeit, Ihre Abstraktionsfähigkeit zu prüfen, ist das Ergänzen von Figuren.

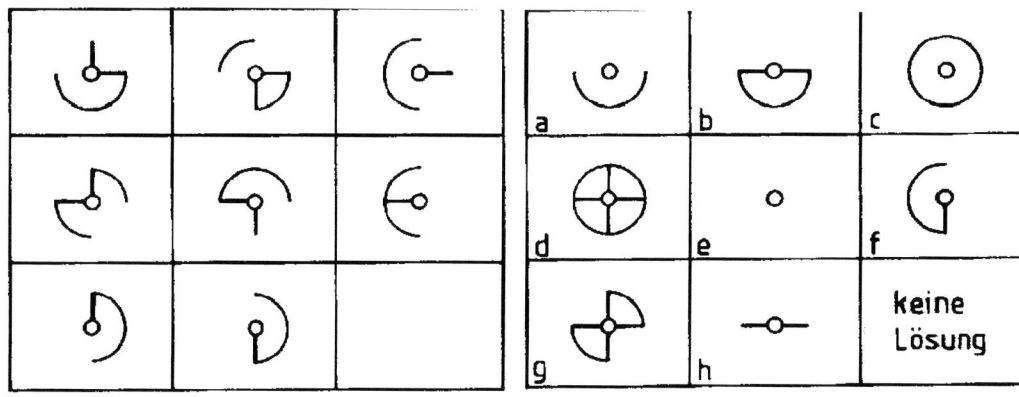

Figuren ergänzen

Richtig ist Lösung e). Wer einen solchen Test zum ersten Mal sieht, wird sich wahrscheinlich länger »warum?« fragen, als die vorgegebene Zeit reicht. Wer geübt hat, kommt wieder schnell auf die Lösung: Nehmen Sie sich die erste Reihe vor, und legen Sie im Geiste das erste Symbol auf das zweite. Nun überlegen Sie, wie sich daraus das dritte Symbol ergibt.

a) alle Symbole haben einen kleinen Mittelkreis.
b) Die senkrechten Zeiger in entgegengesetzten Richtungen heben sich auf.
c) Die waagerechten Zeiger in gleichen Richtungen überlagern sich und bleiben bestehen.
d) Die Kreissegmente ergänzen sich. Dort, wo sie sich überlagern, heben sie sich auf.

Diese Systematik überprüfen Sie nun in der zweiten Reihe und stellen fest, dass diese der gleichen Systematik gehorcht. Nun ist die Lösung recht einfach.

a) Die Lösung muss einen kleinen Mittelkreis haben, was bei allen Lösungsvorschlägen gegeben ist.
b) Die Lösung darf keine vertikalen Zeiger haben, was bei a), b), c), e) und h) gegeben ist.

c) Die Lösung darf auch keine horizontalen Zeiger haben, was nur noch bei a), c) und e) gegeben ist.
d) Die Kreisbögen überlagern sich komplett und heben sich damit auf. Demnach darf die Lösung auch keinen Kreisbogen haben. Dies ist nur noch bei Lösung e) der Fall.

Mit der gleichen Systematik können Sie alle Aufgaben dieser Art recht einfach lösen, auch wenn die Zeit wieder nicht für alle Aufgaben reichen wird.

Grundsätzlich prüfen Sie bei diesen Aufgaben die Symbole auf folgende Veränderungen:

- Lage und Anordnung,
- Anzahl,
- Lage und Anzahl,
- Größe und Gestaltung (z.B. Muster o.ä.),
- Wechsel in Gestaltung / Darstellung,
- Konstanz in Gestaltung / Darstellung.

Eine weitere Möglichkeit, Ihre Abstraktionsfähigkeit zu prüfen, ist das folgende Beispiel:

Vorgegeben ist eine Figur, die im nächsten Feld um ein Vielfaches von 45° gedreht wurde. Und bei der Drehung sind einige Striche verlorengegangen, die Sie nun wieder ergänzen müssen.

Versuchen Sie in dem zu ergänzenden Bild zunächst eine markante Linie oder ein markantes Element wieder zu finden. Von die-

Vorgabe

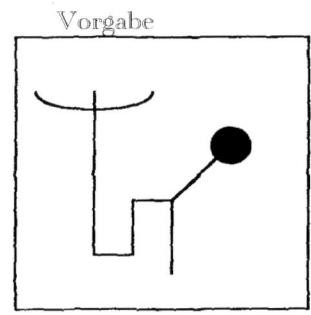

zu ergänzen

Abstraktionstest

sem Element arbeiten Sie sich dann vor, bis Sie die komplette Figur ergänzt haben.

Praktisch-technische Intelligenz

Hier will man Ihr Verständnis für technische und physikalische Zusammenhänge prüfen.

Die Aufgaben sind einfach und lassen sich auf den ersten Blick lösen. Damit dieser auch richtig sitzt, sollten Sie zur

Vorbereitung einige Aufgaben üben und sich dabei an physikalische Grundbegriffe aus der Schulzeit erinnern. Dazu gehören primär Kraft- und Hebelgesetze, Gleichgewichtsregeln und das Prinzip eines Motors.

Die abgefragten Prinzipien sind immer die gleichen. Wenn Sie einige Aufgaben aus dem Hesse & Schrader üben, sollten Sie keine Probleme haben.

Beispiel:

Welches Rad dreht sich am schnellsten?

A B C D

A
B
C
D

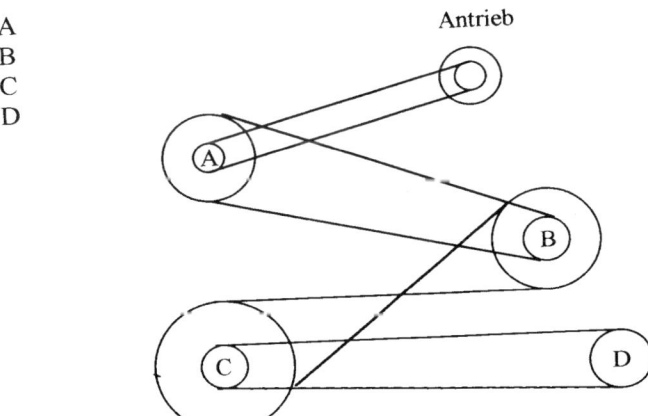

Test zur technisch praktischen Intelligenz

197

Noch einmal würfeln

Etwas Konzentration erfordert auch die folgende Würfelaufgabe:

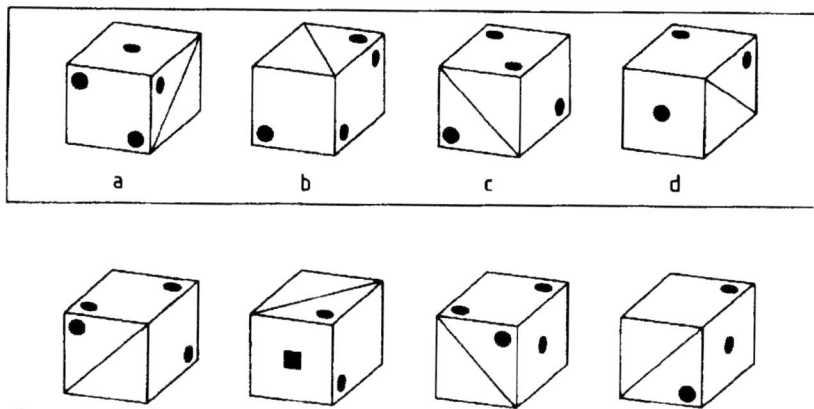

Lösung: b, d, a, c

Noch ein Würfelspiel

Es werden vier Musterwürfel a, b, c und d vorgegeben. Auf jedem sind sechs verschiedene Zeichen, von denen Sie drei sehen können.

Nun müssen Sie jeden der vier Aufgabenwürfel einem Musterwürfel zuordnen, indem Sie ihn drehen oder kippen oder drehen und kippen.

Bei der Lösung dieser Aufgaben müssen Sie beachten, dass es sich um vier verschiedene Würfel handelt, auch wenn die Musterwürfel zum Teil gleiche Symbole tragen.

Merkfähigkeit / Kurzzeitgedächtnis

Hier ist ein wenig Auswendiglernen gefragt.

Beispielsweise bekommen Sie ein Blatt mit folgenden Begriffen vorgelegt:

a) Berufe: Eismann – Imker – Nachtwächter – Pfarrer – Uhrmacher
b) Städte: Aachen – Cuxhaven – Oldenburg – Quellbach – York
c) Bauwerke: Funkturm – Jagdhaus – Liederhalle – Scheune – Viadukt
d) Lebensmittel: Butter – Kartoffeln – Reis – Teigwaren – Wurst
e) Sport: Hockey – Golf – Marathonlauf – Degenfechten – Zehnkampf

Nun haben Sie drei Minuten Zeit, sich die Begriffe einzuprägen.

Danach bekommen Sie ein Blatt mit einigen Fragen:

1. In welche Gruppe gehört das Wort mit dem Anfangsbuchstaben A?
a) in die Berufsgruppe
b) in die Städtegruppe
c) in die Bauwerkegruppe
d) in die Lebensmittelgruppe
e) in die Sportgruppe

2. In welche Gruppe gehört das Wort mit dem Anfangsbuchstaben B?

f) in die Berufsgruppe
g) in die Städtegruppe
h) in die Bauwerkegruppe
i) in die Lebensmittelgruppe
j) in die Sportgruppe

und so weiter – bis das Alphabet durch ist. Der Test enthält 25 Begriffe, so dass alle Buchstaben, bis auf das X, vertreten sind. Zur Beantwortung haben Sie fünf Minuten Zeit.

Der Test sieht einfacher aus, als er in der realen Testsituation ist. Aber auch bei diesem Test können Sie Ihre Punktzahl durch eine geschickte Bearbeitung erhöhen.

Sie werden sich kaum alle Begriffe merken können, aber einige schon. Machen Sie daher zunächst einen Schnelldurchlauf und beantworten alle Fragen, bei denen Ihnen spontan die richtige Antwort einfällt. Dies bringt schon mal gleich in der ersten Minute wichtige Punkte.

In einem zweiten Durchlauf nehmen Sie sich die Fragen vor, bei denen Ihnen nach kurzem Nachdenken noch die Lösung einfällt. Halten Sie sich aber an keiner Frage länger als einige Sekunden auf. Nach weiteren zwei Minuten sollten Sie diesen Durchlauf geschafft haben.

Bei den Fragen, die übrig bleiben, raten Sie die Lösung. Nach etwa 31/2 bis 4 Minuten haben Sie somit alle Fragen beantwortet. Nun haben Sie noch Zeit, über die geratenen Antworten etwas intensiver nachzudenken und dabei vielleicht noch Korrekturen zu machen. In dieser letzten, etwas entspannteren Minute fällt Ihnen dann noch die eine oder andere Lösung ein.

Ihre Merkfähigkeit kann auch mit einem Bildertest der folgenden Art auf die Probe gestellt werden.

Ihnen wird ein Dia mit vier Bildern gezeigt. Zu jedem Bild gehört eine Zahl. Sie haben nun 30 Sekunden Zeit, um sich die Bilder mit den zugehörigen Zahlen einzuprägen.

Dann erscheint das nächste Dia mit vier Bildern. Drei neuen Bildern ist wieder eine Zahl zugeordnet. Ein Bild wird aus dem ersten Dia wiederholt und trägt einen Buchstaben. Ihre Aufgabe ist es nun, aus dem Gedächtnis den Buchstaben durch die Zahl aus dem ersten Dia zu ersetzen.

Im dritten Dia werden zwei neue Bilder mit Zahlen gezeigt. Ein Bild wird aus dem ersten Dia wiederholt und trägt einen Buchstaben. Ein weiteres Bild wird aus dem zweiten Dia wiederholt und trägt ebenfalls einen Buchstaben. Nun müssen Sie zwei Buchstaben durch die richtigen Zahlen ersetzen.

Dies geht dann immer so weiter und – keine Angst – irgendwann steigen die meisten aus.

Besonderheiten beim Lufthansa-Test

Englischtest

Die Lufthansa führt mit den Bewerbern auch einen Englischtest durch, der übrigens bei anderen *Airlines* nicht verlangt wird. Es werden etwa 90 Fragen gestellt, die dem Niveau der 9. bis 10. Klasse entsprechen.

Trotzdem: Wer nicht regelmäßig auf Englisch parliert, vergisst es meist sehr schnell wieder, besonders wenn die Schulzeit schon einige Jahre zurückliegt.

Wer bei Lufthansa antritt, sollte daher ein wenig Grammatik wiederholen.

Luftfahrt-Grundwissen
Wer sich als kompletter Neuling bewirbt, sollte trotzdem etwas fliegerisches Grundwissen mitbringen. So können zum Beispiel Fragen vorkommen, weshalb ein Flugzeug fliegt, was ein ILS ist oder wie viele Düsen eine Boeing 747 hat.
Bevor Sie dann anfangen, die Entlüftungsdüsen in der Kabine zu zählen, sollten Sie sich lieber ein entsprechend einführendes Fachbuch anschauen.
Wer sich mit bereits vorhandenen Lizenzen bewirbt, muss mit einigen anspruchsvollen Navigationsaufgaben rechnen, die im fliegerischen Alltag kaum noch »zu Fuß« gelöst werden. Hier ist also eine Wiederholung der entsprechenden CPL- beziehungsweise ATPL-Themen angebracht.

Persönlichkeitstest

Bereits im Kapitel »Beruf und Risiko« hatten wir darauf hingewiesen, dass Persönlichkeitstests in Anbetracht moderner Cockpitphilosophien eine immer größere Bedeutung haben.
Beim Persönlichkeitstest bekommen Sie etwa 200 bis 500 Fragen vorgelegt, mit denen das Innerste Ihrer Seele durchleuchtet werden soll.
Bei diesem Test haben Sie ausreichend Zeit und können alle Fragen in Ruhe beantworten.
Es wird von Ihnen erwartet, dass Sie jeweils spontan die Antwort ankreuzen, die am besten auf Sie zutrifft. Die Psychologen werden Ihnen meist vor Testbeginn sagen, dass Sie ganz spontan und ohne

langes Nachdenken antworten sollen, da Sie sowieso nicht hinter den Sinn der einzelnen Fragen kommen werden. Dies trifft jedoch zum Glück nur bedingt zu. Die Eigenschaften, die von einem Piloten erwartet werden, sind bekannt, ebenso der prinzipielle Aufbau der Fragen, mit denen man diese Eigenschaften bei Ihnen entdecken will.
Ein bekanntes Beispiel ist der *16-PF-Persönlichkeitstest.* Bei diesem Test wird Ihr komplexes Wesen auf 16 konträre Persönlichkeitsmerkmale reduziert, die jeweils durch eine Vielzahl an Fragen abgesichert werden. Im Einzelnen sind dies:

Sachinteresse – Kontaktinteresse
Man erwartet von Ihnen, dass Sie eher kühl und reserviert sind statt aufgeschlossen und warmherzig. Wenn Sie das Vorhandensein dieser Eigenschaft zum Ausdruck bringen wollen, antworten Sie auf die Frage: »Was wären Sie lieber«
a) Zimmermann
b) weiß nicht
c) Kellner
mit der Antwort a). Denn nach Meinung der Psychologen demonstrieren Sie das gewünschte Sachinteresse am ehesten als Zimmermann. Ebenso sollten Sie den Chemiker in der Forschung dem Geschäftsführer eines Hotels vorziehen. Und Ihre Freizeit verbringen Sie zum Beispiel lieber in einem Fotoclub als in einer Diskussionsrunde.

Konkretes Denkvermögen – Abstraktes Denkvermögen
Hier hat die besseren Karten, wer abstrakt denken kann. Bei der häufig gestellten Frage: »Wenn der Himmel unten ist und der Winter heiß, dann ist auch ein Verbrecher«

a) ein Heiliger
b) eine Wolke
c) ein Gangster

sollten Sie nicht an die Südhalbkugel der Erde denken, wo der Himmel gerade unten ist, sondern für die Psychologen einmal abstrakt denken und die Antwort a) ankreuzen.

Emotionale Labilität – Emotionale Stabilität

Durch persönlichen Stress sollten Sie sich nicht um Ihren verdienten Schlaf bringen lassen und sich stabil und gelassen geben. Daher antworten Sie auf Fragen wie: »Wenn ich zu Bett gehe, schlafe ich«

a) nur schwer ein
b) teils – teils
c) sehr schnell ein

mit Antwort c) und demonstrieren emotionale Stabilität.

Soziale Anpassung – Dominanzstreben

Von einem Piloten erwartet man, dass er selbstbewusst und unnachgiebig auftritt, anstatt sich anzupassen und unterzuordnen.

Wenn Ihnen also die Frage gestellt wird: »Wenn ich in einem Kaufhaus von einer Verkäuferin nicht so bedient werde, wie ich es mir wünsche, gehe ich ohne Zögern zum Abteilungsleiter«

a) stimmt
b) teils – teils
c) stimmt nicht

entscheiden Sie sich dafür, schnurstracks zum Abteilungsleiter zu gehen.

Besonnenheit – Begeisterungsvermögen

Hier erwartet man, dass Sie eher begeisterungsfähig als ernsthaft und nachdenklich sind.

Bei der Frage: »Ich kenne bei mir ein starkes Verlangen nach aufregenden und spannenden Erlebnissen«

a) stimmt
b) teils – teils
c) stimmt nicht.

entscheiden Sie sich für ein wenig Spannung im Leben.

Flexibilität – Pflichtbewusstsein

Piloten sind trotz der Abenteuerlust ordnungsliebend und gewissenhaft.

Wenn Sie also danach gefragt werden, ob Sie durch unordentliche, saloppe Menschen abgestoßen werden, antworten Sie lieber mit ja, auch wenn Ihr Partner oder Partnerin in Wahrheit ein Chaot ist, den Sie innig lieben. Er oder sie wird es Ihnen im Interesse des Jobs verzeihen.

Zurückhaltung – Selbstsicherheit

Sie zeigen weder Hemmungen noch soziale Scheu und geben sich aktiv und selbstbewusst. Wenn Sie gefragt werden, ob Sie sich bei gesellschaftlichen Anlässen leicht unter die Leute mischen oder vor größeren Menschenmengen ohne Probleme eine Rede halten würden, antworten Sie selbstsicher mit ja – auch wenn Sie froh sind, später im Cockpit Ihre Ruhe zu haben und hoffen, dass Ihr Kapitän nicht zuviel redet.

Robustheit – Sensibilität

Hier sollte der Pilot von heute Robustheit zeigen. Feingefühl und Sensibilität sind nicht gefragt.

Die passende Frage zum Thema: »Die Schönheit eines Gedichts bewundere ich mehr als die präzise Verarbeitung eines Gewehrs«

a) stimmt

b) unsicher

c) stimmt nicht

verdient hier die Antwort c). Auch wer Waffen hasst, muss beim Beantworten abstraktes Denken beweisen. Er denkt sich: »Wenn die weiter solche Fragen stellen, würde ich allerdings die präzise Verarbeitung eines Gewehrs auch mehr lieben als ein schönes Gedicht.«

Vertrauen – Misstrauen

Man will eher Menschen im Cockpit sehen, die eine skeptische und kritische Haltung haben, als solche, die allzu vertrauensselig sind.

Pragmatismus – Phantasie

Man erwartet, dass Sie zweckmäßig, konventionell und darauf bedacht sind, das Richtige zu tun. Auch wenn Sie auf Ihr Improvisationstalent stolz sind, sollten Sie dieses etwas hinter Ihren Antworten verstecken. Die Antwort c) sollte Ihre Lieblingsdevise sein, wenn Sie gefragt werden, ob Sie lieber nach dem Motto handeln:

a) anfangen und probieren, es wird schon schief gehen

b) teils – teils

c) erst einmal nachdenken, sich bloß nicht lächerlich machen

Offenheit – Cleverness

Obwohl Ihr Improvisationstalent weniger gefragt ist, sollten Sie trotzdem clever sein. Überlegtheit und Scharfsinn werden lieber gesehen als ein natürliches, unkompliziertes und direktes Auftreten. Hierzu findet sich in vielen Tests immer noch die überholte Frage aus Zeiten des kalten Krieges: »Die nationale Verteidigungsmacht zu stärken halte ich für klüger, als sich nur auf die internationale Verständigungsbereitschaft zu verlassen«

a) stimmt

b) teils – teils

c) stimmt nicht

Sie antworten mit a), auch wenn Sie damit vielleicht demonstrieren, dass Sie politisch nicht ganz auf dem neuesten Stand sind. Derartige Fragen sind seit Jahren in diesen Tests, und die Einzelantworten schaut sich bei der Auswertung niemand an.

Selbstvertrauen – Besorgtheit

Sie sollten Zuversicht und Selbstvertrauen haben und sich nicht so leicht entmutigen lassen. Eine der Fragen zu diesem Persönlichkeitsmerkmal: »Weil ich mir Gedanken über einen unglücklichen Vorfall mache, schlafe ich schwerer ein«

a) selten

b) gelegentlich

c) oft

Da außer dem Dienstplan nichts in der Welt Ihren gesunden Schlaf stören sollte, antworten Sie mit a) selten.

Sicherheitsdenken – Veränderungsbereitschaft

Ein guter Pilot neigt nicht zum Radikalismus, sondern ist ein konservativer, beständiger Mensch, der nicht immer nur widersprechen, verändern und Risiken eingehen will.

Wenn Sie gefragt werden: »Über die Möglichkeit, wie man unsere Welt verändern müsste, damit sie besser funktioniert, denke ich gerne nach«

a) stimmt
b) teils – teils
c) stimmt nicht

antworten Sie frech mit c) und sind dem Platz im Cockpit wieder ein Stückchen näher gerückt.

Teamfähigkeit – Einzelgängertum

Hier wird erwartet, dass Sie mehr eigenständig als gruppenabhängig sind. Bei der Frage: »Mein Bürozimmer möchte ich mit niemandem teilen«

a) stimmt
b) unsicher
c) stimmt nicht

vergessen Sie die Realität des Cockpits und antworten mit a).

Spontaneität – Selbstkontrolle

Sie sind diszipliniert und zielstrebig und zeigen wenig Spontaneität und Unbeherrschtheit.

Bei der typischen Frage: »Viele Menschen denken, meine Ansichten über Politik und Gesellschaft seien«

a) etwas außergewöhnlich
b) teils – teils
c) sehr vernünftig

sind natürlich die meisten Menschen der Ansicht, dass Sie sehr vernünftig sind.

Ausgeglichenheit – Angespanntheit

Sie sind die Ruhe selbst und treten den Test locker und entspannt an. Um das andere Extrem »ehrgeizig, nervös, gefrustet« macht Ihre Persönlichkeit einen großen Bogen.

»Bei einem Test oder einer Prüfung bin ich vorher«

a) angespannt
b) teils – teils
c) ganz gelassen

Sie sind natürlich immer ganz gelassen.

Neben diesen 16 Grundeigenschaften werden noch fünf Zusatzfaktoren ermittelt:

starke Normorientierung – geringe Normorientierung

große Stresstoleranz – geringe Stresstoleranz

große Autonomie – geringe Autonomie

große Entscheidungsfreudigkeit – geringe Entscheidungsfreudigkeit

starker Kontaktwunsch – geringer Kontaktwunsch

Zeigen Sie in Ihren Antworten eine starke Normorientierung, eine große Stresstoleranz und Autonomie. Seien Sie entscheidungsfreudig und nicht so stark kontaktorientiert.

Wichtig ist, dass Sie immer eine eindeutige Entscheidung treffen. Daher sollten Sie Antworten der Kategorie b) vermeiden oder zumindest so selten wie möglich vergeben. Entscheiden Sie sich eindeutig für die eine oder andere Position. Zwischenlösungen, wie »teils – teils, gelegentlich, unsicher« werden zu Ihren Ungunsten interpretiert. Wer beispielsweise bei der Frage nach den bevorzugten Berufen weder den Drang zum Kellner noch zum Zimmermann verspürt, sollte trotzdem das kleinere Übel auswählen, das für einen Piloten bekanntlich stets der Zimmermann ist.

Bei der Auswertung sehen sich die Psychologen nicht die einzelnen Antworten an, sondern erstellen aus der Summe Ihrer Antworten eine Graphik: Ihre Persönlichkeitskurve. Diese sollte zwischen bestimmten Sollwerten liegen und keine extremen Abweichungen davon haben. Es kommt also mehr auf die Tendenz Ihrer Antworten an und nicht auf die einzelne Antwort. Deswegen ist es auch nicht so schlimm, wenn Sie die eine oder andere Frage nicht im Sinne der Psychologen beantwortet oder für ähnliche Fragen einmal widersprüchliche Antworten gegeben haben. Im Gegenteil, wenn Sie jede einzelne Frage im Sinne der gewünschten Charaktereigenschaft beantworten, kann dies bedeuten, dass Sie wiederum ins andere Extrem neigen. Zum Beispiel ist die Eigenschaft »Selbstkontrolle« durchaus erwünscht. Wer dann aber alle Fragen im Sinne der Selbstkontrolle beantwortet, neigt zum anderen Extrem und wird als zwanghaft angesehen.

Der ideale Kanzelkandidat werden Sie daher eher sein, wenn Ihre Persönlichkeitskurve zwar deutlich zur gewünschten Eigenschaft hin tendiert, aber nicht deren Extreme erreicht.

Daher als Tipp:

Beantworten Sie die Fragen im Sinne der hier gegebenen Hinweise, aber trauen Sie sich ruhig, auch einmal die eine oder andere Frage gegenteilig zu beantworten, wenn Ihnen die Antwort zu sehr gegen den Strich geht.

Geübte Bewerber schaffen es durchaus, je nachdem für welchen Job sie sich bewerben, die unterschiedlichsten Persönlichkeitsmerkmale zu entwickeln.

Übrigens: Wenn Sie tatsächlich all die Charaktereigenschaften besäßen, die die Psychologen an Ihnen sehen wollen, würden Sie unter den heutigen Arbeitsbedingungen wahrscheinlich nicht mehr Pilot werden wollen.

Rechtliche Konsequenzen bei bewusst falschen Antworten

Wer seinen Test durch einige bewusst falsch gegebene Antworten entschärfen will, stellt sich die Frage, ob es Konsequenzen haben kann, wenn später die Wahrheit ans Licht kommt.

Die Antwort ist ein klares Nein.

Die Arbeitgeber bewegen sich bei Eignungstests generell auf rechtlich dünnem Boden. So sind zum Beispiel Persönlichkeitstests zur Bewerberauswahl *rechtlich unzulässig*. Dennoch werden sie vollkommen ungestört angewandt, da es naturgemäß keinen Kläger geben wird: Denn wer darauf besteht, am Persönlichkeitstest wegen juristischer Bedenken nicht teilzunehmen, braucht gar nicht erst von einer Anstellung zu träumen.

Dieses Dilemma hat auch das Bundesarbeitsgericht erkannt und dem Bewerber eine Notwehrsituation mit dem Recht auf Lüge zuerkannt. Wenn Sie also zur Wahrung Ihrer Chancen in derartigen Testsituationen Fragen falsch – nämlich im Sinne des vom Interviewer angestrebten Ergebnisses – beantworten, darf der Arbeitgeber aus einer späteren Entdeckung keine rechtlichen Konsequenzen ziehen.

Assessment Center Tests

In den letzten Jahren sind bei größeren Firmen so genannte »*Assessment Cen-*

ter Tests« in Mode gekommen, die auch vor Piloten nicht Halt gemacht haben. Zur Zeit werden diese Tests allerdings nur bei der Lufthansa abgehalten. Auch wenn sie von einigen Psychologen für eine moderne Erfindung gehalten werden – neu sind sie nicht. Bereits in der 30er-Jahren hat die Reichswehr – freilich unter anderem Namen – *Assessment Center* abgehalten, um Offiziersbewerber auszuwählen.

Bei einem *Assessment Center* muss der Bewerber eine Kombination aus verschiedenen Verhaltens- und Arbeitsproben abliefern, die sich über einen halben bis mehre Tage erstrecken können.

Neben den üblichen flugpsychologischen Untersuchungen wird das Verhalten in bestimmten, gespielten Situationen, in berufsbezogenen Rollenspielen getestet. Ein Lufthansa-Bewerber berichtete zum Beispiel von folgender Szene, vor die die Kandidaten gestellt wurden:

Eine Linienmaschine der Lufthansa ist auf dem Weg nach Köln/Bonn, als ein technisches Problem auftritt. Eine Reparatur in Köln/Bonn wäre sehr aufwändig, da Ersatzteile und Mechaniker aus Frankfurt geholt werden müssten. Um die Maschine schnell wieder einsatzbereit zu haben, bekommen die Piloten von der Basis die Anweisung, nach Frankfurt auszuweichen. Den Passagieren wird das Ausweichziel genannt, aber ohne genaue Begründung. Eine weiblicher Passagier – gespielt von einer Psychologin – ist entrüstet und verlangt hysterisch, den Kapitän zu sprechen. Der schickt den Copiloten, und nun ist unser Bewerber dran. Dieser steht vor einer völlig hysterischen Frau, die den Copiloten nicht für voll nimmt, nur mit dem Kapitän sprechen will, unbedingt nach Köln muss und keine Ausrede akzeptiert.

Wie nun mit solch einer Situation fertig werden? Es gibt Leute, die können dies aus dem Bauch heraus und finden instinktiv die richtige Lösung. Aber auch wer nicht zu diesen kommunikativen Genies gehört, kann mit solchen Testsituationen fertig werden.

Am besten fahren Sie, wenn Sie es eben nicht aus dem Bauch heraus machen, sondern analytisch an das Problem herangehen.

Zunächst fragen Sie sich, welche Aufgaben an Sie diese Szene beinhalten könnte.

- Erklärung, weshalb die Beschwerde nicht vom Kapitän entgegengenommen wird,
- Erklärung für die Ausweichlandung,
- Beruhigen der Frau,
- Entwickeln einer Lösung, die die Frau zufrieden stellt,
- Schnelle Rückkehr an Ihren Arbeitsplatz im Cockpit.

Dann fragen Sie sich, welche Anforderungen eine Fluggesellschaft an die jeweilige Lösung stellen könnte. Hierzu könnten gehören:

- Die Eigenschaften, auf die jede *Airline* als Dienstleistungsunternehmen Wert legt, in einem guten Licht erscheinen lassen: Zuverlässigkeit, Pünktlichkeit, Sicherheit, hoher Servicestandard, gut geschultes, freundliches Personal,
- Vermeidung unnötiger Kosten,
- Nicht die Aufmerksamkeit der anderen Passagiere erregen.

Ferner müssen Sie sich fragen, was man von Ihrem Auftreten erwartet.

Hierzu gehören Stressresistenz, Diplomatie, Eloquenz (Beredsamkeit), Entscheidungsfreudigkeit.

Die erste Forderung haben Sie bereits erfüllt, indem Sie sich nicht aus der Ruhe bringen lassen.

Nun entwickeln Sie zu jeder Aufgabe eine entsprechende Lösung, bringen diese in die richtige Reihenfolge und starten Ihren Dialog mit der aufgebrachten Frau.

In diesem Fall können Sie wahrscheinlich davon ausgehen, dass der Passagier für den wahren Grund der Ausweichlandung kein Verständnis hätte. Eine kleine, aber glaubhafte Notlüge wäre also im Interesse aller. *Airlines* greifen hier gerne zur Wetterlüge. Aber auch dies kann dank moderner Technik zum Bumerang werden.

Als Passagier eines Linienfluges nach Berlin hatte ich einmal eine zweistündige Verspätung. Das Bodenpersonal entschuldigte sich mit schlechtem Wetter in Berlin, das zu starken Verzögerungen bei allen Flügen geführt habe. Als dann verschiedene Passagiere zu ihrem Handy griffen, um ihre Angehörigen von der Verspätung in Kenntnis zu setzen, mussten sie erfahren, dass in Berlin seit drei Tagen strahlend blauer Himmel herrschte.

Dann könnten Sie zum Beispiel sagen, dass der Kapitän zur Zeit mit der Bodenstation spreche, um persönlich den Weitertransport der Passagiere zu organisieren und sich dann auf die Landung vorbereiten müsse. Sofern nach der Landung noch nicht alles geregelt sei, stehe er gerne zur Verfügung.

Nach diesen einleitenden Worten sollten Sie versuchen, den Spieß umzudrehen und die Frau in ein Gespräch zu verwickeln. Versuchen Sie etwas über die Frau herauszubekommen, etwa warum sie unbedingt so schnell nach Köln muss.

Vielleicht helfen Ihnen diese Zusatzinformationen, um eine Lösung zu entwickeln, die für die Frau akzeptabel ist. Dies sollte aber im Interesse der Kosten nicht gerade ein Hubschrauberflug von Frankfurt nach Köln auf Kosten der Lufthansa sein. Wenn Sie ruhig, freundlich, überlegt und systematisch an die Sache herangehen, werden Sie nicht schlechter als erforderlich abschneiden.

Unter dem Strich gelten auch *Assessment Center* unter Testkritikern als eine Riesenluftblase. Auch dort wird eine Momentaufnahme des Bewerbers mit fragwürdigen theoretischen Grundlagen ausgewertet, um eine komplexe Berufsprognose abzugeben – vergleichbar mit der Bauernregel: »Wenn es am Siebenschläfer regnet, regnet es die nächsten sieben Wochen.« Sicher stimmt diese Bauernregel oft, aber oft stimmt sie auch nicht.

Die Luftblase zerplatzt ganz schnell, wenn etwa angebliche Testversager nach zwei bis drei Bewerbungsdurchläufen bei verschiedenen Unternehmen ihre Persönlichkeit und ihre analytisch-rationale Intelligenz derart radikal verändert haben, dass sie zu den neuen Hoffnungsträgern des Konzerns mutieren.

Zweifel, ob die analytische, rationale Intelligenz überhaupt mit Eignungstests zuverlässig abgefragt werden kann, sind angebracht.

Die Psychologen Hesse und Schrader berichten in ihrem Buch *Testtraining 2000* von neueren Forschungsergebnissen, die zeigen, dass der Lebenserfolg nur zu etwa einem Fünftel von den traditionellen Faktoren der analytischen, rationalen Intelligenz abhängt – wohlgemerkt: Wenn man sie tatsächlich zuverlässig prüfen könnte. Der Rest sind emotionale Intelligenz, nämlich die Fähigkeit, mit

Wut, Angst und Begierden umzugehen, soziale Kompetenz, nämlich die Fähigkeit, im gesamtgesellschaftlichen Kontext selbständig, umsichtig und konstruktiv zu handeln und zwischenmenschliche Kommunikation optimal zu gestalten, ein Quäntchen Glück und nicht zuletzt Vitamin B. Und all diese Faktoren sind zeitlebens Veränderungen unterworfen.

Fazit:

Sie sollten sich mit dem richtigen Handwerkszeug ausrüsten, um Ihre Chancen optimal zu nutzen, aber den gesamten Testvorgang nicht so tierisch ernst nehmen. Auf keinen Fall sollten Sie sich entmutigen lassen, wenn es einmal nicht geklappt hat. Denn viele Tests einer Airline sind letztendlich nicht mehr als des berühmten »Kaisers neue Kleider«.

Eigentlich sollte jemand, der es geschafft hat, durch alle fliegerischen und theoretischen Prüfungen bis zum ATPL zu kommen, mit etwas Vorbereitung auch die Voraussetzungen mitbringen, um einen Eignungstest zu bestehen. Zugegeben, dies ist nicht immer der Fall. Aber den Fans von Eignungstests muss man auch entgegenhalten, dass es trotz bestandenem Eignungstest immer noch Bewerber gibt, die durch das Einstiegstraining der *Airline* fallen und nicht übernommen werden.

Eine wirklich faire Bewertung angehender Piloten wäre eigentlich nur möglich, wenn man diese während ihrer gesamten Ausbildung – über einen längeren Zeitraum also – beobachten würde und sich dann die besten Kandidaten heraussuchte. Schließlich wählt auch der Fußball-Bundestrainer die Spieler seiner Nationalmannschaft nicht nach einem einzigen Testspiel aus, sondern beobachtet sie über Monate.

Leider ist der DLR-Test nicht allgemein zugänglich. Die DLR nimmt diesen Test nur im Auftrag einer Fluggesellschaft ab: Man kann dort also nicht einfach mal vor Ausbildungsbeginn vorbeischauen und sich testen lassen. Auch deshalb wäre es wünschenswert, wenn eines Tages die Bestrebungen der *Vereinigung Cockpit* realisiert würden, einen von den Gesellschaften unabhängigen Test einzuführen, der vor Ausbildungsbeginn abgelegt werden kann.

Pilotenkarrieren

Nachdem Sie den Einstellungstest geschafft haben und endlich in der Kanzel eines Verkehrsflugzeuges sitzen, werden weitere Fragen interessant.

Auch wenn das Fliegen noch so reizvoll ist, die wenigsten wollen Jahrzehnte auf dem Status quo verharren. Auch eine Pilotenkarriere fängt nicht etwa beim Copiloten an und endet beim Kapitän. Die Karriereleiter hat noch weitere Stufen.

Ein wichtiges Stichwort in diesem Zusammenhang ist die so genannte *Seniorität*. Die Seniorität sagt aus, wie lange Sie im Vergleich zu Ihren Kollegen bereits bei der Gesellschaft beschäftigt sind. Sie hat nichts mit dem Lebensalter zu tun.

Eine hohe Seniorität ist gleichbedeutend mit einer gewissen Sicherheit des Arbeitsplatzes. Sind in schlechten Zeiten Versetzungen in andere Städte oder gar Entlassungen erforderlich, wird am unteren Ende der Senioritätsliste, also bei den Kollegen mit der niedrigsten Seniorität begonnen.

Eine hohe Seniorität verhilft auch zu einem hohen Einkommen, denn die Gehaltstabellen gehen streng nach Betriebszugehörigkeit. Außertarifliche Vergütungen, wie es sie für die meisten akademischen Berufe in der freien Wirtschaft gibt, existieren für Piloten nicht. Bei einigen Fluggesellschaften kann die Seniorität auch mit besonderen Vergünstigungen – wie einer höheren Anzahl an Urlaubstagen oder Ähnlichem – verbunden sein.

Die Seniorität sagt auch etwas über die Hierarchie unter den Piloten einer *Airline* aus und bringt den einzelnen Piloten dem nächsten Karriereschritt näher.

Im Gegensatz zu vielen anderen Berufen der freien Wirtschaft hat für einen Piloten die Seniorität eine größere Bedeutung als persönliche Leistungen und Ellenbogen. Dies hat praktische, sicherheitsrelevante Gründe. Würde das Senioritätsprinzip nicht gelten, würde die Gefahr bestehen, dass beispielsweise ein Erster Offizier, dessen Karrieregedanken um den linken Sitz kreisen, seinen Kapitän bei Fehlern auflaufen lässt, um dann selber durch die eigenen Leistungen glänzen zu können. Ein derartiges Konkurrenzdenken und Mobbing am Arbeitsplatz, in anderen Bereichen an der Tagesordnung, wäre für den sicheren Flugablauf extrem gefährlich.

Doch schauen wir uns an, welche Karriereschritte für Piloten denkbar sind:

First Officer

Der Einstieg beginnt mit der Ausbildung zum Ersten Offizier und endet mit der Ernennung dazu nach dem *Final Line Check,* also nach dem Ende der *Supervision*-Zeit.

Der Erste Offizier folgt in der Hierarchie und der Befehlskette an Bord unmittelbar dem Kapitän; er ist also dem Kabinenpersonal übergeordnet.

Senior First Officer

Die nächste Sprosse der Karriereleiter ist dann die Ernennung eines Copiloten, des *First Officer,* zum *Senior First Officer.*

Hierzu muss man sich bereits als Erster Offizier bewährt haben. Häufig ist der *Senior First Officer* eine Zwischenstufe zum Kapitän. Bei einigen Fluggesellschaften ist eine solche Tätigkeit gar Voraussetzung, um Kapitän zu werden.

Der *Senior First Officer* begleitet beispielsweise neue Copiloten auf ihren ersten Flügen im Linieneinsatz als dritter Mann im Cockpit, soll diesen die wichtigsten Handgriffe beibringen und unterstützend eingreifen, wenn noch nicht alles klappt.

Auf extremen Langstreckenflügen, die mit drei Piloten geflogen werden, löst er auch den Kapitän ab, wenn dieser sich auf ein Nickerchen in den Ruheraum begibt.

Wesentliche Gehaltssprünge sind mit dem Aufstieg zum *Senior* in der Regel noch nicht verbunden.

Kapitän

Flugkapitän ist natürlich das Karriereziel, dass jeder Pilot erreichen will. Die Bezahlung ist deutlich höher als die des Copiloten, das Prestige ist größer, und die Wahrscheinlichkeit, bei einer Rezession den Job zu verlieren, ist geringer. Wer dann doch einmal seinen Job verloren hat, tut sich als erfahrener Kapitän meist leichter, wieder in Lohn und Brot zu kommen. Sollte es in der Großluftfahrt nicht mehr klappen, werden erfahrene Jetkapitäne auch in der Allgemeinen Luftfahrt gesucht, wobei etwa ein Learjet auch nicht zu verachten ist.

Die Beförderung zum Kapitän erfolgt nach mehrjähriger Copilotenzeit. Sie hängt im wesentlichen von vier Faktoren ab:

- der persönlichen Flugerfahrung,
- der persönlichen Eignung,
- der Seniorität im Unternehmen,
- dem Bedarf der Fluggesellschaft.

Flugerfahrung

Zunächst muss der Bewerber die gesetzlichen Anforderungen für einen uneingeschränkten ATPL erfüllen. Darüber hinaus haben die Fluggesellschaften intern weitere Richtlinien festgelegt, wie etwa eine bestimmte Gesamtflugerfahrung, Flugerfahrung auf dem Muster, auf dem man Kapitän werden will, eine bestimmte Erfahrung auf Flugzeugen über 20 Tonnen und dergleichen. Dies kann von Gesellschaft zu Gesellschaft sehr unterschiedlich sein und hängt nicht zuletzt auch vom Bedarf ab. Mit etwas Glück kann man bei einigen Gesellschaften schon mit 2500 Stunden auf einer Turboprop Kapitän werden. Es kann aber auch doppelt so lange dauern.

Persönliche Eignung

Neben der erforderlichen Flugerfahrung muss der angehende Kapitän gute Beurteilungen bei seinen Simulatorcheckflügen und *Linechecks* in seiner Personalakte haben. Und er sollte auch bei seinen Vorgesetzten einen guten Eindruck hinterlassen haben. Häufig wird gefordert, dass keine negativen Checkergebnisse während der letzten zwei Jahre vorliegen.

Seniorität

Stimmen die fachlichen Voraussetzungen, muss auch noch die Seniorität stimmen. Es würde böses Blut geben, wenn Bewerber mit niedriger Seniorität beim *Upgrade* zum Kapitän vorgezogen würden.

Bedarf

Nicht jeder, der die ersten drei Voraussetzungen erfüllt, wird automatisch zum Kapitän befördert. Kapitäne kosten die Fluggesellschaft mehr Geld und wollen auch als solche eingesetzt werden. Daher muss die Gesellschaft zunächst einmal einen Bedarf an neuen Kapitänen haben. Dieser entsteht beim Ausscheiden von Kapitänen durch Pension oder Wechsel zu einer anderen Gesellschaft und bei einer Expansion durch die Indienststellung weiterer Flugzeuge.
Pro neu eingesetztem Flugzeug werden etwa 4 bis 5 Kapitäne benötigt.
Erfahrungsgemäß dauert der Aufstieg bei den großen Linien – wie der Lufthansa – am längsten. Der Arbeitsplatz ist bei diesen Gesellschaften relativ sicher, die Bezahlung ordentlich, das Streckennetz abwechslungsreich und die internen Aufstiegschancen gut. Daher ist die Fluktuation bei diesen Gesellschaften niedrig. Ferner haben Gesellschaften wie die Lufthansa die meisten Bewerber und können daher die Bewerberflut durch ein niedriges Einstellungshöchstalter begrenzen: Entsprechend lange ist die Verweildauer eines Piloten im Unternehmen. Der Bedarf zusätzlicher Kapitäne entsteht deshalb primär durch Pension und Expansion und weniger durch kündi-

gungsbedingte Fluktuation. Ein Lufthansapilot wartet deshalb nicht selten zehn bis zwölf Jahre auf eine Kapitänsstelle. Dies gilt jedoch nicht für Tochtergesellschaften wie Cityline.
Am schnellsten geht es bei expandierenden Regionalflug- und Chartergesellschaften, die Turboprops und/oder kleine Jets einsetzen. Deren Piloten sehen ihre Tätigkeit häufig als Sprungbrett zu größeren Unternehmen, die Großraumjets betreiben und/oder Langstrecke fliegen. Entsprechend hoch ist die Fluktuation. Bei diesen Gesellschaften ist es mitunter bereits möglich, nach zwei bis drei Jahren Kapitän zu werden, fachliche Eignung und Flugerfahrung natürlich vorausgesetzt.
Wer als etwas betagter Seiteneinsteiger mit der Fliegerei beginnt, sollte sich daher überlegen, ob er bei einer kleinen Gesellschaft, die ihn schnell zum Kapitän macht, nicht besser aufgehoben ist.
Ist eine Kapitänsstelle zu vergeben, tritt die Fluggesellschaft entweder von alleine an geeignete Copiloten heran und schlägt eine Beförderung zum Kapitän vor, oder die Kapitänsstellen werden intern ausgeschrieben. So hängt die Gesellschaft an das schwarze Brett der Crewräume etwa die Ausschreibung:

»Kapitäne für Station Hamburg auf
Boeing 737
Voraussetzung: 5000 Stunden,
1000 Stunden on type,
2 Jahre im Unternehmen«

Alle Copiloten, die diese Voraussetzungen erfüllen und bereits in Hamburg leben oder bereit sind, von einer anderen Station dorthin zu ziehen, können sich nun um diese Stellung bewerben. Nach den oben genannten Kriterien werden dann die geeignetsten Bewerber herausgefiltert und zum Kapitän ausgebildet.

Einmal Kapitän – immer Kapitän?

Wer einmal zum Kapitän aufgestiegen ist, wird es bei dieser Gesellschaft auch bleiben. Es sei denn, er verschlechtert sich ganz deutlich bei den Checkflügen oder lässt sich Versäumnisse zuschulden kommen, die es der Airline unverantwortlich erscheinen lassen, ihn weiter als Kapitän einzusetzen. Derartige Fälle sind allerdings äußerst selten. Auch bei der Umschulung auf einen anderen Flugzeugtyp innerhalb der Gesellschaft wird er Kapitän bleiben.

Anders sieht es aus, wenn er zu einer anderen Gesellschaft wechselt.

Fluggesellschaften rekrutieren ihren Kapitänsnachwuchs überwiegend aus den eigenen Reihen. Nur wenn die internen Stellenausschreibungen erfolglos bleiben und sich partout kein geeigneter Bewerber finden lässt, werden gelegentlich externe Kapitäne eingestellt.

Wer also die Stelle wechselt, fängt beim neuen Arbeitgeber wieder als Erster Offizier an, auch wenn er im alten Unternehmen bereits seit zehn Jahren Kapitän war. Ausnahmen gibt es lediglich bei kleineren Gesellschaften und bei Unternehmen der General Aviation, wo die Verweildauer der Copiloten oft nicht so lang ist, um diese zu Kapitänen ausbilden zu können.

Der Wechsel zu einer anderen Gesellschaft ist kurzfristig fast immer mit Nachteilen verbunden: Mit einem Abstieg in Funktion und in Bezahlung. Wer zu einer anderen Airline wechselt, muss sich schließlich bei seinem neuen Arbeitgeber in der Seniorität wieder hinten anstellen. Der Wechsel wird gegebenenfalls nur dadurch lohnend, dass interessantere Strecken und Flugzeuge sowie bessere Arbeitsbedingungen winken. Expandiert der neue Arbeitgeber, kann vielleicht schnell wieder der Status quo erreicht werden, und danach ergeben sich auf lange Sicht möglicherweise interessantere Perspektiven als beim alten Arbeitgeber.

Mit diesem starren, fast beamtenhaft anmutenden Beförderungssystem unterscheidet sich der Pilotenberuf deutlich von anderen qualifizierten Berufen in der freien Wirtschaft.

Während die Kriterien, nach denen ein Ingenieur, ein Betriebswirt oder dergleichen beurteilt wird, sehr vielfältig sind, geht man davon aus, dass alle Piloten im Idealfall die gleiche Leistung bringen. Piloten werden darauf trainiert, komplexe Arbeitsabläufe stets nach dem gleichen Schema ohne eigene Kreativität möglichst fehlerfrei abzuarbeiten. Im Idealfall bringen sie Leistungen, die sich sehr direkt und geradlinig beurteilen und vergleichen lassen, nämlich ein Flugzeug sicher und pünktlich von A nach B zu fliegen.

Der Aufstieg in der freien Wirtschaft richtet sich normalerweise nach Kriterien wie Kreativität, Durchsetzungsvermögen, Fachwissen, Führungsqualität, Organisationstalent und Vitamin B. Unterm Strich zählt also, wie jemand in der Lage ist, die Summe seiner Erfahrungen Gewinn bringend für die Firma einzusetzen. Je nachdem, welche Art von Beförderung ansteht, gibt mal das eine, mal das andere Kriterium den Ausschlag. Niemand würde freiwillig den Job wechseln, wenn dies nicht mit einer Verbesserung in Einkommen und Position verbunden wäre. Beim Piloten ist dies anders.

Eine Beförderung zum Kapitän richtet sich primär nach Bedarf und Seniorität und wird nur dann abgelehnt, wenn die Leistungen nicht das Soll erfüllen.

Welchen starken Einfluss die Seniorität haben kann, zeigt auch das folgende Beispiel.

Dem *Supervision*-Kapitän einer kleineren Fluggesellschaft war nach mehr als zehn Jahren Betriebszugehörigkeit nach einem Wechsel zumute. Also bewarb er sich bei einer großen internationalen Charterfluggesellschaft, die ihm anbot, wie bei jedem Wechsel üblich, als Copilot zu starten und nach etwa zwölf Monaten auf den linken Sitz einer Langstreckenmaschine zu wechseln.

Nach zwölf Monaten stellte sich jedoch heraus, dass das Unternehmen gar nicht die Absicht hatte, dem neuen Mitarbeiter eine schnelle Beförderung zu gewähren. Stattdessen waren jeweils lange Auslandsaufenthalte mit längerer Abwesenheit von der Familie angesagt. Frustriert wurde wieder gekündigt, und unser Mann bewarb sich bei seinem alten Arbeitgeber zurück. Obwohl er dort einst als *Supervision*-Kapitän in einer relativ hohen Position war, und obwohl diese *Airline* dringend Piloten suchte, musste er sich wieder hinten anstellen: Er fing wieder als Copilot in der untersten Gehaltsstufe an – ganz wie es dem Senioritätsprinzip entspricht.

Supervision-Kapitän

Mit dem Kapitän ist noch lange nicht die letzte Sprosse der Karriereleiter erreicht.

Auch für Kapitäne gibt es noch vielfältige Entwicklungsmöglichkeiten.

Der nächste Schritt ist in der Regel die Ernennung zum *Supervision*-Kapitän. *Supervision*-Kapitäne weisen neue Copiloten, die gerade ihr Simulatortraining beendet haben, in ihren Arbeitsplatz ein. Sie müssen als Kapitäne besonders erfahren und qualifiziert sein, denn neue Copiloten brauchen nach bestandenem Simulatortraining – wie wir bereits erfahren haben – um die 150 Flugstunden im Linieneinsatz, bis sie mit ihrem neuen Arbeitsplatz halbwegs vertraut sind. Bis dahin machen sie Fehler am laufenden Band, die der »Überwachungs«-Kapitän sofort erkennen und korrigieren muss. Seine Aufgabe ist es also, den neuen Kollegen im harten Linieneinsatz möglichst schnell auf den *Airline*-Standard zu bringen und ihm das so genannte Feintuning beizubringen, für das im Simulator keine Zeit ist.

Da ein neuer Copilot naturgemäß noch mit vielen Situationen überfordert ist, muss der *Supervision*-Kapitän mit dem Flugzeug so vertraut sein, dass er es in verschiedenen Situation quasi alleine fliegen kann – »single hand«, wie man im Fliegerenglisch sagt. Immerhin übernimmt er die Verantwortung für die sichere Flugausbildung in einem mit Passagieren voll besetztem Flugzeug.

Die Aufgabe stellt höchste pädagogische Anforderungen. Kapitäne, die eine Lehrberechtigung oder sonstige pädagogische Eignung haben, werden meist als *Supervision*-Kapitäne bevorzugt.

Ausbildungskapitän

Supervision-Kapitäne mit längerer Ausbildungserfahrung können dann zu Ausbildungskapitänen aufsteigen. Ausbildungskapitäne leiten die Simulatorschulung für die *Type-Rating*-Lehrgänge.

Sachverständige

Kapitäne mit längerer Ausbildungserfahrung können zu Sachverständigen ernannt werden. Sachverständige werden von den Airlines vorgeschlagen und von der Luftfahrtbehörde ernannt. Sie nehmen im Unternehmen die Simulator- und die Liniencheckflüge – die *Line Checks* – ab. Sachverständige und Ausbildungskapitäne nehmen im Flugbetrieb einer jeden Fluggesellschaft eine Schlüsselrolle ein, da ihr Wirken Kultur und Standard eines Flugbetriebes prägt.

Flottenchef

Jedes Flugzeugmuster, das in einer Fluggesellschaft eingesetzt wird, hat einen eigenen Flottenchef nebst Stellvertreter. Der Flottenchef ist weitgehend für den Flugbetrieb seiner Flotte verantwortlich.

Ausbildungsleiter

Eine hoch angesiedelte Funktion in der Hierarchie hat auch der Ausbildungsleiter. Er ist selbst erfahrener Flugkapitän mit Ausbildungserfahrung und steht, wie die anderen Funktionsträger der Flotte, im täglichen Linieneinsatz. An so genannten *Office*-Tagen wird er für seine Sonderaufgaben freigestellt.
Die Standards, die letztlich von *Supervision*- und Ausbildungskapitänen sowie den Sachverständigen umgesetzt werden, werden vom Ausbildungsleiter in Zusammenarbeit mit Flottenchef und Flugbetriebsleiter vorgegeben und überwacht. Er gibt das *Trainingsmanual* der Fluglinie heraus und wählt Ausbildungskapitäne und Sachverständige aus.

Flugbetriebsleiter

Der Flugbetriebsleiter ist der oberste Chef des Flugbetriebs, quasi der Hauptabteilungsleiter, der die Flottenchefs als Abteilungsleiter unter sich hat. Er nimmt eine gewisse Sonderstellung ein, da er nicht nur die Interessen des Unternehmens vertritt, sondern auch für die Einhaltung der luftrechtlichen Bestimmungen in seinem Flugbetrieb verantwortlich zeichnet. Er ist in dieser Eigenschaft gegenüber der Geschäftsleitung nur begrenzt weisungsgebunden und steht insoweit zwischen der Aufsichtsbehörde und dem Unternehmen.
Nur in Ausnahmefällen, bei sehr kleinen Unternehmen der Allgemeinen Luftfahrt, können mit besonderer Genehmigung der Aufsichtsbehörde Geschäftsführer und Flugbetriebsleiter ein und dieselbe Person sein.
Für die oben angeführten Funktionsposten gibt es natürlich noch Stellvertreterposten; zudem gibt es noch Piloten, die diverse Sonderaufgaben erfüllen.

Technischer Pilot

Der Technische Pilot sollte besonders umfassende Systemkenntnisse über das Flugzeug besitzen. Er bildet die Nahtstelle zwischen Technik und Flugbetrieb. Seine Aufgabe ist es zum Beispiel, Erfahrungen aus technischen Problemen, die in der Wartungsabteilung oder auch beim Flugzeughersteller gesammelt wurden, in den Flugbetrieb einfließen zu lassen, indem er etwa entsprechende Flugbetriebsanweisungen des Flottenchefs oder des Flugbetriebsleiters vorbereitet.

Flight Safety Pilot

Einen *Flight Safety*-Piloten kann es sowohl unter den Ersten Offizieren als auch den Kapitänen geben. Die Aufgaben können unterschiedlich definiert sein. Beispielsweise ist er auf der Station Ansprechpartner für seine Kollegen und klärt sicherheitsrelevante, aber auch sonstige Fragen mit den zuständigen Funktionsträgern.

Darüber hinaus gibt es die Mitarbeit in speziellen Arbeitsgruppen wie etwa der *Performance*-Abteilung, das Abhalten von Schulungen zu speziellen Themen für die Kollegen und dergleichen.

Die Sonderfunktionen sind entweder mit einer Funktionszulage verbunden oder werden, wie beim *Supervision*-Kapitän, mit einen Bonus pro Flugstunde vergütet. Darüber hinaus stehen erfahrenen Kapitänen vereinzelt auch Wege in die Administration, also in das Management offen. Nicht selten sind auf der Geschäftsleitungsebene von Fluggesellschaften neben Betriebswirten und Ingenieuren auch Flugkapitäne anzutreffen.

Auslandsjobs

Piloten gehören von Natur aus zu den etwas mobileren Vertretern der Arbeitnehmerschaft und greifen in Zeiten dünnge-

säter Stellen gerne auf Angebote aus dem Ausland zurück. Hin und wieder verlocken auch Gerüchte über traumhafte Gagen ausländischer Fluggesellschaften zu einem Blick über den Zaun.

Im Allgemeinen macht es jedoch wenig Sinn, Bewerbungen ohne Kenntnis der aktuellen Marktlage blind loszuschicken. Die meisten Fluggesellschaften weltweit sehen in ihren Kanzeln am liebsten Piloten aus dem eigenen Land. Neben einem gewissen Nationalstolz hat dies auch handfeste Gründe. Englisch ist zwar die internationale Fliegersprache, die – zumindest in der Verkehrsfliegerei – jeder Pilot beherrscht oder beherrschen sollte. In kritischen Situationen ist es jedoch einfacher und unmissverständlicher, wenn sich die Piloten in ihrer Muttersprache unterhalten können. Große Fluggesellschaften mit hohem Standard sehen daher im Einsatz ausländischer Piloten ein Sicherheitsrisiko. Hinzu kommt der nicht unerhebliche Verwaltungsaufwand für Arbeits- und Aufenthaltsgenehmigungen, Lizenzumschreibungen und dergleichen. Man denke hier nur an den Absturz einer schweizer Maschine 1999, bei dem die entsprechende Fluggesellschaft durch den Einsatz ausländischer Piloten ins Gerede kam. Während die Geschäftsleitung sich beeilte, den Medien das hohe Ausbildungsniveau zu verkünden, beklagten sich die Piloten in Fernsehinterviews über massive Sprachprobleme innerhalb der Cockpitcrews, besonders in kritischen Situationen.

Ausländische Piloten werden daher normalerweise erst dann eingestellt, wenn der heimische Arbeitsmarkt nicht genügend Cockpitpersonal hergibt. Ehe eine Gesellschaft Flugzeuge stehen lässt, weil zuwenig Besatzungen vorhanden sind, schiebt man Bedenken lieber beiseite und holt sich ausländische Crews.

Ausnahmen gibt es eher noch in Ländern der Dritten Welt. Deutsche Piloten spielen dort allerdings traditionell gegenüber britischen, französischen und amerikanischen Piloten nur eine untergeordnete Rolle.

Da das Auf und Ab in der Luftfahrt meist in ganzen Erdteilen, wenn nicht gar weltweit verknüpft ist, muss man erfahrene Piloten für den Dienst in einigen Ländern oft aus ihren festen Stellungen weglocken. Und dies geht nur über entsprechende Zuschläge beim Gehalt.

In Zeiten, in denen es in Deutschland schlecht läuft, läuft es meist auch im benachbarten Ausland schlecht. Und dann kann man sich die Mühe sparen.

Europäisches Ausland

Von der Konvertierbarkeit der Lizenzen her ist natürlich ein Arbeitsplatz in einem der JAR-Länder für deutsche Piloten die erste Wahl. Es bleibt abzuwarten, wie stark sich zukünftig europäische Besatzungen verschiedener Nation vermischen werden. Denkt man daran, dass sich einige europäische Nationen aus falsch verstandenem Nationalstolz heraus noch nicht einmal dazu durchringen konnten, ihren Sprechfunkverkehr in Englisch abzuwickeln, sind hier einige Fragezeichen gestattet. Falscher Nationalstolz deshalb, weil dieses antiquierte Verhalten erhebliche Sicherheitsrisiken birgt. Wer beispielsweise schon einmal bei Nebel über einen der großen italienischen oder französischen Flughäfen gerollt ist und in dem Kauderwelsch aus Italienisch beziehungsweise Französisch nicht mitbekommt, was um ihn herum vorgeht, der weiß, wovon ich rede. Wobei, nebenbei

bemerkt, Französisch immerhin noch offizielle ICAO-Sprache ist, Italienisch hingegen nicht.

Wer sich bei einer ausländischen *Airline* bewerben will, findet hierzu in dem Buch *JP-Airline Fleets* von P. E. Bucher/U. Klee eine unerschöpfliche Informations- und Adressquelle. Dieses Buch enthält eine Flottenauflistung und die Anschriften fast aller *Airlines* der Welt. Das Buch enthält nicht nur Unternehmen der Großluftfahrt, sondern auch der *General Aviation*. Alternativ zu diesem telefonbuchartigen Mammutwerk kann man die Aufstellung auch auf einer handlichen CD ordern.

USA

Den mit Abstand größten Pilotenarbeitsmarkt der Welt haben die USA zu bieten. Leider haben die Amerikaner ihren Arbeitsmarkt auch durch den höchsten Zaun – in Form strenger Einwanderungsbestimmungen – geschützt. Diese Hürden können Sie am einfachsten überwinden, wenn Sie vor Ihrer Bewerbung schnell noch eine Amerikanerin oder einen Amerikaner heiraten.

Dann gibt es noch die Möglichkeit, über Losverfahren oder Ähnliches eine *Greencard* zu ergattern. Sollten Sie sich zu einer Zeit bewerben, in der Piloten gerade Mangelware und die *Airlines* darauf angewiesen sind, den Nachwuchs aus dem Ausland zu rekrutieren, können Sie auch das Glück haben, mit Unterstützung Ihres zukünftigen Arbeitgebers an eine Arbeits- und Aufenthaltserlaubnis zu kommen.

Wie auch immer Sie das Einwanderungsproblem lösen – zu diesem Thema gibt es sicher kompetentere Ratgeber –, müssen Sie an einen der begehrten Jobs kommen. Hierzu gibt es eine feine Einrichtung, die Ihnen via Internet bereits zu Hause in Europa die nötige Hilfestellung gibt.

Der **Pilot Application Service, Inc. – kurz UPAS** – hat eine Datenbank eingerichtet, in der zur Zeit fast 20.000 Piloten gespeichert sind. Dieses Unternehmen aus Leesburg in Virginia hat es sich zur Aufgabe gemacht, Schaltstelle zwischen Piloten und Fluggesellschaften zu sein.

Die Idee ist einfach: UPAS stellt via Internet standardisierte Formulare zur Verfügung, in denen alle für einen potenziellen Arbeitgeber maßgeblichen Daten abgefragt werden.

Die Piloten müssen nicht ständig den Arbeitsmarkt verfolgen, monatelang Dutzende von Bewerbungen schreiben und die frustrierenden Absagen verkraften. Stattdessen legen sie für eine Gebühr von 150 $ ihr persönliches Profil in der Datenbank ab. Die Gebühr umfasst die Speicherung für ein Jahr sowie drei *Updates* während dieser Zeit. Neue *Type Ratings,* zusätzliche Flugerfahrung oder sonstige zwischenzeitlich erworbene Qualifikationen können also aktuell hinzugefügt werden.

Die *Airlines* sparen auf der anderen Seite Zeit- und Personalaufwand für das Sichten Hunderter von Bewerbungen, die die maßgeblichen Informationen in recht individueller Form wiedergeben. Um beispielsweise 20 Piloten zu finden, die ein Boeing 737-*Rating,* 500 Stunden *on type,* 2500 Gesamtstunden und einen *High-School*-Abschluss haben und nicht älter als 30 Jahre sind, müssen auf herkömmliche Weise dicke Ordner mit mehreren tausend Bewerbungen durchgeblättert werden. Mit Hilfe von UPAS legen die Gesellschaften nur noch ihr Anforderungsprofil fest und bekommen blitzschnell vom Computer eine Liste aller in Frage kommenden Piloten. Diese müssen dann nur noch angeschrieben und zum *Screening* eingeladen werden. Ist die Liste zu umfangreich, werden die Anforderungen etwas höher geschraubt – ist die Liste zu dünn, werden die Anforderungen etwas gesenkt.

Jobdatenbanken im Internet gibt es heute zuhauf, und Geld ist schnell unnütz ausgegeben. Während bei derartigen Datenbanken selten ein Mangel an Bewerbern herrscht, hängt der Erfolg weitgehend davon ab, in welchem Umfang die Arbeitgeberseite mitspielt – wie erfolgreich also der Datenbankbetreiber neue Unternehmen akquirieren und diese bei der Stange halten kann.

UPAS war hier offensichtlich recht erfolgreich. Immerhin wird die Datenbank regelmäßig von so großen Unternehmen wie Delta oder TWA genutzt. Delta rekrutiert seinen Pilotennachwuchs bereits ausschließlich über UPAS, und auch TWA soll bereits einen entsprechenden Vertrag unterzeichnet haben.

Als amerikanisches Unternehmen ist UPAS natürlich primär auf US-Gesellschaften spezialisiert, aber auch die eine oder andere nicht amerikanische Fluggesellschaft wie die asiatische Transasia oder die europäische Parc Aviation befindet sich unter den Kunden.

Registriert ist eine breite Palette an Piloten: Vom *Single-Engine*-Fluglehrer bis zum Boeing-747-Kapitän. Entsprechend reichen die durch UPAS vermittelten Jobs auch von einer einfachen Fluglehrerstelle bis zum Jumbokapitän bei den größten amerikanischen *Airlines.*

Wer sich für diese Art der Bewerbung interessiert, surft am besten einmal auf die UPAS-Seiten im Internet unter der Adresse http://www.upas.com.

Ohne dass Sie sich dort gleich registrieren lassen müssen, können Sie auf den Seiten nach den aktuellen Anforderungen verschiedener Fluggesellschaften forschen und erfahren, wie viele Piloten die *Airlines* demnächst einstellen wollen.

Da der UPAS-Service stark erweiterungsfähig ist, lohnt es sich, öfters reinzuschauen und zu prüfen, ob vielleicht neue Linien dabei sind, die Ihr Interesse finden.

Wenn Sie mit Ihrer vorhandenen Flugerfahrung in die Nähe der einzelnen Anforderungsprofile kommen, lohnt vielleicht eine Registrierung, zumal wenn sich UPAS noch stärker über die US-Grenzen hinaus ausdehnt.

20.000 registrierte Piloten hören sich zwar besonders für europäische Bewerber recht viel an. Man muss jedoch bedenken, dass der US-Markt deutlich größer ist als der europäische. 1998 wurden beispielsweise in den USA 14.143 Pilotenjobs vergeben, also rund 40 Mal(!) so viele wie in Deutschland. Und wer sich registrieren lässt, muss bedenken, dass die Gesellschaften meist drei- bis viermal so viele Bewerber einladen, wie sie einstellen wollen. Wer also die einwanderungsrechtlichen Probleme lösen kann oder gelöst hat, hat durchaus Chancen, über eine Registrierung zu einem *Screening* eingeladen zu werden. Und mit zunehmender Flugerfahrung rückt man immer weiter in der Rangfolge auf.

Die Anschrift der UPAS

Universal Pilot Application Service, Inc.
751 Miller Dr, Suite D-2
Leesburg, VA / USA

Neben UPAS gibt es noch, ebenfalls in den USA, die **Air, Inc.**. Die Air Inc. gibt eine Monatszeitschrift mit dem Namen *Airline Pilot Job Monthly* heraus. Dort werden die neuesten Nachrichten und die zur Zeit herrschende Situation auf dem Stellenmarkt jeweils detailliert analysiert. Ein besonderer Service für Mitglieder sind Vorbereitungsseminare auf Bewerbungen und Simulatorchecks.

Eine Besonderheit der Air, Inc. ist eine Stellenbörse, die *Job Fair*. Auf dieser Messe, die mehrmals jährlich in verschiedenen Städten der USA veranstaltet wird, können sich zukünftige Arbeitgeber und Piloten direkt beschnuppern und News austauschen.

Air, Inc. ist im Internet vertreten unter www.airapps.com.

Auch hier lohnt es sich, einmal vorbeizuschauen. Man stößt unter anderem auf interessante Statistiken, die Rückschlüsse auf den gegenwärtigen Arbeitsmarkt zulassen. So wird zum Beispiel tabellarisch aufgelistet, wie viele Piloten im letzten Monat sowie im letzten und vorletzten Jahr in den USA eingestellt wurden. Dabei wird auch zwischen internationalen *Airlines,* nationalen Gesellschaften und der *General Aviation* unterschieden.

Eine weitere interessante Statistik ist die Gehaltstabelle von mehr als einem Dutzend Airlines.

Die Anschrift der Air, Inc.:

Air, Inc.
1001 Riverdale Court,
Atlanta, GA 30337 / USA
Tel: 001-770 996 5424
Fax: 001-770 996 5547

Auch die **Best International USA, Inc.** hilft Fluggesellschaften durch verschiedene Serviceleistungen bei der Suche nach geeignetem Cockpitpersonal.

Die Anschrift:

Best International USA, Inc.
1154 W. Main Street
Lewisville, TX 75067 / USA
Tel: +1 (972) 436-8883
Fax: +1 (972) 436-1573
Internet: biusa@worldnet.att.net

Pilot Employment Registry (R.P.R.T.)

ist eine weitere Firma, die Pilotenstellen vermittelt, oder besser, die Chefpiloten der *Airlines* mit den Daten von Piloten versorgt.

Für einen Jahresbeitrag von 84 $ werden die Daten aufgenommen. Die Abkürzung R.P.R.T. bedeutet »Right Place at the Right Time« und gibt damit ein charakteristisches Merkmal der Stellensuche wieder.

Das Minimum, um sich in den Vereinigten Staaten für einen Job zu bewerben, liegt bei etwa 1000 Flugstunden, 200 bis 300 Stunden *Multi Engine* und einer *Commercial/Instrument License* mit *Multi Engine Rating.* Dies sind mehr Flugstunden, als allgemein in Deutschland von einem Berufsanfänger erwartet werden.

Allerdings sollte man sich darüber im Klaren sein, dass statistisch 96 Prozent der von den internationalen *Airlines* eingestellten Piloten bereits einen ATP und somit mehr als 1500 Stunden haben.

Die Nachfrage nach Stellen bei den Großen der Branche ist in den USA riesig, und die Marktführer – wie etwa Delta – können es sich leisten, aus einigen tausend Bewerbern eine Hand voll Nachwuchspiloten auszuwählen. Um in die engere Wahl zu kommen und überhaupt erst einmal die Chance auf ein *Screening* zu bekommen, muss man möglichst viele Punkte sammeln. Und Punkte sammelt

man neben der Flugerfahrung durch zusätzliche Qualifikationen.

Hier gibt es einige entscheidende Unterschiede zum europäischen Arbeitsmarkt. Wesentlich stärker als etwa deutsche Fluggesellschaften sehen die Amerikaner gerne Zusatzqualifikationen, die zwar nicht direkt für den Job gebraucht werden, aber dennoch zeigen, dass sich der Bewerber mit komplexen technischen Systemen auseinandersetzen kann.

Obwohl heute nur noch in wenigen Flugzeugmustern ein Flugingenieur eingesetzt wird, bringt das Bestehen der schriftlichen Flugingenieurprüfung zahlreiche dieser Pluspunkte. Viele große *Airlines* verlangen sogar dieses Zertifikat. Nach einer Statistik der Zeitschrift *Airline Pilot Job* haben 96 Prozent(!) der von den großen US-Gesellschaften, den so genannten *Major Airlines*, neu eingestellten Piloten die schriftliche Prüfung als Flugingenieur in der Tasche. Letzteres ist wie gesagt eine Besonderheit in den USA. Hierzulande würde dieses Examen kaum jemanden interessieren.

Während die theoretische Flugingenieurprüfung im Selbststudium für wenige hundert Dollar zu haben ist, muss man bereits 5000 bis 10.000$ investieren, um ein komplettes *Flight Engineer Rating* zu erwerben.

Fachleute des US-Arbeitsmarktes sagen jedoch, dass sich diese Investition unter dem Strich für jeden angehenden Verkehrspiloten bei der Jobsuche dreifach bezahlt macht.

Meist wird hierfür die weit verbreitete gute alte Boeing 727 gewählt.

Pluspunkte bringen in den USA auch eine hohe Schulbildung, etwa Abitur oder eine vergleichbare Qualifikation, und ein technisch orientiertes Hochschulstudium.

218

Punkte werden natürlich auch durch ein *Type Rating* für ein Verkehrsflugzeug gesammelt. Allerdings sind dies auch die Punkte, die am teuersten erkauft werden müssen. *Type Ratings* sind zwar in den USA deutlich preiswerter als in Europa, aber 20.000 $ haben auch dort innerhalb weniger Tage den Besitzer gewechselt.

Statistisch besitzen zwar 70 Prozent der in den USA eingestellten Piloten bereits ein *Type Rating.* Diese Zahl bedeutet aber auch, dass immerhin noch 30 Prozent der Anfänger eine Chance bekommen.

Jeder, der schon einmal ein *Type Rating* für ein großes Verkehrsflugzeug erworben hat, weiß, dass dieses eigentlich ohne einige hundert Stunden Flugerfahrung auf diesem Muster nicht allzu viel wert ist. Das *Type Rating* gehört daher zu den Investitionen, zu denen man, ähnlich wie in Europa, nicht unbedingt raten muss. Wer aber das Geld übrig hat, sollte dieses nur investieren, wenn er eine Möglichkeit gefunden hat, nach bestandenem Checkflug auch gleich die 100 bis 150 Stunden *Supervision* zu fliegen. In den USA lassen sich übrigens erhebliche Kosten sparen, wenn das *Type Rating,* wo überhaupt noch anwendbar, gleich mit dem *Type Rating* des Flugingenieurs verbunden wird.

Eine weitere Lizenz, die häufig auf dem amerikanischen Ausbildungsmarkt angeboten wird, ist die Flugzeugmechanikerlizenz, die *A&P Mechanic's License.* Während diese Lizenz demjenigen nützlich sein kann, den es in die *General Aviation* zieht, ist sie bei den Verkehrsfluggesellschaften kaum hilfreich: Nur 5 Prozent der neu eingestellten Piloten besitzen diese Qualifikation, und kaum jemand achtet darauf.

Seniorität bei US-Airlines

Bei den großen amerikanischen *Airlines* hat die Seniorität einen wesentlich höheren Stellenwert als hierzulande. Nicht nur das Gehalt, auch der Arbeitsalltag und die ganze Lebensplanung werden durch die Seniorität geprägt. Da die Amerikaner wesentlich mobiler sind als die Deutschen und sie den Job wesentlich öfter wechseln, haben sich die großen US-Airlines einiges einfallen lassen, um die Mitarbeiter stärker an das Unternehmen zu binden.

So verfügen die Unternehmen über leistungsfähige Computerplanungssysteme, zu denen die Piloten über spezielle Software vom heimischen PC aus Zugang haben. Sie können dort alle denkbaren *Requests* (hier: Dienstplanwünsche) eingeben, wie bestimmte freie Tage, Wunschdienste, wie etwa einen Monat ohne Frühdienst (ich beneide die Kollegen), Urlaubstage, *Overnights* (Übernachtungen) in bestimmten Städten und vieles mehr.

Wem dann welche Wünsche erfüllt werden, richtet sich nach der Seniorität: Der Pilot mit der höchsten Seniorität bekommt alle Wünsche erfüllt, der zweite muss sich gegebenenfalls nach dem ersten richten und so fort – bis alle (bis zu mehreren tausend) Piloten durch sind. Wer also lange in der Firma ist, kann sich quasi jeden Flug und jeden freien Tag selbst aussuchen und muss dabei nur auf seine Sollstunden kommen. Wer neu in die Firma kommt, muss nehmen, was übrig bleibt. Lange Firmenzugehörigkeit bietet also nicht zu unterschätzende Vorteile in der individuellen Lebensplanung und Gestaltung.

Ich habe einmal einen Flugzeugführer getroffen, der mit seiner Familie in Florida wohnte und seinen Einsatzort im 5000 km entfernten Los Angeles hatte. Als

747-Kapitän mit hoher Seniorität ließ er sich jeden Monat vier- bis fünfmal hintereinander für die Strecke Los Angeles-Tokio einplanen. Um seinen Dienst anzutreten, flog er einmal im Monat von Florida nach Los Angeles, hatte seine Umläufe binnen 10 bis12 Tagen erledigt und konnte anschließend wieder seine freien Tage mit seiner Familie in Florida verbringen, bis zum nächsten Einsatz.

Die individuellen Planungsmöglichkeiten gehen aber noch weiter:

Wer zum Kapitän befördert werden möchte, trägt seinen Karrierewunsch am PC ein und wartet, bis der Computer sagt, dass er von der Seniorität her fällig ist. Wer mit seinem Job als Copilot zufrieden ist, trägt nichts ein und bleibt es bis zur Pensionierung.

Wir haben zwar, wie bereits erwähnt, auch in Deutschland das Senioritätsprinzip, jedoch bei weitem nicht so ausgeprägt wie in den USA.

Pay for Training

In schweren Zeiten werden immer wieder neue Wege gesucht und gefunden, um Kosten zu sparen und den Piloten das Geld aus der Tasche zu ziehen. So sind während der letzten Rezession, Anfang der 90er-Jahre, von einigen US-Fluggesellschaften die so genannten *Pay-for-Training*-Programme eingeführt worden. Darunter verstehen die Fluggesellschaften, dass der Bewerber zunächst einmal rund 300 $ für den Einstellungstest, das *Screening,* bezahlt. Ist dieses erfolgreich bestanden, werden nochmals zwischen 7000 und 16.000 $ für das *Airline*-Training fällig, manchmal auch mehr.

Wer sich auf ein solches Programm einlässt, sollte aufpassen, mit wem – und einige Grundregeln beachten.

1. Die Gesellschaft sollte bereits mehrere Jahre existieren, und es sollten keine wirtschaftlichen Probleme bekannt sein.
2. Nach Abschluss des Trainings sollte eine unbefristete Festanstellung vertraglich sichergestellt sein.

Die seriöseren *Airlines* zahlen die Trainingskosten in monatlichen Raten als Zuschläge zum Gehalt zurück, schonen also auf Kosten ihrer zukünftigen Mitarbeiter nur vorübergehend die eigene Liquidität.

Insoweit sind manche *Pay-for-Training*-Angebote also etwas seriöser als das, was von deutschen Gesellschaften gelegentlich geboten wird. Wir hatten dieses Thema bereits im Abschnitt »Type Rating vor der Bewerbung« ab Seite 172 besprochen. Dennoch sollten sie immer der letzte Ausweg sein.

Eine andere Spezialität des US-Marktes sind Inserate, in denen beispielsweise 100 Stunden auf einer Zweimot oder einem Jet bei Festabnahme zu unglaublich günstigen Preisen angeboten werden. Bei näherem Nachfragen stellt sich dann meist heraus, dass es sich um kleinere, nach Part 135 operierende Luftfahrtunternehmen handelt. Dies sind so genannte *Lufttaxi-Unternehmen.* Nach Bezahlung von 50 bis 100 $ pro Flugstunde dürfen Sie dann sieben Tage pro Woche und 24 Stunden täglich in Bereitschaft stehen, um als Copilot ohne *Type Rating* Fracht- und ähnliche Flüge zu begleiten. Dies meist auf Uraltgerät, in das sich kein gut bezahlter Pilot mehr hineinsetzt (nur die, die Geld mitbringen). Unternehmen, die schon mal eine Frachtkiste transportiert haben, auf der »Delta« oder »United«

stand, prahlen dann mit Verbindungen zu den *Major Airlines.*

Man sollte sich immer darüber im Klaren sein, dass die Annahme derartiger Angebote nicht die ultimative Karriereentscheidung bringt: Es ist eine Möglichkeit, in Zeiten rarer Jobs die für höhere Pilotenweihen dringend benötigte Erfahrung zu sammeln, sollte aber nur als Sprungbrett zu den Großen der Branche gesehen werden.

Auch eine weitere Überlegung ist nicht ohne Bedeutung: Solange es Piloten gibt, die ihr Training selbst bezahlen, wird es auch Linien geben, die dieses nicht bezahlen.

Anerkennung europäischer Lizenzen in den USA

Probleme haben nicht nur die Inhaber amerikanischer Lizenzen in Europa. Dies gilt auch umgekehrt. Zur Anerkennung eines ATP muss beispielsweise die gesamte theoretische und praktische Prüfung wiederholt werden.

Etwas einfacher geht es bei den anderen Lizenzen. Hierzu finden Sie ausführliche Hinweise in dem von mir herausgegebenen *Ratgeber Fliegen in den USA*, ISBN 3-931270-02-5.

Kanada

Piloten, die in Kanada Arbeit suchen, können sich an folgende Stellen wenden:

Air Transport Association of Canada
1100 – 255 Albert Street
Ottawa ON K1P 6A9
Tel: (613) 233-7727
Fax: (613) 230-8648

Canadian Owners and Pilots Association
1001-75 Albert Street
Ottawa ON K1P 5E7
Tel: (613) 236-4901
Fax: (613) 236-8646

Die Kanadier haben übrigens ein eigenes Ausbildungssystem, das nicht unmittelbar an die US-Ausbildung angelehnt ist.

Internationale Leiharbeitsfirmen

Wie für die meisten Branchen gibt es auch für Cockpitpersonal international tätige Leiharbeitsfirmen. Diese Firmen haben sich darauf spezialisiert, in Personalnot geratenen *Airlines* für teures Geld komplette Cockpitbesatzungen und Wartungspersonal auszuleihen.

Leasingpersonal wird immer dann eingestellt, wenn sich ein Bedarf sehr kurzfristig ergeben hat und die eigenen Personalressourcen nicht ausreichen. Es kann sich aber auch um einen vorübergehenden Bedarf handeln, für den es sich nicht lohnt, Piloten fest einzustellen. Oder aber, wenn eine Gesellschaft dem rasanten Wachstum des eigenen Unternehmens nicht traut und sich zunächst noch nicht durch allzu viele Festverträge binden will.

Derartige Situationen können etwa durch den Abschluss neuer Verträge für Charter- oder Linienflüge entstehen oder durch die Eröffnung einer neuen Linie, die erst einmal probeweise betrieben werden soll.

Ein weiterer Bedarfsfall für Leasingpersonal wäre die Einführung eines neuen Flugzeugmusters, für das im eigenen Hause noch keine Erfahrungen vorliegen – sie wird durch den Einsatz erfahrener

Leasing-Besatzungen erleichtert oder beschleunigt.

Personalleasing-Firmen sind allerdings nichts für Anfänger, da sie nur komplett ausgebildete, erfahrene Piloten mit vorhandenem *Type Rating* einstellen, die sofort eingesetzt werden können. Dies gilt sowohl für Kapitäne als auch für Copiloten.

Leiharbeitsfirmen zahlen überdurchschnittliche Gehälter mit, bei Auslandseinsätzen oftmals interessanten, Pauschalsteuerregelungen.

Der Nachteil bei diesen Jobs ist, dass sie meist nur auf Zeitverträgen – von einigen Monaten bis zu einigen Jahren – basieren und nur etwas für Leute sind, die ihr Leben gerne in Hotels verbringen.

Die hohen Gagen werden hier nicht umsonst gezahlt und sind zum Teil auch als Schmerzensgeld zu verstehen, um das Leben im Hotel und die fehlende Sicherheit des Arbeitsplatzes zu kompensieren. Bekannte Adressen sind die

Rishworth Aviation Limited
PO Box 37-434
Auckland, New Zealand
Tel: +64 9 302 0080
Fax: +64 9 302 0078

Parc Aviation
((Anschrift ???))

Die Rishworth Aviation hat ihren Sitz zwar in Neuseeland, ist aber weltweit tätig

Bezahlung im Ausland

Wer einen Pilotenjob im Ausland anstrebt, sollte sich zuvor auch überlegen, ob die zu erwartenden Einkünfte ausreichen, um die Lebenshaltungskosten und eventuelle Rückzahlungen zu decken.

So erreichen die Gehälter in einigen osteuropäischen, afrikanischen und asiatischen Ländern kaum das, was europäische Piloten alleine an Spesen erhalten. In anderen Ländern wiederum – so etwa Singapur oder Hongkong – sehen zwar die Gehälter auf den ersten Blick großzügig aus. Jedoch sind dort die Lebenshaltungskosten so exorbitant hoch, dass unter dem Strich deutlich weniger übrigbleibt als hierzulande.

Weitere Infos

Air Jobs Digest ist eine monatlich erscheinende Zeitschrift von etwa 70 Seiten Umfang, die voll mit Stellenanzeigen aus allen Bereichen der Luft- und Raumfahrt ist. Neben Jobs für Mechaniker, Techniker und Ingenieure werden auch diverse Pilotenjobs offeriert:
www.air-jobs.com

Wer sich für den amerikanischen Arbeitsmarkt interessiert, findet auch beim größten Versandhändler für Flugbedarf weitere Literatur: www.sportys.com, z. B.

Airline Employment Package (U.S.)
Wer sich direkt bei einer *Airline* bewerben will, findet hier eine Auflistung aller amerikanischen Fluggesellschaften und eine Beispielbewerbung.

Airline Employment Package (International)
Das gleiche Paket gibt es nochmals für den internationalen Bereich. Dort werden mehr als 500 Fluggesellschaften, nach Ländern sortiert, aufgelistet.

Air Charter Companies
Eine Auflistung aller amerikanischen Chartergesellschaften.

U.S. Corporate Pilot & Mechanic Listings
Wer sich für eine Anstellung als Werkspilot bei einem US-Unternehmen interessiert, der findet in diesem Werk eine Auflistung von mehr als 2000 Eignern von *Businessjets* à la Learjet, Citation und dergleichen.

King Air / Super King Air, Beech 99 Airliner
Sollte es jemanden geben, der ausschließlich auf Flugzeugen der Marke Beechcraft fliegen möchte, der findet in diesem Buch eine Auflistung der Eigentümer.

Fliegen lernen bei der Bundeswehr

Ein ganz anderes Spektrum fliegerischer Tätigkeit bietet eine Stelle als Militärflugzeugführer bei Luftwaffe, Heer oder Marine. Die Tätigkeitspalette reicht dort vom Such- und Rettungsdienst über den Jagdflieger bis zur verkehrspilotennahen Tätigkeit des Transportfliegers oder der *Airline*-ähnlichen Flugbereitschaft der Luftwaffe.

Eignungsfeststellung

Vor der Ausbildung auf Kosten des Steuerzahlers kommt die so genannte *Eignungsfeststellung (EF)* für den fliegerischen Dienst. Diese wird seit Juli 1998 nach einem neuen Verfahren durchgeführt, das auf die Verwendung eines Flugzeugs verzichtet.

Dieses neue Verfahren hat einen ganz entscheidenden Vorteil: Gegenüber früheren Zeiten kann die Eignungsuntersuchung bereits vor Eintritt in die Bundeswehr durchgeführt werden. So weiß man schon vor Unterschreiben des »Arbeitsvertrages«, ob man Chancen auf den gewünschten Pilotenjob hat, und kann leichter Enttäuschungen und Fehlentscheidungen vorbeugen.

Die Eignungsfeststellung ist in drei Phasen aufgeteilt, die an der *Offizierbewerberprüfzentrale* (OPZ) in Köln und dem *Flugmedizinischen Institut der Luftwaffe* (FlMedInstLw) in Fürstenfeldbruck durchlaufen werden.

Phase I

In Phase I wird eine Grunduntersuchung an der Offizierbewerberprüfzentrale in Köln durchlaufen. Der Bewerber muss ganz allgemein zeigen, dass er zum Offizier geeignet und dass er studierfähig ist. Der fliegerische Teil beschränkt sich auf eine erste Untersuchung der Wehrfliegerverwendungsfähigkeit und der fliegerpsychologischen Eignung. Anhand dieser Ergebnisse wird eine fliegerpsychologische Klassifikation vorgenommen.

Nach insgesamt drei Tagen ist die Phase I überstanden.

Phase II

Wer Phase I erfolgreich durchlaufen hat, darf nach Fürstenfeldbruck zur Phase II. Dort muss sich der Bewerber der fliegerpsychologischen Erstuntersuchung stellen, die aus drei Stufen besteht, die in zwei Tagen durchlaufen werden.

Am ersten Tag werden die fliegerisch relevanten

- kognitiven und
- psychomotorischen Voraussetzungen und die
- Motivation

überprüft, die der Bewerber mitbringt.

Am zweiten Tag sind die bereits aus dem Kapitel über Einstellungstests bekannten *Assessment Center* dran (siehe Seite 204). Diese sollen dann einen tieferen Einblick in die Persönlichkeit des Bewerbers und dessen kognitive Fertigkeiten geben.

Ein weiterer Tag ist einer intensiven medizinischen Untersuchung gewidmet.

Wer diese insgesamt drei Tage erfolgreich durchlaufen hat, darf in die Phase III aufrücken.

Phase III

Die Einladung zur Phase III erfolgt erst einige Wochen nach erfolgreichem Abschluss der Phase II.

Angetreten wird wieder in Fürstenfeldbruck, diesmal um eine fliegerische Lernprobe zu absolvieren. Auf einem einfachen Flugsimulator, den die Bundeswehr *Fliegerpsychologisches Selektionssystem* (FPS80) nennt, müssen verschiedene Flugprofile abgeflogen werden. Ein Fluglehrer und ein Flugpsychologe nehmen dabei eine Persönlichkeits- und eine Leistungsdiagnostik vor.

Die Persönlichkeitsdiagnostik zeigt

* Lernbereitschaft,
* Leistungsbereitschaft,
* Motivation,
* Stressbewältigung,
* Handlungsentschiedenheit,
* Durchsetzungsvermögen.

Die Leistungsdiagnostik zeigt

* räumliche Orientierung,
* motorische Koordinationsfähigkeit,
* Informationsverarbeitungskapazität,
* Fähigkeit zur Mehrfacharbeit,
* Aufmerksamkeitsverteilung,
* Vorausschaufähigkeit,
* Merkfähigkeit,
* Problemlösefähigkeit.

Wer zum Hubschrauberpiloten ausgebildet werden möchte, absolviert seine Lernprobe nicht in Fürstenfeldbruck, sondern auf einem Hubschraubersimulator der *Heeresfliegerwaffenschule* in Bückeburg bei Hannover.

Wer alle drei Phasen erfolgreich durchlaufen hat, bekommt eine Mitteilung über seine Ausbildungsqualifikation zum

* Strahlflugzeugführer (SFF),
* Waffensystemoffizier (WSO),
* Transportflugzeugführer (TranspFF),
* Hubschrauberführer (HubschFhr).

Wer durchgefallen ist oder eine andere als die gewünschte Stufe erreicht hat, kann sich jetzt immer noch überlegen, ob er sich länger bei der Bundeswehr verpflichten will.

Wer unterschreibt, rückt vom Bewerber für den Fliegerischen Dienst (BewFlgDst) zum Anwärter für den Fliegerischen Dienst (AnwFlgDst) auf und nimmt an der Vorausbildung teil.

Vorausbildung

Die Vorausbildung beginnt mit der obligatorischen Grundausbildung, der so genannten *allgemein militärischen Ausbildung*. Danach werden die AnwFlgDst von Luftwaffe und Marine zur 9. Inspektion der Offizierschule der Luftwaffe (9. OS-Lw) versetzt. Dort nehmen sie während der folgenden 6 bis 8 Monate an verschiedenen Lehrgängen und weiteren Untersuchungen teil, wie

* Sprachlehrgänge,
* Auslands-/Fliegertauglichkeitsuntersuchung,

- Flugphysiologische Ausbildung,
- Überlebensausbildung See,
- Fachtheoretische Vorbereitung,
- Fliegerische Vorausbildung (außer für Hubschrauberpiloten).

Die fliegerische Vorausbildung erfolgt in Goodyear/Arizona (USA) auf der einmotorigen Beechcraft Bonanza F 33, die auch vielen Privatpiloten als solides Reiseflugzeug bekannt ist. WSO und TransPFF müssen 20 Flugstunden absolvieren, zukünftige SFF 40 Stunden.
Nach der Vorausbildung geht es dann mit der fachspezifischen Ausbildung weiter.

Ausbildung zum Strahlflugzeugführer

Angehende Jetpiloten werden im Rahmen des *Euro Nato Joint Jet Pilot Training* (ENJJPT) ausgebildet, an dem neben der Bundesrepublik noch zwölf weitere Nationen teilnehmen. Das Trainingsprogramm dauert 15 Monate und findet auf der Sheppard Air Force Base (AFB) in Texas nahe Wichita Falls statt. Vier Ausbildungsphasen sind zu durchlaufen:

1. 1 Monat *Ground Training*
2. 6 Monate *Basic Training* auf Cessna T-37
3. 6 Monate *Advanced Training* auf Northrop T-38 Talon (Mach 1.3)
4. 2 Monate *Instruction to Fighter Fundamentals* (IFF) auf der AT-38

Der vierte Abschnitt schließt auch eine taktische Ausbildung ein, die je nach zukünftiger Einsatzrolle in »Air to Air« (Jagd-) oder »Dual Roll« (Jabo/Jäger-) Kursen durchgeführt wird. Hier eine Übersicht in Ausbildungsstunden:

	T-37	T-38	AT-38
Flugstunden	123	134	18
Simulator	29	32	4
Theorie	280	254	78

Dieses speziell auf Kampf- und *Fast-Jet*-Piloten zugeschnittene Programm umfasst insgesamt 280 Flugstunden und gehört weltweit zu den besten seiner Art. Nach erfolgreichem Abschluss erhalten die Lehrgangsteilnehmer die Flugzeugführerschwinge (»Wing«) und die Zuteilung auf ihr künftiges Einsatzmuster. Auf diesem erfolgt dann die weitere Ausbildung zum Einsatzpiloten.

Waffensystemoffizier

Der Waffensystemoffizier sitzt zwar später im hinteren Teil des Cockpits. Dennoch erhält er eine Flugausbildung, die neben den 20 Stunden Vorausbildung immerhin 140 Flugstunden und rund 100 Simulatorstunden umfasst. Die Ausbildung erfolgt zur Zeit in Pensacola/Florida. Die Ausbildung dauert wie beim SFF 15 Monate, ist jedoch im Gegensatz dazu eine rein amerikanische Ausbildung, an der andere Nationen teilnehmen können. Die Ausbildung umfasst die vier Phasen

1. *Aviation Introduction Phase* (8 Wochen)
2. *Primary Phase* auf T-34 (14 Wochen)
3. *Intermediate Phase* auf T-34 und T-1 (14 Wochen)
4. *Advanced Strike/Fighter* auf T-39 und T-2 (26 Wochen)

In der *Primary Phase* sollen eigene Erfahrungen über fliegerische Belastungen und aerodynamische Grenzen gesammelt werden. In der *Intermediate Phase* werden Grundlagen der Navigation vermittelt. In der *Advanced Strike/Fighter Phase* erfolgt die Spezialisierung für den Einsatz auf Kampfflugzeugen. Nach Abschluss aller vier Phasen werden ebenfalls die Flugzeugführerschwingen überreicht.

	T-34	T-1	T-39	T-2
Flugstunden	39	20	64	17
Simulator	19	25	52	7
Theorie	198	122	205	

Waffensystemausbildung

Bei der Waffensystemausbildung treffen die frischgebackenen SFF und WSO wieder aufeinander und setzen ihre Ausbildung gemeinsam als angehende Kampfbesatzungen fort. Dieser Ausbildungsteil dauert sieben Monate und wird ab dem Jahr 2000 auf der Holloman AFB in New Mexico durchgeführt.
Im Rahmen dieses Ausbildungsabschnittes werden

- die Musterberechtigung,
- die Instrumentenflugberechtigung,
- die taktischen Grundkenntnisse.

erworben.
Die Ausbildung erfolgt entweder auf Tornado oder auf F-4 Phantom.
Tornado-Besatzungen werden auf ihre Einsatzrolle als Jagdbomber *(Air to Ground)* vorbereitet. Die Ausbildungsstaffel ist komplett mit deutschem Personal besetzt und unterliegt deutschen Führungs- und Ausbildungsbestimmungen. Die Ausbildung umfasst

	SFF	WSO
Flugstunden	88	68
Simulator	22	22
Theorie	190	197

F-4-Besatzungen werden auf ihre Jägerrolle *(Air to Air)* vorbereitet. Im Gegensatz zur Tornado-Ausbildung handelt es sich nicht um eine deutsche, sondern um eine amerikanische Ausbildung, die von der 20. Fighter Squadron der US Air Force durchgeführt wird. Das Fluglehrpersonal ist deutsch-amerikanisch besetzt. Das Ausbildungsprogramm ist zwar auf die deutschen Anforderungen zugeschnitten, wird aber nach amerikanischen Bestimmungen durchgeführt. Es umfasst

	SFF	WSO
Flugstunden	80	80
Simulator	10	32
Theorie	204	208

Bis zum Abschluss der Waffensystemausbildung haben SFF und WSO etwa zwei Jahre in den USA zugebracht.

Vorbereitung auf den Einsatz in Europa

Häufig wechselnde, schwierige Wetterlagen, andere luftrechtliche Bestimmungen und ein sehr begrenzter Luftraum erfordern eine weitere zwei Monate dauernde Vorbereitung auf den Flugdienst in Deutschland. Tornado-Besatzungen erhalten das Europäisierungstraining beim Jagdbombergeschwader 38 in Schortens, F-4-Besatzungen beim Jagdgeschwader 72 in Rheine.
Vorgesehen sind

Tornado	SFF	WSO
Flugstunden	17	14
Simulator	10	10
Theorie	70	70

F-4	SFF	WSO
Flugstunden	21	18
Simulator	10	32
Theorie	80	80

Mit dem Europäisierungstraining ist dann die lehrgangsgebundene Ausbildung abgeschlossen, und die Besatzungen nehmen die taktische Verbandsausbildung in ihren Staffeln auf.

Transportflugzeugführer

Eine völlig andere Ausbildung erhalten Transportflugzeugführer: Sie ist einer Ausbildung zum Verkehrsflugzeugführer sehr ähnlich. Nach Abschluss der bereits beschriebenen Vorausbildung werden die *Transportflugzeugführer-Anwärter* (TranspFF-Anwärter) zur 4. Staffel des Lufttransportgeschwaders 62 nach Bremen versetzt. Dort und in Goodyear/Arizona wird die Ausbildung – unter militärischer Beteiligung – von der *Lufthansa Flight Training GmbH* (LFT) und dem *Airline Training Center Arizona,* einer Tochterfirma der LFT, durchgeführt. Die 15 Monate dauernde Ausbildung gliedert sich in folgende Phasen

- Theoretische Grundschulung in Bremen (41/2 Monate),
- Sichtflugausbildung auf F-33, Goodyear (3 Monate),
- Instrumentenflugausbildung auf Piper Seneca IV und Piper Cheyenne PA-42 (71/2 Monate).

Die Ausbildung umfasst insgesamt 200 Flugstunden auf ein- und zweimotorigen Flugzeugen sowie im Simulator.

F-33	Seneca IV	PA-42
Flugstunden	90	85	10
Simulator	10	–	20+15
Theorie gesamt 1040 Stunden		

Nach erfolgreichem Abschluss der Ausbildung erhalten die Lehrgangsteilnehmer die Flugzeugführerschwinge.

Waffensystemausbildung
Die Waffensystemausbildung erfolgt primär auf der Transall C-160 beim Lufttransportgeschwader 62 in Wunsdorf bei Hannover. Im Rahmen der Waffensystemausbildung werden die Instrumenten- und die Musterberechtigung sowie die taktischen Grundkenntnisse für den Lufttransport vermittelt.
Das Programm umfasst
- 39 Flugstunden,
- 20 Simulatorstunden,
- 160 Stunden Theorie..

Danach ist der junge Transportflugzeugführer dann Copilot auf der Transall.
Einige wenige Piloten werden auch auf Flugzeugen der Flugbereitschaft ausgebildet, zu deren wichtigsten Aufgaben das Fliegen der Bundesregierung gehört. Dort kommen Geschäftsreiseflugzeuge wie die Challenger, die altertümliche VFW 614 und der Airbus zum Einsatz.

Ausbildung zum Hubschrauberführer

Unterschiedliche Einsatzrollen, Hubschraubertypen und Besatzungskonzepte erfordern in Heer, Luftwaffe und Marine jeweils eigenständige Hubschrauberausbildungen.

Zukünftig ist eine gemeinsame Hubschrauberführer-Grundausbildung vorgesehen. Bis dahin wird die Grundausbildung der Luftwaffe im Rahmen des *Euro NATO Helicopter Basic Trainings* im *US-Army Aviation Center* in Fort Rucker/Alabama durchgeführt.

Die Ausbildung dauert 9 Monate und gliedert sich in zwei Phasen:

- *Initial Entry Rotary Wing* (IERW) auf TH-67 (41/2 Monate)
- *Combat Skills/Night Vision Goggles* (NVG) auf OH-58 (41/2 Monate)

In der IERW-Phase wird neben dem Sicht- auch bereits der Instrumentenflug gelehrt. Die zweite Phase der Ausbildung hat vor allen Dingen für Einsätze im Rahmen von UN-Mandaten an Bedeutung gewonnen.

IERW	Combat Skills	NVG
Flugstunden 80	49	20
Simulator 30		
Theorie 330	130	60

Waffensystemausbildung

Hubschrauberpiloten erhalten ihre Waffensystemausbildung bei der 2. Staffel des Lufttransportgeschwaders 62 in Diepholz. Im Rahmen der Europäisierung wird gleichzeitig die Musterberechtigung für das Muster Bell UH-1D erworben.

Daran schließt sich eine fliegertaktische Ausbildung an, die auch die Ausbildung für den Such- und Rettungsdienst einschließt. In der letzten Phase erfolgt die Schulung im Instrumentenflug und der Erwerb der Instrumentenflugberechtigung.

Zum Abschluss bekommt der junge Hubschrauberführer den Status der »eingeschränkten Kampffähigkeit Land«, und es erfolgt die Versetzung in einen Einsatzverband. Insgesamt umfasst das Programm in Diepholz

- 127 Flugstunden auf UH-1D,
- 20 Stunden Simulator,
- 370 Stunden Theorie.

Umschreibung militärischer Lizenzen

Wer das fliegerische Handwerk bei der Bundeswehr erlernt, fragt sich natürlich, was er später mit seinen Berechtigungen im Zivilleben anfangen kann.

Zunächst einmal nichts, denn militärische Lizenzen dürfen im Zivilleben nicht genutzt werden. Sie müssen zunächst in zivile Erlaubnisse und Berechtigungen umgeschrieben werden.

Es gibt folgende militärische Berechtigungen:

- MFS/F   Militärluftfahrzeugführerschein mit Beiblatt F für Führer von Flugzeugen,
- MFS/H   Militärluftfahrzeugführerschein mit Beiblatt H für Führer von Hubschraubern,
- IB   Instrumentenflugberechtigung,
- LÜB   Luftfahrzeugführer-Überprüfungsberechtigung,
- FLB   Fluglehrberechtigung,
- NB   Nachprüfberechtigung,
- TB 1   Testflugberechtigung Klasse 1,
- TB 2   Testflugberechtigung Klasse 2,
- SFB   Schleppflugberechtigung.

Im Internet finden Sie auf den Seiten des LBA (www.lba.de) eine ausführliche Darstellung, unter welchen Voraussetzungen die militärischen in zivile Lizenzen umgeschrieben werden können.

Zusammengefasst kann man feststellen, dass es ohne weitere Prüfung nur den PPL gibt.

Berufspilotenlizenzen, Instrumentenflugberechtigung und Verkehrspilotenlizenz sowie Einweisungs- und Lehrberechtigungen werden nur nach Ablegen einer theoretischen und gegebenenfalls auch praktischen Prüfung umgeschrieben. Voraussetzung ist natürlich, dass die für die jeweils angestrebte zivile Lizenz erforderliche Flugerfahrung vorhanden ist. Bei den theoretischen Prüfungen wird nicht in der gesamten Theorie geprüft, sondern nur in einigen ausgewählten Fächern.

Militärpiloten haben aber den Vorteil, dass sie beim Erwerb der zivilen Pilotenlizenzen in der Regel gefördert werden.

Wer eine zivile Lizenz hat und weiter militärisch fliegt, kann die zivile Lizenz auch durch Flugstunden im Rahmen seiner Militärfliegerei gültig erhalten. Unter bestimmten Voraussetzungen werden dabei auch die militärischen Checkflüge anerkannt.

Damit sind die wesentlichen Dinge zum Pilotenberuf und zur Ausbildung gesagt. Am Ende dieses Buches wollen wir uns noch ein wenig mit der Zukunft beschäftigen und einige Überlegungen anstellen, wie die weitere Entwicklung dieses Berufes aussehen könnte.

Weg mit den Piloten? – Beruf und Zukunft

In weniger als einem Jahrhundert hat die Luftfahrt technologische Sprünge von atemberaubender Geschwindigkeit erlebt.

In Anbetracht dieser Entwicklung fragt man sich, ob es wirklich erst 100 Jahre her ist, als unbelehrbare Männer wie Otto Lilienthal noch vom Fliegen träumten und ihr Leben dieser kühnen Vision opferten?

Oder ist es wirklich erst knapp über 70 Jahre her, als Charles Lindbergh in einem klapprigen einmotorigen Flugzeug den Atlantik überflog, der keine 15 Jahre später von riesigen Flugbooten im Liniendienst und weitere 40 Jahre später vom mittlerweile skandalumwitterten, überschallschnellen Passagierjet Concorde überquert wurde?

Das größte Flugzeug seiner Zeit – die zwölfmotorige DO X von 1929
(Foto Lufthansa)

War es wirklich erst die Generation unserer Väter, in der Piloten noch vielfach bewunderte Haudegen und Draufgänger waren? Männer, für die jeder zweite Flug noch ein Abenteuer war, auf dem sie allein durch Mut und Können – Wind, Wetter und technischen Unzulänglichkeiten trotzend – ihr Ziel erreichten? Ganze Welten entfernt von der heutigen Pilotengeneration nüchterner, meist gelangweilter Systemingenieure, die ihren täglichen Routinedienst vor den Instrumenten absitzen und deren größtes Risiko – wie bei fast jedem Arbeitnehmer – die Autofahrt zum Arbeitsplatz ist?

Manche alte Haudegen wie der bekannte Luftbrückenpilot, Buchautor und spätere Pan-Am-Kapitän Jack Bennet brachten sich Ende der 20er-Jahre noch in unzuverlässigen »fliegenden Kisten« selbst das Fliegen bei und gingen einige Jahrzehnte später als Kapitäne großer Strahlverkehrsflugzeuge in Pension: ein gewaltiger Sprung innerhalb nur einer Generation, dessen Tempo heute eigentlich nur von der Computer- und Kommunikationstechnik übertroffen wird.

Und das rasante Entwicklungstempo hat sich keineswegs verlangsamt, sondern ist durch die moderne Computertechnik erst so richtig in Schwung gekommen. Obwohl bereits ein technologischer Stand wie bei keinem anderen Verkehrssystem erreicht wurde, ist das Potenzial noch sehr lange nicht ausgeschöpft. Ein wesentlicher Schritt zur Erhöhung von Sicherheit und Zuverlässigkeit sowie zur Senkung der Betriebskosten ist die Ablösung menschlicher Handgriffe durch automatisierte, computergesteuerte Vorgänge.

Wer sich – wie dieses Buch – mit dem Pilotenberuf beschäftigt, muss sich daher auch die Frage stellen, wie dieser Beruf in einigen Jahrzehnten aussehen wird, wenn Sie als Leser selbst in Pension gehen, und ob dieser Beruf eine interessante Zukunft haben wird, für die sich die Mühen lohnen.

Erfahrene Berufsflugzeugführer werden sofort einwenden, dass die Entscheidungsprozesse im Cockpit viel zu komplex sind, als dass man sie vollständig automatisieren könnte, dass Eindrücke zu berücksichtigen sind, die kein Computer erfassen und sinnvoll verarbeiten könnte.

Tatsache ist, dass mit Einführung der Computerflieger die Anzahl der Unfälle, die auf Qualifikationsmängel der Piloten zurückzuführen sind, erheblich gestiegen ist.

Wissenschaftliche Untersuchungen haben bestätigt, dass der Einsatz neuer komplexer technischer Systeme eher eine Höherqualifizierung der Piloten erfordert, auch wenn sie diese von Arbeit entlasten sollen.

Bereits an anderer Stelle dieses Buches wurde beschrieben, dass sich der Pilotberuf zunehmend von Handwerker zum Systemingenieur mit fundierten theoretischen Kenntnissen wandelt.

Aber dies sind nur einige, vielleicht temporäre Aspekte.

Auch heute noch setzen die Forscher Meilensteine in der Luftfahrtentwicklung. Zuletzt geschehen im Sommer 1997, in Zeiten des Informationsüberflusses von der Öffentlichkeit kaum beachtet.

In einem 26-Stundenflug überquerte das pilotenlose Robotflugzeug »Laima« nonstop den Atlantik.

Bereits 15 Jahre vorher setzten u.a. die Bundeswehr und die israelische Armee kleine ferngesteuerte Flugzeuge – so genannte *Drohnen* – ein, die – mit Videokameras und Infrarotgeräten bestückt – feindliche Ziele auskundschafteten.

Bei Crashtests lässt man ausgewachsene Verkehrsflugzeuge unbemannt und ferngesteuert starten und kontrolliert abstürzen.

Wer glaubt, dies seien kleine Randprojekte in der Flut unbeachteter Forschungsprojekte, hat weit gefehlt.

Mit Hochdruck arbeiten die großen Rüstungsfirmen an Entwicklungsaufträgen für ferngesteuerte Kampfflugzeuge. US-Militärexperten bereiten sich darauf vor, bereits in 20 Jahren riskante Angriffe wie etwa auf Raketenstellungen durch unbemannte Kampfflugzeuge ausführen zu lassen.

Die theoretischen Vorteile liegen auf der Hand:

Der Roboter als Pilot erreicht wesentlich später als sein Kollege aus Fleisch und Blut physische Belastungsgrenzen und unterliegt keiner psychischen Beanspruchung. Darüber hinaus werden durch den Wegfall des Cockpits gegenüber herkömmlichen Flugzeugen zwei Drittel der Herstellungskosten und ganze 80 Prozent der Wartungskosten eingespart. Im Rahmen unkontrollierbar explodierender Rüstungskosten ist die Automatisierung hier also schon fast eine Notwendigkeit. Und nicht zuletzt wird wertvolles Menschenleben geschont.

In den Köpfen der Ingenieure spielen sich bereits komplette Luftkämpfe ferngesteuert ab:

Ein pilotengesteuertes Flugzeug mit einem bestimmten Auftrag wird beispielsweise durch einen Verband ferngesteuerter Jäger beschützt. Einen Angriff gegnerischer Jets wehrt der Radarleitoffizier am Boden ferngesteuert an seiner Computerkonsole ab. Das Luftduell wird auf dem Bildschirm des Controllers mittels räumlicher Laserdarstellung virtuell abgebildet. Der Controller löst dann – wie in einem Computerspiel – per Knopfdruck die Bordkanonen aus.

Auch der Einsatz der so genannten Unmanned Air Vehicles (UAV) zur Wetter-, Pipeline- und Ernteüberwachung oder nach Umweltkatastrophen wurde bereits angedacht. So hätte man solche UAV beispielsweise bei der Atomkatastrophe von Tschernobyl gut gebrauchen können. Dort musste die sowjetische Luftwaffe – was in der Öffentlichkeit kaum bekannt geworden ist – Hubschrauberpiloten in den sicheren Strahlentod schicken, um den geschmolzenen Reaktor mit einem Betonmantel zu bedecken und so die Strahlenausbreitung zu beenden.

Nicht zuletzt werden bereits seit langem komplette Raumflugmissionen inklusive Landungen auf fremden Planeten unbemannt und ferngesteuert abgewickelt.

Auch bei der Konkurrenz von der christlichen Seefahrt ist man schon so weit. Nach Aussagen der Schiffsbauer könnten heute schon selbst größte Containerriesen völlig unbemannt die Meere durchpflügen, mit den Wetterbedingungen fertig werden, Hindernissen ausweichen und dergleichen. Der einzige Grund, der aus Sicht der Ingenieure dagegen spricht, ist das internationale Seerecht: Schiffe ohne Besatzung gelten in internationalen Gewässern als Treibgut und können von jedermann aufgebracht werden – eine Gefahr, die bei Flugzeugen seltener gegeben sein dürfte.

Eingefleischte Fans von Kerosingeruch, schwerer Hydraulik, dicken Seilzügen und komplizierter Mechanik stellen sich daher immer öfter die bange Frage, wann und ob die totale Automatisierung im Verkehrsflugzeug Einzug hält und ob es in zukünftigen Flugzeuggenerationen noch richtige Piloten aus Fleisch und Blut geben wird.

Zur Beruhigung: Auch heute fliegende modernste Flugzeuge verlangen noch einen Piloten.

Denn im Gegensatz zur landläufigen Meinung vieler Passagiere haben wir auch nach Einschalten des Autopiloten noch etwas zu tun. Mit oder ohne Autopilot zu fliegen, das ist – derzeit noch – wie einen Text auf der Schreibmaschine oder am Computer zu schreiben. Mit dem Computer geht es leichter und schneller, man macht weniger Fehler und wenn doch, kann man diese leichter korrigieren. Aber die Texte muss man sich immer noch selbst ausdenken. Und wenn ein Defekt auftritt, braucht man für den Computer wesentlich umfangreichere, technische Kenntnisse als für die Schreibmaschine.

Genauso ist es mit der Technik im Flugzeug. Die Bordelektronik erleichtert vieles und kann potenzielle Fehler entschärfen, aber was das Flugzeug oder die einzelnen Systeme letztendlich machen sollen, muss immer noch vom Piloten bestimmt werden.

Dennoch – für das Streichen des Arbeitsplatzes im Cockpit bei Routineflügen im Linienverkehr würden aus Sicht der Arbeitgeber mehrere Gründe sprechen:

1. Piloten kosten Geld, zwar nicht mehr so viel wie früher, aber vielen *Airlines* immer noch zu viel. Zu den Gehältern addieren sich Trainingskosten für *Type Ratings*, Checkflüge, Fortbildung, Kosten für Personalverwaltung, Crewplanung, Hotels und, und, und. Bei 4 bis 5 Besatzungen pro Flugzeug läge

alleine im Personalbereich das jährliche Einsparpotenzial in einer atemberaubenden Größenordnung. Dem könnte bei entsprechenden technologischen Angeboten kaum eine Luftverkehrsgesellschaft widerstehen.

2. Die Verwendbarkeit der Piloten ist durch die gesetzlich vorgeschriebenen Ruhezeiten, durch Krankheit und Urlaubsansprüche gegenüber der Technik stark eingeschränkt. Pilotenlose Flugzeuge könnten wesentlich flexibler eingesetzt werden.

3. Statistisch betrachtet sind bei einem Flugeinsatz die Piloten das größte Sicherheitsrisiko und weitaus störanfälliger als die Technik.

4. Die Entwicklung, der Einbau und die ständige Instandhaltung von zwei Pilotenarbeitsplätzen in ein Verkehrsflugzeug verschlingen Unsummen, wie das oben zitierte Beispiel aus der Militärfliegerei gezeigt hat.

Also: weg mit den Piloten?

Dagegen sprechen – neben technischen – zunächst einmal emotionale Gründe. Das Verkehrsmittel Flugzeug und erst recht unser Computerzeitalter sind noch zu jung, um dieser Technik blind zu vertrauen. Die Urangst vorm Fliegen sitzt bei den Menschen noch zu tief, um die Verantwortung für zahlreiche Menschenleben blind einem Computer anzuvertrauen, dessen Funktionsweise zudem die Mehrzahl der Menschen nicht versteht. Bevor es unbemannte Flugzeuge gibt, muss also zunächst die Kundschaft, sprich der zahlende Passagier, bereit sein, sich einem unbemannten Flugzeug anzuvertrauen.

Aber wenn ich sehe, wie selbstverständlich heute bereits meine vierjährige Toch-

Per Kolbenmotor über den Atlantik – Lockheed L1649 A von 1957
(Foto Lufthansa)

ter mit der Computermaus umgeht, dann wird klar, dass zukünftige Generationen diese Technikangst vielleicht nicht mehr haben werden. So wie die industrielle Revolution die Gesellschaft im 19. Jahrhundert und das Verkehrswesen die Gesellschaft im 20. Jahrhundert verändert haben, wird die Computer- und Kommunikationstechnik die Welt des 21. Jahrhunderts verändern. Trotz der beinahe atemberaubenden Fortschritte stecken wir erst am Anfang der Entwicklungsmöglichkeiten und damit auch von deren Akzeptanz durch zukünftige Generationen. Derzeit spricht aber noch ein weiteres Argument dagegen.

Es gibt zwar eine zunehmende Anzahl von Aufgabenstellungen, in denen der Computer dem Menschen eindeutig überlegen ist. Es gibt aber immer noch andere Aufgabenstellungen, in denen der Computer nicht gegen den Menschen ankommt.

- Fällt die Führung eines Flugzeuges in die erste oder die letzte Aufgabengruppe?
- Kann ein Computer wirklich alle anfallenden Aufgaben und Probleme beherrschen?
- Wird der Computer den leistungsmäßigen Vorsprung des menschlichen Hirns in Zukunft einholen oder gar übertreffen, oder ist dies gar nicht notwendig?

Bei keinem anderen Verkehrsmittel hat sich der Arbeitsplatz des Kutschers seit Anbeginn so schnell und so grundlegend gewandelt wie in einem modernen Verkehrsflugzeug. In wenigen Jahrzehnten von der offenen Kanzel zur druckbelüfteten Kabine mit Ruheabteil für die Besatzung bei Langstreckenflügen, von der Koppelnavigation mit Karte und Schnapskompass zu satellitengestützten *Flightmanagement*-Systemen, vom störanfälligen Kolbenmotor zum betriebssicheren Düsentriebwerk.

Mit zunehmendem technischen Fortschritt wurden die Arbeitsplätze im Cockpit immer weiter zusammengestrichen. Während bei frühen Langstreckenflügen noch umständlich mit einem Sextanten nach den Sternen navigiert wurde, konnte mit Erfindung neuer, einfacher und schneller Navigationsverfahren der Arbeitsplatz des Funkers und Navigators dem Rotstift zum Opfer fallen.
Natürlich gab es damals Leute, die der modernen Technik misstrauten und eindringlich davor warnten, auf die bewährte

Sternennavigation zu verzichten. Selbst der Wegfall offener Cockpits, in denen die Piloten – in dicke Ledermäntel gehüllt – Fahrtwind, Regen und Kälte trotzten, stieß auf große Proteste: Die Piloten waren damals der Meinung, dass sie, ohne das Rauschen des Windes in den Spanten zu hören, nicht sicher fliegen könnten. Aerodynamischen Gefahren wie zum Beispiel Strömungsabrissen und Turbulenzen war nach Meinung damaliger Piloten nur in der offenen Kanzel sicher zu begegnen.
Später dann, mit der Automatisierung der Steuerung und Überwachung der Triebwerke und weiterer Bordsysteme, konnte der Arbeitsplatz des Flugingenieurs wegfallen. Wieder gab es den Protest der Betroffenen, die vor einer Arbeitsüberlastung der Piloten und drastischer Abnahme der Flugsicherheit warnten.
In nur wenigen Jahren ist die Wandlung zum Zweimanncockpit in einer Weise gelungen, dass heutige Pilotengenerationen gar nicht mehr wissen, was sie eigentlich mit einem dritten oder gar vierten Mann im Cockpit anfangen sollten.
Der nächste Meilenstein im Automatisierungs- und Rationalisierungsprozess war dann die Einführung der *Fly-By-Wire*-Steuerung, bei der ein Computer bereits massiv in die Entscheidungsfreiheit der Piloten eingreifen konnte.
»*Fly By Wire*« bedeutet zunächst nichts anderes, als dass ein vom Piloten getätigter Steuerbefehl nicht mechanisch über Seilzüge und Hydraulikleitungen auf die Ruder übertragen, sondern in elektrische Impulse umgewandelt und durch Kabel weitergeleitet wird. Der elektrische Impuls veranlasst dann über einen hydraulischen Stellzylinder oder einen elektrischen Stellmotor die entsprechende

Ruderbewegung. Schon die alte Concorde flog mit einem solchen – allerdings noch einfachen – analogen *Fly-By-Wire*-System.

Als man dann später bei digitalen Steuersystemen angekommen war, war der Gedanke naheliegend, den vom Piloten ausgelösten Impuls zunächst von einer unabhängigen Kontrollinstanz überprüfen zu lassen, also durch einen Mikroprozessor zu schicken. Der elektronische Kollege ist nämlich in der Lage, die Befehle des Piloten blitzschnell zu überprüfen. Passt der Steuerbefehl des Piloten nicht in das Bild des Computers, so wird er die Ausführung verweigern oder das Signal ein wenig korrigiert an die Ruder weitergeben. Sinnvoll wird dies, wenn beispielsweise physikalische Grenzen des Flugzeuges überschritten werden. Auch der ungeschickteste Pilot ist bei einem solchen Computerflieger nicht mehr in der Lage, das Flugzeug in einen *Stall* (Strömungsabriss) zu dirigieren.

Kritiker, die sagen, es könne manchmal sinnvoll sein, physikalische Grenzen zu überschreiten, wissen meist nicht, wovon sie reden. Denn einzig der Computer ist in der Lage, aus einer kritischen Situation die optimale Lösung herauszuholen. Muss der Pilot etwa einem plötzlich vor ihm auftauchenden Hindernis ausweichen, so muss er sich keine Gedanken um Geschwindigkeit, Anstellwinkel und *Climb Performance* (Steigleistung) machen. Er muss nur den Knüppel bis zum Anschlag nach hinten ziehen, und der Computer wird das Flugzeug blitzschnell mit der optimal erzielbaren *Climb Performance* in den Himmel schießen lassen.

Vergleichbar ist dies dem ABS-System eines Autos: In einer Gefahrensituation genügt ein kraftvoller Tritt auf die Bremse, und die Elektronik realisiert den physikalisch kürzest möglichen Bremsweg. Und der wird immer kürzer sein, als ihn ein noch so geschickter Fahrer manuell bewirken kann. Ebenso wird der Computer das Flugzeug in der oben beschriebenen Situation steiler und schneller aus dem Gefahrenbereich bringen, als es ein noch so gefühlvoll agierender Pilot von Hand bewerkstelligen könnte.

Die *Fly-By-Wire*-Steuerung ist aber mehr als nur eine Arbeitserleichterung für Piloten, denn auch der kaufmännischen Abteilung einer Gesellschaft erspart sie das Ausfüllen zahlreicher Überweisungsträger.

Zunächst einmal ist ein elektrisches Kabel weitaus weniger störanfällig als mechanische Übertragungssysteme wie Seilzüge oder Hydraulikleitungen. Ferner sind elektronische Komponenten pflegeleichter. Die Elektronen hinterlassen auf ihrem Marsch durchs Flugzeug weder mechanischen Verschleiß noch benötigen sie regelmäßige Schmierung oder Ähnliches. Nicht zuletzt auch sind die elektronischen Komponenten deutlich leichter als ihre mechanischen Brüder, was wiederum die Nutzlast erhöht.

Auch die Ausbildung der Piloten wird einfacher. Wo früher für jedes Muster ein eigenes, teures *Type Rating* erforderlich war, können elektronische Cockpits nach einem einheitlichen Muster aufgebaut werden. Durch entsprechende Software lässt sich – unabhängig von der Flugzeuggröße – in allen Mustern einer Baureihe das gleiche Steuerverhalten simulieren. Ein Pilot, der auf dem kleinen Airbus A 319 geschult hat, kann dann ohne weiteres mit den gleichen Fertigkeiten auch den großen A 321 landen.

Der nächste Entwicklungsschritt steht schon in den Startlöchern. Der Ersatz der herkömmlichen Radarüberwachung durch satellitengestützte Systeme wird zu einer wesentlich höheren Präzision der Standortbestimmung führen. Diese Technik wird auch die zuverlässige Übermittlung zahlreicher Daten ermöglichen, die bisher dem Sprechfunk vorbehalten waren.

Wird also die Bedienung von Flugzeugen so einfach, dass demnächst der Arbeitsplatz des Ersten Offiziers wegfallen kann und das Einmanncockpit Standard wird? Nach dem Motto: »Wenn der Pilot ausfällt, schafft es der Computer notfalls auch alleine?«

In einem Pilotenwitz wird in diesem Zusammenhang gefragt: »Wie werden zukünftige Cockpitbesatzungen aussehen?«

Antwort:

»Sie werden aus einem Piloten und einem Hund bestehen. Der Pilot füttert den Hund, und der Hund passt auf, dass der Pilot nichts anfasst!«

Einige moderne Geschäftsreisejets können unter bestimmten Bedingungen bereits heute *single hand*, wie das Einmanncockpit im Fliegerenglisch heißt, geflogen werden.

Geht einige Flugzeuggenerationen weiter dann vielleicht auch der Kapitän von Bord?

Tritt dann an seine Stelle – mehr zur Beruhigung der Passagiere, denn aus fliegerischer Notwendigkeit – ein gelangweilter Techniker, der, vor einem Monitor sitzend, den Flugablauf verfolgt, in den er nur noch begrenzt eingreifen kann? Dessen Aufgabe es ist, primär am Boden darauf zu achten, dass der *Turnaround* (Abfertigungs- oder Liegezeit bis zum nächsten Einsatz) pünktlich vonstatten geht? In der Luft darf er ab und zu mit der Computermaus auf den Bildschirm klicken, um beispielsweise auf Geheiß der Stewardess die Kabinentemperatur ein wenig zu verstellen. Funksprechverkehr ist längst überflüssig geworden, da alle wichtigen Flugdaten vollautomatisch übermittelt werden. In die Steuerung des Flugzeuges kann unser Techniker nicht mehr eingreifen. Erstens versteht er davon nichts, und zweitens erfolgt diese vom Boden aus per Computer. Ein Techniker am Boden überwacht den Flug von mehreren Maschinen gleichzeitig und greift nur noch ein, wenn es irgendwo Probleme gibt, denn auch der Beruf des Fluglotsen hat sich gewandelt.

Ist dieses Szenario realistisch und wenn ja, wie weit ist der Weg bis dahin?

Bereits heute hat der herkömmliche »Uhrenladen« im Cockpit, der dem Laien stets ein ehrfürchtiges Staunen entriss, ausgedient. Nur noch in älteren Baumustern findet man das unübersichtliche Durcheinander an Schaltern, Sicherungen, Warnlampen und Anzeigeinstrumenten. Für jedes Bordsystem gab es ein eigenes Anzeige- und Schaltpanel: So hatte das elektrische System sein Elektrikpanel, das hydraulische System sein Hydraulikpanel, das Treibstoffsystem sein Fuelpanel und so fort. Jedes Panel war mit zahlreichen Überwachungsinstrumenten, Warnlampen, Schaltern, Prüftasten und Sicherungen bestückt.

Konventionelle Muster wie etwa die vierstrahlige BAE 146 haben noch mehrere Dutzend verschiedene Schalter, viele davon allein zum Dimmen von Beleuchtungen verschiedener Art im Cockpit.

Eine der wichtigsten Aufgaben der Piloten besteht in konventionellen Flugzeugen in der ständigen Überwachung einzelner Schaltpanele und deren entsprechender Bedienung bei Unregelmäßigkeiten.

Diese Aufgabe hat in modernen Verkehrsflugzeugen der Computer übernommen. Wichtige Komponenten wie Triebwerke, Stromerzeuger oder Hydraulikpumpen besitzen zwar noch eigene Warnlämpchen. Diese dienen aber nur noch dazu, durch eine zweite Anzeige das zu bestätigen, was der Computer anzeigt. *Electronic Centralized Aircraft Monitoring* (ECAM) heißen diese Wunderwerke modernster Flugzeugtechnik bei Airbus und *Engine Indicating and Crew Alerting System* (EICAS) bei Boeing. Was früher die halbe Kanzel ausfüllte, auch den Arbeitsplatz des Flugingenieurs, wird heute auf wenigen Bildschirmen untergebracht, die das Cockpit langweilig leer und aufgeräumt erscheinen lassen.

Dabei ist klar, dass auf einem Bildschirm nicht mehr all die Informationen, die dem Piloten früher auf hunderten von Warnlampen und Instrumenten verfügbar waren, gleichzeitig dargestellt werden können. Die Anzeige beschränkt sich vielmehr auf eine im störungsfreien Normalflug an die Aufnahmekapazität des Piloten angepasste Auswahl derjenigen Parameter, die für die jeweilige Flugsituation wichtig sind. Der Pilot kann selbstverständlich jederzeit – wie früher – jede beliebige Information abrufen. Die Kopfbewegung zum jeweils zu prüfenden Panel wird heute jedoch durch einen Knopfdruck am Bordcomputer ersetzt, der das entsprechende Panel, also die Anzeigen, auf den Bildschirm zaubert.

Dies ist aber nicht der vom Designer gewünschte Normalbetrieb. Denn dieser sieht vor, dass der Computer in Abhängigkeit von der momentanen Flugphase und dem aktuellen Zustand der unterschiedlichen Bordsysteme alle relevanten Daten einblendet. Dies sind dann z.B. im Reiseflug die Druck- und Temperaturverhältnisse in der Kabine, die wiederum während des Rollens am Boden nichts auf dem Bildschirm zu suchen haben. Die früher noch auf Papier gedruckten Checklisten werden durch Checkpunkte auf dem Bildschirm abgelöst. Diese wechseln ihre Farbe und werden grün, sobald der entsprechende Punkt abgearbeitet, der entsprechende Schalter also vom Piloten betätigt ist. Statt also in der Hektik eines Anfluges zwischen Funkverkehr, Luftraumbeobachtung, Landevorbereitung und Hantieren mit dem Wetterradar noch mit einer eng bedruckten Papierliste herumzufuchteln, bestätigen die Piloten mit einem kurzen Blick auf den Bildschirm, dass alle Anzeigen grün sind – *all green*.

Während des normalen Reisefluges wird nach dem so genannten *Dark Cockpit Concept* verfahren: Solange sich alles im Normalzustand befindet, bleibt das *Overheadpanel* dunkel. Der Vorteil dieses Prinzips: Die Crew kann sich mit einem Blick überzeugen, dass alles seinen rechten Gang geht, und muss nicht jede einzelne Schalterstellung und Anzeige überwachen. Dies klingt simpel, erfordert aber vom Piloten umfassende Systemkenntnisse. Denn hinter dem Normalzustand verbirgt sich bei dem einen System, etwa dem Generator, die Stellung »ON«, hinter dem anderen, etwa »Anti Ice« die Stellung »OFF«. Wieder andere Systeme – wie zum Beispiel der Kabinendruckregler – sind nur in der Stellung »Auto« im Normalzustand. Piloten werden dann mitunter durch Anzeigen genervt, wenn der Konstrukteur unter »Normalzustand« etwas anderes versteht als der Pilot in der jeweiligen Flugphase.

So richtig in ihrem Element sind die Computer jedoch erst, wenn etwas nicht in Ordnung ist. Dann nämlich erwacht das *Dark Cockpit* zum Leben.

Erhält der *Flight Warning Computer* von einem der unzähligen Sensoren ein ungewohntes Signal, dann wird die Crew visuell und akustisch darauf hingewiesen. In schweren Fällen, die ein sofortiges Handeln erfordern, leuchtet eindringlich das rote *Master Warning*, in leichteren Fällen entscheidet sich der Computer für das gelbe *Caution Warning Light*, das zügig beachtet werden sollte, aber die Flugführung nicht unmittelbar beeinflusst. Gleichzeitig blendet der Computer auf dem Bildschirm das ein, was früher das entsprechende Systempanel zu bieten hatte, nämlich eine *System Page* der defekten Komponente oder des anormalen Messwertes: Die mechanische Anzeigetafel wurde einfach durch ein entsprechendes Computerbild ersetzt.

Bei einem Störfall kann es dann aber passieren, dass die vorher gelangweilt auf ein weitgehend leeres Cockpit schauende Crew plötzlich erbarmungslos mit Anzeigen und Fehlermeldungen überflutet wird. Derartige Reizüberforderungen durch das System findet man dann gelegentlich in der Zeitung unter der Überschrift »menschliches Versagen«.

Die Frage ist nur: das der Flugzeugkonstrukteure oder der Piloten?

Aber die Computertechnik hat noch mehr zu bieten. Bei den meisten Störungen wird nämlich das Abarbeiten einer Notfallcheckliste erforderlich. Tritt ein Störfall auf, blendet der Computer die zu dem Störfall gehörende Checkliste automatisch auf einem der Bildschirme ein und zeigt damit den Piloten Schritt für Schritt, was zu tun ist. Brennt beispielsweise ein Triebwerk, erscheint die Warnung *Eng Fire*, und es werden die Schritte zum Stillegen des Triebwerkes und Löschen des Feuers angezeigt. Den Piloten bleibt erspart, erst umständlich aus dem Handbuch die richtige Checkliste herauszusuchen, und sie müssen sich mit weniger *Memory Items* herumquälen. *Memory Items* sind wichtige Handgriffe, die jeder Pilot auswendig und ohne Checkliste beherrschen muss. Es handelt sich um Punkte, die bei einem Störfall jeweils sofort erledigt werden müssen, um die sichere Führung des Flugzeuges aufrechtzuerhalten.

Im Computerflieger bleiben *Memory Items* nur noch den Störfällen vorbehalten, die vom Computer nicht eindeutig identifiziert werden können, wie etwa das Lokalisieren einer Rauchquelle.

Es wäre also eigentlich nur ein kleiner Schritt, dem Piloten auch noch das letzte bisschen Arbeit abzunehmen und die Notfallchecklisten gleich komplett vom Computer abarbeiten zu lassen, sprich: das Flugzeug automatisch fliegen zu lassen.

Bei der Sicherheitskonzeption moderner Verkehrsflugzeuge werden zwei verschiedene Philosophien verfolgt:

1. Unfälle werden durch eine Kette von Ereignissen verursacht. Eliminiert man die schwächsten Glieder der Kette, dann sinkt auch die Unfallwahrscheinlichkeit gegen null.

Mehr braucht man heute nicht zum Fliegen – Monitor, Joystick und Tastatur
(Foto Airbus)

Ingenieure neigen dazu, an einen gewissen Perfektionismus ihrer Schöpfungen zu glauben: Wenn man ihnen nur genug Mittel zur Verfügung stellt, fühlen sie sich in der Lage, beinahe jedes technische System ausfallsicher und durch ausreichend *Backup*-Systeme (Reservesysteme) redundant zu machen. Sofern also die Technik auf einem hohen Standard perfektioniert werden kann, bleibt der Pilot als einziger potenzieller Versager übrig. Dessen Perfektionismus hängt von der individuellen Erfahrung, der Aus- und Fortbildung, der persönlichen Einstellung, dem gesundheitlichen Zustand, der Tagesform, Müdigkeit, eventuellem Ärger zu Hause und weiteren Faktoren ab – Faktoren also, die für jeden Systemdesigner ein Alptraum sind. Oberstes Ziel soll es also nach Meinung der Automatisierungsfans sein, gerade uns »Versagern im Cockpit« alle wichtigen Arbeiten und Entscheidungen abzunehmen.

2. Die zweite Fraktion vertritt eine andere Philosophie. Es hat lange Zeit gebraucht, um einem Computer das Schachspielen so beizubringen, dass er die besten Schachspieler schlagen

konnte. Und dabei ist das Schach-spiel eine klar umrissene Aufgaben-stellung mit festen, überschaubaren Regeln. Doch was dem Computer schwer fällt ist die Kombinationsfähig-keit. Er kann eine Situation anhand gegebener Daten analysieren, mit ein-programmierten Standardsituationen vergleichen und dann ein vorgege-benes Programm abarbeiten. Dieses Programm mag in einer Million Fälle jeden Handgriff perfekter und fehler-freier ausführen als der Pilot. Dennoch kann es eine Situation geben, in der ein zusätzlicher Parameter zu berück-sichtigen ist, den der Computer nicht kennt. Und genau in diesem Fall ist das menschliche Hirn jedem Compu-ter haushoch überlegen. Der Mensch ist in der Lage, seine Erfahrungen mit den aktuellen Wahrnehmungen in ei-ner Weise zu kombinieren, die kein Computer in absehbarer Zeit erlernen wird. Es sind daher durchaus Situatio-nen denkbar, in denen der Mensch der Einzige an Bord ist, der die Situa-tion retten kann.

Bislang konnte man Airbus zur erstge-nannten Fraktion und Boeing zur zweiten zählen.

Aber auch die hundertprozentig Compu-tergläubigen wissen, dass Unfälle unver-meidbar sind. Sie sehen auch ein, dass es Störfälle geben kann, in denen der Mensch der Technik überlegen ist. Den-noch führen sie ein weiteres Argument für ihre Philosophie an, deren statisti-scher Nachweis allerdings noch aus-steht:

Immerhin könnte die Wahrscheinlichkeit, dass ein Unfall durch menschliches Ver-sagen verursacht wird, größer sein, als die Wahrscheinlichkeit, dass ein der

Technik überlegenes menschliches Ge-nie einen Unfall vermeiden hilft: Das Er-gebnis einer Vollautomatisierung könnte rein theoretisch und statistisch betrach-tet unterm Strich besser aussehen – auch wenn natürlich das Mediengeschrei groß wäre, wenn auch nur ein Computerflieger vom Himmel fallen würde.

Die Gegner der vollständigen Automati-sierung räumen durchaus ein, dass sie helfen kann, Fehler zu vermeiden. Sie scheuen sich jedoch davor, den Piloten komplett zu entmündigen. Sie versuchen klare Grenzen zu ziehen und die Automa-tisierung auf eindeutige Alltagssituatio-nen zu beschränken, sie wollen also, dass die Technik trotz allem durch den Menschen beherrschbar bleibt.

Heute zeigt sich noch eindeutig, wo die Grenzen der Computerfliegerei liegen: Pi-loten computerisierter Flugzeuge kennen die vielen Falschwarnungen, die zum Bei-spiel häufig dann auftreten, wenn das Flugzeug in einer kalten, feuchten Nacht draußen gestanden hat und die sich erst, nachdem der Flieger durchgeheizt ist, durch *Resets* nach und nach beseitigen lassen.

Eine wichtige Aufgabe der Besatzung der heutigen Generation von Computerflie-gern besteht deshalb darin, Fehlermel-dungen anhand aller verfügbaren Infor-mationsquellen zu verifizieren, bevor et-was unternommen oder umgeschaltet wird. Und hier ist die menschliche Wahr-nehmungs- und Kombinationsfähigkeit bis heute und auch in naher Zukunft noch unschlagbar. Im fliegerischen Alltag er-lebt man immer wieder mal Situationen, die durch keine Ckeckliste abgedeckt sind. Eine erfahrene Besatzung mit den notwendigen Systemkenntnissen kann dann dafür sorgen, dass aus einem

harmlosen Störfall keine lebensbedrohliche Situation wird. Ein Beispiel:
Jedes Triebwerk hat zwei Detektoren für die Feuerwarnung. Beide(!) müssen ein Warnsignal geben, bevor Feueralarm gegeben wird. Damit soll ein Fehlalarm durch einen falschen Sensor vermieden werden. Aber – da nach dem Gesetz von Murphy (»Murphy's Law«) alles, was passieren kann, auch irgendwann einmal passiert – es gibt auch Fälle, in denen beide Sensoren ihr Leben aushauchen. Die Folge wäre eine Feuerwarnung, die den Computer eines vollautomatisch geflogenen Flugzeuges veranlassen würde, das defekte Triebwerk sofort abzustellen und den Feuerlöscher abzuschießen. Verkehrsflugzeuge müssen aber in der Lage sein, eine solche Situation zu meistern und den Abflug auch vollbeladen fortsetzen können.

Nun können aber weitere Probleme hinzukommen, etwa Hindernisse im Abflug, eine kurze Startbahn und Vereisungsbedingungen, die zusätzliche Triebswerksleistung erfordern. Die Leistung des vermeintlich defekten Triebwerks wäre also als zusätzliche Kraftreserve gut zu gebrauchen. Das Abschalten wäre zwar beherrschbar, aber wenn noch ein weiterer Defekt hinzukommt, könnte es bei der gegebenen Hindernissituation eng werden – wenn die Landeklappen nicht einfahren, die Enteisung ausfällt und dergleichen.

Sie werden vielleicht denken, eine derartige Häufung von Defekten wäre konstruiert. Weit gefehlt: Flugunfälle passieren im Allgemeinen genau dann, wenn bei Millionen Flügen, die weltweit stattfinden, nur einmal eine derartig unglückliche Häufung von Fehlern auftritt. Ein Fehler allein führt selten zum Absturz.

Gute Piloten zeichnen sich dadurch aus, dass sie keinerlei Risiken eingehen und allen Eventualitäten vorbeugen. Da die Besatzung ausreichend Kenntnisse über den Aufbau der einzelnen Flugzeugsysteme hat, weiß sie, dass auch in dieser Situation, trotz der Absicherung durch zwei Feuersensoren, ein Fehlalarm theoretisch möglich ist. In Anbetracht der Hindernissituation im Flughafenbereich beschließt sie daher, die Empfehlung des Computers zum dringenden Handeln zu ignorieren und vor weiteren Aktionen zunächst einmal zu verifizieren, ob wirklich ein Triebwerksbrand vorliegt. Ein Blick aus dem Fenster zeigt, dass keinerlei Rauchentwicklung oder Feuer am Triebwerk zu sehen ist. Das Triebwerk läuft normal, alle Anzeigen sind im grünen Bereich. Der Kapitän beschließt daher, das Triebwerk vorerst laufen zu lassen, um mit dem Eisansatz sicher über Hindernisse zu kommen und dann zwecks Überprüfung zum Flughafen zurückzukehren.

Im fliegerischen Alltag gibt es immer wieder solche und ähnliche Situationen, die durch keine Checkliste, keine feste Prozedur abgedeckt sind, sondern gesunden Menschenverstand, Erfahrung und umfassende Systemkenntnisse erfordern.

Und hier liegt heute noch die Grenze. Auch wenn man die Forschungsarbeiten zu den oben angeführten UAV (unbemannten Luftfahrzeugen) verfolgt, sieht man deutlich, dass diese – trotz einzelner respektabler Zwischenerfolge – unter dem Strich noch nicht von einem Erfolg gekrönt sind, der Vertrauen in unbemannte Flugzeuge wecken würde.

Ein Problem moderner Flugzeuge ist aber auch, dass diese aufgrund ihrer Komplexität selbst von einem technisch gut ausgebildeten Piloten nicht mehr gänzlich zu begreifen sind.

Während man konventionelle Flugzeuge noch mit solidem Grundwissen an Mechanik, Physik und Elektrik sowie einiger Erfahrung bis ins Detail verstehen konnte, ist dies bei den modernen Computerfliegern ausgeschlossen.

Computerfreaks wissen, dass jeder noch so erfahrene PC-Anwender immer wieder mit Situationen konfrontiert wird, in denen er nicht weiß, warum der Computer oder die Software gerade etwas Bestimmtes macht. Fehlanzeigen und Systemfehler treten auch bei modernen Computerfliegern ständig auf. Diese werden dann meist durch Ein- und Ausschalten des entsprechenden Systems, was einem Warmstart entspricht, oder Ziehen der Sicherung, was einem Kaltstart entspricht, zur normalen Funktion zurückgeführt.

Jeder, der länger mit der Fliegerei zu tun hat, weiß, dass immer wieder mal Fehler auftreten, von denen die Flugzeughersteller gesagt haben, dass es sie eigentlich nicht geben darf, weil genug Sicherheiten eingebaut wurden. Hier wird der Mensch der einzige bleiben, der etwas bewirken kann.

Und mit der technischen Weiterentwicklung ist es wie mit dem Lottospielen: Würde man nach jeder Ziehung die sechs gezogenen Zahlen fortlassen und die nächste Gewinnzahl aus den verbleibenden Kugeln bestimmen, würde man irgendwann mit Sicherheit gewinnen – mit jeder Ziehung kommen jedoch wieder alle Kugeln neu ins Spiel.

Ähnlich ist es mit der Technik. Hier wird nicht an einer bestimmten Technik Jahre und Jahrzehnte gearbeitet bis irgend-

wann alle Fehlerquellen beseitigt sind, sondern im Zuge der technologischen Weiterentwicklung werden ständig neue Techniken eingeführt und neue Systeme eingebaut. Und mit jeder neuen Technik, jedem neuen System entstehen auch wieder neue Fehlerquellen, die man vorher noch nicht kannte.

Eine vernünftige technologische Entwicklung muss darauf abzielen, alle verfügbaren Ressourcen optimal zu nutzen. Sie muss also den Menschen mit seiner vorerst unnachahmlichen kreativen Kombinations- und Entscheidungsfähigkeit genauso einbeziehen wie den Computer mit seiner unübertroffenen Beobachtungsfähigkeit, Präzision und Geschwindigkeit. Die Technik muss mithin nach wie vor für den Menschen arbeiten und nicht umgekehrt, und das Potenzial Mensch muss dort genutzt werden, wo es der Technik überlegen ist.

Es wird eine der großen Aufgaben unseren Flugzeugkonstrukteure sein, hier die optimale Balance zwischen Fehlerkontrolle und Beherrschbarkeit der Technik zu finden und aus beidem das Optimale herauszuholen.

Letztendlich wird es also auch in Zukunft ein Wechselspiel zwischen der Arbeit der Ingenieure und der Cockpitcrews geben. Die Ingenieure etwa haben die Aufgabe, den Arbeitsplatz im Cockpit so gestalten, dass die Piloten in ihrer Arbeit überwacht werden und möglichst wenige Fehler machen können. Die Flugzeugführer wiederum haben die Aufgabe, die Technik zu überwachen und vor allem in den Situationen einzugreifen, deren Auftreten die Ingenieure nicht vorausgesehen haben.

Im Gegensatz zu anderen automatisierbaren Verkehrssystemen hat man beim Flugzeug ein grundsätzliches Problem.

Bei der U-Bahn kann man bei einem schweren Störfall einfach den Strom abschalten, den Zug anhalten und in Ruhe nach dem Fehler suchen. Beim Flugzeug hätte dies für alle Beteiligten »eher unangenehme« Folgen.

Das Flugzeug muss auch beim schwersten aller denkbaren Störfälle das machen, wofür es gebaut wurde: nämlich fliegen und sicher landen.

Soviel zu den technologischen Grenzen.

Also doch keine pilotenlosen Verkehrsflugzeuge?

Nun: Auch wenn die oben zitierten Argumente richtig sind – wer behauptet denn, dass der auch in naher Zukunft noch unentbehrliche Pilot im Flugzeug sitzen muss?

Denn wenn ein Flugzeug wie etwa ein moderner Airbus sowieso komplett elektronisch gesteuert wird und alle denkbaren Anzeigen und Signale elektronisch übermittelt werden, dann spielt es eigentlich keine Rolle mehr, über welche Strecke die Signale übertragen werden. Ob der Pilot im Cockpit seines Flugzeuges sitzt oder vor einer Computer-Konsole am Boden könnte in einigen Jahrzehnten vielleicht den gleichen Effekt haben. Die entsprechenden Steuersignale und Messwerte werden dann – in Echtzeit – nur über eine etwas weitere Strecke übertragen.

Wäre es also denkbar, dass in 50 oder 100 Jahren Pilot und Fluglotse zu einem anspruchsvollen Job verschmelzen? Der *Pilot-Controller* könnte vom Boden aus mehrere Routineflüge gleichzeitig überwachen. Bei einem Störfall hat er die gleichen Anzeigen verfügbar und die gleichen Handlungsoptionen wie sein Kollege im Cockpit, und er könnte sogar auf noch umfangreichere Informationsquellen zurückgreifen.

Bei einem sehr ernsten Störfall könnte sich sogar eine Gruppe von Experten um den fraglichen Flug kümmern. Diesem Notfallteam stehen dann Informationsquellen und Ressourcen zur Verfügung, die keine noch so gute Zweimanncrew alleine verarbeiten könnte, um das havarierte Flugzeug wieder sicher zur Erde zurückzubringen. Nicht zuletzt unterliegt das Notfallteam am Boden einem geringeren psychischen Druck als ihre Kollegen im fliegenden Cockpit.

Also: Wenn schon keine komplette Automatisierung möglich ist, dann vielleicht irgendwann diese Zusammenführung von Fluglotse und Pilot und somit eine Verlegung des Pilotenarbeitsplatzes auf den Boden? Ein solches Szenario wäre aus Ingenieurssicht durchaus vorstellbar, auch wenn es zur Zeit noch sehr theoretisch ist. An Echtzeitdatenübertragungen zwischen Flugkörpern und Bodenstationen mittels Satellitentechnik wird zwar gearbeitet, aber die Probleme sind noch lange nicht gelöst. Und bis hier eine störungsfreie, von außen nicht manipulierbare Technik zur Verfügung steht, werden sicher noch Jahrzehnte vergehen. Aber wer weiß, vielleicht ziehen in 50 Jahren schon die ersten unbemannten Frachter ihre Kreise am Himmel.

Fliegen zukünftig als Heimarbeitsjob am PC, nach dem Motto: Stör Papa nicht, er hat gerade eine schwierige Seitenwindlandung in New York?

Utopie oder Karrikatur?

Der erste Schritt in diese Richtung ist bereits getan. Die amerikanische NASA hat vor einiger Zeit das Cockpit einer Boeing 737 in einen geschlossenen, fensterlosen

Kasten verlegt, der tief im Innern des Flugzeuges montiert wurde. Die Außenbilder wurden durch Kameras aufgezeichnet und auf Sichtsysteme im Innern des Kastens projiziert. Die Flugversuche konnten erfolgreich abgeschlossen werden und dies mit der bereits heute verfügbaren Technik. Sie standen übrigens im Zusammenhang mit der Entwicklung künftiger Überschallverkehrsflugzeuge. Bereits bei der betagten Concorde sind die Sichtverhältnisse durch die aerodynamischen Zwänge so schlecht, dass die Flugzeugnase zum Start und zur Landung abgesenkt werden muss. Zukünftige Generationen dieser gewehrkugelschnellen Flugzeuge werden aus aerodynamischen Gründen fast gar keine vernünftige Außensicht mehr haben (sofern es diese Überschalljets nach der Katastrophe von Paris im Jahr 2000 je geben wird).

Die US Air Force rüstet zur Zeit 330 ausgemusterte Phantomflugzeuge für den unbemannten Betrieb um. Bis Ende 1999 waren 70 dieser pilotenlosen Kampfflugzeuge im Einsatz. Erfahrene Phantom-Piloten sitzen in Kontrollzentren am Boden und lassen die Jets über unbewohnte Wüstengebiete donnern. Dort nehmen sie an Trainingsluftkämpfen teil und dienen jungen Piloten zur Zieldarstellung. Nach erfolgreich beendetem Einsatz landen die Flugzeuge vollautomatisch auf ihrem Heimatflugplatz. Bei einem Funkausfall steigen die Maschinen automatisch auf eine sichere Höhe von 6000 ft (1800 m).

Was dann passiert, wird zukünftigen Passagieren pilotenloser Flugzeuge zweifellos missfallen: Wenn der Funkkontakt nicht wieder hergestellt werden kann, wird das Flugzeug durch eine Sprengladung zerstört.

Ob die beschriebenen Automatisierungsszenarien in der zivilen Luftfahrt Zukunft werden oder Utopie bleiben, wird letztendlich mehr eine Frage der Wahrscheinlichkeitsrechnung sein denn der technischen Möglichkeiten.

Denn die Frage ist: Wann in der Zukunft wird die Wahrscheinlichkeit, dass eine komplette Automatisierung einen Unfall verursacht, die ein Pilot verhindern kann, geringer sein, als die Wahrscheinlich, dass ein Pilotenfehler einen Unfall verursacht?

Wann diese Grenze erreicht wird, ob in 20, 50 oder 100 Jahren – oder ob sie überhaupt je erreicht wird – ist ungewiss. Eines trifft auf jeden Fall zu, die Luftfahrt wird auch für die nächste Pilotengeneration noch interessant bleiben. Und Anhänger rasanter Entwicklungen in Computer-, Kommunikations- und sonstiger High-Tech-Industrie werden feststellen, dass sie als Verkehrspiloten im Brennpunkt dieser spannenden Entwicklungen stehen. Vorausgesetzt, sie schaffen den Sprung zu einer der großen Luftverkehrsgesellschaften, bei der sie jeweils an den neuesten Entwicklungen teilhaben können.

Zusammenfassung

Pilot zu sein bedeutet, einen exklusiven Beruf auszuüben, der nicht alltäglich ist und von dem es im Vergleich zu den meisten anderen Berufen nur wenige Vertreter gibt. Wie jeder qualifizierte Beruf erfordert auch dieser eine spezifische Begabung. Dies sind zwar keine besonders abgehobenen Fähigkeiten, aber doch Fähigkeiten, die nicht jeder besitzt und die man nur begrenzt erlernen kann. Daher ist nicht jeder, der grundsätzlich den erforderlichen Intellekt für einen anspruchsvollen Beruf hat, automatisch auch für den Pilotenberuf geeignet. Dennoch kann heute fast jeder die Ausbildung erfolgreich durchlaufen, der sie auch bezahlen kann. Die Spreu trennt sich leider erst später Weizen, was zu so mancher Enttäuschung führt, auch finanzieller Natur.

Viele Klischees prägen in der Öffentlichkeit ein falsches Berufsbild. Dennoch ist die Ausübung des Berufes für die einen mit einer Faszination verbunden, die zeitlebens anhält, für die anderen ist es eine tödlich langweilige Routinearbeit.

Die Zufriedenheit mit dem Job wird später nicht zuletzt auch vom Arbeitsplatz abhängen, sprich bei welchem Arbeitgeber man letztendlich landet.

Und hier ist es zur Zeit leider so, dass fast nur die großen Fluggesellschaften in der Lage und auch willens sind, ihren fliegenden Mitarbeitern ein Arbeitsumfeld zu bieten, das der Qualifikation des Berufes gerecht wird.

Die Schwierigkeiten, die auf dem Weg ins Cockpit zu überwinden sind, verbunden mit wirtschaftlicher Unsicherheit und hohen Investitionen, machen diesen Job – wie nur wenige andere – zu einem Beruf für Idealisten.

Wer vom »Bazillus Fliegen« befallen wird, für den ist es einer der schönsten Jobs der Welt. Wer dem Bazillus nicht erliegt, wird seine Investition irgendwann bereuen.

Ich wünsche mir, dass Ihnen das vorliegende Buch geholfen hat, diese schwierige Entscheidung für sich zu treffen.

Anhang

Voraussetzungen zur Erteilung der einzelnen Lizenzen

Auf den folgenden Seiten finden Sie eine Darstellung der Voraussetzungen für die Erteilung der einzelnen JAR-Lizenzen. Die vor der offiziellen Einführung der JAR-Lizenzen in Übereinstimmung mit den nationalen Bestimmungen begonnenen Ausbildungen werden in einer Übergangszeit weiter für die Erteilung nationaler Lizenzen akzeptiert. Alle vor dem Stichtag, der derzeit noch nicht feststeht, ausgestellten nationalen Lizenzen müssen aber demnächst nach den JAR-FCL-Bestimmungen verlängert oder erneuert werden.

Wir werden daher auf den folgenden Seiten, sofern notwendig, auch auf die alten Bestimmungen eingehen.

Eine Ausbildung, die auf JAR-FCL basiert, kann bereits vor der offiziellen Einführung begonnen werden. Entsprechende Lizenzen werden aber erst nach diesem Stichtag ausgestellt.

Bitte beachten Sie, dass die JAR-FCL erst nach und nach in den einzelnen Mitgliedsstaaten eingeführt wird. Dieser Prozess kann noch mehrere Jahre dauern.

Informationen über den aktuellen Stand finden Sie auf den Internetseiten des LBA (LBA.de) unter Luftfahrpersonal und unter AOPA.de.

Privatpilotenausbildung

Nach den neuen europäischen Bestimmungen wird nicht mehr zwischen PPL A (Flugzeuge), B (Motorsegler) und C (Segelflugzeuge) unterschieden. Zukünftig gibt es nur noch einen PPL(A) für Flächenflugzeuge und einen PPL (E) für Hubschrauber. Der PPL wird jeweils gleich zusammen mit einem *Class Rating* wie etwa *Single Engine Airplane* erworben.

Der deutsche PPL stand bereits seit vielen Jahren in der Kritik, besonders in der praktischen Ausbildung erhebliche Defizite zu haben. So war zum Beispiel der amerikanische PPL wesentlich umfangreicher und enthielt *Trainingsessions,* die deutschen Privatpiloten weitgehend verborgen blieben. Es war daher keine Überraschung, dass die Anforderungen mit der JAR-FCL angestiegen sind.

Theoretische Ausbildung
Die theoretische Ausbildung erstreckt sich auf die folgenden Fächer:

- Aerodynamik,
- Flugfunk,
- Flugleistung und Flugplanung,
- Luftrecht und Flugverkehrs- bzw. Flugsicherungsvorschriften,

- Menschliche Leistungsfähigkeit und deren Grenzen,
- Meteorologie,
- Navigation,
- Technik und Flugzeugkunde,
- Verfahren im Flugbetrieb.

Das entsprechende Wissen wird innerhalb von 100 Stunden vermittelt.

In der Theorieprüfung werden diese Fächer dann zu vier Teilen zusammengefasst. Die gesamte Prüfung dauert sechs Stunden und teilt sich (in Stunden) wie folgt auf:

Luftrecht:	1:30
Allgemeine Kenntnisse über Flugzeuge:	2:00
Flugleistung und -planung, Navigation, Meteorologie, Flugbetriebsverfahren:	2:00
Menschliche Leistungsfähigkeit und deren Grenzen:	0:30

Die Prüfung beschränkt sich, außer im Fach Navigation, auf *Multiple-Choice*-Fragen, die in einem Fragenkatalog veröffentlicht sind. Die Prüfung beinhaltet jeweils zwischen 100 und 200 Fragen zum Ankreuzen. In allen Fächern muss eine Trefferquote von 75 Prozent erzielt werden. Die theoretische Prüfung gilt als bestanden, wenn diese 75 Prozent in allen Fächern innerhalb von zwölf Monaten erreicht werden – wer also in einem Fach durchgefallen ist, muss die Prüfung nur in diesem Fach wiederholen und innerhalb von zwölf Monaten bestehen. Die Prüfung kann entweder auf Englisch gemacht werden oder in der Sprache des lizenzausstellenden Landes. Wer also seinen PPL im sonnigen Spanien machen will, muss nicht Spanisch lernen, sondern kann die Prüfung auf Englisch ablegen.

Funksprechzeugnis

Daneben muss noch ein Funksprechzeugnis erworben werden.

Man unterscheidet drei verschiedene Funksprechzeugnisse:

- BZF II – Beschränkt gültiges Funksprechzeugnis für Sichtflüge mit Funkverkehr in deutscher Sprache,
- BZF I – Beschränkt gültiges Funksprechzeugnis für Sichtflüge mit Funkverkehr in deutscher und englischer Sprache,
- AZF – Allgemein gültiges Funksprechzeugnis für Sicht- und Instrumentenflüge mit Funkverkehr in deutscher und englischer Sprache.

Wer nur nach Sicht innerhalb der deutschen Grenzen fliegt, kommt mit dem BZF II aus. Wer ins Ausland will, braucht das BZF I. Für das Instrument Rating ist das AZF erforderlich.

Man kann mit dem BZF II beginnen und dieses dann durch eine Zusatzausbildung jeweils zum BZF I und AZF aufstocken. Man kann aber auch gleich das BZF I oder das AZF erwerben.

Die Ausbildung besteht wieder aus Theorie und Praxis. Die praktische Ausbildung findet in einem »Gruppenspiel« statt wie folgt: In einem Klassenraum sitzen der Lehrer und mehrere Schüler vor ihren Schreibtischen, der Lehrer spielt den Fluglotsen, der verschiedene Anweisungen gibt; die Schüler spielen Piloten, die mit ihren Schreibtischen durch die Gegend fliegen. Wer in allen Situationen die richtige Phraseologie anwendet, hat die Prüfung bestanden. Mit dem Ergebnis übrigens, dass er dann, wenn er das erste Mal in einem richtigen Flugzeug sitzt, stockend und mit Schweißperlen auf der

Stirn das Mikrofon in die Hand nimmt und nicht weiß, was er sagen soll.

Andere Nationen, wie etwa die Amerikaner, verzichten von vornherein auf diese albernen Trockenübungen und bringen den Sprechfunkverkehr während der fliegerischen Ausbildung nach und nach »live« im Flugzeug bei.

Sinnvoller ist dann schon die ebenfalls geforderte Teilnahme an einer Unterweisung in Sofortmaßnahmen am Unfallort, denn schließlich sollte jeder Privatpilot in der Lage sein, seine Passagiere nach einer missglückten Landung fachgerecht medizinisch zu versorgen.

Praktische Ausbildung

Innerhalb von 24 Monaten nach der bestandenen Theorieprüfung muss die praktische Prüfung bestanden werden.

Die Flugausbildung muss mindestens 45 Stunden umfassen. Davon können fünf Stunden im Simulator oder Verfahrensübungsgerät abgeleistet werden. Zehn Stunden müssen solo geflogen werden, davon fünf Stunden Überland. Mindestens einer der Überlandflüge muss als Dreiecksflug über eine Strecke von 150 nm (270 km) führen und zwei Landungen auf unterschiedlichen Plätzen beinhalten. Mindestens 25 Flugstunden müssen mit einem Fluglehrer geflogen werden. Somit verbleiben zehn weitere Stunden, die wahlweise im Alleinflug oder mit Fluglehrer geflogen werden können.

Früher wurde häufig kritisiert, dass den deutschen PPL-Schülern keine Grundlagen des Instrumentenfluges beigebracht werden. Diese wurden in einer teuren Zusatzberechtigung, der CVFR-Berechtigung, vermittelt. Dieses Training ist jetzt sinnvollerweise bereits in der PPL-Grundausbildung enthalten, und auf Wunsch kann auch gleich die Nachtflugberechtigung mit erworben werden. Die 25 Lehrerstunden müssen daher fünf Stunden Instrumentenflugtraining enthalten.

Nachtflugqualifikation

Für die Nachtflugqualifikation sind zusätzlich zu den oben angeführten Stunden fünf Stunden Nachtflug erforderlich. Sie enthalten drei Stunden mit Fluglehrer und eine Stunde Navigationsüberlandflug. Die verbleibende Zeit kann alleine geflogen werden und muss fünf Alleinstarts und fünf Alleinlandungen bis zum vollständigen Stop beinhalten. Ferner gehören zu der Ausbildung drei Stunden Theorieeinweisung. Die Ausbildung darf jedoch kein Bestandteil der 45 Stunden PPL-Ausbildung sein.

Anrechnung von Flugerfahrung

Wer bereits eine Berechtigung für Hubschrauber, Dreiachs-UL mit Starrflügeln oder Segelflugzeuge besitzt, kann sich zehn Prozent seiner PIC-Zeit anrechnen lassen. In diesem Fall muss die Ausbildungszeit mit Fluglehrer jedoch mindestens 20 Stunden betragen.

Anmerkung:

Nach den alten deutschen Bestimmungen waren 40 Flugstunden erforderlich, davon 25 mit Lehrer und 15 solo. Wer die Ausbildung innerhalb von fünf Monaten abschließen konnte, bekam fünf Solostunden erlassen.

Die praktische Ausbildung kann man grob in zwei Abschnitte unterteilen. Im ersten Abschnitt werden Starts- und Landungen geübt. Man fliegt also kurze Platzrunden von 3 bis 5 Minuten Dauer, landet und startet wieder durch. Schafft man die Landungen ohne Gefahr, das Flugzeug zu verbiegen, steigt der Lehrer aus, und man darf seine ersten Runden alleine drehen. Dies ist ein Höhepunkt in jeder Pilotenausbildung und für die meisten ein Flug, an den sie sich noch Jahre später erinnern werden. Dieser erste Ausbildungsabschnitt umfasst im Durchschnitt ein Drittel der gesamten Ausbildungszeit.

Am Tag Ihres ersten Solofluges sollten Sie übrigens nicht Ihre beste Seidenkrawatte tragen: An einigen Flugschulen wird auch heute noch die alte Sitte gepflegt, nach den ersten erfolgreichen Solorunden die Krawatte abzuschneiden und in der Flugschule aufzuhängen.

Im zweiten Abschnitt werden dann die Navigationskenntnisse praktisch angewandt. Es werden Anflüge auf Verkehrsflughäfen, Flüge in größeren Höhen und Notverfahren geübt. Ferner findet eine intensive Vorbereitung auf die Prüfung statt. In diesem Ausbildungsabschnitt muss man dann auch wieder einige Überlandflüge solo absolvieren, ohne dabei verloren zu gehen (was schon mal vorkommt).

Flugprüfung

Hat man alles beisammen und die Flugausbildung abgeschlossen, bildet die praktische Prüfung den krönenden Abschluss. Dabei muss man einen Sachverständigen der Landesluftfahrtbehörde 11/2 bis 2 Stunden lang nach einem festgelegten Programm spazieren fliegen, diesen wieder heil zur Erde zurückbringen und unterwegs die wesentlichen Dinge des Pilotenhandwerks so machen, wie es in den Ausbildungsrichtlinien steht.

Der Sachverständige beurteilt die folgenden sechs Abschnitte getrennt:

- Flugvorbereitung,
- Allgemeine Beherrschung des Flugzeuges,
- Betrieb in anormalen und Notfallsituationen,
- Anflug- und Landeverfahren,
- Navigation,
- Besonderheiten zum *Class*- bzw. *Type Rating*.

Jeder Abschnitt muss einzeln bestanden werden. Hat es nur in einem Abschnitt nicht geklappt, kann dieser Abschnitt einzeln wiederholt werden. Wurde mehr als ein Abschnitt nicht bestanden, muss die gesamte Prüfung wiederholt werden. In der Wiederholungsprüfung müssen alle Abschnitte bestanden werden, sonst muss die gesamte Prüfung ein zweites Mal wiederholt werden. Wer zweimal durchgefallen ist, muss vor der nächsten Prüfung weitere Flugstunden nehmen. Ansonsten ist die Anzahl der Prüfungen nicht begrenzt. Der Abschnitt Navigation muss mindestens 60 Minuten für sich alleine umfassen und kann in einem separaten Flug durchgeführt werden.

Instrumentenflugausbildung

Nach der neuen JAR-FCL heißt die Instrumentenflugberechtigung *Instrument Rating* (IR) mit folgenden Unterteilungen:

IR(A)	IR(H)
Single Engine IR	Multi Engine IR
Single Pilot	Multi Pilot

Voraussetzung für den Erwerb einer Instrumentenflugberechtigung (A) ist ein PPL(A) oder ein CPL(A), jeweils mit Nachtflugqualifikation. Das ganze nennt sich dann *Modular Course*. Vor Ausbildungsbeginn müssen 50 Stunden Überlanderfahrung in Flugzeugen oder Hubschraubern vorliegen, davon mindestens zehn Stunden in Flugzeugen. Die nach den alten deutschen Bestimmungen geforderten 150 Stunden als PIC sind entfallen. Ferner muss der Kandidat der englischen Sprache mächtig sein. Dies bezieht sich nicht nur auf den englischen Sprechfunk, sondern auch auf das Lesen technischer Handbücher, Tätigkeiten im Rahmen der Flugvorbereitung und dergleichen. Dieser Nachweis kann unter anderem durch ein entsprechendes Training mit anschließender behördlicher Überprüfung erbracht werden.

Natürlich gehören auch wieder einige Formalitäten dazu:

- Aktueller Auszug aus dem Verkehrszentralregister in Flensburg,
- Polizeiliches Führungszeugnis Belegart 0 neuesten Datums.

Die Ausbildung besteht aus

- Theorieausbildung,
- Simulatorausbildung,
- Flugausbildung,
- Funkausbildung (AZF).

Zunächst sind 200 Stunden theoretischer Unterricht erforderlich, die über 18 Monate verteilt werden dürfen. Nach den JAR-Bestimmungen hat man sich wieder auf die astronomischen Grundwerte zurückbesonnen und lässt eine Stunde 60 Minuten lang sein. Nach den alten deutschen Bestimmungen waren es nur 45 Minuten. In dieser Zeit muss man nicht nur einen Frontalunterricht über sich ergehen lassen,

sondern es sollen auch verschiedene Multimedia-Lehrmittel wie Video- und Computertrainingskurse eingesetzt werden. Vermittelt werden folgende Fächer:

- Allgemeine Flugzeugkunde,
- Flugfunk für die Durchführung von IFR-Flügen,
- Flugplanung und -durchführung,
- Luftrecht, Luftverkehrs- und Flugsicherungsvorschriften,
- Menschliche Leistungen und Grenzen (Flugphysiologie),
- Meteorologie,
- Navigation (Funknavigation, Radar- und Satellitennavigation),
- Verhalten in besonderen Situationen des Flugbetriebes.

Theorieprüfung

Die Prüfung beim Luftfahrt-Bundesamt in Braunschweig dauert 11/2 Tage und wird an einem Computer abgenommen, der die einzelnen Ankreuz-Fragen auf den Bildschirm zaubert. In jedem Fach müssen 75 Prozent erreicht werden. Nicht bestandene Prüfungsteile kann man wiederholen. Folgende Prüfungszeiten (in Stunden) werden dabei vorgegeben:

- Allgemeine Flugzeugkunde 1:15
- Flugfunk für die Durchführung von IFR-Flügen 0:30
- Flugplanung und -durchführung 2:00
- Luftrecht, Luftverkehrs- und Flugsicherungsvorschriften 1:00
- Menschliche Leistungen und Grenzen (Flugphysiologie) 0:30
- Meteorologie 1:30
- Navigation (Allgem. Navigation, Funknavigation, Radar- und Satellitennavigation) 0:30

Praktische Ausbildung

Single Engine SE IR(A)
Das Flugtraining muss innerhalb von 36 Monaten nach Ablegen der theoretischen Prüfung beendet sein und umfasst mindestens 50 Stunden mit Lehrer. Davon können 20 Stunden in einem Verfahrensübungsgerät *(Flight and Navigation Procedure Trainer* FNPT I) oder 35 Stunden in einem Simulator (FNPT II) geflogen werden. Man kann aber auch die gesamte Ausbildung im Flugzeug machen. Nach den alten deutschen Bestimmungen mussten 30 Stunden im Flugzeug und 30 Stunden im Simulator geübt werden.

Verfahrenstrainer und Simulatoren
Verfahrensübungsgeräte sind feststehende einfache Simulatoren. Sie simulieren keine Bewegungen und haben meist kein Sichtsystem, aber ein realitätsnahes Cockpit mit einer Simulation aller wesentlichen Instrumente und Anzeigen. Sie sind deutlich preiswerter als Simulatoren und für die Grundschulung, bei der es um die Vermittlung der einzelnen Verfahren geht, völlig ausreichend.
Simulatoren stehen auf einem kompliziert gesteuerten Hydrauliktisch, der um alle sechs Achsen beweglich ist. Durch die Simulation von Beschleunigungskräften in alle Richtungen wird ein realitätsnahes Fluggefühl im Cockpit vermittelt, das durch ein Sichtsystem vor den Cockpitscheiben unterstützt wird.

Multi Engine ME IR(A)
Wer die Instrumentenflugberechtigung gleich auf einem zweimotorigen Flugzeug erwerben will, muss fünf Stunden mehr schulen, also insgesamt 55 Stunden. Davon können bis zu 25 Stunden auf einem Verfahrensübungsgerät oder 40 Stunden auf einem Simulator angerechnet werden.
Inhaber eines JAA CPL(A) brauchen sowohl für SE als auch ME fünf Stunden weniger, da sie schon in der CPL-Ausbildung mit dem IFR-Training begonnen haben.
Der früher in Deutschland übliche getrennte Simulatorcheckflug entfällt nach den europäischen Bestimmungen.

Upgrading SE IR(A) auf ME IR(A)
Wer bereits eine Instrumentenflugberechtigung für einmotorige Flugzeuge sowie ein *Class* oder *Type Rating* für zweimotorige Flugzeuge hat, braucht fünf Stunden Einweisung im IFR-Fliegen mit Zweimots.

Multi oder Single Engine IR?
Wenn es darum geht, auf ein komplexeres Flugzeugmuster zu wechseln, sagen die Amerikaner: »You should be ready for the next airplane«. Man sollte also mit einfachen Flugzeugmustern beginnen und nach Beherrschen der handwerklichen Grundlagen auf das nächst komplexere Flugzeug wechseln. Die IFR-Schulung ist für den Anfänger bereits anspruchsvoll genug, und man sollte sich nicht zusätzlich mit einem komplexen Flugzeug belasten. Sowohl aus pädagogischen als auch aus finanziellen Gründen ist es daher sinnvoll, zunächst das SE IR zu erwerben und dann ein Class oder Type Rating mit der dazugehörigen Instrumentenflugqualifikation.
Mit dem ME IR(A) zu starten ist eher für Leute sinnvoll, die schon längere Zeit auf einer Zweimot VFR fliegen und entsprechend mit dem Flugzeug vertraut sind.

Gerade Privatpiloten haben oft den Ehrgeiz, zu schnell auf komplexe Muster umzusteigen und unterschätzen dabei die neuen Anforderungen, gerade wenn das Handling des neuen Flugzeugmusters in normalen Alltagssituationen einfach erlernbar ist. In kritischen Situationen geht dann schnell der Überblick verloren, wovon man sich in vielen Unfallberichten überzeugen kann.

Vom mentalen Höhenflug bis zum PC-Training

Gerade bei der IFR-Ausbildung ist es wichtig, die einzelnen Flugstunden vor- und nachzubereiten. Im Flugzeug müssen einzelne Handgriffe schnell und präzise sitzen und Flugsicherungsanweisungen unverzüglich in bestimmte Verfahrensweisen umgesetzt werden. Während der Ausbildung muss man über viele Handgriffe und Anweisungen noch etwas länger nachdenken, bevor man sie umsetzen kann. Dies führt dann leicht dazu, dass man dem Flugablauf geistig nicht mehr folgen kann – man fliegt »behind the aircraft«. Dies ist normal, und es gehört zum Lernfortschritt, nach und nach immer öfter einen Status zu erreichen, in dem man dem Flugzeug »voraus« ist. Wer jeden einzelnen Trainingsflug mental vor- und nachbereitet, wird diesen Status wesentlich früher erreichen.

Die preiswerteste Art der mentalen Vorbereitung besteht darin, die theoretischen Grundlagen der jeweiligen Trainingseinheit anhand der Lehrbücher zu wiederholen und dann die Augen zu schließen. Vor dem geistigen Auge kann man dann wunderbar Verfahren, Callouts, Checklisten, Handgriffe, Funksprüche und dergleichen ablaufen las-

sen und merkt schnell, wo es noch hakt. Diese Vorbereitung kann man durch ein Cockpitlayout unterstützen, das man sich an die Wand steckt. Entsprechende Poster für die gängigen Muster können im Flugbedarfshandel erworben werden, oder man bekommt sie von der Flugschule. Mit dieser sehr wirkungsvollen Methode haben sich schon Generationen von Piloten auf ihre Trainingssitzungen vorbereitet.

Dank der PC-Technik kann man aber noch mehr tun. Bereits ein preiswerter Microsoft-Flight-Simulator für rund 50 EURO ist als Verfahrenstrainer mit Einschränkungen brauchbar. Mit PC-Verfahrenstrainern, die inklusive Steuerhorn und Bedienelementen zwischen 500 und 1000 EURO kosten, kann man dann schon ein richtig professionelles Training abwickeln und unter dem Strich die eine oder andere Zusatzstunde im teuren Flugzeug einsparen. Die Stunden am Heimtrainer können jedoch nicht auf die offiziell geforderten Ausbildungsstunden angerechnet werden. Hierzu müsste jeder einzelne Verfahrenstrainer vom LBA zugelassen und abgenommen sein.

Es muss aber auch vor einem Selbststudium im PC-Simulator vor Ausbildungsbeginn gewarnt werden. Erfahrungsgemäß gewöhnen sich Flugschüler dabei leicht Unarten an, die später mühselig wieder abtrainiert werden müssen – der Nutzen für die Ausbildung war dann unterm Strich gleich null. Die ersten Stunden sollte man daher auf jeden Fall unter Anleitung eines Fluglehrers üben. Der PC-Simulator kann dann zum Wiederholen und Vertiefen genutzt werden.

Praktische Prüfung

Die praktische Prüfung wird von einem *Authorised Examiner* (Prüfungsberechtigter) abgenommen. Der *Single-Engine-Checkflug* wird dabei ähnlich der PPL-Prüfung in fünf Abschnitte aufgeteilt. Für *Multi-Engine*-Piloten kommt ein sechster Abschnitt hinzu. Es müssen wieder alle Abschnitte einzeln bestanden werden. Ist man in einem Abschnitt durchgefallen, darf man diesen Abschnitt wiederholen. Wer in zwei oder mehr Abschnitten durchgefallen ist, muss die gesamte Prüfung wiederholen. Man darf, sooft man will, zur Prüfung antreten, muss aber innerhalb von sechs Monaten alle Abschnitte bestanden haben. Folgende Abschnitte werden in der Prüfung getrennt bewertet:

- *Departure:* Flugvorbereitung mit allen Papieren wie NOTAMs, Wetter, *Briefing,* Flugplan, Vorflugkontrolle, *Taxiing,* Fliegen der Abflugstrecke,
- *General Handling (Airwork):* das Flugzeug in normalen und ungewöhnlichen Situationen nur mit Instrumenten präzise unter Kontrolle halten,
- *En-Route IFR Procedures:* Funknavigationsverfahren, Reiseflug, Überwachen des Fluges, Bearbeiten des *Flight Log,* Sprechfunk und Zusammenarbeit mit den Fluglotsen,
- *Precision Approach:* Präzisionsanflug (ILS) mit Landekurs und Gleitweg, Anflugbriefing, Einstellen und Identifizieren der Funknavigationsinstrumente, Warteverfahren, Anflugverfahren, Fehlanflug mit Durchstarten,
- *Nonprecision Approach:* Nur mit Landekurs, ohne Gleitweg,
- *Multi Engine Simulated Asymmetric Flight:* Instrumentenanflüge mit einem ausgefallenen Triebwerk.

Da auch schon mal *Multi-Engine*-Checkflüge schief gegangen sind – einige Leser erinnern sich vielleicht an das vor einigen Jahren durch eine Piper Cheyenne zerstörte McDonald-Restaurant bei München – können diese auch auf einem Simulator durchgeführt werden.

Erleichterung für Hubschrauberpiloten

Wer bereits eine Instrumentenflugberechtigung für Hubschrauber IR (H) besitzt, braucht nur noch zehn Stunden Instrumentenflugunterricht in Flugzeugen.

Berufspilotenausbildung

Bekanntlich führen viele Wege nach Rom, so auch zum CPL. Grundsätzlich unterscheidet man zwischen einem

- *Modular Course* und einem
- *Integrated Course.*

Der *Modular Course* ist für denjenigen, der mit Vorkenntnissen startet, also einen PPL und eventuell auch schon ein *Instrument Rating* hat.
Wer überhaupt nichts hat, kann statt des Erwerbs der Einzelberechtigungen PPL, IR und CPL gleich die komplette Ausbildung von null zum CPL machen. Hierfür ist der *Integrated Course* vorgesehen. Wird der *Integrated Course* bis zum *Unrestricted CPL/IR* gemacht, würde dies der früheren durchgehenden deutschen ATPL-Ausbildung entsprechen. Daraus ergeben sich vier verschiedene Ausbildungsmöglichkeiten für die drei CPL-Varianten. Bevor wir jetzt den Überblick verlieren, soll dies in dem folgenden Diagramm verdeutlicht werden:

Durchgehende Berufspilotenausbildung bei 0 Flugstunden			Modulare Berufspilotenausbildung bei vorhandenen Lizenzen		
Lizenz	**Lehrgang**	**Ziel**	**Lizenz**	**Lehrgang**	**Ziel**
CPL(A)/IR unrestricted	ATP integrated course Verkehrspiloten mit Instrumentenflugberechtigung	Co-Pilot auf Multipilotflugzeugen im gewerbsmäßigen Luftverkehr	CPL (A)	CPL(A) modular course Berufsflugzeugführer	Stufenweiser Erwerb des CPL bei vorhandenem PPL
		Verantwortlicher Pilot im nichtgewerbsmäßigen Luftverkehr			
CPL(A) / IR restricted	CPL(A)/IR integrated course	Verantwortlicher Pilot auf single Pilot Flugzeugen im gewerbsmäßigen Luftverkehr			
		Verantwortlicher Pilot im nichtgewerbsmäßigen Luftverkehr			
CPL(A)	CPL(A) integrated Course Berufsflugzeugführer ohne Instrumentenflugberechtigung	verantwortlicher Pilot auf single Pilot Flugzeugen im gewerbsmäßigen Luftverkehr unter Sichtflugbedingungen			
		Verantwortlicher Pilot im nichtgewerbsmäßigen Luftverkehr			

Vorausetzungen

für alle 3 Ausbildungsgänge

Mindestalter 18 Jahre

Gültiges Class 1 Medical

Nachweis ausreichender Kenntnisse in Mathematik, Physik und Englisch über die FTO

gültiger PPL(A)

entsprechendes Class- bzw. Typerating

Flugerfahrung von

150 Stunden in Flugzeugen,
davon
- 100 Stunden als PIC in Flugzeugen
- 20 Stunden Überland als PIC inkl. Nav-Dreiecksflug von 300 nm,
- 10 Stunden IFR- Unterricht, davon max. 5 Stunden im Simulator
- 5 Stunden Nachtflug, davon 3 Stunden Nachtflugunterricht, 1 Stunde Cross Country und 5 Solo Starts und Landungen.

oder

200 Gesamtflugstunden, davon maximal
- 10 IFR-Simulatorstunden
- 30 PIC Stunden im Helicopter bei PPL(H)
- 100 PIC Stunden im Helicopter bei CPL(H)
- 30 PIC Stunden im Motorsegler

Ausbildungsvarianten für den CPL

Das folgende Diagramm zeigt, wie man zu den einzelnen Lizenzen kommt und welcher Aufwand an theoretischen und praktischen Unterrichtsstunden hierzu erforderlich ist.

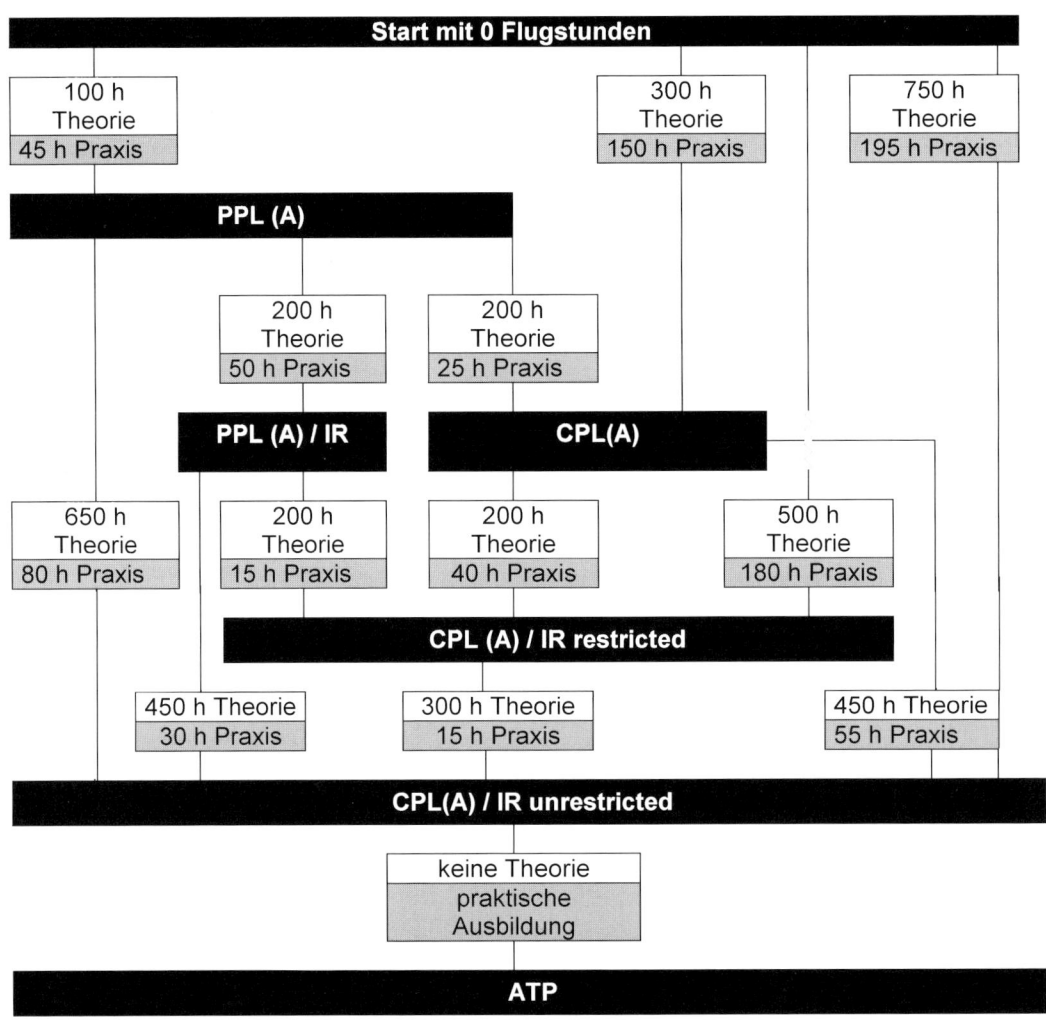

Start mit 0 Flugstunden

| 100 h Theorie | 300 h Theorie | 750 h Theorie |
| 45 h Praxis | 150 h Praxis | 195 h Praxis |

PPL (A)

| 200 h Theorie | 200 h Theorie |
| 50 h Praxis | 25 h Praxis |

PPL (A) / IR — **CPL(A)**

| 650 h Theorie | 200 h Theorie | 200 h Theorie | 500 h Theorie |
| 80 h Praxis | 15 h Praxis | 40 h Praxis | 180 h Praxis |

CPL (A) / IR restricted

| 450 h Theorie | 300 h Theorie | 450 h Theorie |
| 30 h Praxis | 15 h Praxis | 55 h Praxis |

CPL(A) / IR unrestricted

keine Theorie
praktische Ausbildung

ATP

Umfang der praktischen und theoretischen Ausbildung

⇐ *Verschiedene Wege zum CPL*

258

Die Anzahl der Theoriestunden wird verständlich, wenn wir uns nochmals den Umfang der Theorieausbildung für die einzelnen Lizenzen ins Gedächtnis rufen. Der PPL(A) erfordert 100 Stunden Theorie. Modularer PPL(A) und modularer CPL(A) ergeben zusammen die 300 Stunden des *Integrated CPL(A).* Nochmals 200 Stunden modulare IFR-Theorie addieren sich dann zu den 500 Stunden des *Integrated Restricted CPL(A)/IR.*

Etwas mehr Stunden ergeben sich lediglich für den, der einen Zwischenstop beim *Restricted CPL(A)/IR* einlegt. Für diesen sind, gleich auf welchem Wege, immer 500 Stunden Theorie erforderlich. Wer dann zum *Unrestricted CPL(A)/IR* weiterschult, braucht nochmals 300 Theoriestunden und somit 50 Stunden mehr als bei der durchgehenden Ausbildung oder bei einem Aufbaulehrgang, der vom PPL ausgeht.

Für die einzelnen Lehrgänge gibt es eine unterschiedliche Höchstdauer:

• *Integrated CPL(A)/IR Unrestricted:* 12 bis 36 Monate,
• *Integrated CPL(A)/IR Restricted:* 9 bis 30 Monate,
• *Integrated CPL(A):* 9 bis 24 Monate,
• *Modular CPL(A):* 18 Monate.

Unterrichtsform: Unter Pädagogen gilt seit langem als nachgewiesen, dass der reine Frontalunterricht eine der Unterrichtsformen ist, bei der am wenigsten hängen bleibt. Erfreulich ist daher, dass endlich auch Deutschland durch die europäischen Richtlinien gezwungen wird, von dieser Unterrichtsform abzurücken. Nach der neuen JAR-FCL ist es nicht nur erlaubt, sondern auch ausdrücklich erwünscht, dass ein großer Teil des Stoffes

mit multimedialen Medien erarbeitet wird. Erfahrene Piloten, die in der Vergangenheit schon ihre *Type-Rating*-Ausbildung mit Multimediaschulungen der Flugzeughersteller abwickeln konnten, wissen, dass damit nicht nur mehr Freude in die Ausbildung kommt, sondern dass auch deutlich mehr hängen bleibt.

Je nach Lehrgang besteht die CPL-Ausbildung aus unterschiedlich vielen Theorie- und Praxisstunden.

Die theoretische Ausbildung dreht sich mehr oder weniger detailliert um die Fächer:

• Luftrecht,
• Flugzeugkunde,
• Flugleistungen- und Flugplanung,
• Menschliche Leistungsfähigkeit und deren Grenzen,
• Meteorologie,
• Navigation,
• Verfahren im Flugbetrieb,
• Aerodynamik,
• Flugfunk.

Die in der Grafik genannten »praktischen Ausbildungsstunden« enthalten zwar alle Prüfungsflüge, nicht jedoch die Ausbildungsstunden für ein *Type Rating.* Je nach Art des Flugzeuges können hierfür nochmals 10 bis 40 Stunden erforderlich sein.

Modular Course CPL(A)

Wer keine Instrumentenflugberechtigung hat, muss 25 Stunden praktischen Unterricht nehmen, davon zehn Stunden Instrumentenflug. Fünf dieser zehn Stunden können im Simulator absolviert werden. Wer bereits die Instrumentenflugberechtigung hat, kommt mit 15 Stunden Unterricht aus. Mindestens fünf Stunden

Flugunterricht müssen in einem Flugzeug erfolgen, das für vier Personen zugelassen ist, einen Verstellpropeller und ein Einziehfahrwerk hat.

Wer keine Nachtflugberechtigung hat, muss noch fünf Stunden Nachtflugunterricht nehmen.

Wer modulare Lehrgänge belegt, muss beachten, dass er neben den in der oben stehenden Graphik aufgelisteten Flugstunden auch noch die für die einzelnen Lizenzen erforderliche Flugpraxis nachweisen muss. Bei den integrierten Lehrgängen ist diese Flugpraxis in den aufgelisteten Stunden bereits enthalten.

Integrated Course CPL(A)

Wer eine durchgehende Ausbildung zum CPL(A) absolviert, kommt mit 150 Stunden Flugunterricht aus. Ein solcher Lehrgang dauert zwischen neun und 24 Monaten.

Eine durchgehende Ausbildung wird normalerweise bei Null begonnen. Sie kann aber auch von einem PPL-Inhaber durchlaufen werden, der jedoch nur 50 Prozent seiner Flugerfahrung, maximal 40 Stunden oder 45 bei vorhandener Nachtflugberechtigung, angerechnet bekommt. Für PPL-Inhaber ist es daher meist besser, den modularen CPL-Lehrgang zu wählen. Der Theorielehrgang des *Integrated Course* verringert sich übrigens für PPL-Inhaber um 200 Stunden. Die 150 Stunden Flugunterricht müssen umfassen:

* 80 Stunden Flugunterricht (max. 5 Stunden im Simulator)
davon:
* – 20 Stunden Überland als PIC inkl. Navigations-Dreiecksflug von 300 nm,
* – 10 Stunden IFR-Unterricht, davon max. 5 Stunden im Simulator,

* – 3 Stunden Nachtflugunterricht inkl. 1 Stunde *Cross Country,*
* 70 Stunden als PIC, davon: 2 Std. Nachtflug inkl. 5 Solo-Starts und -Landungen.

Integrated Course CPL(A)/IR Restricted

Neben dem durchgehenden CPL-Lehrgang gibt es auch durchgehende CPL-Lehrgänge mit integriertem *Instrument Rating.* Diese Lehrgänge sollen zwischen 9 und 30 Monaten dauern. Ein solcher Lehrgang umfasst 500 Stunden Theorie.

Der praktische Unterricht umfasst einschließlich aller Prüfungsflüge 180 Stunden, davon maximal 40 im Simulator. Zu den 180 Stunden gehören:

* 80 Stunden Flugunterricht, davon 40 Stunden im Simulator,
* 100 Stunden als PIC, davon 50 Stunden Instrumentenflugzeit als *Student Pilot in Command* (SPIC),
* 50 Stunden Überland, davon 1 Navigations-Dreiecksflug von 300 nm,
* 5 Stunden Nachtflug, davon 3 Stunden Nachtflugunterricht, 1 Stunde *Cross Country* und 5 Solo-Starts und -Landungen,
* 100 Stunden Instrumentenflugzeit, davon 50 Stunden IFR-Unterricht mit max. 25 Stunden im Verfahrensübungsgerät bzw. 40 Stunden im vollbeweglichen Simulator und 50 Stunden SPIC.

Integrated Course CPL(A)/IR Unrestricted

Die 195 Flugstunden des *Unrestricted CPL(A)/IR* müssen enthalten:

- mindestens 50 Stunden VFR-Überlandflug von mind. 300 nm, Nachtflug, Platzrundenflüge etc.,
- mindestens 115 Stunden IFR-Training im Flugzeug und im Verfahrenstrainer sowie 15 Stunden *Multi-Crew-Cooperation*-Ausbildung,
- mindestens 5 Stunden Nachtflug.

Praktische Prüfung
Die praktische Prüfung wird in so genannten *Skill-Tests* abgenommen. Je nach Art des Lehrgangs ist eine unterschiedliche Anzahl an *Skill-Tests* erforderlich:

CPL(A)/IR Restricted und Unrestricted im Integrated Course
- *Skill-Test CPL(A)* auf ein- oder zweimotorigem Flugzeug,
- *Skill-Test Instrument Rating* auf einem zweimotorigem Flugzeug,
- *Skill-Test* für das entprechende *Type Rating* (kann ggf. mit dem *Instrument-Skill-Test* verbunden werden),
- *Multi-Crew-Cooperation*-Training neuerdings ohne *Skill-Test* (in andere Tests integriert).

CPL(A) Integrated und Modular Course
Skill-Test CPL(A) auf ein- oder zweimotorigem Flugzeug: Wie bereits vom PPL und *Instrument Rating* bekannt, wird jeder dieser *Skill-Tests* wiederum in verschiedene Sektionen aufgeteilt, von der jede für sich bestanden werden muss. Wird mehr als eine Sektion nicht bestanden, muss der gesamte *Skill-Test* wiederholt werden. Einzelne Sektionen können beliebig oft wiederholt werden, sofern das Zeitlimit nicht überschritten wird. Spezielle Sektionen, die Notverfahren enthalten, können und sollten auch im Simulator geprüft werden.

Verkehrspilotenausbildung

Während es für die Ausbildung zum CPL noch verschiedene Varianten gab, ist die weitergehende Ausbildung zum ATP recht übersichtlich geworden.
Ein Anwärter für den JAR-ATPL(A) muss folgende Voraussetzungen erfüllen:

- 21 Jahre alt,
- gültiges *Medical Class I,*
- gültige Pilotenlizenz,
- 1500 Stunden Flugerfahrung, davon
- – 500 Stunden auf Multi-Pilot-Flugzeugen, die nach JAR 25 oder JAR 23 im gewerblichen Luftverkehr zugelassen sind,
- – 250 Stunden als PIC, davon werden bis 150 als SIC anerkannt, wenn die Tätigkeit eines als PIC unter Aufsicht durchgeführt wurde,
- – 200 Stunden *Cross Country* (davon werden wieder 100 Stunden als SIC, der unter Aufsicht als PIC agiert, anerkannt),
- – 75 Stunden IFR, davon maximal 30 Stunden im Simulator,
- – 100 Stunden Nachtflug als PIC oder als SIC.

Von den 1500 Stunden dürfen maximal 100 im Simulator geflogen werden. Auf die oben genannten Zeiten werden bis zu 50 Prozent im Hubschrauber angerechnet, 50 Prozent müssen in Flugzeugen geflogen worden sein. Flugingenieure können sich 50 Prozent ihrer Flugstunden, maximal aber nur 250 Stunden, anrechnen lassen.
Bei vorhandenem unbeschränktem CPL(A)/IR ist keine weitere theoretische Ausbildung erforderlich. In der praktischen Ausbildung geht es primär um

Crew Coordination – also die Zusammenarbeit der Besatzung – unter IFR-Bedingungen.

Klassenberechtigung für mehrmotorige Ein-Pilot-Flugzeuge

Wer die Klassenberechtigung für mehrmotorige Ein-Pilot-Flugzeuge erwerben will, muss 70 Stunden als PIC nachweisen, bevor er die Ausbildung beginnen kann. Die Ausbildung umfasst mindestens sieben Stunden Theorie und sechs Stunden Flugtraining, davon 21/2 Stunden unter normalen und 31/2 Stunden unter Notfallbedingungen. Die Ausbildung wird durch eine Prüfung abgeschlossen.
Nach JAR können Sie alle Flugzeuge innerhalb der Klasse fliegen, für die Sie ein *Rating* besitzen. Sie brauchen zum Beispiel für eine Piper Seneca und eine Cessna 414 nur noch ein *Class Rating*. Wer innerhalb einer Klasse auf ein komplexeres Muster umsteigt, muss ein so genanntes *Unterschiedstraining* mit Fluglehrer absolvieren. Diese Ausbildung wird ins Flugbuch eingetragen und vom Fluglehrer unterschrieben. Das Unterschiedstraining bezieht sich auf:

- Verstellpropeller,
- Turbomotor,
- Einziehfahrwerk,
- Druckkabine.

Für Flugzeuge, die nur für den Betrieb mit mehreren Piloten zugelassen wurden, wird eine Typenberechtigung für jeden Flugzeugtyp benötigt.
Reisemotorsegler (TMG), die für die Erteilung des PPL anerkannt werden, sind in Übereinstimmung mit JAR 22 im JAR-FCL-Dokument aufgelistet. Die in diesen Flugzeugen absolvierten Flugstunden werden für die Erteilung und Verlängerung der TMG-Lizenz angerechnet.

Lehrberechtigung

Das Mindestalter beträgt 18 Jahre. Fluglehrer sollten Inhaber eines CPL sein. In Ausnahmefällen kann auch ein PPL-Inhaber die Lehrberechtigung FI(A) erhalten. Diese Variante dürfte aber höchstens für Luftsportvereine in Frage kommen. Wer die Lehrberechtigung erwerben will, muss folgende Voraussetzungen erfüllen:

- 200 Stunden Flugerfahrung, davon 100 Stunden als PIC für CPL(A)/ATPL(A) Inhaber, 150 Stunden für PPL(A)-Inhaber,
- ein dem CPL(A) vergleichbares theoretisches Wissen,
- 30 Stunden in einer einmotorigen Maschine mit Kolbenmotor, davon 5 vor dem Eignungstest,
- 10 Stunden IFR-Training, davon maximal 5 Stunden im Simulator, wenn keine Instrumentenflugberechtigung vorhanden ist,
- 20 Stunden Überland als PIC, davon ein Flug über 300 nm mit Landungen auf zwei verschiedenen Flugplätzen (außer dem Startflugplatz),
- Eignungstests mit Fluglehrer vor Beginn der Fluglehrerausbildung.

Der Fluglehrerlehrgang umfasst 30 Flugstunden, davon 25 mit Lehrer. Die restlichen fünf können zwei Flugschüler gemeinsam fliegen, um Schulflüge zu üben.

Von den 25 Stunden werden fünf im Simulator angerechnet.

Der Theorieunterricht umfasst inklusive Zwischenprüfungen 125 Stunden. Die Prüfung besteht aus einem mündlichen Teil, *Preflight* und *Postflight Debriefing* und Checkflug. Dieser kann je nach Umfang der Lehrberechtigung um IFR- und Mehrmot-Flugübungen erweitert werden. Unterricht und Checkflug müssen in der gleichen Flugzeugklasse und im gleichen Typ stattfinden.

Der FI(A) darf Flugunterricht für PPL und CPL geben. Die Lehrberechtigung ist zunächst beschränkt gültig, wobei der frischgebackene Fluglehrer nur unter Aufsicht eines anderen FI(A) tätig werden darf. Er darf noch keinen *Check-out* für Soloflüge sowie für den Solonavigationsflug erteilen, und er darf noch keinen Nachtflugunterricht geben. Die Privilegien eines unbeschränkten FI(A) zeigt die folgende Tabelle:

Privilegien des Europäischen Fluglehrers

Unterricht für	Voraussetzungen
PPL(A):	15 Stunden im entsprechenden Flugzeugtyp innerhalb der letzten 12 Monate; *Single Engine Type + Class Ratings*
CPL(A):	500 Stunden in Flugzeugen, davon 200 Stunden Flugunterricht, Nachtflugtraining
Instrument Rating:	200 IFR-Stunden, davon maximal 50 Stunden im Simulator, 5 Flugstunden, Lehrgang, Prüfung
Single Pilot Multi Engine Class Rating:	500 Stunden in Flugzeugen, 50 Stunden als PIC in der gleichen Klasse und im gleichen Typ innerhalb der letzten 12 Monate, Teilnahme an einem Lehrgang, der 5 Stunden Flugunterricht umfasst, Bestehen einer Zusatzprüfung
Lehrberechtigung:	500 Stunden Unterricht in Flugzeugen, Zusatzprüfung, Behördliche Genehmigung zur Ausbildung von Fluglehrern

Prüfer – Examiner

Examiner müssen eine Pilotenlizenz, ein *Rating* und eine Lehrberechtigung haben, die der Lizenz oder dem *Rating* entsprechen, für das Prüfungen abgenommen werden. Sie sollten ferner qualifiziert sein, als PIC zu fliegen. Bevor die Weihen der Prüferberechtigung erteilt werden, muss der Anwärter eine Prüfung unter Aufsicht eines Inspektors oder *Senior Examiners* abnehmen.

Wer für den PPL(A) prüfen will, muss mindestens 1000 Stunden in Flugzeugen geflogen sein, davon 250 als Fluglehrer. Zum Prüfen des CPL(A) sind 2000 Stunden in Flugzeugen erforderlich, davon 250 als Fluglehrer.

Um ein *Class* oder *Type Rating* für *Single-Pilot*-Flugzeuge oder die Erneuerung hierfür abnehmen zu können (CRE(A)), muss der Prüfer einen CPL oder ATPL haben und mindestens 500 Flugstunden in Flugzeugen nachweisen. Der

FIE(A) nimmt auch Fluglehrerprüfungen ab. Voraussetzung ist, dass der Prüfer mindestens 2000 Stunden in Flugzeugen geflogen ist und davon mindestens 100 Stunden Fluglehreranwärter unterrichtet hat.

Gültigkeitsdauer und Verlängerung der JAR-FCL-Lizenzen

Bitte beachten Sie auch im folgenden Abschnitt, dass die JAR-FCL erst nach und nach in den einzelnen Mitgliedsstaaten eingeführt wird.

Alle JAR-FCL-Pilotenlizenzen werden mit einer maximalen Gültigkeit von fünf Jahren ausgestellt. Die Behörde verlängert sie innerhalb dieses Zeitraumes. Hierzu muss vor Ablauf der fünf Jahre bei der Behörde ein Antrag auf Wiederausstellung gestellt werden.

Eine gültige Lizenz bedeutet aber noch nicht, dass man auch fliegen darf. Denn zusätzlich müssen das fliegerärztliche Tauglichkeitszeugnis und die in der Lizenz eingetragenen Berechtigungen gültig sein. Beides muss in kürzeren Abständen verlängert werden.

Privatpilotenlizenz

Der PPL wird normalerweise mit der Klassenberechtigung für ein einmotoriges »Ein-Pilotenflugzeug« oder einen Reise-Motorsegler (TMG) ausgestellt. Diese Klassenberechtigungen sind zwei Jahre gültig und können wie folgt verlängert werden:

- durch eine Befähigungsprüfung vor einem autorisierten Prüfer innerhalb von drei Monaten vor Ablauf der Berechtigung oder,

- durch 12 Flugstunden, einschließlich 6 Stunden als PIC, sowie 12 Starts und Landungen und einen einstündigen Übungsflug mit Fluglehrer innerhalb von 12 Monaten vor dem Ablauf der Berechtigung. Dieser Flug kann durch eine Befähigungsüberprüfung oder Flugprüfung für eine Klassen- oder Typenberechtigung ersetzt werden. Falls die Klassenberechtigung bereits ungültig wurde, muss der Antragsteller die Flugprüfung neu ablegen.

Klassenberechtigungen

Single Pilot Single Engine Turboprop Class Ratings

Sie werden durch einen Checkflug mit einem Prüfer innerhalb von drei Monaten vor Ablauf verlängert.

Single Pilot Multi Engine Class Ratings

Die Klassenberechtigung hat ein Jahr Gültigkeit und kann durch eine Befähigungsüberprüfung innerhalb von drei Monaten vor Ablauf der Gültigkeit verlängert werden. Die Befähigungsüberprüfung kann entfallen, wenn der Inhaber der Berechtigung während der Gültigkeit als Pilot der relevanten Flugzeugklasse mindestens zehn Streckenflüge durchgeführt hat. Ein Streckenflug besteht aus Abflug, Reiseflug von mindestens 15 Minuten, Anflug und Landung. Alternativ reicht auch ein einziger Streckenflug in Begleitung eines Prüfers.

Wieviel sollte man zum Erhalt des PPL wirklich fliegen?

Viele Flugschulen verkaufen die PPL-Ausbildung gerne, indem sie darauf hinweisen, dass man nur eine Stunde im Monat fliegen muss, um die Lizenz zu erhalten, was sich eigentlich jeder leisten könne. An dieser Stelle muss allerdings davor gewarnt werden, den PPL tatsächlich mit dieser Mindeststundenzahl am Leben zu erhalten.

Fliegen ist eine komplexe Tätigkeit. Die reine Steuerung des Flugzeuges macht nur einen kleinen Teil davon aus. Das Erkennen von und der Umgang mit Gefahrensituationen, die Deutung des Wetters, die Handhabung technischer Störfälle, die Lösung von Navigationsaufgaben unter Zeitdruck und der Umgang mit komplexen fliegerischen Situationen, etwa an schwierigen Flugplätzen, verlangen ein ständiges Üben und Weiterentwickeln der fliegerischen Fertigkeiten.

Auch wenn einige Flugschulen aus verständlichen Gründen anders argumentieren:

Wer sich nur die zur Scheinverlängerung notwendigen Stunden leisten kann, sollte im eigenen Interesse lieber die Finger von der Fliegerei lassen.

Oder würden Sie Ihre Familie auf den Beifahrersitz eines Porsche setzen und mit 200 km/h über die Autobahn rasen lassen, wenn dessen Fahrer zeitlebens nur einmal im Monat mit zitternden Knien zum örtlichen Supermarkt fährt und bei jeder dritten Kurve den Bordstein mitnimmt? Wahrscheinlich nicht.

Ein Privatpilot, der seine Lizenz gültig erhält, indem er jeweils vier Wochen vor Ablauf der Lizenz schnell noch einige Stunden fliegt oder einmal im Monat bei strahlend blauem Himmel einen Kaffeeflug unternimmt, wird bereits mit Ablegen der PPL-Prüfung den Zenit seiner fliegerischen Fertigkeiten erreicht haben. Dieser Pilot oder diese Pilotin mutet sich dann zu, vor jedem Start nervös zu sein, in ungewohnten Situationen den Überblick zu verlieren und ständig mit Entscheidungen hinsichtlich Wetter, Vorschriften sowie technischen Grenzwerten konfrontiert zu werden, auf die er keine klare Antwort weiß. Der Spaß am Fliegen geht dann schnell verloren, und der Erhalt der Lizenz wird zum reinen Prestige.

Gut dran ist derjenige, der sich zumindest noch ein Gefahrenbewusstsein erarbeiten konnte und die eigenen Grenzen kennt und einhält. Die fahrlässige Überschreitung dieser Grenzen aufgrund einer Überschätzung der eigenen Fähigkeiten ist nur eine Möglichkeit, in die Zeitung zu kommen. Wer wenig fliegt, der verzichtet auch auf die Entwicklung eines Gefahrenbewusstsein, um kritische Situationen überhaupt erkennen zu können und ihnen aus dem Wege zu gehen.

Wer mehr zu diesem Thema erfahren will, sollte regelmäßig die Unfallberichte in Fachzeitschriften wie *Pilot und Flugzeug, Fliegermagazin* oder *Aerokurier* lesen. Auch im Kapitel »Beruf und Risiko« werden wir auf Seite 145 noch einmal auf dieses Thema zurückkommen.

Wer aus zeitlichen oder finanziellen Gründen wenig fliegen kann, muss nicht ganz auf die Fliegerei verzichten. Die Mitnahme eines *Safety*-Piloten bescheinigt zwar keine professionellen Fertigkeiten, aber zumindest eine professionelle Einstellung und ausreichenden Respekt vor der Fliegerei. Und zehn Jahre lang je zwölf Stunden *Safety*-Pilot kosten die Familie weniger als ein einziges Begräbnis.

Instrumentenflug-
berechtigung

Die Instrumentenflugberechtigung ist wie bisher ein Jahr gültig und wird durch einen Checkflug verlängert. Dieser wird innerhalb von drei Monaten vor Ablauf der Berechtigung auf der Flugzeugklasse abgelegt, für die das IR ausgestellt wurde. Art und Umfang des Checkfluges entsprechen der Grundprüfung, wobei man allerdings die Checkflüge mit zunehmender Flugerfahrung subjektiv als leichter empfindet.

Lehrberechtigung

Eine Lehrberechtigung ist drei Jahre gültig. Zur Verlängerung der Lehrberechtigung muss der Antragsteller zwei der folgenden drei Voraussetzungen erfüllen:

a) 100 Stunden Flugunterricht im Gültigkeitszeitraum, davon 30 innerhalb von 12 Monaten vor Ablauf der Lizenz, ein IFR-Lehrer muss mindestens 10 dieser 30 Stunden IFR unterrichtet haben,
b) *Refresher*-Lehrgang innerhalb von 12 Monaten vor Ablauf der Lizenz,
c) Tests innerhalb von 12 Monaten vor Ablauf der Lehrberechtigung.

War die Lizenz bereits abgelaufen, ist eine Erneuerung möglich, wenn die Voraussetzungen gemäß b) und c) erfüllt sind.

Prüfberechtigung

Die Prüfberechtigung wird verlängert, wenn der *Examiner* innerhalb der drei Gültigkeitsjahre der Berechtigung jährlich mindestens zwei *Skill-Tests* oder *Proficiency-Checks* abgenommen hat. Eine dieser Prüfungen innerhalb der letzten zwölf Monate vor Ablauf sollte von einem Inspektor der Luftfahrtbehörde oder einem *Senior Examiner* überwacht werden.

Umschreibung nationaler Lizenzen in JAR-Lizenzen

Wer eine nationale Pilotenlizenz in eine europäische JAR-Lizenz umschreiben will, muss jeweils die in der Tabelle aufgelisteten Voraussetzungen erfüllen.

Umschreibung nationaler in europäische Lizenzen

Umschreibung eines CPL's bzw. ATPL's in eine JAR Lizenz				
Natio-nale Lizenz	Flugerfahrung	zu erfüllende JAA Voraus-setzungen	JAR-FCL Lizenz	Wegfall von Ein-schrän-kungen
ATPL-A	>1500 Std. PIC in Multipilot Flug-zeuge	keine	ATPL-A	nicht an-wendbar
ATPL-A	>1500 Std. in Multipilot Flug-zeuge	keine	ATPL-A	nicht an-wendbar
ATPL-A	>500 Std. in Multipilot Flug-zeuge	Kenntnisse in Flug-planung und Performance gemäß AMC FCL 1.470	ATPL-A mit Type-Rating beschränkt als Co-Pilot	PIC-Fähig-keit ge-mäß JAR-FCL 1.240, App.2
CPL/IR und ATPL-Theorie-prüfung	>500 Std. auf Multi-Pilot Flugzeugen	Kenntnisse in Flug-planung und Perfor-mance gemäß AMC FCL 1.470, Erfül-lung von JAR-FCL 1.250(a)	CPL/IR mit ATPL JAR-FCL Theo-rie	nicht an-wendbar
CPL/IR-A	>500 Std. auf Multi-Pilot Flugzeugen	JAR-FCL Theorie-prüfung, Erfüllung von JAR-FCL 1.250(a)	CPL/IR mit ATPL JAR-FCL Theo-rie	nicht an-wendbar
CPL/IR-A	>500 Std. als PIC in singlepilot Flug-zeuge	-----	CPL/IR singlepilot	Erwerb eines mul-tipilot Type Ratings gemäß JAR-FCL 1.240
CPL/IR-A	<500 Std. als PIC in singlepilot Flugzeugen	Kenntnisse in Flugplanung und Performance gemäß AMC FCL 1.470	CPL/IR beschränkt auf single-pilot Flug-zeuge	
CPL-A	>500 Std. als PIC in singlepilot Flug-zeugen	-------	CPL/IR singlepilot	
CPL-A	<500 Std. als PIC und singlepilot	Kenntnisse in Flug-planung und Perfor-mance gemäß AMC FCL 1.470	CPL/IR singlepilot	
PPL/IR-A	75 Stunden Instru-mentenflugerfah-rung	Nachtflugberechti-gung	PPL/ IR(A)	
PPL(A)/ CVFR *)	75 Std, Flugerfahrung	keine	PPL (A)	
FI(A)/ IR(A) TRI(A), CRI(A)	gemäß JAR-FCL für das jeweilige Rating	Kenntnis relevanter Teile von JAR-FCL +-OPS gemäß AMC FCL 1.005 & 1.015	FI(A)/ IRI(A)/ TRI(A)/ CRI(A)	

*) noch nicht endgültig geklärt

Diese Certificates und Ratings können Sie in den USA erwerben

Da das amerikanische Ausbildungssystem im internationalen Luftverkehr dasjenige mit der größten Bedeutung und Verbreitung ist, wollen wir in diesem Kapitel etwas ausführlicher auf die einzelnen US-Lizenzen eingehen.

Die beiden Ausbildungssysteme – das amerikanische und das deutsche – unterscheiden sich in den zu erwerbenden Berechtigungen und den dazugehörigen Anforderungen, wobei sich allerdings die JAR-Lizenzen stärker an die US-Lizenzen angenähert haben, als es bei den alten deutschen Berechtigungen der Fall war. Die US-Lizenzen sind etwas anders eingeteilt als die deutschen.

Pilot Certificates

Die folgenden *Pilot Certificates* können Sie in den USA erwerben:

* *Student Pilot Certificate,*
* Recreational Pilot Certificate,
* Private Pilot Certificate,
* Commercial Pilot Certificate,
* Airline Transport Pilot Certificate,
* Flight Instructor Certificates,
* Ground Instructor Certificates.

Category Certificate

Ein *Pilot Certificate* wird immer für eine bestimmte *Category* (Klasse) erworben und kann später um weitere *Category Ratings* (Klassen-Berechtigungen) ergänzt werden. Es gibt die:

* *Category Airplane,*
* *Category Rotorcraft,*
* *Category Lighter Than Air,*
* *Category Glider,*
* *Category Powered Lift.*

Motorsegler – *Powered Glider* – haben kein eigenes *Category Rating* wie bei uns. Diese Luftfahrzeuggruppe ist weiterhin im *Glider Rating* untergebracht.

Instrument Rating

Dem *Private* und dem *Commercial Pilot Certificate* können außer den *Category Ratings* verschiedene *Instrument Ratings* hinzugefügt werden:

* *Instrument: Airplane,*
* *Instrument: Helicoper,*
* *Instrument: Powered Lift.*

Für alle anderen *Pilot Certificates* gibt es kein *Instrument Rating.*

Class Rating

Category Ratings sind wiederum in verschiedene *Class Ratings* unterteilt:

Class Ratings für die Category

Airplane	**Rotorcraft**	**Lighter Than Air**
Single Engine Land	Helicoper	Airship
Multi Engine Land	Gyroplane	Balloon
Single Engine Sea	---	---
Multi Engine Sea	---	---

Für die *Category* »Glider« und »Powered Lift« gibt es keine *Class Ratings.*

Type Rating

Ein *Type* ist eine weitere Unterteilung der *Class* und bezeichnet Hersteller und Modell, also beispielsweise Cessna 172, Boeing 747. *Type Ratings* gibt es für

- *Large Aircraft other than Lighter Than Air* (Kolbenmotor über 5700 kg),
- *Turbojet-Powered Airplanes,*
- weitere *Aircraft Type Ratings,* die im Verfahren der Musterzulassung von der Luftfahrtbehörde bestimmt werden.

Type Ratings können Sie in folgenden *Categories* und *Classes* erwerben:

- *Airplane Category: Single Engine Class,*
- *Airplane Category: Multi Engine Class,*
- *Rotorcraft Category: Helicopter Class,*
- *Powered Lift Category.*

Wer ein *Category, Class* oder *Type Rating* erhalten will, muss eine theoretische und praktische Prüfung bestehen.
Wer ein *Type Rating* erwerben will, muss außerdem ein *Instrument Rating* besitzen oder mit dem *Type Rating* erwerben. Ohne *Instrument Rating* wird ein eingeschränktes *Type Rating* mit dem Vermerk »VFR only« erteilt.
Es macht keinen Sinn, *Type Ratings* vor dem *Instrument Rating* zu erwerben. Der Eintrag »VFR only« wird jeweils nur für die Typen gelöscht, auf denen die Instrumentenflugtauglichkeit nachgewiesen wurde: Alle *Type-Rating-Check*-Flüge müssen also unter Instrumentenbedingungen wiederholt werden.

Endorsements

Neben den diversen *Ratings,* die durch FAA-Prüfungen erworben werden, sind für bestimmte fliegerische Betätigungen *Endorsements* (Vermerke, Eintragungen) erforderlich.

Ein *Endorsement* wird ohne FAA-Prüfung von einem Fluglehrer ausgestellt. Zuvor muss er einen entsprechenden Unterricht erteilt haben und der Meinung sein, dass sein Schüler die Materie theoretisch und praktisch beherrscht. Hier eine Auswahl der wichtigsten *Endorsements:*

High Performance Endorsement

Bevor Sie als PIC ein Flugzeug fliegen dürfen, das mehr als 200 hp hat, müssen Sie ein *High Performance Endorsement* erwerben. Früher schloss das *High Performance Endorsement* auch Flugzeuge mit Einziehfahrwerk, Verstellpropeller und Klappen ein. Für diese Flugzeuge ist jetzt ein gesondertes *Complex Endorsement* erforderlich.

Für beide *Endorsements* ist erforderlich:

- Theorieunterricht über Systeme und Notverfahren,
- Flugtraining mit Normal- und Notverfahren.

High Altitude Endorsement

Wenn Sie ein Flugzeug mit Druckkabine fliegen wollen, das entweder eine Dienstgipfelhöhe oder eine maximal zulässige Höhe von mehr als 25.000 ft hat, brauchen Sie ein *High Altitude Endorsement*. Dieses muss enthalten:

Theorieunterricht in den Fächern

- *High Altitude Aerodynamic,*
- *High Altitude Meteorology,*
- flugmedizinische und physiologische Probleme in großen Höhen,
- Dauer der Handlungsfähigkeit bei Sauerstoffverlust.

Flugtraining (Flugzeug oder Simulator) mit

- normalem Reiseflug in Höhen über 25.000 ft und
- Notverfahren.

Der Vermerk ist nicht erforderlich, wenn Sie bereits vor dem 15.4.1993 ein solches Flugzeug als *Pilot in Command* geflogen haben.

Tailwheel Endorsement

Wenn Sie ein Spornradflugzeug fliegen wollen, brauchen Sie ein *Tailwheel Endorsement*. Es muss enthalten:

- *Normal und Crosswind Take-offs and Landings,*
- *Go-around Procedures,*
- *Wheel Landings.*

Es ist nicht erforderlich, wenn Sie bereits vor dem 15.4.1993 ein solches Flugzeug als *Pilot in Command* geflogen haben.

Type Certificate Endorsement

Treten Unfälle mit bestimmten Flugzeugmustern auf, die durch ein spezielles Training vermeidbar wären, kann die FAA für diesen Flugzeugtyp ein *Type Certificate Endorsement* vorschreiben. In der Regel werden dies Flugzeuge sein, für die es kein *Type Rating* gibt. Zahlreiche Unfälle mit der Piper Malibu und dem Hubschrauber Robinson R 22 haben zur Einführung dieses sinnvollen Vermerks geführt.

Neben diesen *Endorsements* für ausgebildete Piloten werden auch die einzelnen Ausbildungsgänge von verschiedenen *Endorsements* begleitet, die nach Erreichen bestimmter Ausbildungsabschnitte erteilt werden.

Kunstflug

Eine Kunstflugberechtigung, wie sie bei uns üblich ist, kennen die Amerikaner nicht. Solange man sich an die Vorschriften der FAR Part 91 hält, kann sich jeder auf seine Weise austoben oder umbringen. Strenger wird die Sache gehandhabt, wenn möglicherweise Dritte gefährdet werden. So muss jeder, der seine Kunstflugfertigkeiten vor Publikum, etwa auf Flugfesten, vorführen will, ein *Statement of Aerobatic Competency* vorlegen.

Flight Instructor Certificates

Ein Fluglehrer *(Certified Flight Instructor – CFI)* kann seine Lizenz für verschiedene *Categories, Classes* und *Types* erwerben. Das *Flight Instructor Certificate* kann mit den in der Tabelle genannten *Ratings* ausgestattet werden:
Wer als Fluglehrer einen ATP-Schüler unterrichten will, muss darüber hinaus selbst einen ATP haben.

- *CFI-Ratings and Category Ratings: for Airplane, Rotorcraft, Glider, Powered Lift,*
- *Class Ratings: for Single Engine, Helicoper, Multi Engine, Gyroplane,*
- *Instrument Ratings: for Airplane, Helicoper, Powered Lift.*

Ground Instructor

Wer theoretischen Unterricht erteilen will, braucht ein *Ground Instructor Certificate,* das mit folgenden *Ratings* ausgestattet werden kann:

- *Basic,*
- *Advanced,*
- *Instrument.*

Diese Schulen bieten eine Ausbildung an

Eine US-Ausbildung können Sie nach zwei verschiedenen Regelwerken absolvieren, nämlich nach FAR Part 61 oder nach FAR Part 141.

Part-61-Schulen
Jeder US-Fluglehrer oder *Certified Flight Instructor* (CFI) ist berechtigt, im Rahmen seiner eingetragenen *Ratings* »Part-61-Flugunterricht« zu erteilen. Natürlich müssen dabei verschiedene Voraussetzungen hinsichtlich Versicherungsschutz, Wartung des Flugzeuges und dergleichen erfüllt sein. Die Ausbildung muss nach bestimmten Kriterien abgewickelt werden, die im Part 61 der *Federal Aviation Regulations* detailliert beschrieben sind.
Für den praktischen Unterricht sind die Ausbildungsinhalte sowie eine Mindeststundenzahl vorgeschrieben.
Für die theoretische Ausbildung sind zwar die Ausbildungsinhalte, aber keine Mindeststundenzahl vorgegeben. Das theoretische Wissen kann mit einem Fluglehrer oder im Heimstudium erworben werden. Erfüllt der Flugschüler die entsprechenden Voraussetzungen, dann stellt ihm der Fluglehrer ein *Endorsement* aus. Dort wird erklärt, dass der Schüler den gemäß Part 61 vorgeschriebenen Unterricht erhalten hat und fähig ist, die Prüfung zu bestehen. Für die praktische und die theoretische Prüfung werden jeweils zwei getrennte *Endorsements* benötigt.

Die Prüfung ist unterteilt in eine schriftliche Prüfung, den *Knowledge Test*, und eine praktische Prüfung, den *Practical Test*. Der *Practical Test* besteht aus einem mündlichen Teil, dem *Oral Test* und dem Checkflug, dem *Check Ride*. Zur Vorbereitung auf die schriftliche Prüfung reicht ein erfolgreich abgeschlossener Fernlehrgang *(Home Study Course)*.

Für jeden *Knowledge Test* hat die FAA einen Fragenkatalog entwickelt, der ständig aktualisiert wird und daher nur jeweils drei Jahre gültig ist. Sämtliche Prüfungsfragen stammen exakt aus diesem Fragenkatalog. Beim Kauf müssen Sie also auf das »Verfallsdatum« achten.

Für die praktische Prüfung gibt es einen *Practical Test Standard* (PTS), ein dickes Heftchen, das genau beschreibt, was der Prüfling bei einem Checkflug demonstrieren muss.

Ist der Fluglehrer nicht freiberuflich als Lehrer tätig, sondern in einem Gewerbebetrieb beschäftigt, der sich mit der Ausbildung von Piloten beschäftigt, so betreibt er eine Part-61-Schule. Eine Part-61-Schule ist also ein Gewerbebetrieb, der das Recht zur Ausbildung von Piloten aus den Lehrberechtigungen der angestellten Fluglehrer ableitet. Sie ist, im Unterschied zur PART-141-Schule, keine von der FAA zugelassene und überwachte Flugschule.

Part-141-Schulen

Nach Erfüllung bestimmter Voraussetzungen kann eine Schule in den Stand einer nach *Part 141 Certificated Pilot School* erhoben werden. Diese Schulen sind an ein festes Ausbildungsprogramm gebunden. Das Programm ist im so genannten *Syllabus* schriftlich festgelegt. Sowohl der Theorieunterricht als auch das Flugtraining sind in bestimmte Ausbildungsblöcke unterteilt, die *Stages* genannt werden.

Beim Theorieunterricht besteht ein *Stage* jeweils aus mehreren Unterrichtseinheiten. Für jede Unterrichtseinheit schreibt der *Syllabus* genau vor, welcher Stoff präsentiert wird und welches Wissen der Schüler aus dem Unterricht mitnehmen muss. Jeder Block wird mit einem *Stage Exam*, einer schriftlichen Zwischenprüfung, beendet. Nur wer diese Prüfung bestanden hat, kann mit dem nächsten Unterrichtsabschnitt beginnen. Beim *Private Pilot Certificate* besteht der Theorieunterricht aus Block I bis III mit insgesamt mindestens 15 Unterrichtseinheiten.

Beim Flugtraining besteht jeder Block aus mehreren Einzelflügen. Für jeden Einzelflug schreibt der *Syllabus* genau vor, was der Schüler jeweils lernen soll. Ein Stage wird immer mit einem *Stage Check* abgeschlossen. Erst wenn dieser Zwischencheckflug bestanden ist, kann der Schüler mit der nächsten Unterrichtseinheit beginnen. Beim *Private Pilot Certificate* besteht das Flugtraining aus Block I bis V mit insgesamt mindestens 26 Einzelflügen.

Die Part-141-Programme ermöglichen eine pädagogisch gut aufgebaute und fundierte Ausbildung. Über jede Flugstunde werden Aufzeichnungen geführt, in denen die einzelnen Übungen benotet werden. Außerdem erteilt der Fluglehrer eine zusammenfassende schriftliche Beurteilung, sodass Schüler und Lehrer aus den Aufzeichnungen den Lernfortschritt erkennen. Die für das *Private* und *Commercial Pilot Certificate* sowie das *Instrument Rating* vorgeschriebenen Flugstunden sind nach Part 141 niedriger als nach Part 61. Allerdings ist für die theoretische Ausbildung nach Part 141 eine Mindeststundenzahl vorgeschrieben. Die Theorie darf also nicht, wie bei der Part-61-Ausbildung, nur im Heimstudium erworben werden.

Eine Zulassung nach Part 141 ist auch Voraussetzung, falls eine Flugschule von der Einwanderungsbehörde anerkannt werden will. Schülern dieser Flugschulen kann ein Studentenvisum ausgestellt werden.

Part-141-Schulen unterliegen einer strengen Überwachung durch die FAA, wobei unter anderem auch der Leistungsstand der Flugschüler durch Stichproben regelmäßig überprüft wird. Die Zulassung ist zeitlich begrenzt und wird nur verlängert, wenn die Schule der regelmäßigen Überprüfung standhält und die Durchfallquote der Schüler nicht über 20 Prozent(!) liegt.

Abgesehen vom Ablauf der Ausbildung und von den Prüfungsmodalitäten ist der Wissensstand, den ein Flugschüler bei einer Part-141-Prüfung nachweisen muss, genau der gleiche wie bei der Part-61-Prüfung.

Ausbildung an einer Part-61- oder Part-141-Schule?

In der Regel ist eine Part-141-Schule besser qualifiziert und bietet eine systematischere Ausbildung an. Der größere Apparat kostet natürlich Geld, so dass eine Part-141-Schule meist etwas teurer sein wird als eine Part-61-Schule. Die Wahrscheinlichkeit, auf eine schlechte Schule zu stoßen, ist zwar bei der Part-141-Schule geringer, dennoch müssen Part-61-Schulen nicht unbedingt schlecht sein.

Zum einen werden an US-Fluglehrer hohe Anforderungen gestellt, bevor sie ihre Lehrberechtigung bekommen, zum anderen machen die Versicherungsgesellschaften weitere Auflagen, bevor sie ein Flugzeug zum Schulen versichern. Und nicht zuletzt ist ein US-Fluglehrer in erheblichem Umfang persönlich für das Ergebnis seiner Ausbildung verantwortlich. Begeht nämlich der frisch gebackene Pilot nach Erhalt seiner Lizenz schwer wiegende Fehler, kann der Fluglehrer nach amerikanischem Recht schadensersatzpflichtig werden. Die Haftung tritt ein, wenn dem Fluglehrer nachgewiesen werden kann, dass er Teile der Ausbildung vernachlässigt oder fehlerhaft beigebracht hat, die später zu einem Unfall geführt haben. So wurde ein Fluglehrer zu Schadensersatz verurteilt, weil er mit seinem Flugschüler nur unzureichend Seitenwindlandungen geübt hatte. Der ehemalige Flugschüler hatte später bei starkem Seitenwind das Fahrwerk seiner Cessna verbogen und sich dabei auch einige blaue Flecken geholt.

Darüber hinaus werden Fluglehrer mit zu hohen Durchfallquoten nach dem amerikanischen Prinzip »Hire and Fire« an Part-61-Schulen genauso schnell gefeuert wie an einer Part-141-Schule. Als Schüler werden Sie es also auch an einer Part-61-Schule mit Fluglehrern zu tun haben, die nach einem professionellen Konzept schulen. Ist ein längerer Aufenthalt geplant, kommt die Part-61-Schule nicht in Frage, da für diese Schulen kein Studentenvisum ausgestellt werden kann.

Fliegen in den USA

Auch Piloten, die keine Lizenzen in den USA erwerben wollen, kommen meist während ihrer Ausbildung irgendwann einmal mit der US-Luftfahrt in Berührung – und sei es nur zum Stundensammeln.

Nicht nur die Ausbildung, sondern auch der fliegerische Alltag unterscheiden sich deutlich von der europäischen Fliegerei. Vom Sprechfunk über Flugverfahren und Gepflogenheiten ist vieles anders, und europäische Piloten laufen schnell Gefahr, gegen amerikanische Bestimmungen zu verstoßen.

Der Ansturm von einigen Tausend europäischen Piloten, die Jahr für Jahr an die amerikanischen Flugschulen strömen, hat leider auch viele schwarze Schafe auf den Plan gerufen, die mit vermeintlichen Billigangeboten ahnungslosen Ausländern das Fell über die Ohren ziehen.

Ich gebe daher zum Thema »Fliegen in den USA« seit zwölf Jahren ein regelmäßig aktualisiertes Buch (*Fliegen in den USA*) heraus, das auf knapp 400 Seiten anschaulich in die US-Luftfahrt einführt und sicher den einen oder anderen Dollar sparen hilft.

Zurück nach Europa.

Checkliste zur Auswahl der richtigen Flugschule

Die folgende Checkliste wurde vom Arbeitskreis *Qualifikation And Training (AG Quat)* der *Vereinigung Cockpit* erarbeitet und soll Ihnen bei der Auswahl der Flugschule helfen. Sie wird mit Genehmigung der *Vereinigung Cockpit* abgedruckt.

Einführung

Dieser Fragebogen soll dem an einer Ausbildung zum Flugzeugführer interessierten Nachwuchspiloten als Leitfaden bei der Bewertung von Flugschulen dienen. Für den mit der Materie noch nicht vertrauten Interessenten sind nachfolgend die wichtigsten Begriffe und Abkürzungen erklärt, wie sie in diesem Fragebogen und in Informationsgesprächen an einer Flugschule vorkommen.

Begriffe

- *PPL: Private Pilot Licence* = Luftfahrerschein für Privatflugzeugführer
- *CPL: Commercial Pilot Licence* = Luftfahrerschein für Berufsflugzeugführer 2. Klasse
- *IFR: Instrument Rating* = Berechtigung, Flüge nach Instrumentenflugregeln durchzuführen

- *ATPL: Airline Transport Pilot Licence* = Luftfahrerschein für Verkehrsluftfahrtführer
- *CCC: Crew Coordination Concept* = Ein bestimmtes System, nach welchem Besatzungen von Flugzeugen zusammenarbeiten. Das CCC-Training ist Teil der Ausbildung zum Verkehrsluftfahrzeugführer.
- *Type Rating* = Die in einem Lehrgang erworbene und im Luftfahrerschein eingetragene Berechtigung, bestimmte Flugzeuge zu fliegen
- *General Aviation* = Allgemeine Luftfahrt; Luftfahrt außer Linien- und Charterverkehr
- *Simulator* = Ein technisch hochentwickeltes, auf bestimmte Flugzeugmuster abgestimmtes elektro-mechanisches Gerät für die Simulation fast beliebiger Flugzustände
- *Verfahrenübungsgerät* = Elektro-mechanisches Gerät zum Üben bestimmter Verfahren
- *LBA* = Luftfahrt-Bundesamt
- *Briefing* = Vor- und/oder Nachbesprechung eines Fluges
- *JAA* = Joint Aviation Authorities
- *Human Factor* = Auswirkung des menschlichen Verhaltens auf die Flugsicherheit

Ausstattungskriterien

Abhängig von dem durch die Flugschule angebotenen Ausbildungsspektrum sollte diese mit entsprechendem Material ausgerüstet sein. Genügen zum Beispiel für die Ausbildung zum Privatpiloten einfache Flugzeuge mit starrem Fahrwerk und festem Propeller, so sind für die Ausbildung zum Berufs- und Verkehrsflugzeugführer Flugzeuge mit Einziehfahrwerk, verstellbarem Propeller und einer Ausrüstung für den Instrumentenflug erforderlich. Für die Ausbildung zum Instrumentenflug muss zusätzlich ein Verfahrensübungsgerät/Simulator vorhanden sein. Auch sollte für diese Ausbildung ein zweimotoriges Flugzeug zur Verführung stehen.

In einem längeren Informationsgespräch mit dem Ausbildungsleiter der Schule sollten Ihnen sowohl die in diesem Fragebogen aufgeführten als auch Ihre eigenen Fragen ausführlich beantwortet werden. Es sollte die Möglichkeit zur Besichtigung des Flugzeugparks, der Schulungsräume sowie der übrigen Einrichtungen gegeben werden.

Das Ausbildungsspektrum der Flugschule sollte enthalten

☐ PPL: Theorie & Praxis; Aufbauphase zum CPL für PPL-Inhaber
☐ CPL: Theorie/Praxis
☐ IFR: Theorie/Praxis
☐ CCC: Theorie/Praxis
☐ ATPL: Theorie

Weitere Fragen von Interesse

- Werden die neuen JAA/EU-Richtlinien in der Ausbildung berücksichtigt?
- Wird ein **Human-Factors**-Seminar angeboten?
- Wird eine durchgehende Ausbildung »ab initio« bis zum ATPL bzw. unrestricted CPL/JR angeboten?
- Besteht Verbindung zu einer Hochschule mit der Möglichkeit des Studiums zum Dipl.-Ing.-Pilot?
- Ist ein Seiteneinstieg, auch mit einer ausländischen Lizenz, möglich?
- Wird die zur Umschreibung ausländischer Berechtigungen erforderliche Information und Schulung angeboten?
- Besteht eine Zusammenarbeit mit anderen, auch ausländischen, Flugschulen oder Fluggesellschaften?
- Kann ein *Type Rating* auf einem größeren Flugzeugmuster erworben oder vermittelt werden?
- Wird ein Bewerbungsseminar angeboten?
- Werden schriftliche Informationen zum Ausbildungsablauf angeboten?
- Werden Kenntnisse über das Minimum (Test) hinaus vermittelt?

Ausbildungspläne und Schulungsablauf

☐ Theorie: Sind die einzelnen Ausbildungsabschnitte der Theorieausbildung übersichtlich aufgeschlüsselt?
☐ Praxis: Sind die einzelnen Ausbildungsabschnitte der Praxisausbildung übersichtlich aufgeschlüsselt?
☐ Zeitvorgaben: Ist die Zeitplanung der einzelnen Ausbildungsabschnitte gut überschaubar? Ist für die einzelnen

Ausbildungsabschnitte genügend Zeit eingeplant? (Vergleiche mit anderen Flugschulen oder Flugschüler fragen)

- Überschneidungen: Gibt es zwischen Theorieunterricht und Praxis unerwünschte Überschneidungen? Findet ein koordinierter Parallelbetrieb statt?

Lehrpersonal

- Theorie: Anzahl der Lehrer, davon Vollzeit/Teilzeit?

Welche Erfahrungen haben die Lehrer in ihrer jeweiligen Tätigkeit: Besitzen die Lehrer eine entsprechende Vorbildung und Fachkunde?

- Praxis: Anzahl der Fluglehrer, davon Vollzeit/Teilzeit? Welche Erfahrungen haben die Fluglehrer in ihrer jeweiligen Tätigkeit?

Die Fluglehrer sind: Aktive Verkehrsflugzeugführer / Ehemalige Verkehrsflugzeugführer / Aktive Flugzeugführer der General Aviation / Ehemalige Flugzeugführer der General Aviation / Fluglehrer ohne Erfahrung im Liniendienst oder bei der General Aviation / Sonstige Werdegänge und Qualifikationen.

Flugzeugpark

Entspricht die Anzahl der Flugzeuge dem Lehrgangsvolumen?
Einmotorige Flugzeuge:
- Einfache Typen (festes Fahrwerk, fester Propeller):
- Zustand:
- Ausrüstung:
- Anzahl:
- Komplexere Typen (einziehbares Fahrwerk, verstellbarer Propeller):

- Zustand:
- Ausrüstung:
- Anzahl:

Mehrmotorige Flugzeuge
- Gewichtsklasse:
- Typen:
- Zustand:
- Ausrüstung:
- Anzahl:

Die Wartung findet statt
- In einer eigenen Werft:
- In einer Vertragswerft:
- Am Sitz der Flugschule:
- An einem anderen Ort:

Reparaturen
- Werden sofort erledigt:
- Gesammelt und erst mit fälligen Kontrollen durchgeführt:

Wie sind die Flugzeuge untergestellt?
- Hangar:
- Im Freien:

Simulation

Verfahrenübungsgerät / Simulator:
- Vorhanden:
- Nicht vorhanden:
- Typ:
- Modern:
- Veraltet:

Lehrmaterial:

Dokumentation und Handbücher:
- Sind für Theorie und Praxisausbildung entsprechend dem Ausbildungsstand an der Schule erhältlich

- Müssen anderweitig besorgt werden:

Verwaltung

Kundenkontakt
- Werden umfassende mündliche und schriftliche Informationen über alle Themen im Zusammenhang mit der Ausbildung gegeben
- Besteht die Möglichkeit, einen Tag dem Unterricht beizuwohnen, eventuell bei einem Ausbildungsflug mitzufliegen
- Wird der Kontakt mit anderen Flugschülern befürwortet

Lehrgangsgebühren und andere Kosten

Information und Dokumentation
- Wird eine umfassende und detaillierte Information (mündlich und in schriftlicher Form) über die genauen Kosten der einzelnen Ausbildungsabschnitte, aufgeteilt in Theorie und Praxis, zur Verfügung gestellt
Umfang
- Wird eine umfassende und detaillierte Information, welche Leistungen in den Lehrgangsgebühren enthalten sind und welche Kosten zusätzlich entstehen, gegeben
Fixe Kosten
- Werden die Lehrgangskosten garantiert oder unterliegen sie während der Ausbildung eventuell Änderungen

Umfeld

Teeküche, sanitäre Anlagen, Restaurant / Kantine
- Sind am Platz erreichbar:
- Befriedigend:
- Nicht befriedigend:
Unterkunft
- Besteht die Möglichkeit zur Unterbringung an der Schule:
- Gibt es Hilfe bei der Wohnungssuche:
Verpflegung
- In der Schule:
- Andere Möglichkeiten:

Viel Spaß und Erfolg bei Ihrer Ausbildung wünscht Ihnen

Ihre
Vereinigung Cockpit (VC)
AG Qualification And Training (Quat)

Adressen

Verkehrsfliegerschulen

Aerowest Hannover GmbH
Postfach 420248
30662 Hannover
Tel: 0511/733099
Fax: 0511/721806
www.AW-Aerowest.com

AFIT GmbH
Rosenheimer Str. 145c
81671 München
Tel: 089/7499 6073
Fax: 089/7499 6002
Am Flugplatz 25
31137 Hildesheim

Bavaria Flugschule GmbH
Fraunhoferstr. 4
85737 Ismaning
Tel: 089/964931
Fax: 089/961 3677

Com Fly
German Flight Training Organisation
Gmbh
Hohenzollerndamm 53
14199 Berlin
Tel: 030/823 6446
Fax: 030/824 8128

DVH Deutsche Verkehrsfliegerschule
Hamburg Sonntag GmbH
Weg beim Jäger 208
22335 Hamburg
Tel: 040/5939490
Fax: 040/59394917
Mittelstr. 9

12529 Berlin-Schönefeld
Tel: 030/63409444
Fax: 030/63409445
www.dvh-flugschule.com
e-Mail: dvh-berlin@t-online.de

Diamond Aircraft Service Flight Center
GmbH
Flughafen Siegerland
57299 Burbach
Tel: 02736/442860
Fax: 02736/442869
www.diamond-airctraft.de
e-Mail: flightcenter@diamond-aircraft.de

FFH Flugdienst Freiburg Harter
Flugplatz
79108 Freiburg
Tel: 0761/500579
Fax: 0761/506579
www.ffh-flight-training.de
e-mail: flight-training@t-online.de

FFL GmbH
Flughafen
45470 Mülheim-Ruhr
Tel: 0208/372 024
Fax: 0208/374747

Flight Training Cologne
Flughafen Halle 6
51147 Köln
Tel: 02203/402452+53
Fax: 02203/69489

Flug- und Trainingscenter Euroflight
GmbH
Seckenheimer Landstr. 170

68163 Mannheim
Tel: 0621/422700
Fax: 0621/412329
www.ftc-euroflight.de
e-mail: ftc@ftc-euroflight.de

FMG Verkehrsfliegerschule Flughafen
Paderborn-Lippstadt
33142 Büren
Tel: 029/5577455

Flugschule Michael A. Haeusler
Flugplatzstr. 1
84034 Landshut Ellermühle
Tel: 08765/1342
Fax: 08765/1515
E-Mail: info@flugausbildung.de

Horizon Swiss Flight Academy Ltd.
Ackerstr. 4
Ch-8180 Bülach / Zürich
Tel: +41/18620707
Fax: +41/18620211
www.horizon-sfa.ch
E-Mail: info@horizon-sfa.ch

Ikon GmbH
Wetterkreuz 17
91058 Erlangen-Tennenlohe
Tel: 09131/604045
Fax: 09131/604039
www.ikon-flugschule.de
e-mail: ikon@odn.de

Isarflug GmbH
85445 Schwaig/München
Tel: 08122/93481

KFR Jet Training
45257 Essen
Tel: 0201/1848402

LGM Luftfahrt GmbH
Mannheim
Tel: 0621/32818-0
Fax: 0621/416035
www. Lgm-mannheim.de
E-Mail: info@lgm-mannheim.de

Lufthansa Flight Training GmbH
Verkehrsfliegerschule
Flughafendamm 40
28361 Bremen
Tel: 0421/5592460
Fax: 0421/5592863
e-Mail: pilot.school@lft.dlh.de
www.lft.de

RWL German Flight Academy GmbH &
Co KG
Am Flughafen 20, RWL-Center
41066 Mönchengladbach
Tel: 02161/68900
Fax: 02161/689090

Schwabenflug GmbH
Flughafenstr. 6
86169 Augsburg
Tel: 0821/701098
Fax: 0821/741908
www.schwabenflug.de
e-mail: info@schwabenflug.de

TFC-GmbH
42551 Velbert
Tel: 02051/28290

Westflug Aachen Luftfahrtgesellschaft
mbH & Co KG
Flugplatz Merzbrück
52146 Würselen
Tel: 02405/4851-0
Fax: 02405/485187

Fernlehrgänge

Civil Aviation Training
Flugplatz 6
67547 Worms
Tel: 06241/400040
Fax: 06241/400050

Gröger Fernschule
Firkenweg 7
85774 Unterföhring
Tel: 089/9581838
Fax: 089/9581944

Verband der Allgemeinen Luftfahrt
Flugplatz, Außerhalb 27
63329 Egelsbach
Tel.: 06103 42081
Fax: 06103 42083
URL: www.aopa.de

Bundesanstalt für Post und Telegraphie
Aktienstr. 1- 7
45473 Mülheim
Tel.: 0208 4507- 0

Bundesanstalt für Arbeit
Fachvermittlungsstelle Frankfurt-
Vermittlungsstelle für Luftverkehrsberufe
Ficherfeldstr. 8-12
60311 Frankfurt
Tel.: 069 217 120- 92 oder 93

Luftfahrt- Bundesamt
Hermann- Blenk- Str. 26
38108 Braunschweig
Tel.: 0531 2355-0
Fax: 0531 23 55 710
URL: www.lba.de

Vereinigung Cockpit e.V.
Triforum
Frankfurter Str. 233
63263 Neu Isenburg
Tel.: 06102 370-0 oder 0700- Vcockpit
Fax: 06102 370-298
URL: www.vcockpit.de

Macherstr. 42a
01917 Kamenz
Tel.: 03578 303493
Fax: 03578 303593

Aero Shop Remmers & Partner GmbH
Münchshecke 2
53721 Siegburg
Tel.: 02241 38 10 07
Fax: 02241 38 38 33

Büscher Flugversand
Hohlerweg 6
34466 Wolfhagen-Bründersen
Tel.: 05692 2363
Fax: 05692 4960

CAE Aviation
Luxembourg Airport
L-1110 Luxembourg
Tel. : +352 436811- 224
Fax : +352 436811- 299

Cumulus Fachbuchhandlung
Hauptstr. 84
Ch-5042 Hirschthal
Tel.: 062721 3562
Fax: 062721 3568

Diamond Pilot Shop N.A.
Otto-Str. 5
A-2700 Wr. Neustadt
Tel.: 07488 71963
Fax: 07488 71964

Doris Daily
Einsteinstr. 34
81675 München
Tel.: 089/

R. Eisenschmidt GmbH
Flugplatz 1
63329 Egelsbach
Tel.: 06103 205960

Friebe Luftfahrtbedarf GmbH
Flughafen Neuostheim
68163 Mannheim
Tel.: 0621 412 408
Fax: 0621 416 759

Schorr Flugbedarf
Jahnstr. 2
96231 Staffelstein
Tel.: 09573 969 012
Fax: 09573 969030

Siebert Luftfahrtbedarf GmbH
Rektoratsweg 40
48159 Münster
Tel.: 0251 214437
Fax: 0251 217044

Sky Fox Pilot Shop
Pfalzburger Str. 43
10717 Berlin
Tel.: 030 864 746 0
Fax: 030 864 746 99

Sporty´s Pilot Shop USA
Tel.: 00800 776 7897 (Katalogbestellung
aus Deutschland)

Watschinger GmbH
Flugplatz
A-2540 Vöslau
Tel.: 02252 77216
Fax: 02252 89797

Ausbildung in den USA

Ratgeber *Fliegen in den USA*
Verlag Dr. Schwahn Aviation Guides
Bismarckstr. 9
14109 Berlin
Tel: 0700/88004400
Fax: 0700/88004401
www.fliegen-usa.de
e-Mail: hallo@drschwahn.de

Fluggesellschaften im Internet

Gesellschaft: Airbus
URL: http://www.airbus.com/
Inhalt: Infos von der A319 bis zur A3XX

Gesellschaft: Boeing
URL: http://www.boeing.com/
Inhalt: Interessante Daten und Statistiken
zur Luftverkehrswirtschaft und natürlich
speziell zu Boeing

Gesellschaft: Aeroflot
URL: http://www.aeroflot.com/
Land: Russland

Gesellschaft: Air Canada
URL: http://www.aircanada.ca/
Land: Kanada

Gesellschaft: Air France
URL: http://www.airfrance.fr/
Land: Frankreich

Gesellschaft: Air China
URL: http://www.airchina.com/
Land: China

Gesellschaft: Air New Zealand
URL: http://www.airnz.co.nz/
Land: Neuseeland

Gesellschaft: Alitalia
URL: http://www.alitalia.it/
Land: Italien

Gesellschaft: All Nippon Airways
URL:
http://www.ana.co.jp/eng/index.html
Land: Japan

Gesellschaft: American Airlines
URL: http://www.americanair.com/
Land: U.S.A

Gesellschaft: Ansett Worldwide
URL: http://www.ansett.com.au/
Land: Australien

Gesellschaft: Aero Lloyd
URL: http://www.aerolloyd.de/
Land: Deutschland (Charter)

Gesellschaft: Austrian Airways
URL: http://www.aua.com/
Land: Österreich

Gesellschaft: British Airways
URL: http://www.british-airways.com/
Land: England

Gesellschaft: Canadair
URL: http://www.canadair.ca/
Land: Kanada

Gesellschaft: Cathay Pacific
URL: http://www.cathaypacific-air.com/
Land: Hongkong

Gesellschaft: China Airlines
URL:
http://metrotel.co.uk/travlog/ca.html
Land: Taiwan

Gesellschaft: Condor
URL: http://www.condor.de/
Land: Deutschland (Charter)

Gesellschaft: Continental Airlines
URL: htp://www.flycontinental.com/
Land: U.S.A

Gesellschaft: Delta Airlines
URL: http://www.delta-air.com/
Land: U.S.A

Gesellschaft: Deutsche BA
URL: http://www.deutsche-ba.de/
Land: Deutschland (Tochter von British
Airways in Deutschland)

Gesellschaft: EVA Air
URL: http://www.travelx.com/EVA.html
Land: Taiwan

Gesellschaft: Garuda Airlines
URL: http://www.garuda.co.id/
Land: Indonesien

Gesellschaft: Iberia
URL: http://www.iberia.com/
Land: Spanien

Gesellschaft: JAL (Japan Airlines)
URL: http://www.jal.co.jp/
Land: Japan

Gesellschaft: KLM (Koninklijke Lucht-
vaart Maatschappij)
URL: http://www.klm.de/
Land: Holland

Gesellschaft: Korean Air
URL: http://www.koreanair.com/
Land: Korea

Gesellschaft: Lufthansa AG
URL: http://www.lufthansa.com/
Land: Deutschland (Größte deutsche Fluggesellschaft)

Gesellschaft: Lufthansa Flight Training GmbH
URL: http://www.lft-online.de/
Land: Deutschland

Gesellschaft: Lufthansa Technik AG
URL: http://www.lufthansa-technik.de/
Land: Deutschland

Gesellschaft: LTU
URL: http://www.ltu.de/
Land: Deutschland

Gesellschaft: Malaysian Airways
URL: http://www.malaysiaair.com/
Land: Malaysia

Gesellschaft: Northwest Airlines
URL: http://www.nwa.com/
Land: U.S.A

Gesellschaft: Philippine Airlines
URL: http://www.philippineair.com/
Land: Philippinen

Gesellschaft: Qantas
URL: http://www.qantas.com/
Land: Australien

Gesellschaft: Sabena (SA Belge d'Exploitation de la Navigation Aérienne)
URL: http://www.sabena.com/
Land: Belgien

Gesellschaft: SAS (Skandinavian Airlines System)
URL: http://www.sas.se/
Land: Skandinavien (Dänemark, Norwegen, Schweden)

Gesellschaft: Singapore Airlines
URL: http://www.singaporeair.com/
Land: Singapur

Gesellschaft: Silkair
URL: http://www.singaporeair.com/silkai/default.htm
Land: Singapur (Tochter Singapore Airlines)

Gesellschaft: Southwest Airlines
URL: http://www.southwest.com/
Land: U.S.A (Niedrigpreislinie)

Gesellschaft: Swissair
URL: http://www.swissair.com/
Land: Schweiz

Gesellschaft: TAP (Transportes Aéreos Potugueses)
URL: http://www.tap.pt
Land: Portugal

Gesellschaft: Thai Airlines
URL: http://www.thaiair.com/
Land: Thailand

Gesellschaft: TWA (Trans World Airlines)
URL: http://www.twa.com/
Land: U.S.A

Gesellschaft: United Airlines
URL: http://www.ual.com/
Land: U.S.A.

Gesellschaft: US Air
URL: http://www.usairways.com/
Land: U.S.A

Airlines in Europa
URL:
http://www.itn.net/cgi/get?itn/cb/aow/air
lines/europe:5i–zX6JIXK4*,itn/cb/ aow

Airlines in Nordamerika
URL:
http://www.itn.net/cgi/get?itn/cb/aow/air
lines/northame:5i–zX6JIXK4*,itn/c b/aow

Airlines in Südamerika
URL:
http://www.itn.net/cgi/get?itn/cb/aow/air
lines/southame:5i–zX6JIXK4*,itn/c b/aow

Airlines in der Karibik
URL:
http://www.itn.net/cgi/get?itn/cb/aow/air
lines/carribea:5i–zX6JIXK4*,itn/c b/aow

Airlines im Mittleren Osten
URL:
http://www.itn.net/cgi/get?itn/cb/aow/air
lines/mideast:5i–zX6JIXK4*,itn/cb /aow

Airlines in Asien
URL:
http://www.itn.net/cgi/get?itn/cb/aow/air
lines/asia:5i–zX6JIXK4*,itn/cb/ao w

Airlines in Australien/Neuseeland und im
ozeanischen Raum
URL:
http://www.itn.net/cgi/get?itn/cb/aow/air
lines/australi:5i–zX6JIXK4*,itn/c b/aow

Airlines in Afrika
URL:
http://www.itn.net/cgi/get?itn/cb/aow/air
lines/africa:5i–zX6JIXK4*,itn/cb/ aow